终身收入分配与再分配

基于微观仿真模型的研究

[澳大利亚] 安·哈丁（Ann Harding）◎ 著

林瑄◎ 译

LIFETIME INCOME DISTRIBUTION AND REDISTRIBUTION

APPLICATIONS OF A MICROSIMULATION MODEL

中国工人出版社

图书在版编目（CIP）数据

终身收入分配与再分配：基于微观仿真模型的研究 /（澳）安·哈丁著；林瑄译. —北京：中国工人出版社，2019.9

书名原文: Lifetime income distribution and redistribution: Applications of a microsimulation model

ISBN 978-7-5008-7272-6

Ⅰ. ①终… Ⅱ. ①安… ②林… Ⅲ. ①收入分配—仿真模型—研究 ②再分配—仿真模型—研究 Ⅳ. ①F014.4

中国版本图书馆CIP数据核字（2019）第209432号

终身收入分配与再分配：基于微观仿真模型的研究

出 版 人	王娇萍
责任编辑	邢 璐
责任印制	黄 丽
出版发行	中国工人出版社
地 址	北京市东城区鼓楼外大街45号 邮编：100120
网 址	http://www.wp-china.com
电 话	（010）62005043（总编室） （010）62005039（印制管理中心） （010）62004005（万川文化项目组）
发行热线	（010）62005049 （010）62005041 （010）62046646
经 销	各地书店
印 刷	北京市密东印刷有限公司
开 本	710毫米×1000毫米 1/16
印 张	26.25
字 数	340千字
版 次	2019年10月第1版 2019年10月第1次印刷
定 价	85.00元

序　言

为了对20世纪80年代早期的收入再分配及财政支出进行研究学习，我在80年代后期到伦敦经济学院，寻找除普通财政支出学习之外的资料。一般这方面的研究都针对于某一时间点的收入再分配的政府项目。在寻找可以用于模拟整个人生时长的模型时，我偶然发现了一本由盖伊·奥克特和他的同事编写的关于微观仿真的书。在长达十年的时间里，我研究了大量澳大利亚政府制定的政策，发现微观仿真提供的不仅是一个可以解答终身收入分配与再分配的方法，微观仿真模型还给政策制定者提供了独一无二又细致的方法，可以用来评估因政策改变而导致的再分配的后果。

我从伦敦回来之后，澳大利亚政府就在堪培拉大学建立了国家社会与经济模型中心。这一中心旨在建立适用于澳大利亚人民生活的微观仿真模型。在这里我要感谢副总理布莱恩·豪伊、卫生部、房管部、当地政府和社区服务部，是你们每一位的卓识远见和资金支持才让这一中心得以成立。我也想感谢我的同事们，是大家的通力协作、融会变通，才使这本书得以完成。

这本书的前身仅是一篇伦敦政治经济学院学生的博士论文，我要对英国伦敦政治经济学院三得利—丰田经济学及相关学科国际中心员工对我不断的支持和鼓励致以最深的感谢，是你们的友好和深刻的思想，让我为这本书注入了源源不断的想法。80年代就职于英国伦敦政治经济学院三得利—丰田经济学及相关学科研究所的玛丽亚·伊凡朵、简·法金汉姆、霍莉·苏瑟兰，谢谢你们对我提供的个人专业帮助。特别感谢乔·希尔斯、乔安娜·古姆卡、大卫·文特尔、布莱恩·沃伦、斯蒂芬·爱德华、杰

第二部分　终身结果

第二部分　终身结果

序　言

为了对20世纪80年代早期的收入再分配及财政支出进行研究学习，我在80年代后期到伦敦经济学院，寻找除普通财政支出学习之外的资料。一般这方面的研究都针对于某一时间点的收入再分配的政府项目。在寻找可以用于模拟整个人生时长的模型时，我偶然发现了一本由盖伊·奥克特和他的同事编写的关于微观仿真的书。在长达十年的时间里，我研究了大量澳大利亚政府制定的政策，发现微观仿真提供的不仅是一个可以解答终身收入分配与再分配的方法，微观仿真模型还给政策制定者提供了独一无二又细致的方法，可以用来评估因政策改变而导致的再分配的后果。

我从伦敦回来之后，澳大利亚政府就在堪培拉大学建立了国家社会与经济模型中心。这一中心旨在建立适用于澳大利亚人民生活的微观仿真模型。在这里我要感谢副总理布莱恩·豪伊、卫生部、房管部、当地政府和社区服务部，是你们每一位的卓识远见和资金支持才让这一中心得以成立。我也想感谢我的同事们，是大家的通力协作、融会变通，才使这本书得以完成。

这本书的前身仅是一篇伦敦政治经济学院学生的博士论文，我要对英国伦敦政治经济学院三得利—丰田经济学及相关学科国际中心员工对我不断的支持和鼓励致以最深的感谢，是你们的友好和深刻的思想，让我为这本书注入了源源不断的想法。80年代就职于英国伦敦政治经济学院三得利—丰田经济学及相关学科研究所的玛丽亚·伊凡朵、简·法金汉姆、霍莉·苏瑟兰，谢谢你们对我提供的个人专业帮助。特别感谢乔·希尔斯、乔安娜·古姆卡、大卫·文特尔、布莱恩·沃伦、斯蒂芬·爱德华、杰

序　言

为了对20世纪80年代早期的收入再分配及财政支出进行研究学习，我在80年代后期到伦敦经济学院，寻找除普通财政支出学习之外的资料。一般这方面的研究都针对于某一时间点的收入再分配的政府项目。在寻找可以用于模拟整个人生时长的模型时，我偶然发现了一本由盖伊·奥克特和他的同事编写的关于微观仿真的书。在长达十年的时间里，我研究了大量澳大利亚政府制定的政策，发现微观仿真提供的不仅是一个可以解答终身收入分配与再分配的方法，微观仿真模型还给政策制定者提供了独一无二又细致的方法，可以用来评估因政策改变而导致的再分配的后果。

我从伦敦回来之后，澳大利亚政府就在堪培拉大学建立了国家社会与经济模型中心。这一中心旨在建立适用于澳大利亚人民生活的微观仿真模型。在这里我要感谢副总理布莱恩·豪伊、卫生部、房管部、当地政府和社区服务部，是你们每一位的卓识远见和资金支持才让这一中心得以成立。我也想感谢我的同事们，是大家的通力协作、融会变通，才使这本书得以完成。

这本书的前身仅是一篇伦敦政治经济学院学生的博士论文，我要对英国伦敦政治经济学院三得利—丰田经济学及相关学科国际中心员工对我不断的支持和鼓励致以最深的感谢，是你们的友好和深刻的思想，让我为这本书注入了源源不断的想法。80年代就职于英国伦敦政治经济学院三得利—丰田经济学及相关学科研究所的玛丽亚·伊凡朵、简·法金汉姆、霍莉·苏瑟兰，谢谢你们对我提供的个人专业帮助。特别感谢乔·希尔斯、乔安娜·古姆卡、大卫·文特尔、布莱恩·沃伦、斯蒂芬·爱德华、杰

第二部分　终身结果

第二部分　终身结果

目　录

第一部分　终身收入与微观动态模型

克·杰宁、蕾拉·阿碧尔斯、苏·克勒、简·迪克森、乔纳森·沃德沃斯、格雷格·卡宁汉姆，感谢你们在各方面对我提供的帮助。

除了上面提到的各位，我还想对澳大利亚数据中心的官员们表示诚挚的谢意，是你们给我提供了大量的数据，来不断规范、完善这一模型。在此，我想强调一下，在这本书中我不断提出缺少纵观数据参考，但澳大利亚数据中心提供的数据质量却是非常高的。同时我也想感谢澳大利亚社会安全部门以及英联邦大学协会给我提供的资助，促使我尽早完成了博士学位的学业。

最后，我想谢谢我的行政助理琳恩·辛普森，你的耐心和对工作的全心投入，让我顺利完成了本书的手稿。

我和出版商对乔·科里迪教授，爱德华·艾尔加以及澳大利亚经济记录表示感谢，感谢你们对我在第六章中采用材料的版权许可支持。

安·哈丁
堪培拉大学
国家社会与经济模型中心

序　言

为了对20世纪80年代早期的收入再分配及财政支出进行研究学习，我在80年代后期到伦敦经济学院，寻找除普通财政支出学习之外的资料。一般这方面的研究都针对于某一时间点的收入再分配的政府项目。在寻找可以用于模拟整个人生时长的模型时，我偶然发现了一本由盖伊·奥克特和他的同事编写的关于微观仿真的书。在长达十年的时间里，我研究了大量澳大利亚政府制定的政策，发现微观仿真提供的不仅是一个可以解答终身收入分配与再分配的方法，微观仿真模型还给政策制定者提供了独一无二又细致的方法，可以用来评估因政策改变而导致的再分配的后果。

我从伦敦回来之后，澳大利亚政府就在堪培拉大学建立了国家社会与经济模型中心。这一中心旨在建立适用于澳大利亚人民生活的微观仿真模型。在这里我要感谢副总理布莱恩·豪伊、卫生部、房管部、当地政府和社区服务部，是你们每一位的卓识远见和资金支持才让这一中心得以成立。我也想感谢我的同事们，是大家的通力协作、融会变通，才使这本书得以完成。

这本书的前身仅是一篇伦敦政治经济学院学生的博士论文，我要对英国伦敦政治经济学院三得利—丰田经济学及相关学科国际中心员工对我不断的支持和鼓励致以最深的感谢，是你们的友好和深刻的思想，让我为这本书注入了源源不断的想法。80年代就职于英国伦敦政治经济学院三得利—丰田经济学及相关学科研究所的玛丽亚·伊凡朵、简·法金汉姆、霍莉·苏瑟兰，谢谢你们对我提供的个人专业帮助。特别感谢乔·希尔斯、乔安娜·古姆卡、大卫·文特尔、布莱恩·沃伦、斯蒂芬·爱德华、杰

第一部分

终身收入与微观动态模型

LIFETIME INCOME AND
MICROSIMULATION MODELS

第一章　总论

一、简介

近几十年来，工业化国家的收入分配问题，一直是经济学家和政策制 3
定者的重点研究对象，相关研究文献更是层出不穷。政府如何参与收入再分配过程也一直受到各界的持续关注。经合组织成员国政府为了缩小贫富差距，也想了很多方法，通过调节社会消费和税收体系进行收入再分配。也有许多人对这一问题不断进行重复研究，试图通过研究这些政策，了解其会对收入再分配带来哪些影响。

忽略工业国家社会与经济体制的巨大不同，关于收入分配的研究在很大程度上都获得了极为相似的结果。在对某一时间点上，工业化国家人口的横向样本进行分析后可以发现，这些国家的收入分配是十分不平等的。举例来说，1988～1989年，排在前百分之十的澳大利亚居民，其税前收入是后百分之十居民的18倍（澳大利亚数据管理局，1992，11页）。像这样的收入不平等现象，在经合组织成员国及其他工业化国家的年度收入分析中，也可见到（桑德斯等，1991，67页；索尔，1976；斯塔克，1977）。

同样，建立在横向数据研究基础上的大量研究表明，收入再分配可以通过政府的不同税收政策和政府支出来完成，通过这两种政府参与的计划，所带来的净效应能够成功地对贫富群体的收入进行再分配（桑德斯，1984）。这些研究囊括了从简单分析个人所得税和政府的现金转移政策带来的影响（如养老金）[1]，到更为宽泛的对其他税收种类和政府支出的研究。[2]

后期的这些研究都出奇地相似。也就是说，在年度财政净发生情况的研究中，收入所得税研究占了很大的比重，也有可能这部分的收入会稍微高出其他项目（收入所得税带来的金额增长会因其他的递减税收支出抵
4 销）；现金转移，或者更小范围内的政府支出也会为收入金额带来一些增长；税收和支出两者同时作用，对贫富收入进行了调节。

不论是什么研究，结果都表明，工业化国家的收入分配是非常不平等的，但政府针对低收入人群出台的收入分配政策是十分有效的。不过，以上结论是否经得起时间的考验呢？如果以一个人一生的时间长度来看，是否还是这样的？举个例子来说，不论在什么时间点，那些拿着低薪的退休人员中，有很大一部分人在之前的雇佣关系中是有着很高收入的。其他人群，比如现阶段是低收入的学生或青少年，可能在未来会取得更高的收入。这样看来，如果是按照时间发展对收入进行横截面数据调查，那么比起以一年或几周为时间单位，以终身时间长度为单位计算，则他们的收入数据会更加均衡。但是情况又会好多少呢？

相似地，在研究财政净收支的过程中发现，收入所得税的金额不断上涨，如果将高收入人群的大部分收入都分配给低收入人群，那么在社会资源分配的过程中，以收入为基础的现金转移政策就会更加有效，这就像现在收取现金转移的人群，其实都是之前缴纳高收入所得税的人群。因此，在更长远的时间里，能够想象，覆盖更广的政府税收和支出政策，对于所有工业化国家来说，是没有什么区别的，只不过是对一个人一生的资源进行再分配罢了。在这一过程中，每个人在学习期间或退休后获得的现金转移和服务，都来源于他们自己工作的那几年缴纳的税金。所以在很大程度上，可以说政府的政策并没有重新分配贫富之间的收入，而是仅把个人的收入在一生的时间长度里进行了重新分配，从一个时间段转移到了另一个时间段。换句话说，也许所有因为税收和支出政策而带来的再分配收入，都是来源于同一个人，又回到同一个人身上，并非是在人与人之间流通。

以前就有人提出这样的疑问。在以年为时间单位，描绘个人收入的曲

线图中，生命周期单位里的收入曲线一般呈驼峰状，每一年收入发生的主要变化都以此为背景，这一曲线在个体进入工作的早期阶段，呈上升状态，并在工作的那些年里达到峰值，退休时曲线呈下滑状态。

这样的变化倾向引起了大家对收入不均和收入再分配等问题的研究范围和研究方法的热议。举例来说，弗里曼著名的永久收入假说称，财富的 5
分配应该建立在“永久”收入的基础上，而不是以某一时间段为基础（1957）。因为后者会被短暂的收入浮动和生命周期因素影响，会致使收入不平衡加大。

还有一些经济学家，对使用传统的横截面研究法来研究收入不平衡提出了异议，他们称这样会高估社会中收入不平衡的差距，混淆了可以预料的个人终身收入变化和“与之更为相关的人际收入变化概念，这一概念强调了由社会阶级带来的收入不平衡理论”（帕格林，1975，598 页）。波林斯基提出了同样的担忧，他同时还指出“无法通过逐渐缩小的横截面基尼系数来推断，人群间的终身收入正在变得更加平等。终身收入不平等的问题也许会一直存在，甚至愈演愈烈”（1973，221 页）。

仍有人称，现存的大量关于政府干预给再分配带来的影响的横截面研究，是存在缺陷的。正如雷亚德指出的，以年为单位的计算方法首先“夸大了人与人之间收入的基本差异，又夸大了再分配时的数额”（1977，46 页）。雷诺德和斯莫伦斯基也有同样的顾虑，他们认为“不论是任何有关再分配的定义，以一个会计年为时间单位，都会夸大政府政策下再分配的范围大小”（1977，24 页）。

因此，许多经济学家都同意，应该用终身收入而非年度收入来测算财富分配（卡尔顿和霍尔，1978，103 页）；以及使用终身收入来检测政府活动对终身收入再分配的影响比采用年度收入更为可行；现存以年度收入为研究对象的材料，都高估了人际收入分配不平衡的程度，以及政府参与对人际收入再分配所带来的影响。

这些不仅是经济学家凭空冒出的担忧 ，同时也是社会和经济政策制定者十分关心的问题。在某一时间段，由于受到生命周期中各因素的影响，收入不平等现象是十分严峻的，但在所有人的终身收入相等的情况下，年收入测算法和终身收入测算法都会产生极大的不平衡，这时就要求有不同的政策可以用来应对不同的情况。

站在终身收入的角度看问题是十分重要的，现在大家已经有了这样的
6 意识，但除此之外，大多数对收入分配和再分配的研究仍旧聚焦在以年为单位的数据基础上。大多数国家对其国民收入进行定期调查，要求被调查者在接受调查前，就能够对近几周或一年的收入做一个论述。这种所谓的“横截面研究”数据，提供了特定时间点的一小部分人口情况，使得经合组织成员国能够更好地分析管控数据。

相反的是，在阿特肯森看来，“以终身收入为基础的研究方法所面临的最棘手的问题，就是如何获取所需要的数据”（1983，45 页）。如果要回答以终身收入为基础进行研究带来的一系列问题，那么就需要定期回访同样的人，并介入他们生活的各个方面，从而生成特定的“面板数据”或“纵向数据”，而非横截面研究数据。数据的来源有很多种可能。在一些工业化国家，终身收入相关数据是可以获得的（比如，所得税、社会保障、社会保险等记录表格）。一旦获取这些机密数据的授权，那么这些数据就可以用来生成终身数据合集（比如，详见布鲁格涅和莫里森，1983；肯尼迪，1989；施马尔，1983）。不幸的是，管理相关数据或者税务数据通常都有个很大的缺陷，那就是可以用于数据合集整理的、关键的个人特征数据，都是没有记录在案的（比如教育或婚姻状况），因为这与收集数据的原始意图不相关。另外，这样的数据很少能够代表一个人一生的情况。

在澳大利亚，社会保障体系是根据需求而建立的，他们的社保体系和欧洲国家及美国的不太相同，澳大利亚的社保体系中并没有收集相关的纵向数据。澳大利亚的所得税记录，在一定程度上代表了数据的潜在来源，但由于之前有过被曝光的情况，这些数据的机密性也令人担忧。不论在什么场合，所有关于尚未死亡人士的数据都不完整，因此，如果想要有一个

以终身为时间长度的研究，那么还是需要一定的模拟技巧。

纵向数据的第二个来源，是在一定的年限里定期调查同样的人群，从而形成面板数据。由于开始这项研究后，获取相关的纵向数据还需要一定的时间，所以这样的面板合集中可用的内容不多，而且这样的面板数据需要来自政府或其他资助者的大量长期稳定的资金支持。另外，面板数据的形成也面临很多困难，包括对原始样本的消耗以及这样的消耗有可能对研究结果可靠性产生的影响（阿特肯森等，1990，73 页）。

目前已知最好的面板研究来自密歇根大学的动态收入面板研究，这项 7
研究追踪了具有代表性的美国人和他们的后代自 1968 年来每年的生活及各类经济活动（摩根，1974；艾尔德，1985）。20 世纪 80 年代，美国建立了关于项目参与和收入调查中的纵向研究（大卫，1985），这反映了过去十年里纵向数据逐渐提升的重要性。不管是当时还是现在，面板研究都被德国、卢森堡、法国洛林、瑞典、荷兰、比利时等地运用。在大多数的调查中，调查结果都仅在短短几年内有效。

在英国，OPCS 纵向数据提供了十分有效且丰富的信息，但也存在局限性，因为这些信息中不包括收入相关数据（布朗和福克斯，1984）。英国居民的面板调查研究是对国民收入及其他居民特征量展开的广泛调查，这一调查无法提供接下来几年里可使用的纵向数据（罗斯，1989）。在澳大利亚，1984 年就开始了针对 15 ~ 25 岁的研究对象进行的面板研究（邓斯缪尔等，1988；艾兰德和强森，1987；麦克雷，1986），但依旧没有可供使用的全面纵向调查数据。

然而，面板研究虽然提供了在时间变化中可供使用的数据，但并不符合终身情况综合研究所需要的数据。即使是密歇根大学的面板研究，也仅提供了最原始参与者一生中四分之一时间的数据，为了提供终身数据的预估，并使用这样的面板研究得到纵向数据，依旧需要考虑应用多样的计量经济学和模拟技术。另一个数据来源就是回顾性调查，在这样的调查中，每个个体生命中主要节点的数据都值得注意，比如开始工作、退出工作、婚姻状况的变化、家庭的成分等。这样的调查很明显会面临测算性的错误，并且无法提供充足的细节进而对终身收入进行分析。

因此，显而易见，不论是要研究像澳大利亚这类国家民众的终身收入分配，还是税务和现金转移政策等终身财政相关的情况，在缺少任何可供使用的纵向数据的前提下，都需要对个体的终身情况进行模拟。模拟的方式有很多种可供选择。

二、模拟纵向数据

8 经济学家不断以一个群组或几个群组为单位，进行纵向群组的模拟（一群出生于同年或临近年份的个体）。像这样宏大的任务确实还是有几种方法可以实现的。有一种常见的方法就是模拟生命周期的特定几个特征，比如一生中收入或劳动力供给的分布。举个例子，布吉斯特曾用工资率、劳动力供给、固定资产、遗产税、税收功能这几个特征量来模拟瑞典的终身收入分配状况（1976）。

布林德（1974）率先提出了一个可供美国使用的消费者行为生命周期模型，来模拟有着不同特征量的不同个人，在收入和继承所得上的数据模拟（比如在工作期间和休闲过程中获得的）。过后戴维斯模拟了加拿大居民一生中收入和财富的分配，这一模拟延伸了布林德的模型，选取已婚夫妇而非个体作为研究对象（从而可以将个体一生中家庭架构产生变化带来的影响纳入考量中），其中包括了现金转移收入以及个人工作所得（1979）。

这样的模型所采用的纵向数据需要两个甚至更多的时间段（大卫，1971；利拉德，1977），用这些数据来预测一生的收入，劳动力供给或者其他方面的数据。其他模型可能只是简单采用横截面数据，选取其中的一年形成全新的合成群组（盖兹和贝克，1975；米勒，1981）。这此方法中，模拟群组所采用的数据，都来源于在个体样本的调查过程中所捕获的特征数据。换句话说，在一个容量为15的群组中，我们选取5个个体，由横截面调查得到了这5个个体的特征，这些特征一旦联系起来，就可以精准地呈现一个单独群组的一生。比如，如果采用1992年的数据，那就意味着，这些20岁的合成群组收入数据和1992年20岁男性收入相同，60岁的群组也是一个道理。[3]

上述方法清楚地说明，以终身为时长的相关数据合集的某些特征，不论是延伸这样的理论还是浓缩这样的理论，在很长时间里来捕获个体周围环境的巨大变化，是上述方法能够成功的要点。举例来说，在描绘终身收入的情况合集时，已婚男人是否还保持婚姻状态或是否还在工作是不在考虑范围内的。在这里，男人的婚姻状况指在某一时间段里，他们是否离婚以及其配偶是否去世，是否还有能力工作等。

在描述终身获取的财富蓝图时，忽略个人生存环境随时间变化的程度是十分重要的。也许在已收集的纵向数据中最重要的就是因时间而产生的巨变。来自美国的收入动态数据表明： 9

• 家庭是不断分解重组的；

• 收入随年份产生的变化是巨大的，甚至从那些全年全职工作的人身上也可得出这样的结论；

• 收入的移动性是很客观的，所以使一个家庭个体化的并不是待在使收入分布相关的地方，而是随着年份的变化或高或低；

• 劳动力的变化是十分频繁的，每年都有十分可观数量的工作中坚力量男性进入或退出劳动，因此劳动力的状况，和收入边缘群体都是不断变化的（邓肯，1984；艾尔德，1985；同时详见克拉克和桑默，1979）。

另一个可行的操作，试图将多样性和不产生的变化加入生命周期中的个体生存环境，这一点由动态微观模型提供。微观模型（也称微观分析模拟模型）是20世纪50到60年代晚期美国人盖伊·奥克特的先驱理念（奥克特，1956；奥克特等，1961）。这一模型的特征就是能对微型群体的特征进行处理，这些群体包括了个体、家庭和居民。这样的模型和工业化国家一直用来预测经济形势的宏观模型是根本不同的。微观模型检测了政策和经济在微观层面的变化，而不是国家经济体和变量累计在宏观层面的关系（莫尔兹，1988）。通过国家累计预测可以得出，在模型中的个体统计结果是已经经过总结的结果。

过去的几十年里，由于电脑硬件的快速发展以及构建模型时对细节数据的极致需求，微观模拟模型层出不穷。在澳大利亚，这样的发展得益于澳大利亚数据局对数据的释放。

微观模拟模型提供了一个检验终身收入分布，以及政府政策可达到的
10 再分配范围的新方法，但同样会在未来为政策制定者所用，届时将会有更好的分配数据，为社会和经济政策的制定提供基础。

三、本书概述

可用于研究微观模拟的参考资料不多，可以为终身收入分配和再分配提供参考的资料也不多，编写这本书的目的之一，就是给研究动态微观模拟可以使用的方法及应用做一个介绍。本书的第二章描述了微观模拟模型现已发展的多个种类以及这些模型的用途。这本书同样探究了建立这种模型时所遇到的主要问题，特别是建立模型时所需的数据质量和获取数据的可能性。

第三章描述了哈丁动态群组微观模型的主要特征，这一模型以 4000 个个体为研究对象。本章还阐述了会影响模型呈现结果的几点特征，建立模型的技术性细节将留至第八到第十一章介绍。

这本书的第二部分将讨论哈丁模型呈现的结果。终身收入的来源和收入金额受很多方面影响，比如受教育程度、不同的家庭特征、未受雇佣状态的时间长度，以上提到的这些都将在第四章中将呈现，同时这些也对使用不同模型时该如何选择做了初步的探索。鉴于在研究终身收入时，这一章选择的研究对象是有着十分明确特征的群体，接下来的章节则会从不同

角度入手，直接研究关于模型的问题，而非初步辨认决定收入高低的决定性因素。

第五章将模拟群组按其终身等价收入的数额来排序，之后再将群组划为十等份，这样就可以将生活水平有根本差异的财富个体进行对比，并回答了前面关于终身收入分配的问题。

第六章记录了用于合成年度收入分配情况的数据（而不是终身收入分配的数据），本章第二部分则阐述了年度收入不平等的问题。第三部分则对年度收入分配不平等和终身收入分配不平等进行了对比，对比的内容包括，建立年度—终身收入转换表和对终身收入、年度收入基尼系数的测 11
算。第四部分是年度现金转移和收入所得税，与终身现金转移及收入所得税的评估。

纵使这样的分析过程很有趣，却很难在使用这样的基础分析后，来深度研究人际收入再分配和个人收入再分配。这是由于一生中支付的所得税金额远超过现金转移所得（收入所得税的金额包含了许多服务，远超过现金转移所得）。因此，第六章第五部分包含了现金转移再分配带来的影响，以及政府用于支付现金转移再分配时收缴的所得税收入。最后，第六部分分析了研究对象终身用于教育支出的部分。

第五章对终身收入做了笼统描述，但不涉及相对贫困的时间段在终身时长里所占长短。第七章紧接着探讨了那些终身特征多变的个体在生命周期中的收入再分配，以及不同年龄里付出的税费和收到的现金转移金额。第一部分讲述了男性和女性终身收入的平均值，分析了在终身财富阶梯中位于顶端和底端的财富。第二部分比较了未婚和生长于大型家庭里的已婚人士。这一部分追溯了生命中不同阶段，生活水平对孩子的影响。最后，第三部分讨论了不同的生命阶段里，不同教育程度带来的影响。

本书的第三部分致力于描述哈丁模型的构成。这一模型的建立依靠十分精准的方法，第二部分阐述了这些方法对结果带来的影响，因此，可以依据这些章节了解结果呈现后的相关参数。第三部分对动态微观模拟模型的构成进行了详细的描述。

第八章阐述了人口统计过程的模拟模型，如何应用于残障人士和教育领域。第九章检测了模拟劳动力，第十章紧接着模拟了伪队列已获得和未获得的收入。在模型建立早期，要对每个个体进行人口统计和经济情况的
12 分析总结，接着模拟个体的社会保障收入、教育领域的现金转移、支出等。第十一章前几部分阐述了进行上述模拟的步骤，得出有关分配、政府支出价值的假设。第十一章剩下的部分，描述了所得税带来的负担以及其他税收带来的负担的假设。

第十二章总结了研究的主要发现。

四、总结

对收入分配与再分配的讨论不是一周或一年就能结束的。举个例子来说，由于研究个体处在人生的不同阶段，相对于终身时长，以年为时间单位进行更为“瞬时”的研究，必定会导致工业国家的收入再分配出现严重不平衡。同样，有研究显示，收入再分配的成功（政府通过税收和支出等手段），揭示了年度净财政状况的研究，或许高估了政府真正对收入再分配的影响。

然而，将研究时间长度从一年转换为一个生命周期，是一项挑战。之前有很多尝试以一个生命周期为研究时长的研究，都因为研究个体的生命周期阶段无法连续而缺乏决定性的数据。与之相反，动态微观模拟模型为研究这一问题提供了可期的新视角。因此，本书对动态微观模拟模型和从该模型催生出的结果，以及终身收入的分配和再分配入门进行了介绍。

注释

1. 比如，参见卡克瓦尼（1983），桑德斯（1982），柯林斯和德雷恩（1981，1982），澳大利亚。

2. 比如，参见中央统计局（1990），奥希金斯和鲁格莱斯（1981），韦伯和西文（1971），皮考克和布朗宁（1954），巴纳（1945）卡特尔（1955），英国；澳大利亚数据局（1987b）和哈丁（1984，1982），澳大利亚；雷诺德、斯莫伦斯基（1977）和吉尔斯皮（1965），美国；道奇（1975）及罗斯（1980），加拿大。

3. 随着时间变化，经济增长的同时工资也同步增长（莫斯，1978，124页），这样的模型有时会试图在生命周期中假定一个经济增长率。比如，有一个特定的经济增长率，估算模拟群组中60岁的人劳动所得是1988年60岁男性劳动所得的两倍。另外，这样的模型通常也会计算贴现率，这样晚年劳动所得或者收入的价值会紧缩（布吉斯特，1981；理查德森等，1981）。这考虑到了个体的时间优先选择（比如，人会比较倾向现在多花10,000美元而不是在20年之内），也是因为从经济的角度考虑，现在收到的钱要比前20年内更值钱（这样的差异来自，如果是现在收到这笔钱，那么接下来的20年里，这笔钱可能会衍生出额外的利益）。

第二章　微观模拟模型

一、简介

20 世纪 50 年代，美国的盖伊·奥克特教授率先提出，可以通过对做 13
决策的个体行为模拟，来分析社会和经济政策带来的影响（奥克特，1957；奥克特等，1961）。微观模拟模型的行为分析对象可以是企业，也可以是其他做决策单元，但在实际应用中，该模型通常用来研究以个人为单位的微观个体。

尤其是在过去的十年里，微观模拟模型被用于预估税收政策变化和现金转移项目的分配效应及其带来的影响。在多数工业化国家里，微观模拟模型已经成为了税收、现金转移政策发展的必备工具，有时更决定了新政策能否得以实施（莫特，1992，43 页）。这一模型还被用于社会与经济政策以外的其他领域，包括健康、社区服务、退休收入等。至今，该模型在上述领域并没有得到广泛应用，也缺乏一定的可靠性。

过去，大多数微观模拟模型需要用大型计算机来运行，因此非专业人士几乎无法使用这一模型。然而，接下来的几年里，通过 PC 端和 Unix 系统，该模型有望被更多人使用（奇特罗和哈努谢克，1991a，191 页）。在这样的发展趋势下，学者、非政策分析家、非模型专业机构人士将会使这一模型的使用率不断提升。

所有的微观模拟模型均始于微观数据的总和体。这些总和体数据来源于单位个体数据的总和，而这些单位个体数据则是通过国家人口抽样调查或行政数据（比如税收或社会保障记录）所得。需要注意的是，在微观模拟模型中，并不需要知道单位个体到底是谁，所需要的信息仅是人口、劳动力、收入和其他微观单元的特征量细节。由于近年来各界对个人隐私问
14 题的持续关注，为保个人信息不被泄露、识别，数据管理局及行政机构采取了更为严格的措施。

一旦有微观数据被公开发布，那么微观模拟模型的使用者会针对自己的研究模型对数据进行大量调整，使之适用于模型（如图2.1）。导致数据需要调整的原因可能包括，输入数据过程中的遗漏、错误，或者根据其他数据源增添了新的变量等。政策分析者和研究员也会出于自己的需要，而将基础数据根据年份进行时化处理。比如，1992年澳大利亚有关部门公开了1989～1990年关于收入和住房调查中的微观数据。为了给1993年澳大利亚社会保障和税收体系制定提供参考，从而使用了模拟模型，关于收入、失业情况等的原始数据都被“时化”至1993年。不同种类的微观模拟模型之间的主要区别在于，这些数据是否被“静态”或“动态”时化（下文会详细讨论）。

一旦得出1993年（或1996年或2030年）新的基础数据，该项目研究的各部门都会对现行的支出进行重新制定，比如所得税、收入、社保收入、政府津贴等。举个例子，现在的个人所得税缴纳政策是通过可缴税的收入部分、家庭成员的人数和年龄、可扣减的支出、婚姻状况等细节来预估决定的。在这之后，就会产生一个新的税收标准，这一标准将考虑基本单元从未成年儿童补助金项目中收到补助的金额和从附加的社会保障中得到的收益，基本单元包括个人、住户等原始微观单元。

政策分析的相关人士通过改变政府项目的会计准则设定备用政策。比如，政策制定者想要通过减少边际收入税率，或增加养老金来检测再分配的影响。分析员可通过改变政策参数及重新运行项目，来模拟政府政策会带来的影响。新得出的数据集可用来与基础数据集进行对比，通过两者之间的对比，分析者可以针对模拟过程中，有关政策带来的冲击是否会对不同类型的个体带来可支配收入额度的增减，得出相应的结论。

因为模型中得到的数据都是个人加权数，所以微观模拟模型可被用于预测因政策改变导致的国民收入成本。1990 年澳大利亚收入与住房调查所公布的数据包含了 35000 名有效个人调查数据。澳大利亚数据统计局对这些记录 15
中的每个个体都配了一个权重变量。统计局可能已经预测，有 500 个人和数据集中的第一个个体具有相同的特征。这样一来，即使调查无法覆盖每个公民，也可以预估因可能产生的改变而带来的损失，或者输家和赢家的数量。

由于采用了上千个统计对象的记录，所以模型允许预测合计的产生，与此同时，该结果同样适用于总体的子集。模拟所得税增加，决策部门可以得出该增长对以下人群的影响：领取退休金或养老金的人、年长者、收入在特定范围内的人群、有两个或四个孩子的人群、居住在私人出租屋或自家房屋的人等。更重要的是，模拟的过程需要特别注意总体中有特殊利益的群体，从而才能做出决定。微观模拟模型可以根据政治局面的变化而做出相应的改变，人们所关心的话题从单亲家庭延展到老龄退休人员，再到低收入家庭的孩子。这些模型的特性使得美国方面在近期对微观模拟作了详尽的评估之后，得到了如下结论：“没有任何模型可以像微观模拟模型一样，具有潜在的灵活性，能对政策的变更提供更为细化的分析依据。”（奇特罗和哈努谢克，1991a，115 页）。

二、微观模拟模型的分类

（一）静态模型

迄今为止，应用最广泛、最成功的微观模拟模型是静态微观模拟模型。这类模型选取国内具有代表性的人口作为样本，从而获取更为全面的数据，这些数据包括每个样本的收入、家庭特征、劳动力状况、教育和住房情况。然而，这样的模型也有可能建立在行政部门提供的诸如税收或社会保障等记录的基础上。静态模型通过对微观单元进行资格认证及责任认

证后，将模型确定为包含社会保障收入以及/或者所得税负债的模型，从
18 而进行运用。在该模型的多数运用中，分析员可以改变资格认证或者责任
认证的条件，从而提供政策改变后的得与失。这类模型的关键目标在于可
以指出新政实施后会立刻带来什么样的影响。

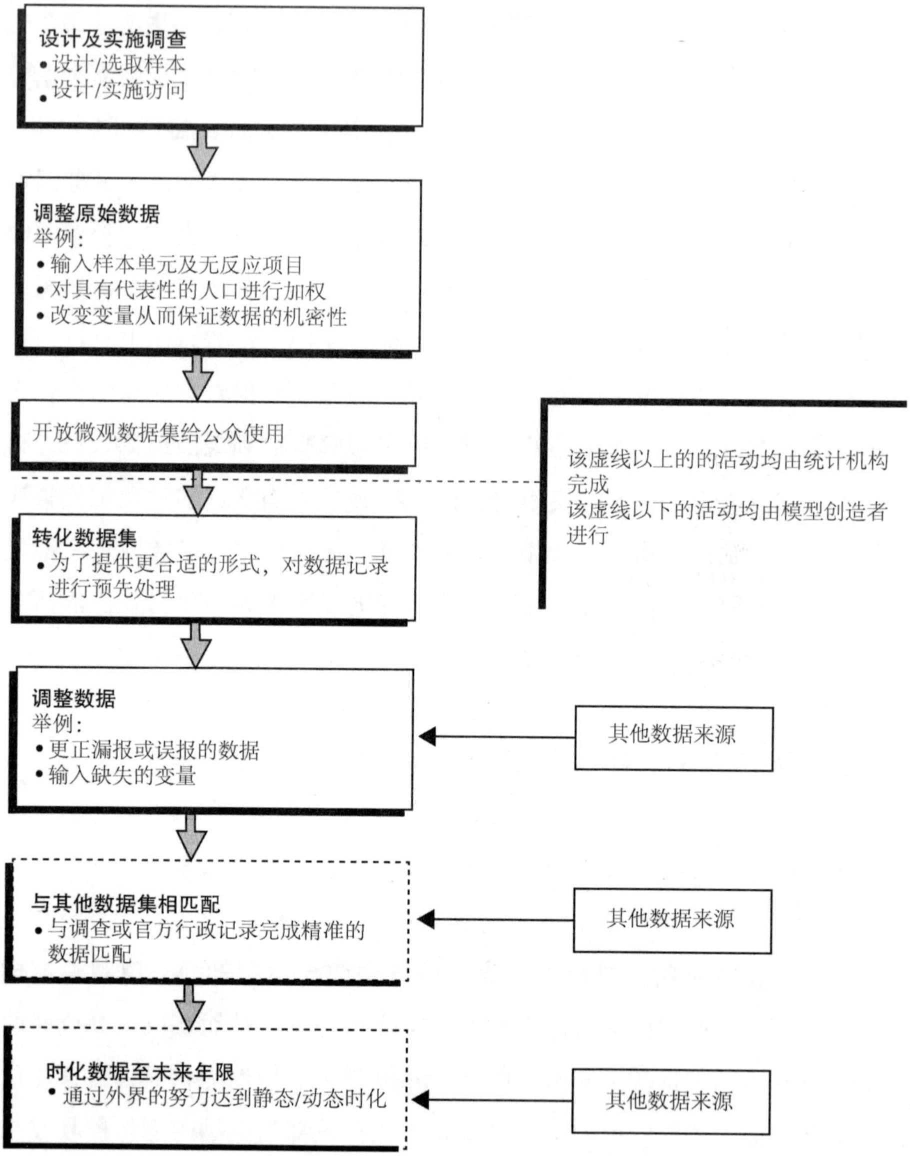

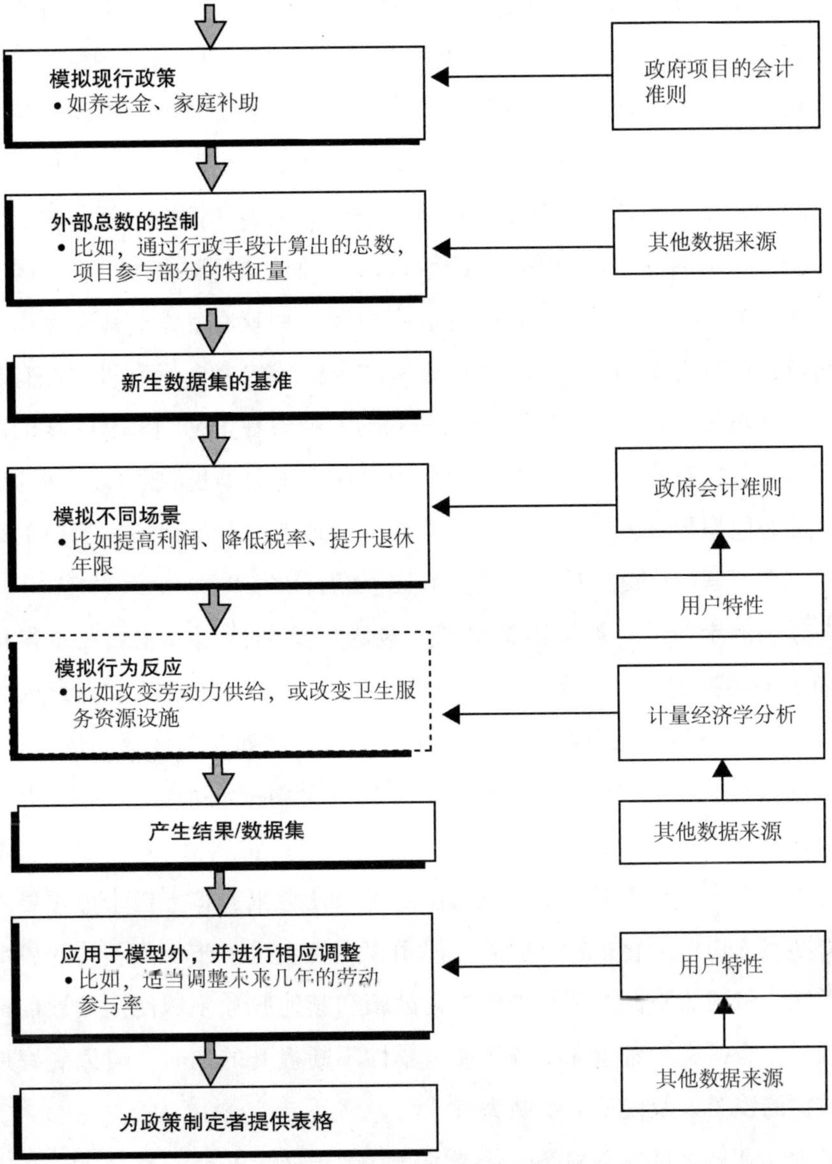

图 2.1　微观模拟模型步骤示意图

注：虚线框表示这一步可以根据情况选择是否需要；其他的步骤，如数据调整、外部控制总计的校准、模型外的调整，从理论上来讲可以根据情况选择，但通常都会实施。

来源：奇特罗和哈努谢克，1991a，102 页。

许多工业化国家通常使用静态模型来协助作出决策。比如，税务部门或财政部门通常使用静态模型来模拟所得税或间接税的变化带来的影响。相似地，社会福利部门、专业建模机构和学者专家使用静态模型来预测收入转移计划，或政府服务（如发行粮票）的变化可能带来的影响。现如今，澳大利亚、加拿大、丹麦、英国、芬兰、法国、德国、匈牙利、意大利、荷兰、新西兰、瑞典和美国等国家均会使用静态模型。[1] 举个例子来说，在澳大利亚，正在投入使用的静态微观模型就有 5 个，社会保障部门和财政部门就有不同的使用模型，政府和政府外的多个研究机构也有正在使用的静态模型。这一模型对公众争论的影响力在 1992 和 1993 年的澳大利亚得到了强有力的认证。当时的在野党提出了取消税收和收入转移的计划，静态模型很好地佐证了这一政策冲击会带来的分配效应，当时的结果也在每个家庭中广泛传播（自由党和国家党，1991）。

过去的十年里，静态模型得到了极为广泛的使用，尤其在所得税收入和现金转移的分析上做出了极大的贡献，也有人努力扩大静态模型的应用范围，将其应用于政府服务的领域中去，比如儿童保育、健康领域，或者用来模拟健康与住房状况。已经有不少国家将静态模型应用于服务业。

可以看出，在未来的社会政策制定中，社会服务将占据十分重要的位置。随着人口老龄化，社会服务的使用程度将会进一步加大。构建模型数据的缺失将成为限制微观模拟模型在健康和其他服务领域使用发展的最主要因素，有研究者希望在服务领域重要性不断提升的同时，可以更好地促
19 进数据的整合以及模型的不断完善。

为达到这一目标，静态时化技术通常会被应用在这一模型中。其中非常关键的一点就是“调整样本的权值”。静态模型通常会通过诸如年龄、性别、家庭构成、婚姻状况等特征量来调整新的权值，以达到现在或预期的人口预计状况（奇特罗和哈努谢克，1991a，105 页）。比如，1990 年，20 岁到 25 岁的单身人口权值会按比例增加或减少，以达到 1995 年该年龄

段在婚姻状况记录中的数值。调整权值是一个非常复杂的过程，还少有研究来评估不同的方法，也没有研究评估在调整权值的过程中，到底是调整简单的合集权值，还是应该调整大量的特征量权值（兰德特等，1993）。根据年龄、性别、婚姻状况来调整权值是否会更优于直接对这些变量的总和权值进行调整，这里的变量总和是指受养子女的个数、婚姻状况、行业状况以及受雇佣状况的总和。

另一个时化的关键技术就是“提高出力”，鉴于调查的时间和未来某时段可能会被纳入调查，这一方法用来调整符合某一预估时段的货币价值。有一个典型的例子，1990 年所收集的收入微观数据集，从 1990 年起都会经过一个通货膨胀的阶段。这样就会使得原本十分简单、仅涉及一个通货膨胀元素的过程，演变为一个十分复杂的步骤。在这个复杂的步骤中，通货膨胀因素会受到年龄、性别、全职或兼职的工作状态，以及收入状况的影响。收入的其他私人来源也会受到通货膨胀或通货紧缩的影响，比如养老金福利、赡养费、工作补助等（政府现金转移的早期数据很难与生活指数挂钩，相关记录也通常会被删除，但作为收入的一部分，现金转移的数据会被纳入记录）。

虽然很多静态模型的特性调整会受到收入指数化的限制，但可以通过 20
调整其他特性达到同样的效果。比如，要是在初步调查开始后，房主人数比例突然下降，并且这一点没有被当作是住房情况的一个可控变量纳入调整权值中，那么就需要对这一项进行单独调整，将房主重新归为私人租户。相似地，在调查进行的那段时间里（或者在接下来的几年里可以参与调查的时间段中），调整权值的过程中没有考虑劳动力状况的变化，或者需要捕捉失业人口的增减状况，都需要对单独一项进行调整。安德森有一个非常有趣的记录，是关于勒温如何使用宏观经济模型提供的数据来时化静态微观模拟数据集的（1990，194 页）。

静态时化通常被用来时化数据库中的数据，或者被用来提供未来几年的经费预测，时化的时间可能是寥寥几年，从理论上来讲，静态时化技术通常可以时化数据至未来的 10 或 20 年，甚至更多。这个方法的缺点在于，举例来说，对 1990 年 30～35 岁的全部单身男子相关数据集进行简单的权数变更，来匹配 2010 年相同年龄段的单身男子的状况，这种情况下，需要提前预设 2010 年 30～35 岁的男性特征量和 1990 年 30～35 岁的男性特征完全相同。现实生活中，2010 年的单身男性会有完全不同的房屋使用权、劳动力参与情况以及收入分配。未来有一个领域需要用来评估，当不同政策被实践的时候，包含在动态模型中的多余支出是否会比静态时化模型拥有可以论证的优先权（下文会提到）。

静态模型一般会在人们行为发生改变，或像价格、就业状况等宏观经济变量改变前，用于预测政策冲击带来的即时影响。然而，在很多案例中，一项政策的改变很大程度上会导致行为的改变（比如，增加劳动力供给或减少健康服务的使用）。因此，许多模型构建者试图模拟“在政策冲击的直接影响下，个体的行为发生的改变”。比如，因税务的改变而改变了劳动力供给或消费模式（邓肯，1992；胡瑟等，1989；皮吉特，1987）。这样的静态模型保持了特定的特征量不变（比如家庭构成），但同时允许其他的样本特征量改变（比如劳动力参与和收入）。

整合对税务改变或薪资增加而发生的预期行为反应是有问题的。经济计量学中有一种方法，可以看出行为的改变使得相关灵活性的预期分歧很
21 大，最终能做的无非是提供不同预期下的数字（哈真纳，1989，31 页）。奇特罗和哈努谢克说：“通过调查得到的静态预期与行为反应相比，是足够引起关注的，但并不足以自信到可以将这些数据整合到模型中进行使用。”这一评论限制依旧是容易引起争论的（1991a，173 页）。

在经过对劳动力、医疗卫生、住房和教育等领域的行为反应特点的大量研究后，荷兰社会与文化计划部门决定，出于对需求弹性价值的考虑，决定除去对行为反应的考量，与此同时，加拿大数据研究中心也决定除去对劳动力供给的考量（莫特，1992，63 页）。英国财政研究机构经过研究发现，劳动力供给反应仅对一些子群有效，所以在微观模拟模型中模拟行

为反应时，更要注意不能让总集层面产生这样的反应（邓肯，1992）。另一个问题是，通常通过包含许多变量的数据源来预测行为反应，这些数据并没有呈现在静态模型中（因此等式无法使用），但同时这些大量的极具敏感度的分析，要求微观模拟的结果是建立在假设的行为反应上的。

奇特罗和哈努谢克的解释是，政策变化带来的直接影响会对短期或长期的行为反应带来二轮影响，也就是说，“在受政策变化影响的经济体中，改变的要素包括了产品市场、消费的等级和分布、生产力和雇佣市场”。边际收入税率的减少，会直接导致劳动力供给的增加，间接导致工资率的改变。

一些研究试图将微观模拟模型与宏观经济模型相关联，来获取由于政策改变所带来的第二轮影响的反馈（贝尔克维克和弗勒乐，1989；盖乐，1992，12 页；斯莱罗德，1985）。在澳大利亚，国家经济与工业研究所和政策研究中心正对微观和宏观模型间的联系进行分析（金等，1990；米格尔，1992）。在欧洲，投票活动在劳动力市场内的微观宏观经济模拟实验也在进行中（1982）。这些努力都相对较新，并且尚未开发完全，但毫无疑问在未来都会更为相似。

（二）动态人口模型 22

这里要讨论的第二种微观模拟模型是动态人口模型（也可以被称作动态横截面模型）。这样的模型最初来源于人口随机抽样调查，如同上面的静态模型提到的一样，但是对于其中的微观单元的计划也在随着时间不断完善。然而，与上述的静态时化不同，由于本质上牵扯到个人数据记录权值的改变，这里的微观单元是动态时化的。如卡德威尔所说，“动态时化需要随时更新每个时间段内、每个微观单元的各个属性”（1990，5 页）。在模拟人口和其他事件，如死亡、结婚、离婚、出生、孩子离开家等情境下，微观单元是典型的以年为单位而时化的。在死亡、移民出境的情况下，个体会退出这个模型，而当（新生儿）出生和移民入境的情况下，又会有新的个体进入这个模型。

运用时化方法的前提是，需要样本中的每个微观单元在每一年里都有不同的事件发生，并且运用“蒙特卡罗筛选流程”来进行筛选，以及在运行特性的基础上进行数据预测。当模拟死亡率时，0 到 1 之间随机选择一个数字，来链接到模型中个体样本的记录里。接着，在某一特定的年份，以人口特征，也许还有特定“某个人”的婚姻特点为基础产生的死亡率，来和这一随机数字进行对比的。如果这个随机的数字比死亡率要低，那么说明这个个体是被选中死亡的。如果这个随机数字大于死亡率，那么这个被选中的人在那一年里不会死亡，并且在未来几年里都会以存活的状态出现。如果在特定国家里，25 岁的单身女性死亡率为百分之五十，那么这个动态人口模型中 25 岁的单身女性将会有一半的人都在这个岁数死亡。这些被选中死亡的对象在 25 岁时，随机数字会少于 0.005。

人口的多变可能性和其他有可能发生的事件是由官方数据样本调查来进行预测的，这些预测建立在动态模型的基础上。这些可能性通过矩形表格或计量经济计算公式来表示，但是不论是什么表达形式，其意图都是一样的——使得模型内被模拟的个体特征量变化和真实生活的人是一样的。

23 在主要的人口事件建模后，其他建立在这一基础上的人口特征量也可以被纳入讨论范围，如教育、劳动力状况、失业情况和住房所有权。在这一点上，动态时化技术已经十分有效地扩大了基础数据，这一点在概念上和静态微观模拟模型的基础数据库的使用较为相似。2000 年，动态时化已经被用于横截面数据研究；可以针对样本内每个个体，动态化制造相应的特征量，如家庭、婚姻、教育和劳动力状况等。以上问题都需要被完善，用于做基础数据的横截面数据集应该可以作为现存的税务和现金转移的资格认证或责任认证。为了模拟 2000 年税务或现金转移系统的变化及其分布影响，用于静态模型中来模拟多样政策选择的分阶段规则同样适用。

在静态模型和动态模型在统一场景中建立时，会形成规模经济。整个项目中会分别模拟现行税务、现金转移、医疗卫生体系等。这些针对体系的供选方案可以被应用于不同的人口横截面数据。这些数据通过静态时化技巧或动态时化技巧而创造。静态时化通常用于短期项目，动态时化则用于长期项目，在 20 世纪 90 年代，大量的工作都得以实施，动态时化所能提供的结果更好，甚至当其用于通常被认为是短期（比如两年到五年）的时化期间。

动态模型也可以用于开发很多静态模型无法检测的问题。比如，动态模型可以被用来生成一系列横截面数据（1995 年，1996 年，1997 年，2020 年等），也可以随着时间变化来追寻个人情况的改变。因此可以被用来表现 20 名个体在 1995、1996、1997 及 2020 年会是什么样。在这样的情况下，显然静态模型是无法使用的。这意味着，动态微观模拟模型提供了独一无二的工具来检测具有争议性的政策，如退休金、未来社会保险权益等政策的问题。动态模型还可以用于回答随时间发生的改变而出现的问题，比如“未来 5 到 10 年的贫困人口比例是否会和 1990 年相同?”

对于一些政策的应用，比如评估由于人口老龄化带来的未来卫生医疗支出，也许能够显示出 2020 年研究对象的背景特征所在的时间点的财务状况是充足的。因此，可能会认为对于医疗卫生的需求和年龄及性别是相关 24
的，2020 年的人口结构是可以承受这样的分析的。然而，政策分析家担心，这样的支出意味着，应该马上着手研究因缴税人和医疗卫生服务使用者增加的医疗卫生费用的相关政策。这样分配的影响评估需要数据的支持，比如，2020 年老年缴税人的收入分配应取决于劳动力和之前几十年的储蓄模式。回答这些问题要求使用动态人口模型而非静态模型。

在过去，出于第一年的微观单元特征量的考量，接下来每一年的模拟数据都必须得到储存，后续的分析也都建立在成百上千次的观察的基础之上，所以动态人口模型要求使用强大的计算机资源来进行计算。技术的改变意味着建模的成本已经极大降低，但是现存的动态人口模型仍旧只有有限的数据可供使用。

由于动态微观模拟模型发源于美国，大多数诸如此类的模型也在美国。第一个动态人口模型叫作DYNASIM，在1970年左右由华盛顿城市研究所开发（奥克特等，1976），经过了1970年晚期到1980年的修正，DYNASIM2诞生了（乍得温斯基，1990）。早期的DYNASIM模型用于人口及社会政策模拟，大多数用DYNASIM和DYNASIM2进行分析的情况都涉及退休社会保障项目、老年人口社会经济状况。泽德乐维斯基运用DYNASIM进行的项目包括21世纪成年人的需要、在不同假设情况下未来死亡率和健康状况的预测以及社会保障修正案的长期影响（1990，127页）。

微观分析模拟系统是一个动态模型，该模型采用了DYNASIM最初的原始操作特点，并用于一系列的政策领域，尤其是用于分析社会财富的整合和转化（史密斯和奥克特，1980）。1970年，舒尔茨完成了PENSIM模型的构建，用于分析养老金和退休金（1982）。史蒂芬教授主持开发了康奈尔微观模拟模型，简称CORSIM2.0，这是一个可以在微机平台上使用的
25 模型，使用c语言编程。这一模型现在用于模拟很大范围的动态领域，除正常的流程外还有孩童监护、家庭所有权、资产的市场价值和债务情况、消费、储蓄、牙医服务和吸烟情况。CORSIM是第一个可以在微机上运行的动态微观模拟模型，节省了在电脑方面的开支，还缩短了得出模拟结果的时间。

最后提到的是一个半动态模型PRISM，该模型由勒温研发，并被用于分析美国津贴及退休收入的问题（肯乃尔和谢尔兹，1990）。有趣的是，另外一个半动态模型，同时采用了静态时化和动态时化的方式，同样由英国研发。PENSIM被英国社会保障部门构建，专注于模拟未来补助收入的分配情况（汉考克等，1992）。

加拿大数据局用动态模型来预测医疗卫生前景（沃尔夫森，1989a）。在欧洲，德国建立了SFB3和DPMS动态人口模型（盖乐和瓦格纳，1986；亥克等，1987）。在新生儿出生率降低、老龄人口增多的情况下，选用SFB3模型来检测，站在长远可持续角度考虑，是否应该让家庭成员担当起看护老人的工作，而非让养老机构来进行这项工作。SFB3用来模拟2050

年人口及其他可能产生的变化，并显示在未来专业看护服务的需求将会不断升高。

在荷兰，MICROPOLIS 和 NEDYMAS 模型被建立起来，与此同时也在将 MICROS 这一静态模型修整为动态模型（莫特，1992；奈莉森，1991，1992）。NEDYMAS 模型被用于检测荷兰的社会保障体系对终身收入再分配带来的影响（奈莉森，1992）。瑞典开始着手构建 MICROHUS 模型，用于对税务改革进行初步分析（克勒夫马肯，1992）。在一些前共和国家，动态模型还是能够带来很大利益的。匈牙利数据中心最近在构建 HCSO 模型（盖格斯等，1989），捷克斯洛伐克拥有 DEMOD 模型，这两个都是以德国 DPMS 模型为基础的。

在澳大利亚，国家社会和经济模型中心正在建立一个动态人口模型，名为 DYNAMOD（安特克利夫，1993）。这一模型计划被用于分析退休后收入政策针对大专生的财政计划的变更，以及未来的卫生医疗和社区服务需求。澳大利亚国家经济和工业调查所完成了动态人口模型的初步建模（金等，1990）。 26

动态人口模型和静态模型面临着同样的问题，即在整合针对政府政策改变发生的行为变化及二轮反应。这听起来很奇怪，因为经济学家们通常假设，动态模型中就包含了行为变化。然而，当动态微观模拟模型捕捉到一些行为变化的种类时（比如，模型中的女性出于初次生产的需求离开工作），他们不会允许这些行为因为政府政策的改变而改变。

与静态模型相比，动态模型在结合由政策引导而产生的行为变化时面临更大的困难。针对行为反应的重要性，经济学家间存在着很大的分歧，由横截面数据获得的相关弹性并不能反映终身的或者长期的行为反应的准确性。比如海克曼和麦克科迪发现，劳动力参与与长期的意识广度有关，对未来的期待值能够改变现在的劳动力供给决定（1980，67 页）。高额薪资可能导致短期内劳动力参与度的增加（正如大量研究表明的，比如劳动市场调查局，1985a；米勒和沃尔克，1983），这也许部分或者完全补偿了工作晚期早退带来的影响。这样一来，从一个完整生命周期来看，将不会产生劳动力参与的提高。

抛开这些问题，一些动态模型还是想要模拟因政府政策的改变而带来的行为变化。PRISM 模型允许劳动力供给有所变化，这一变化通过参与劳动力的退休年龄产生，是为了回应政策的改变。除了退休收入的领域，很少去研究其他的问题了。正如奇特罗和哈努谢克所说，"在现在的社会中，行为反应几乎或者很少包含在卫生医疗政策中"（1991a，172 页）。在将动态模型同宏观经济模型联系在一起的问题上，安德森想将 DYNASIM2 与宏
27 观经济模型相结合，ICF 的宏观经济人口统计模型是退休收入研究领域里连接微观与宏观的第一步（1991，210 页）。

（三）动态群组模型

第三种微观模拟模型的主要种类就是动态群组模型，有时也被称作是纵向模型。在这个模型中，时化的步骤与动态人口模型的模拟过程是完全一致的，但是在群组模型中，需要时化的就是一个群组而非整个人口了。一般来说，一个群组的时化是从出生到死亡，随着年复一年进行的，这样一来，一整个生命周期的就完成了队列模拟。当整个过程只牵扯一到两个群组时，用动态模型得出的终身数据集就显得较为浪费了。动态队列模型得出的纵向数据集和采用动态人口模型得出的是一样的，但和动态人口模型不同的是，这些内容不能用于 2005 或 2010 年的横截面模拟。

动态人口模型可以回答未来人口结构的相关问题，描绘出一生中仅仅几十年里不同年龄群组的个体生活状况，动态群组模型一般用于模拟个体的单个群组的一生，回答的问题都是生命历史完整的前提下。法金汉姆和莱斯福指出："相反的是，动态人口模型产生了不完整的生命历史，只描绘了不同年龄群体的个体近几十年的生活。"（1992，8 页）动态群组模型尤其适用于分析终身劳动所得和收入分配，并用来决定，对于生命周期中的时间段来说，现在的状况是否是有效的再分配状况，并用来检测终身税

务收支情况和政府支出项目。

现有的动态群组模型包括加拿大数据局的 DEMOGEN 模型（沃尔夫森，1988）；德国的 SFB3 模型（海因和海尔伯格，1986 ）；挪威的 EVENT 模型（施韦德，1989）；HARDING 模型，本书第三部分会讨论关于该模型构建的问题；以及与之相关的 LIFEMOD 模型，这一模型由伦敦政治经济学院福利项目研发（法金汉姆和莱斯福，1992）。

在加拿大，DEMOGEN 模型用来评估加拿大魁北克养老金计划覆盖下 28
的包括家庭主妇在内的人群的经济和收入分配影响（沃尔夫森，1989b），以及检测家庭主妇的补助在长达一个生命周期的时间里的再分配影响（沃尔夫森，1988）。在德国，SFB3 动态群组模型被用来分析教育资源转移、个人贡献与德国法定养老系统之间的再分配等对终身再分配的影响（海因和海尔伯格，1986）。LIFEMOD 模型用来检测税收和社会保障在整个生命的生命周期带来的分配性影响（法金汉姆等，1992）。当同时进行两组甚至更多的群组时，动态队列模型可以自行调整，从而达到一代与一代之间的平衡。

三、动态微观模拟模型的问题

在动态微观模拟模型建模的过程中，面临着大量的挑战。这类模型的建立过程往往需要耗费大量的金钱，并且同时需要大量的人力资源支持。但是从现在的情况看来，由于之前积攒的经验、技术知识的传承，还有电脑硬件软件的提升，构建这样的模型耗时已经有所下降。最原始的 DYNASIM 模型需要消耗 12 个人一整年的时间来构建。荷兰的 MIKROPOLIS 和 NEDYMAS 模型分别需要每年消耗 6.5 和 4.5 个人来构建（莫特，1992）。HARDING 模型需要耗费 3 个人数年的时间。同样，英国的 LIFEMOD 至少要消耗 3 个人数年的时间来投入使用。最近匈牙利在 DPMS 模型的基础上进行实验，发现其模型的法则可以直接应用到其他国家，这样一来便可以大幅缩短构建时间（亥克等，1987）。动态模型的构建仍旧需要大量的时间以及可靠的数据来源。

模型构建者在构建动态模型的过程中在软件方面遇到了很多问题。在最初版本的 DYNASIM 模型中，编程者需要写很多自己的程序，正如海尔韦格指出的，微观模拟模型要求软件反应快速，具有灵活性、轻便、用户体验好、容易理解和编写等特点，并且发展该模型的费用是可以接受的（1989c，4 页）。动态模型面临的众多问题之一就是，由于模型通常比较难以导入新的平台，以上几乎所有目标都是比较难实现的；动态模型还面临着难以理解、难以持续使用或者进行编辑、运行起来很费钱等问题。也有
29 人建议，应该针对微观模拟模型发展特殊的编程语言，但是这一流程实施起来并没有那么快（海尔韦格，1989c，28 页）。然而，以目标为导向的语言发展减少了模型构建者和软件之间的问题。

使用的复杂性以及缺乏记录是使用动态模型时会出现的其他困难。由政策机构构建的模型，分布估计需在十分严格的时间框架中，详细的文件记录并没有被放在非常重要的位置。即使在政府之外，相关记录都没有受到一定的关注。奇特罗和哈努谢克在回顾过英国微观模拟模型后，总结道："微观模拟模型的主要记录都用于进行政策分析，这也体现了诸多缺点，会对用户明确模型的输出结果有一定影响，同时也会影响到牵扯其中的相关人员，评估自己是否要成为其用户社区中的一员"（1991a，269 页）。

谈到模型的维护，尤其是动态模型的维护，已经成了一个比较严重的问题。一旦不对数据进行更新，模型很快会被淘汰。维护成本一直是比较高的，不论是在政府内部还是外部，低估模型的维护成本会导致很多模型无法再继续投入应用。因此在初步规划动态模型发展成本的时候，就应该将这笔维护费用纳入考量，与此同时也应将大量的电脑成本计算在内。

也许模型构建者所面临的主要问题并不是这些，而是在构建过程中能否得到可用的可靠数据。动态模型得出的数据要和基础数据一样清晰明

了。数据的种类要求广泛并且处于理想状态，比如，每个年龄段的死亡率、性别与社会经济状况；由年龄、性别、教育等级和前婚姻状况而定的结婚可能性；由年龄、性别、婚姻时长以及孩子的年龄和数量而定的离婚可能性；由年龄、性别、教育、婚姻状况、孩子的年龄、是否残疾、现在处于劳动力状态的时长和前劳动力状况而确定劳动力参与；由年龄、性别、家长的社会经济状况以及前教育情况来确定小学、中学和第三类机构的参与率；由年龄、性别、婚姻状况、工作时长、前期收入、受教育程度来定收入数据。即使是上面这样简单的列举都能说明动态模型对数据的需求量十分巨大。

对于动态模型的各个参数来说，并不要求横截面数据是精确的，因为每种情况间的转换可能性是很难把握的。在住房情况的建模过程中，比如，横截面调查的数据并不充分，这些数据只能体现出作为自主业主、私 30
有租赁者、公共租赁者、有两个孩子的已婚夫妻在各个年龄段的比例。在模型中真正需要的数据是每一种家庭住房使用权的情况，这些需要根据相关的特征量来判断，比如年龄、收入、教育、家庭状况、现在的住房使用状况的时长、家庭环境的改变，如结婚离婚等。

模型是用来捕捉随着时间改变产生的转换率，纵向数据对个人情况的可用性尤其重要。因为许多相关的转换概率是建立在特殊情况的时长或者前一年状况基础上。比如说，在模拟未来几年的劳动力留存的可能性时，需要两个分开的时间节点的劳动力状况。但是，一些调查显示，在工作状态的这几年间，对工作的时间长度影响是持续的，我们会需要过去 10 到 20 年的面板数据或回顾数据等。

同样，有证据显示，失业的发生是非常集中的（经济与合作发展组织，1985），所以那些在过去某些时段失业的人士与其他个体相比，有更高的失业可能性。在动态模型里，去年的个人失业情况并不能很好地应用在现行的失业情况上。这样的方法呈现出的模拟状态下的世界是这样的：有很大一部分人都要在他们的生命过程中经历几次失业，而不是更少数的人在他们的生命过程中经历长时间的失业。

包括澳大利亚在内的许多国家，面板和召回数据并不是随时都可以获得的。因此，动态模型中，多样转换的可能性都是建立在纵向数据的基础上，这些纵向数据来源于其他国家的一些调查，这些调查中涉及的数据都是现行状况下或者是前几年的，也有可能是包含了某种特征量（比如婚姻）的年度数据。可以根据其他国家提供的纵向数据结果（比如预测机制）来调整概率，这样的机制明显无法使人满意，并且会减少模型在某个未知方面可预知的准确性。

即使数据可以用来帮助构造在动态模型中可以使状况改变的概率或者
31 功能，学术研究使用这样的数据通常是不能在动态模型中被直接转化成概率的。比如，一个经济学家想要预测，在其中一个可解释变量没有出现在动态模型里时，劳动力供给功能是什么样的。这样的话，这个功能就无法在模型中预测。预测等式可能太宽泛，并且会破坏模型。再比如，如果一部分劳动力退出，剩余的一部分又缩减了工时，那么使用这个功能会造成平均工时的减少，并错误地导致如上述情况的发生（奇特罗和哈努谢克，1991a，174 页）。

当需要纵向数据来设定动态微观模拟模型时，与变量有关的大量近期的横截面样本调查也十分有用。比如，在面板研究开始的时候，一个国家的高等教育人口比例会出现实质性的增长。在为高等教育利用率建模时，动态模型会将横截面数据和纵向数据进行交叉使用，利用不断更新的横截面数据（利用如年龄、性别等变量），来确定第一年受高等教育的人数比例。通过面板数据，来得到剩下的会继续进行第二年和之后几年高等教育的人数比例。虽然不清楚这一情况是否在其他国家发生（奇特罗和哈努谢克，1991a，57 页），但过去的十年里，美国数据调查经费的减少已经成为了一个问题。

不论是用纵向调查还是横截面调查的方式来设定动态模型的参数，这些模型都会包含原始调查中所有样本和编程失误部分，这样一来，运用到模型中的所有数据都是经过深思熟虑的。抽样调查会受到一些问题的影响，比如群体内的弱势群体和自主创业者，一般会产生的无应答率。这类人对收入相关的问题，比如收入金额、自主创业投资和收入来源，以及一些额外的福利通常都不予回答。较大的样本数量也是一个问题，人群会被大量的解释变量分层，很多真实存在的变量也会在模型中充分体现。举个例子，美国的收入和计划参与调查在开始的时候就为微观模拟模型的参数设定提供了可供参考的数据，但是由于该调查的样本体积较小，所以并没有得到实现（奇特罗，1991）。

大多数国家并没有一个大型调查是可以包含所有构建动态模型时所需 32
变量的，但这些调查都分别涵盖了十分明确的领域。在这样的情况下，数据对比技术已经可以完成数据的合并和输入等工作，对于特殊的微观单元，第一个调查会包含收入的支出数据，第二个调查会包含微观单元的健康情况数据，第三个则会包含劳动力数据（科，1991；克勒夫马肯，1983；帕斯，1986）。也会有补充数据来填补调查之间的空白。加拿大的静态微观模拟模型就是一个例子，整个模型的建立基础是一个原始抽样调查，这个抽样调查中的小样本都是高收入人群（因为这部分样本有十分高的无应答率），所以，高额收入所得税总集里，关于高收入人群的综合记录和原始记录就合并在了一起。这样的数据合并以及替换丢失数据的方式，在最近的研发创新中仍旧在使用过程中，在产生偏差之后，真正合适的研究程度和方向仍旧尚未确定。

除了上述问题之外，所有的动态模型建造者都在研究过程中，试图避开由年龄、群组和时间周期带来的影响，采用何种方法达到这样的目标对于建模者来说还是一个比较重要的问题（摩根和邓肯，1986，359 页）。随着个体年龄的增长，由年龄这一变量带来的影响也在不断改变，比如成年人的社会经历越丰富，收入就越高；女人的年龄越大，生育率就会越低。在关于年龄和收入分布的横截面研究中，随着时间的改变，分析图的形状也随之改变，这样的改变产生的原因，并不仅是由于下文中讨论的群组的构成，或是由时间段选择的影响而产生的。而是由于在年龄与职业关系的研究中，样本职业构成、高等教育劳动力的需求等的改变产生的独立影响（维斯和利拉德，1978）。换句话说，年龄与任意相关变量（这里以收入为例）之间的关系不是固定不变的，可能会随着时间而发生改变。

群组效应是指对出生在同一年或相近年的单一组群个体产生的影响。以美国经济学家伊斯特林为例，他曾经提出，那些出生时刚好赶上大群组的人，比如战后的婴儿潮，由于面临恶劣的经济环境和当时社会情况带来的许多压力及引发的后续问题，会面临更高的失业率、更低的年龄与收入增长率、晚婚及低生育率（1980）。同样，伯格（1985）最近发现，在最初进入劳动力时，较小的群组要比大的群组多一些收入，随着调查研究的不断增加，群组的大小带来的负面影响也逐渐加剧，大群组相比小群组而言，其年龄—收入情况则变化较小，呈现平稳趋势。

33 群组效应的重要性在图 2.2 得到了明确的体现，1970 到 1975 年，法国 21 到 25 岁的男性在五年之内的平均薪资增长远超过同期 51 到 55 岁的男性群体。换句话来说，在这五年期间，年轻群组的表现远远好过年长的群组。同样，越来越多的证据显示，20 世纪 80 年代的工业化国家中年群组的薪资增长要高于同年代的其他群组（波尔兰，1992；古特沙克，1993）。

期间效应指的是，由于生在一个非常特殊的时间段，会影响到同一时间段内并存的多个不同群组的效应，比如经济大萧条、战争或者经济蓬勃增长时期。比如说，某一时期的经济增长率为 3%，那么同时期可以获得报酬的人就会希望他们的薪资也可以增长大约 3%（莫斯，1978，124 页）。然而，当经济增速为零或者只有 1% 时，所有的群组都会经历一个更为缓慢的经济增速。

特点群组的终身收入总额，在很大程度上取决于这一群组特定生存的那几十年（拉格勒斯和拉格勒斯，1977，122 页）。期间效应的特点在图 2.3里有十分详细的阐述，图 2.3 的内容完全建立在图 2.2 的基础上，

1955 到 1960 年间，所有的群组薪资都有所增长，但其增长都低于相近几年的表现。

在设定动态微观模拟模型的参数时，年龄、群组和期间效应的影响所带来的问题已经延伸到模型的各个方面，不仅是关于收入这一参数。比如，当给婚姻状况建模时，可以参考 1986 年 25 岁、26 岁、27 岁的女性婚姻状况。这些是某年的年利率（概念上等同于图 2. 3 所示横截面研究中的瞬时数据）。好处就是这些数据可以通过官方公布的数据来获得，但是对于短暂的期间效应来说这些数据易于受到影响。因此，如果只能取得横截面数据，那么由于群组和期间效应的影响，测算由年龄这个因素引起的独立影响就比较困难了。

另一个选项就是通过真正的群组来获取结婚率，并且通过这一方式来给生命周期模型设定参数。比如，获取 1986 年 25 岁、1987 年 26 岁、1988 年 27 岁等以此时间类推的女性的结婚概率（在概念上等同于图 2. 2 中所展示的）。当这些群组率有了准确的端口，一个个体群组的生命周期的走向就一定是不完整的（我们并不知道 1960 年出生的女性到了 35 岁会怎 35
么样）。

另外，由于这些群组不太可能被其他的群组所复制，因此特定的群组有可能会被大量的期间效应所影响，比如，在 1976 年澳大利亚出台了家庭法法案后，离婚率激增，因此以这一时间段数据为基础的模型，都会多多少少受到非常强烈但是暂时的期间效应影响（雷蒙德，1987，38 页）。一旦这些暂时性的高离婚率数据被用于动态微观模拟模型中，那么就意味着，该模型里的多数微观单元都会以离婚的状况出现，并且这些以离婚状况出现的微观单元比例会远高于真实世界的情况。

对于微观模拟模型的建模者来说，用于设定动态模型参数的大多数数据来源，都能够反映年龄、群组和期间效应综合起来引发的后果，这些影响是无法被轻易拆分的。也就是说，如果有人使用纵向数据来设定参数，那么期间效应就无法受到建模者的控制，群组效应的基础就会变成未来其

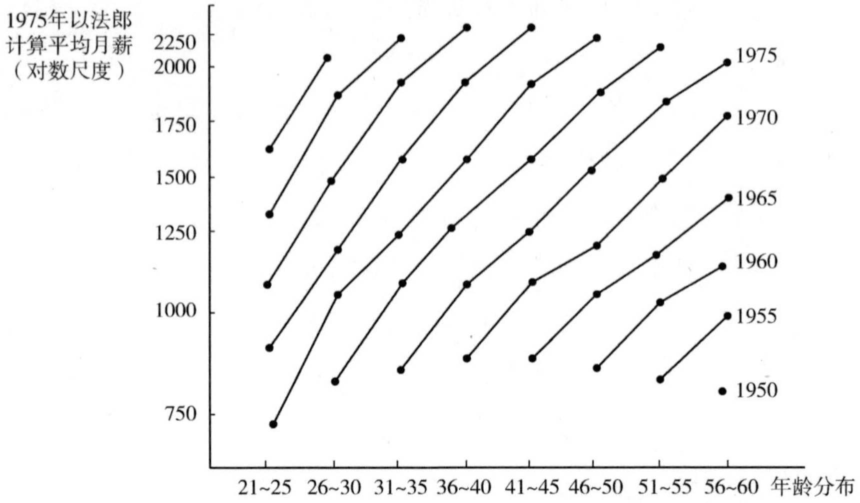

图 2.2　不同年龄的薪资水平：纵向群组数据

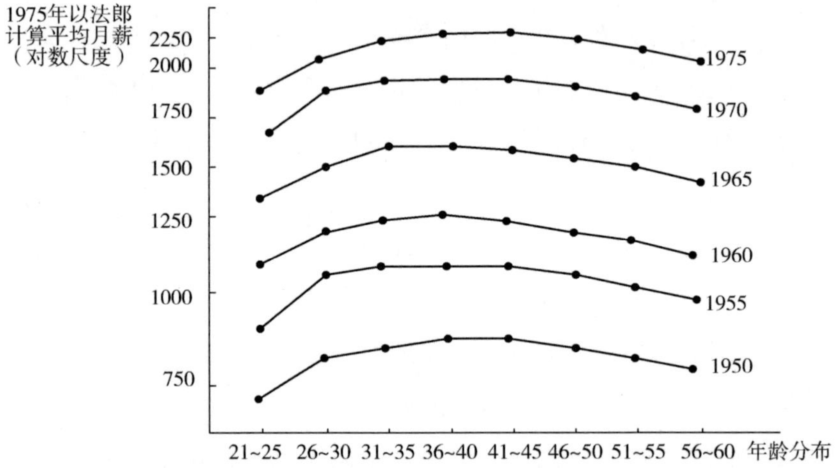

图 2.3　不同年龄的薪资水平：横截面数据

来源：保德罗特（1983，102 页）。

他群组的复制品。另外，如果建模者采用了横截面数据，那么群组效应就不能被有效控制，期间效应就会被不同寻常的历史环境所影响。通过多年对数据的研究，有可能将不寻常的群组或期间效应进行矫正，除了接受世界的所有变化，这个问题没有一个真正的解决方法，不论多么透彻的面板调查或横截面调查数据，都不能为未来的行为研究提供精准的指导，也没有一个完美的方法来应对未知的未来。

实践过程中，然而，动态微观模拟模型的一大优势就是它的潜力，即强大的灵活性。政策制定者可以通过模型来针对未来趋势和参数的变化，制定所需要的。比如，生育率过低，并影响了特定某一代女性，使得这些人推迟5年生育第一个子女，那么这个模型中的生育率是可以酌情增加的。如果劳动力市场的专家们相信，已婚妇女的劳动力参与率在接下来的20年里将会增长，那么现存的生育率则会适当地出现膨胀的情况。一旦有不同意这一观点的言论，比如，新政策对退休年龄、支付预期退休金的费用等一系列的影响都可以通过模型实现，这样细致的分析可以为有可能产生的费用提供一个指导。

与数据上的问题比起来，其他的问题也许显得并不那么重要，值得一 36
提的是以家庭和住户为单位的研究单元不适合用纵向分析法来进行分析。因为两者都对构成有非常大的改变。基本上要随着时间来追踪一个家庭的数据是基本无法完成的，比如说，一般一个家庭的构成是一个丈夫、一个妻子和两个孩子，在离婚的情况下，这样的家庭会被分成两个，其中的一个或两个人同时再婚，就会组成新的家庭，随着孩子离开家开始他们新的生活，家庭就会再度被分开。

在那样的条件下，将新的已分裂的家庭纳入同样的家庭单元中很明显是荒谬的。另外，家庭构成是任何生活标准评估过程中无法忽视的，因为这一点对于福利和补贴来说有着很大的影响。因此，一个没有收入的单身女性和一个有着低收入的已婚女性相比，两个人的生活标准是完全不同的。为了解决这一困难，邓肯和希尔提出“以一户人作为测算的单元，但是……以个体为单位进行分析，每一户人家的个体特征量，是和他或她所居住的这一户人家息息相关的”。

这样一来，动态模型才能将个人生活标准的变化带来的影响纳入家庭构成的考量。大多数的模型都仅包含在整个结构中存在的个体以及核心家庭，因此只有包含单身成年人、有孩子或者没孩子的已婚夫妇才能用模型计算。即使将那些父母有可能回到孩子的家庭并与孩子一起居住的相关可能性都建立在模型之中，是个比较简单的事情，但是有着多种收入来源的个体住户和近亲或者远亲（比如祖父母）通常都不纳入考虑范围。由于现在关于老年关怀以及在老龄化人口上支出的费用不断增加，这一情况有所改变。大多数模型都建立了可追踪的亲属关系网络，这样有利于双亲、孩子和兄弟姐妹之间的关联。

四、总结

过去十年里，微观模拟模型在分析社会和经济政策的变更上，得到了越来越广泛的使用。然而，其中的大多数工作都应用了静态模型，并且被
37 局限于税务或现金转移体系的变化评估中。在过去，动态模型并不常见，即使在过去十年里，一定数量的新模型已经被建立了，动态模型还是会主要用于分析退休收入的问题。

微观模拟模型在和其他分布型分析模型做对比时，有着明显的优势。微观模拟模型可以对政策改变为子群带来的影响给出更加详细精准的预测，也有着极具潜力的灵活性，且易于分析，可以供研究者有更多的参数及输出选项。

但是，微观模拟模型，尤其是动态模型，也面临着严重的问题。电脑的软硬件、储存记录、有效性和数据维护都有很多问题，最难解决的还是可用建模的数据不好寻找。现存数据的不足明显限制了这些数据和最终模拟结果的匹配。确实，这本书的第三部分为那些想要构建动态模型却数据受限，没有全面面板调查的人提供了帮助。不管怎么说，我们希望只要数据能越来越多、越来越完善，那么这个模型一定也会不断进步。另外，除去这样的不足，人们很难想象还有别的方法能像动态模型提供如此丰富的内容。

注释

1. 加拿大，参见沃尔夫森（1988，1989a，1989b，1989c），波比（1990），莫里森（1990）；丹麦，参见经济事务部（1991）；英格兰，参见阿特肯森和苏瑟兰（1988），苏瑟兰（1991），汉考克和苏瑟兰（1992），社会保障部门（1990）和强森等（1990）；芬兰，参见萨洛玛奇（1990）和尼尼瓦拉（1992）；法国，参见阿特金森等（1988）；德国，参见莫特（1992），盖乐和瓦格纳（1986）；匈牙利，参见杰洁斯等（1989）；意大利，参见鲁嘉乐丝（1990）；尼德兰王国，参见莫特（1992）；新西兰，参见布劳德（1982）和普莱布乐（1990）；瑞典，参见埃里克森等（1990），埃里森和泰马兹（1992）。针对美国的情况有很多不具名的参考，包括奥克特等人（1986），路易斯和麦克（1990），奇特罗和哈努谢克（1991a），海夫曼和霍伦贝克（1980）。

第三章　哈丁模型的主要特点

一、简介

在第二章，我们探讨过动态群组的微观模拟模型是以出生在同一年或邻近几年的个体群组为研究对象的，这一研究是根据时间的不断向前而进行的。这一章节将会描述哈丁（HARDING）动态群组的主要特点，如果想要继续第四章到第七章中结果部分关于参量的学习，那么了解这些关键特征是必不可少的。 39

哈丁模型是本书第三章主要解释的内容，包含 2000 名男性和 2000 名女性的疑似邻群组。模型中的这些个体的一生都被追踪记录了下来，从他们出生，到经历人生的重大事件，比如上学、结婚、失业，再到死亡。这个群组诞生于 1986 年，并且覆盖了 95 年之久，在这么多年里，几乎都没有什么改变。考虑到结婚和生育率、劳动力参与程度、接受教育人数的比例等在未来都受到各种不确定因素变化的影响，这就意味着，在建立模型之初，应该假定大的社会环境处在“稳定状态”。

这个模型的第一版，并没有旨在预测 1986 年澳大利亚诞生的群组的真实经历。而是在寻找以下几个问题的答案：如果人口、劳动力、收入和其他的人口特征量，以及 1986 年正在使用的政府政策保持 95 年不变，那么收入的分配是什么样？政府的政策安排又会如何来对收入进行再分配呢？因此这个模型还不是真正意义上的动态，它还允许在出现因外因引起的意外时，可以作出行为的改变，或者改变失业率的参数（当然，如果所有人能在行为模式变化的重要性或者塑造未来世界的模型上达成统一意见，那么，上述变化都将可能发生）。

虽然刚开始接触的时候会觉得这个处于恒稳态的假设是不现实的，但也确实是评估政府现行政策以及这些政策带来的改变的一个最有用的标准。正如萨默斯 1956 年指出的，收入分配的多少并不稳定，未来会发生什
40 么也没人知道，这就使得过去的终身收入再分配数据，对今天的收入再分配研究作用不大。萨默斯在稳定的或者“潜在的”收入分配的构成中看到了极大的潜力，这一潜力能够回答在现存的经济状况和政府政策下，关于终身收入分配的问题（1956，4 页）。同样，在评估现存的或者有可能实行的政府政策带来的影响时，加拿大 DEMOGEN 和西德的 SFP3 动态群组模型中的设定，使我们处在一个恒稳态的世界（海因和海尔伯格，1986，63 页；沃尔夫森，1988，233 页）。

哈丁模型中的模拟过程，产生了本书第二部分呈现的结果，细节部分会在第三部分进行阐述。然而，总的来说，每年每个个体的建模特征量包括了死亡率、结婚率、离婚率和生育率、是否残疾、学前教育率以及个体在小学、中学及高等教育的不同出勤率；劳动力参与率，其中包括了每年的工作时长及失业时长，还有收入或其他来源于投资、利息、租金、分红或养老金的其他私人收入。另外，女性获得的赡养费也要纳入模型中。

模拟上述的几个因素时，需要大量的数据来源，一个非常关键的来源是 1986 年由澳大利亚数据统计局发布的收入分配调查。这一调查在微观数据调查中是可用的，并且可以延伸至劳动力参与和收入的模拟中。在模拟过程中很多变量的定义，比如“受雇”和“失业”都有必要和澳大利亚数据统计局的数据相同（附录 1 中收录了调查的关键特征和对变量定义的总结）。任何的样本、代码和其他在调查中呈现的错误都会在模拟过程中重现。另外，被制式化的人口是从哈丁模型以及统计调查中剔除的，老龄人群从家到养老院的数据也不纳入考虑。

41 住房情况也不会在这个模型中模拟，原则上是由于收入分配调查机构（或者其他机构）中没有准确的相关数据，没有准确的数据就无法估算澳

大利亚的动态住房情况。很不幸，这就意味着住房对于一生福利的重要影响无法被捕捉，估算的净租金收入就不能被纳入家庭收入的定义之中。

根据西蒙的经典定义（1938），在模型中，只模拟了工资、投资、养老金和赡养费等的收入来源，是无法全面满足模型中对收入的要求的。不仅是因为模拟的元素都不是特别重要，而是因为有一些无法实现的资金收益、额外福利、估算资金收入、家庭损耗的产品价值、估算的休闲活动的价值，都是不被计算在内的（穆恩和斯莫伦斯基，1977；斯特夫斯基，1973）。很难将上面这些都纳入收入基础上，这一点是肯定的，就像英格尔指出的那样，“其中一些，或全部的因素都能够给测量收入分布的形状带来深刻的影响，就像测评政府政策实行下再分配带来的影响一样”。

二、模拟政府带来的影响

这个模拟模型中，包括了澳大利亚政府现金转移政策和收入所得税的许多重要特点。从结果来看，澳大利亚的社会保障体系和许多经合组织国家的体系都大不相同。澳大利亚政府并不监管社会保险体系，比如，失业保险和退休养老金是独立于先前的职业基金分配的。而且，那些被纳入收入审查和经常被纳入资产审查的人，通常收入金额都是很高的，并且这些收入和先前的所得无关。

比如，那些失业的人有资格获得失业补贴，这些人的现有收入已经通过收入审查，并且不被之前的收入所得影响其获得失业补贴的资格。年长者在经过入息审查之后，就有资格获得养老金。和经合组织其他国家不合格的社会保障体系相比，澳大利亚的体系更符合安全保障规定，由社会保障部所支付的 15 亿中，有 98% 用于收入维持、现金福利等，这些都是被
估算进模型中的。另外，由就业、教育和培训部门支付的教育现金转移的 42
85% 的金额都会被估算进模型中。

从税务的角度来看，澳大利亚 1986 年的所得税体系和经合组织其他国

家基本一致，有免税部分、承担边际税率的部分和由团体原因而进行税务减免，比如单亲家庭、受抚养配偶以及需要通过社保生活的人等。在需要缴税的收入中，征税的1%的医疗保险（作为医疗服务基金）也将纳入模型考虑。和其他经合组织国家不同，澳大利亚的缴税单位是个人。1985～1989年51%的联邦政府收入来源于所得税。

值得庆幸的是，在进行情况模拟时，只需要研究所得税体系的主要条款，这仅是终身再分配对所得税体系的一个非全面分析。比如，在澳大利亚的业主自住家庭是有着非常优厚的税务待遇的，这一点一直很有争议（耶茨，1991）。但澳大利亚不如英国的政策宽裕，在英国，房贷减税政策是存在的，但是不针对业主自住人群会产生的估算租金而进行税收。第二个值得注意的是，在许多税务支出，尤其是对职业养老金的税收补贴是排除在外的。这样的税务支出是很难被建模的。然而，在后面讨论所得税部分的终身支出时，包含在税收支出中的内容是会对结论产生影响的。另外，在最初的模型中，是没有考虑模拟间接税支出的（虽然有过这一打算——见哈丁，1993a）。

从服务的角度考虑，使用者只有从教育服务中才能有所受益。之前没有人做过努力，来模拟健康和福利服务带来的终身影响。由政府出资，在学前、小学、中学和高等教育学校提供给每一个学生的服务，从模型看，只有使用过这些服务的人才会从中受益。这些资源会对直接使用者而非他们的父母产生益处（换句话说，当作为样本的合成群组都是年轻人时，他们是可以从初级教育中获益的，当他们自己有了孩子，那么他们就不能从他们孩子的教育服务中获益了）。

三、模型的限制

当实施这种分析时，会遇到很多难题，当下列结果呈现出来的时候，
43 这些难题的重要性就不言而喻了。如同第二章所讨论的，数据的可用性，

和微观模拟模型建模者使用时的数据质量是很重要的问题。对于澳大利亚的大多数人口来讲，纵向数据是不存在的，因此，在遇到哈丁模型的多个情形时会有哪些可能，是根据不够精确的数据来源进行预测的。即使有很多建模者想要实现这一模拟转换，但是没有任何方法可以检测或证明，结果显示的动态结果是和澳大利亚人真正的人生轨迹相符合的。

同样，也有一系列重要问题需要被纳入考量。第一个问题，正如前面所说的，虽然我们希望在不久的将来，能够将间接税和政府服务支出纳入模型进行考虑，但是却在评估政府影响时受到了联邦政府对现金转移和所得税的限制。其大致结果在本书中呈现（除了某些地区的教育），因此就需要研究清楚由联邦税收转移体系的主要条款催生的现金收入，是如何实现终身再分配的。

如果这个分析包括了间接税、其他税务支出或者服务支出，那么很有可能对于政府行为导致的再分配，或者关于终身收入分配的结论会不同，这里的收入分配包括了会产生的政府服务的估算价值。其中包含的州政府与当地政府的税收和支出也有可能影响结论。虽然如此，所得税的影响是限制分析的主要原因，现金转移似乎是有意义的，这些方法都是现代社会用来达到收入再分配这一目标的。

第二个问题是在评估政府对收入再分配产生的影响时，由政府行为而导致的收入分配必须与这些政府行为之前的收入分配进行比较。这就立刻引发了另一个问题，这里所说的“政府行为之前的收入分配”基准是什么，或者在反事实的情况下是什么。即使遭到了猛烈的抨击（雷诺德和斯莫伦斯基，1977），通常用来参考的点是“在完全无政府”的情况下，凭借着原始的税前及现金转移前的收入，测量了政府再分配带来的影响。换一句话来说，所谓的“之前”的基准就是生产要素收入（个人来源，比如公司、薪水、投资和自营收入），在收到政府的现金转移之前和缴税之前。很明显，生产要素的分配在无政府情况下会保持相同的假设是不成立的，这样的假设在这类研究中是一个隐藏的疑点，因为没有可用的数据来证 44

明，澳大利亚的生产要素收入的终身分配会在政府莫名其妙消失的情况下改变。

第三个问题是关于现金转移和所得税支出的。在本次研究中，像其他的支出研究中实行的标准一样，现金转移的受益者是那些为此付过钱的人（如，中央数据局，1990；雷诺德和斯莫伦斯基，1977，39 页）。然而，这并非是没有争议的，比如，在澳大利亚有些人会说，政府对家庭津贴部分的支出等同于丈夫、妻子或他们的孩子所花费的金额，而不是仅对于作为一个家庭收入掌握人的妻子来说的。这些可以选择的选项并不是简单易选的。比如，一般补贴金额的缴纳人是一个家庭中的男主人，但是澳大利亚政府有明确的规定：家庭主妇作为家庭津贴和补助的接受人。同样，在孩子身上发生的津贴等项目也并不十分明确（巴罗，1974）。因此当对不同情况的发生会带来的影响作出假设时，要求分析过程十分精细，这就使得本书使用了标准的发生假设。

相似地，所得税所带来的负担，发生在那些有法律义务进行缴税的人身上，有时候部分人群也会促使税款的提升（布雷克，1974，179 页）。同样重要的是，有法律义务缴税的人应没有任何的隐藏收入，或者可能会产生避税逃税可能的行为。另外，在最初的模型版本中，即使所得税的金额会扰乱消费者的选择，并产生额外的负担，收入所得的赋税金额和应收税款的金额都应该是一致的（巴拉德等，1985；巴斯坎德和波特，1986，364 页；皮吉特，1987）。

模型中的第四个问题是，贴现率和经济增长率应是相互抵销的。换句话说，每年多种形式的个人收入的总和应该和终身所花费金额差不多。因此，终身收入总额应该是每年的收入之和。这就意味着，不论在你年轻时，还是年老后，你的每一美元的收入实际都是等价的，这跟现实生活中对终身收入的研究刚好相反。在现实生活中，贴现率使得年轻时的收入所得会远远高于年老后的收入所得（费斯，1971；利拉德，1977；理查德森和汉考克，1981）。贴现率不仅反映了对于个人来说，现在的收入比未来

收入更有利，同时也表明了在生命周期的早期阶段获取的投资收益具有很 45
大经济优势。

然而，在这样的研究中使用贴现率，使经济增长抽象化是有问题的。因为横截面数据是用来设定多种收入和所得参数的数据的，在真实的收入里，年度增长其实是存在的，现实世界的经济增长可以被抽象出来。由于经济增长，模型中的薪资增长是含有虚假成分的，在模型中的其他多种参数是如何变化的也尚不清楚。比如，如果真实的薪资增长和其他的收入是作为参考的，那么多个社会保障收入测试就应该被提前要求每年进行调整，否则的话合成群组一旦发生了比例减少的情况，那么这个比例就可以被纳入现金转移部分带来的收入测试。像支付养老金的最大金额这样的参量每年也会增加，否则养老金的金额也会减少比例至正常收入的金额（由于经济的稳步增长，收入也会稳步增加）。

税收的规模也将需要进行调整，如果保持不变的话，那么随着时间的变换，收入中需要缴税的比例会大幅增加。同样，如果真实的薪资有所上涨，那么据推测大学教职工的薪资也会上涨，这样一来，模型中每年关于每种教育的估算费用也会随之增高。

由于上述的原因，要估算经济增长是非常复杂的一件事，具有稳定特性的真实世界看起来更好理解，至少在模型的第一轮看起来是这样的。这也是加拿大和西德动态群组模型所实践的内容，这两个模型中，都体现了经济增长率和贴现率的相互抵销（海因和海尔伯格，1986，63 页；沃尔夫森，1988，233 页）。

如果经济增长是抽象化的，那么还会出现贴现这样的说法吗？在现实世界，在经济增长的趋势下产生了通货膨胀，根据这样的情况调整过的收入也是有所增长的，20 世纪 60 年代和 70 年代的增长率大概是每年 3%（莫斯，1978，124 页）。这就是从经济角度看，在真实的税率高于真实的收入增长的情况下，为什么说收入得到的时间越早越好的唯一理由。从经
济增长中抽象所得的模型里，真实的贴现率和经济增长的税率对模型里应 46

用的贴现率不会产生任何作用，也并不确定贴现率是高于经济增长的税率的。因此，现在来看，真实的贴现率应该有一个非常精准的估算，它的数值应该等于真实的收入增长，这样一来两者就可以相互抵销了。然而，分析这个模型和其他模型中假设的贴现率有何不同，会让这个领域的话题在未来的模型探索中更加有趣。

第五个问题，是个人的终身收入总额是一笔不小的数目，会扭曲对不平等的收入分配的判断。一些合成群组有着很低的终身收入，是由于这些人死亡年龄较早，而不是因为他们的收入较低。更重要的是，忽略他们很明显的低收入，这一群体也是最小社会保障现金转移的接受者（死亡年龄离领取养老金的年龄较远），这样就会给终身现金转移所得的累进税计算造成假象。

所有的问题都在表 3.1 中阐述，这一表格涵盖了两个分别名为哈利和珍妮的个体的情况。哈利在一生中获得的收入为 80 万美元，珍妮则是 100 万美元。如果要用终身收入来衡量谁曾经比较穷谁比较富有，那么我们就可以得到，珍妮的收入远高于哈利，明显比哈利的境况要好。

哈利一生中的现金转移所得为 5 万美元，占了他全年收入的 6.3%。相反，珍妮收到的现金转移额数为 9 万美元，占了她收入的 9%。因此，用终身收入来进行测试的方式表明，可以推断一般收到现金转移金额更多的个体会更有钱，先转移金额的分布会根据税率而递减（也就是亲富人）。

然而，缺失的信息是哈利 50 岁因心脏病过世，珍妮活到了 90 岁。因此，在哈利成年的每一年（15 至 50 岁），都会收到 22,857 美元的收入。而按照寿命的长度来计算，珍妮从 15 岁到 90 岁，每年仅收到 13,333 美元。在成年期间，两个人每年的现金转移收入金额，占成年后每年收入的百分比和之前是一样的，哈利为百分之 6.3%，珍妮为 9%。

在生命周期中，调转珍妮和哈利的相对位置，他们收到收入的时间段不同，会给结论造成一定的影响。也许现在有人会说，因为珍妮比哈利穷，并且她的收入大部分来源于现金转移，那么现金转移体系是不断进步

的。如果模型中的个体有着不一样的生命轨迹，那么就很难判断到底这个 47
人的收入是生命中哪个阶段得到的。

表 3.1　生命长度对终身收入衡量带来的影响示例

	哈利	珍妮
一生收入总和		
总终身收入	800,000 美元	1,000,000 美元
终身现金转移收入总和	50,000 美元	90,000 美元
现金转移收入占终身收入的百分比	6.3%	9%
考虑生命长度[1]		
从 15 岁到死亡期间平均年收入	22,857 美元	13,333 美元
从 15 岁到死亡期间年平均现金转移收入	1,429 美元	1,200 美元
平均现金转移收入占平均终身收入百分比	6.3%	9%

(1) 哈利在 50 岁的时候死亡，因此他的终身收入应该按 (50 - 15)，或者 35 平分，按照这样的方法测算其收入。珍妮在 90 岁时死亡，所以她的终身收入应该按 75 平分。

通过设定所有个体死亡年龄一致，其他的一些终身微观模拟模型则避开了这个问题。在戴维斯的模型中，每个住户组成都是 20 岁一起成立家庭，75 岁一起死亡的丈夫与妻子组合（戴维斯等，1984，636 页）。相似地，在布林德模型中 18 岁为所有个体的收入起始年，这些个体寿命长度大概为 54.7 年，约 73 岁时死亡（1974）。西德 SFB3 动态群组模型中选用了年龄—性别—家庭状况来设定死亡率，或在同一个年龄终结所有的群组数据，已经发表的研究是将所有个体的终身收入都进行了调整，将所有个体的死亡年龄进行了统一，避免了上述问题（海因和海尔伯格，1986，63 页）。

然而，在合成群组中为了研究模型而规定死亡年龄，其实并不是对真实世界的准确反映，反而年化生命周期的方法在被不断完善才是更好的选择。首先，死于 20 岁之前的个体应该被剔除，因为这样的群体大多是还没有进入劳动力市场的，这样就不会产生任何的年化收入。

其次，留下的那些人，他们的终身收入获取的年限是寿命长度减去 15 48

（这样来说就可以简单将终身收入按照寿命的年限来划分，因为这样的群组一般都在15到20岁之间进入劳动力市场，这样的做法会使一开始的年化终身收入达到一个最低值）。用寿命时长减去15年能给出一个较为精准的生活标准，这样就可以用年化终身收入法来判断成年人的每一年平均收入有多少。第四章中提到了一个例外，这一例外通过终身收入总和提供了一个结果，以下结果均出自年化终身收入法。

四、模型中收入和税务测算方法

接下来的几章中会用到不同的方法来测算收入和社会福利，并在表3.2中进行总结。原始收入是指从私有资源中获得的金钱，包括工资、薪水和经商带来的收入以及其他的非政府来源收入，比如赡养费。正如之前说明的，税前收入和现金转移前所得的原始收入分配，和政府税收及支出下再分配带来的影响是相悖的。然而，好的一点是，假定状态下收入的原始分配和必须要有公共部分分配存在时是一样的（虽然在实在终身支出模型的条件下，是否应该为了提供更好的反事实内容而调整原始收入的分配也并不清楚）。

收入包含原始所得以及政府的社会保障和教育的现金转移。需缴税的收入等于总收入减去不用缴税的个人所得和不用缴税的政府现金转移。纳税后可以自由支配的金额就是每年每个个体还剩下可以消费的金额，所有渠道得来的收入减去净收入缴纳的税费，等于总收入减去净缴税费。

上述方法都以个人为收入单元。比如，可自由支配的收入几乎不能说明，还有多少剩余的收入可供缴税后的人使用。这样的个人收入计算方式
49 是非常有利的，并且在后面几章中得到了大量的使用，其中并没有考虑到夫妻之间的收入共享。一个没有原始收入的未婚女子，和一个已婚没有原始收入、却有一个收入很高的配偶的女子相比是有非常不同的生活标准

的。下面的收入计算方式试图将共享收入的部分考虑在内。

在建立这些方法的过程中，计算家庭收入时，对合成群组的孩童收入不做考虑。这些收到教育现金转移的孩子被视作不久后就能获得经济独立的个体，他们能够快速成为独立的收入单元，被纳入模型考虑。同样，16岁及以上仍旧住在家里，受全日制教育的受养子女（可能处于就业状态，领着失业救济金等特殊情况），会被假设为独立的收入单元，但却不会被纳入模型内进行研究。在计算家庭收入或者生活标准时，不将这样情况的受养子女纳入考虑范围。

家庭可支配收入表明每个家庭可自由支配收入的金额，这样的家庭会被定义为一个个体，不论这个家庭是否有已经独立的孩子，或者已婚夫妻是否有经济独立的孩子（模型中的每个家庭都可以被当作一个个体，并且没有重组过其他家庭）。在以终身为单位的前提下，和下面的两种方式比起来，通过相同家庭的收入来判断其实并不是很有用，家庭可自由支配收入提供了一个非常不精确的指导，我们不能通过这个收入来判断家庭中个人的生活标准，也不能通过时间来给出一个总结。

可分享的自由支配家庭收入包含了可供个体自由支配的收入金额，假设每一笔钱都被平均分给了家里的每一个单元。对于已婚夫妇来说，二人分别享受的共享可支配收入，等于两人可支配收入总和除以二。对于单身个体来说，可支配收入就等于该个体本身可支配收入。

等值可支配的家庭收入是衡量家庭环境第三种的标准。前面提到的两种方法，是将每个家庭的大小以及构成进行统一，这样每个家庭的相对生活标准就能更容易比较，等值可支配家庭收入的方法则与之不同。比如，随机选择一年，一个个体有2万美元的可供自由支配收入，比已婚并有6个孩子、可供自由支配收入也是2万美元的夫妇的生活标准要高很多。但是家庭中每个个人的生活标准又能高多少呢？

等价尺度试图将不同家庭要求的不同收入总结起来，来达到生活标准 51
的比较。

表 3.2 模型中使用的收入和税测算方法

方法	描述
1. **年度收入算法**	
原始收入	劳动所得 + 投资收入 + 养老补贴收入 + 赡养费收入
总收入	原始收入 + 所有政府支付的现金转移
可纳税收入	劳动所得 + 投资收入 + 养老补贴收入 + 可纳税的社会保障转移收入 + 可纳税的教育转移收入
总税费	将收税清单应用到可纳税收入中得到的支付税费金额
净税费	总税费 - 所有退税 + 医疗保险征收金额
可支配收入	可纳税收入 - 净税费 + 非可纳税社会保障转移收入 + 非可纳税教育转移收入 + 赡养费
家庭可支配收入	家庭单元可支配收入（已婚夫妻中妻子的可支配收入 + 丈夫的可支配收入：其他的则按照个人的可支配收入计算）
共享可支配家庭收入	已婚夫妻中妻子的可支配收入 + 丈夫的可支配收入，分成两份，每一份再分配给另一方。对于个体来说，这个方法只能计算个体可支配收入
等价家庭收入	根据选择的等值规模，对家庭可支配收入进行分割
教育服务收入	学前收入估算价值 + 小学收入 + 初高中收入 + 高等教育收入（建立在政府提供的费用基础上）
最终收入	等价家庭收入 + 教育服务收入
社会保障转移	养老金 + 残障人士津贴 + 单亲家长津贴 + 失业福利 + 疾病以及特殊福利 + 家庭收入补贴 + 家庭津贴 + 多胎生育费用 + 额外补贴/福利 + 母亲/监护人津贴
教育转移支付	以收入检测为基础的高等补助 + 以收入检测为基础的二等补助 + 研究生奖学金
2. **终身收入测算**	
总额	适用于以上所有测算方法，在终身收入总额中同样适用
按年计算	适用于以上所有测算方法，将终身收入总额平分到寿命长度减去 15 的时长中同样适用

这里有很多的方法可以用于构建一个等价尺度数据，比如，检测出多少不同大小和构成的家庭是如何把钱花在吃穿用住上的，然后计算出每个家庭要达到同样的生活水平则应支出多少钱，这里的同样的生活水平可以参考已婚未生育的夫妇。

用这样的方法构建了一个等价尺度，已婚未生育夫妇通常被用来当作基础，并将其作为一个以 1 为单位的研究对象。如果结果得出的等价比例应用在单身或者上面提到的家庭中，单身个体的等价收入会比他们的可自由支配收入更多，有 6 个孩子的夫妻的等价收入会比他们可自由支配的收入低。这样就知道有 6 个孩子的夫妻生活标准远低于单身个体（因为他们要花费更多的可自由支配收入来支撑更多人的生活）。相关的缺点也会渐渐显露。

大多数的澳大利亚研究都会用等值系数，并倾向于亨德森贫困标准来研究 1970 年的情况，进行更新（桑德斯和怀特福德，1989）。然而，澳大利亚联邦政府正在明确新的等值系数进行使用。家中有受养子女，且受养子女的年龄低于 13 岁的家庭，额外收入比例定为补贴的 15%，受养子女年龄 13 到 15 岁的家庭，其额外收入为补贴的 20%（霍伊，1989，3 页）。一个单身人士，其收入金额需要占已婚夫妇收入的 60%，才能达到同样的生活标准。1990 年 1 月，就有了社会保障现金转移率的基准，在预测等价收入时，这一利率被当作等价比例应用于模型中（表 3. 3）。

有特殊要求的情况下，等价尺度可以多种多样。但澳大利亚的等价尺度却与国际实践不同。比如，英国数据中心现在通过他们对财政支出的年度分析，用等价收入来给住户进行了排名，用了克莱门尺度，这一尺度和表 3. 3 中澳大利亚采用的尺度相似。[1]

即使用等价尺度来比较不同类型家庭的做法现在已经被广泛接受了，多种 52
尺度的使用是否有效仍旧存在很多争议，比如等价尺度的建立，尺度内影响需求的因素中有哪个是可以被实现的，只建立一个尺度是否可以同时适用于高收入和低收入的家庭（社会福利政策秘书处，1981；怀特福德，1985）。

抛开对等价尺度的争论不谈，现在的研究中在给不同类型的收入单元 53

进行排名，用横截面数据来研究收入分配时，通常都会采用等价收入（比如，卡克瓦尼，1986；奥希金斯等，1981，1988）。另一种方法呈现的结果是有同等收入，但生活需求不同，却有相同的生活标准，这样就更不可能让人接受了。

表 3.3　模型中使用的等价尺度*

分类	等价规模数据
成年个体	
- 无受养子女	0.60
- 有一个不足 13 岁的受养子女	0.80
- 有一个 13 ~ 15 岁的受养子女	0.86
- 有两个不足 13 岁的受养子女	0.96
- 有两个 13 ~ 15 岁的受养子女	1.06
- 有三个不足 13 岁的受养子女	1.11
- 有三个 13 ~ 15 岁的受养子女	1.26
- 有四个不足 13 岁的受养子女	1.27
- 有四个 13 ~ 15 岁的受养子女	1.47
- 有更多不足 13 岁的受养子女	0.16
- 有更多 13 ~ 15 岁的受养子女	0.21
已婚夫妻	
- 无受养子女	1.00
- 有一个不足 13 岁的受养子女	1.15
- 有一个 13 ~ 15 岁的受养子女	1.20
- 有两个不足 13 岁的受养子女	1.30
- 有两个 13 ~ 15 岁的受养子女	1.40
- 有三个不足 13 岁的受养子女	1.45
- 有三个 13 ~ 15 岁的受养子女	1.60
- 有四个不足 13 岁的受养子女	1.61
- 有四个 13 ~ 15 岁的受养子女	1.81
- 有更多不足 13 岁的受养子女	0.16
- 有更多 13 ~ 15 岁的受养子女	0.21

* 以无受养子女的已婚夫妇为基础。

将等价尺度应用于模型中家庭单位的可自由支配收入时，夫妻二人的收入是假定相同的。即使在最初的时候会有些不清楚，正如丹齐格和陶西格指出的，“在研究模型单元大小和构成有何不同时，通常会对收入的概念进行调整，这一系列的行为是独立于如何计算单元权重值的”（1979，368 页）。从严格的会计角度来看，这样的过程是很奇怪的，在经济领域来看，是对收入的金额做了“乘法”，但是又提供了一种方法，使得个人的生活标准和他所居住的家庭挂钩。

另一个问题是，经济学家假定了一个标准，在这个标准中，家庭单元里的成员能够平均分享收入所得，但这个标准已经被最近观察和实验所推翻，在相关的观察实验中，收入并不能被均享，配偶之间也不具有同样的生活标准（爱德华，1981；帕尔，1989，1990；沃格勒，1989）。在模型中假定收入均分各占 50% 的基准比例是可以调整的，比如丈夫占 60%，妻子占 40%。这样看起来，这种方法明显就是一个主观方法（想象一下，实际的收入分享金额可能会有所改变，也许妻子对家庭收入中可用于分摊的投入更大）。下面章节中得出的结果显示，在家庭单元中进行收入共享，那么等价收入的方法则是不公平的。

如果个体在近几年中正在享受教育或学前教育服务，那么教育服务收入则是教育部分分配给个体的好处。最终收入是等价收入和教育服务收入的总和。另外，应该在最终收入计算时扩大范围，将估算的其他服务带来的收益或花费也算在最终收入中，比如健康医疗、住房，加上这一年付的间接税。最后，教育和社会保障转移支付已经被纳入多样收入的计算中，但是其中具体的项目包含在表 3. 2 中，以防造成任何的混淆。表 3. 4 中举例所用的家庭，就是为了阐述以上列举的所有有关收入的概念而假定的。

对于年度收入的测算，以上所讲的所有收入和税金测算法都适用， 54
也可以通过对个体的终身收入做一个总计，包括所有的原始收入、所有的可自由支配收入、所有的等价收入等。另外，模型中的每个收入元素的总计都能得到，比如，每个个体的终身家庭补贴或养老补助的总额。

正如我们讨论的，模型中使用的两种针对终身的测算方法是截然不同的。一种就是简单地将一辈子的收入所得进行汇总，就成为“总”收入测算法。另外一种就是利用获取收入的不同时间段。为了达到这样的目的，就要用“年化终身”测算法，也就是在寿命的时长上减去15，然后将总收入平分在这个时长中。

55 接下来的章节，将要分析以终身和年度为时间长度进行测算的两种方式，可自由支配的家庭等价收入会将个体按情况分配，这样一来，在大小和构成不同的家庭中生活的人就会被放在同一个分析起点。在用收入测算

表 3.4　模型中使用的收入和税金测算方法的假定举例

（单位：美元）

	丈夫的收入	妻子的收入
原始收入	20,000.00	0
总收入 = 原始收入 + 家庭补贴	20,000.00	967.20
可纳税收入	20,000.00	0
总税费	4,306.00	0
净税费 = 总税费 + 200 美元的医疗保险，最小值为 1030 美元的依赖配偶抚养回扣	3,478.00	0
可支配收入	16,524.00	967.20
家庭可支配收入	17,491.20	17,491.20
共享家庭可支配收入	8,745.60	8,745.60
等价家庭可支配收入 = 家庭可支配收入 ÷ 1.3	13,454.77	13,454.77
教育服务收入	0	7,633.00
最终收入	13,454.77	21,187.77

例子中的已婚夫妇有两个小于 13 岁的孩子，丈夫有一份年薪 2 万美元的全职工作，妻子就读于大学，没有工作，两人没有任何投资或其他个人收入来源。

法进行测算时，关于谁更富有、谁更穷，产生了三个完全不同的判断。第一种判断是，将可供自由支配的“税后”收入视为总收入，这样处理后的总收入能更准确测量出以家庭为单位时能达到的生活水平。第二种判断则是使用家庭收入而非个人收入，因为个人收入并不能代表那些和家庭成员一起并且分享收入的人，结果也会不准确。第三种判断里，个体会在等价收入的条件下按情况分类，便于直接以家庭为单位来进行测算。

然而，在关于财政支出的研究中，已经出现了一致意见，认为可以用等价收入来对个体单元进行排列归类，之后章节中关于真实的所得税支出和现金转移支出的分析，将依旧以“未经调整”的美元来进行。因为还存在不确定因素，比如，等价收入的税费到底应该在等价总收入中占多少。

五、总结

这一章旨在揭示哈丁模型的主要特点，描述了模拟过程中应该涵盖的内容，总结了该模型的局限，并且给出了可以从中得出的结论。

如同之前讨论的，所有的主要社会保障和教育现金支出、所得税以及主要的所得税回扣都包含在模型中。即使在健康医疗服务领域的支出或间接税没有包含在内，教育服务上的支出却稳稳留在模型中。总的来说，该模型覆盖了澳大利亚政府三分之一的总预支出和一半的总收入。

这些支出的估算收益（尤其是教育服务领域的）以及所得税负担都不在经济竞争领域中，与此同时还出现了一系列的重要假设。比如，对于收到现金转移的人来说，这笔费用是确定发生的，这笔支出的价值和现金的价值相等。同样，教育服务的好处也会被完全当作一笔支出来处理，这笔 56
费用和所提供服务的费用相等。所得税的负重是花在合法缴税人身上的，其价值等于收到的税款，并且是无逃税漏税的情况下。

在计算终身收入所得或所缴纳税费时，经济增长率和贴现率是假定相等的，比如，终身收入等于每年的收入总和。个人收入所得及所缴纳的税费是记录在案的，家庭成员分享的、可供自由支配的家庭收入和等价收入情况下可供自由支配的家庭收入，将用来判断因家庭环境给个人福利带来的不同。在之前的案例中，已婚夫妇享有的可供自由支配的收入是均等的，之后的案例中，又是仅采用以家庭为单元的等价尺度收入进行测算。最后，在已经设定好的不同寿命长度的标准中，一系列的年化方法正在不断被改进，其中就有我们知道的，在这种情况下一个人的终身时长应该是总年限减去 15。

注释

1. 比如，给单身无受养子女成年人的数值是 0.61，13～15 岁的孩子的数值为 0.27，10～12岁的数值为 0.25，8～10 岁的数值为 0.23，5～7 岁的数值为 0.21，2～4 岁的数值为 0.18，2 岁以下的数值为 0.09（中央数据局，1990，111 页）。

第二部分

终身结果

LIFETIME RESULTS

第四章　终身收入与教育、家庭状况和受雇佣情况的关系

一、简介

这一章是本书的第二部分开篇，描述了模拟终身收入得出的结果。本章简单介绍了由模型计算得出的结果种类，并且分析了由多种多样的终身特征量给终身收入带来的影响。 59

本章第二部分分析了不同的教育成就对终身收入的影响。首先详细说明了男性因受教育状况而获得收入的来源和金额，接着评估了由于原始收入的明显不平等，而进行的现金转移和所得税再分配所带来的影响。接下来描述了不同教育阶层的女性的个人收入，讨论了税收转移系统的影响。教育状况的不同导致收入的许多方面不平等，关于这些不平等的结论是有显著不同的。这一部分接着详细说明了为什么寿命长短的不同是导致出现不同结论的原因（越好的教育会有越高的收入，但可能需要更长的时间来实现这样的结果）。

这部分接下来识别了由于教育情况带来的劳动力参与模式的主要不同之处，并指出在某种程度上，可以通过更好的教育来获得更高的收入，因为这些人会比那些受教育程度相对低的人工作更多的时间。后来，当评估终身享受的福利和更好的受教育水平之间的关系时，就将劳动力参与模式和失业纳入考虑范围内。

上述分析都是针对个人收入，对终身福利的评估要求将家庭环境对生活标准的影响也要考虑在内。第二部分最后详细阐述了不同教育成就下的个人的终身生活标准、等价收入的使用。

60 第二部分讲了教育对终身收入的影响，下一部分则转移到了家庭模式的影响。第三部分讲了婚姻状况，是否有受养子女对终身收入和福利的影响。首先，分析女人、男人的婚姻状况和生育孩子的状况对个人收入带来的影响。其次，将分析扩展到了家庭内的收入分享。最后，第四部分简单阐述了个体的寿命中，频繁失业对终身收入的影响。

二、教育状况对终身收入的影响

由教育成就的不同带来的人生经历的不同，是经济和社会政策领域里经久不衰的问题。更高的教育水平到底能带来多高的终身收入？在什么样的情况下，未来更高的收入能够抵销学习的这些年里损失掉的可能获得的收入？在澳大利亚，这样的问题凸现了相关政策的重要性，尤其 1989 年，高等教育贡献收费政策的出台，引起了轩然大波（沃兰等，1988）。

（一）男性终身总收入

在参考了个人收入和政府的现金转移政策后，模型得出有学位的男性每个人的终身总收入大约为 140 万美元（1986 年澳币换算得出）。这几乎是仅有中学学历的男性收入的 2 倍，比有某类高等教育资格认证的男性收入平均值（100 万美元）大约多 30%（表 4.1）。[1]

然而，总收入也有很大的变化，如表 4.1 所示，模型中最大的终身总收入额约 540 万美元，这个数字来源于一位大学毕业男性。超过一半的拥有中等学位资格证的男性，他们的终身收入一般为 40 万到 80 万美元，他们中的很少一部分终身收入会超过 200 万美元。相反的是，几乎有三分之一的大学毕业的男性，他们的终身收入额为 80 万到 120 万美元，其中的 10% 有超过 280 万美元的总收入（应该注意的是，那些终身收入较低的有可能是早夭人群，正如第三章中讨论的，是用终身收入而非年度收入来进行测算）。终身收入出现显著不同的源头是什么呢？

表 4.1 因教育影响带来的男性终身收入测算

算 法	教育资格		
	中等教育	某类高等教育	本科教育
1. 终身收入总值			
劳动所得	666,080	880,520	1,221,365
投资收入	57,810	84,280	125,955
养老补贴	7,490	25,280	61,065
总原始收入	*731,380*	*990,080*	*1,408,385*
现金转移收入	55,030	41,840	37,575
总收入	*786,410*	*1,031,920*	*1,445,960*
所得税支付	184,640	285,085	493,470
可支配收入	*601,770*	*746,835*	*952,490*
共享可支配收入(以家庭为单元)	547,195	657,800	787,400
等值可支配收入(以家庭为单元)	931,355	1,125,925	1,349,360
教育服务收入	33,990	37,025	61,575
2. 年化终身收入			
劳动所得	11,765	15,465	20,665
投资收入	985	1,430	1,995
养老补贴	115	380	880
总原始收入	*12,865*	*17,275*	*23,535*
现金转移收入	860	650	575
总收入	*13,725*	*17,925*	*24,110*
所得税支付	3,245	4,975	8,225
可支配收入	*10,480*	*12,945*	*15,885*
共享可支配收入(以家庭为单元)	9,520	11,375	13,085
等值可支配收入(以家庭为单元)	16,165	19,410	22,375
3. 其他算法			
生命平均长度	73.0	73.4	75.1
处在劳动力状态下的年平均长度(大于每年1小时)	40.4	44.1	44.0
失业状态下的年平均长度	6.9	4.2	2.8
处在劳动力状态下的几年中的平均小时数	1,945	2,045	1,965
受雇佣的几年中的平均小时数	1,830	1,980	1,925
终身小时薪资平均值	8.95	10.10	14.35
受教育平均年数	12.6	13.5	16.6
处在劳动力状态下的终身总小时数	79,140	90,435	86,245
处在受雇佣状态的终身总小时数	74,375	87,615	84,495
处在失业状态的终身总小时数	4,765	2,820	1,750

注意:所有的数据都在5美元上下浮动。总和可能出现非整数。

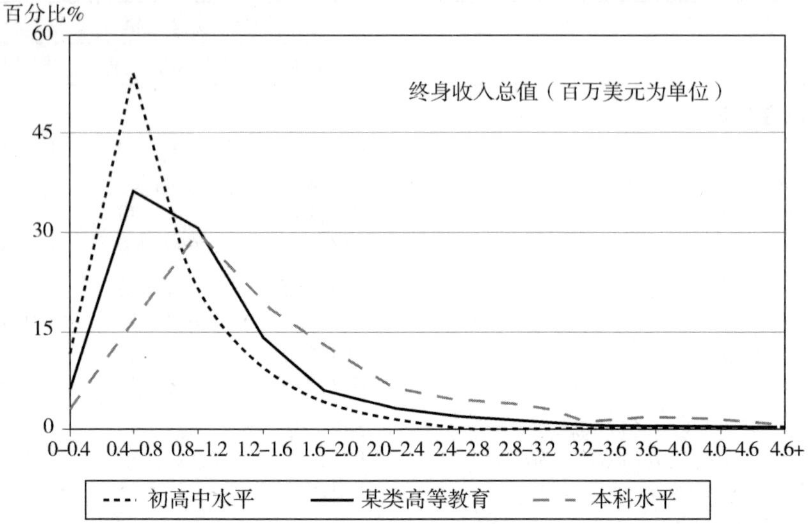

图 4. 1　男性教育等级和终身总收入分配频率的关系

三组数据（图 4. 2）中大约 85% 都来源于收入所得，在这三组数据看
62 来，教育带来的区别并不是特别明显。然而，其产生的价值不容小觑，仅
有中学资格的男性收入范围低于 70 万美元，大学毕业后增加到了 120 万美
元。投资收入部分的区别较大，只有中学资格的男性平均投资收入低于
6 万美元，占终身总收入的接近 7. 4%。大学毕业的男性投资收入飙升至
12. 6 万美元，占据了这一组中总收入的将近 9%。即使这个图标表现的是
投资收入的平均值，三个教育群体内的投资收入金额还是有很大的差异。
比如，大学毕业者的终身投资收入，最少为 0，最多为 150 万美元。

养老金收入是原始收入中最不公平的分配源头。有大学学位的人，其
64 养老金收入平均值基本是只有中学学位的人的 8 倍，又是那些有着某类高
等教育资格认证的人的 2. 5 倍。养老金收入在有中学学位的人的终身收入
来源中，几乎是可以忽略的，甚至都没有达到这类人群终身总收入的 1%。
然而，养老金收入却占了大学毕业人群终身总收入的 4%。

政府采取了什么方法来平等分配原始收入？对于男性来说，即使有着

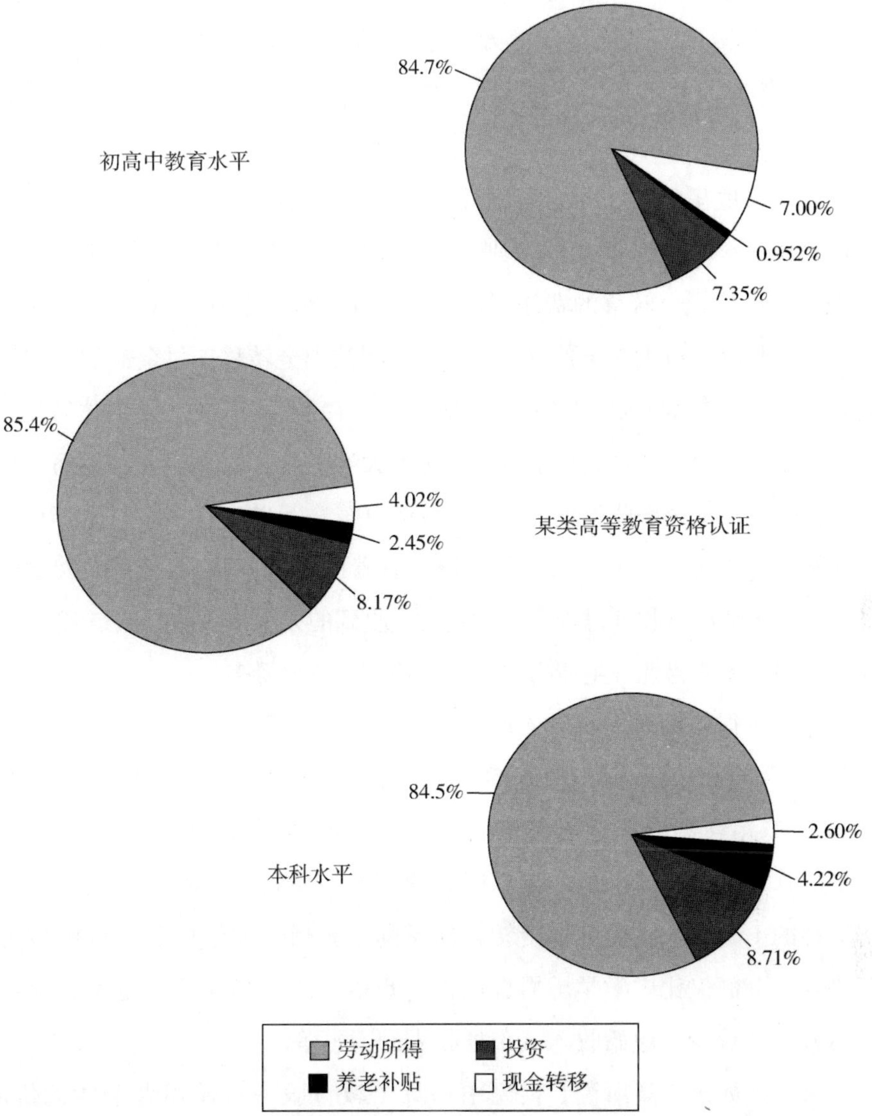

图 4.2　男性教育带来的终身收入总值构成

中学学位的人能够收到的这部分金额平均值为 5.5 万美元，占其终身总收入的 7%，社会保障和现金转移依旧是相对次要的经济来源，几乎有 70% 的现金转移是用来进行养老金支付的，失业救助是另一个主要源头，22%

的现金转移金额都用于进行失业补助。用于没有受过高等教育的男性身上的教育现金转移，毫无疑问是没有意义的，仅占了现金转移金额的两成（因为这部分钱并不是用于支付给这批男性，而是给他们到了入学年龄的受抚养子女；1986 年，中学补助计划每周都要支付现金转移给低收入家庭，这些家庭里的孩子早已经过了该进入中学学习的年龄）。这个普遍的画面隐藏了终身收入模式的区别，有 6.7% 的中学毕业人群终其一生都没有得到过这笔现金转移的费用，而可以收到的最大金额是 207,000 美元。

与之相反，有大学学位的人一生中收到的现金转移支付金额的平均值为 3.8 万美元，占总收入的不到 3%。其中，有着本科学位的人群退休后收到养老金补贴的人数，占收到现金转移支付的大学毕业人数的 74%。然而，教育的支付转移占了全部此类现金转移金额的 10%，反映出许多本科生都在读大学期间得到了资助。再一次，收入模式有着巨大的变化。7.3% 的大学毕业生终其一生都没有收到过现金转移支付，收到的人中最大的金额是 18.2 万美元，比中学毕业男性一生所得的现金转移支付要少得多。

因为所得税而对终身收入产生的影响是深远而广泛的。男性大学毕业生在一生中缴纳的所得税低于 50 万美元。这比中学毕业男性群体缴纳的 18.5 万美元和某类高等教育资格认证男性缴纳的 28.5 万美元要高得多（图 4.1）。得出的结果是，大学毕业的男性的原始终身收入总额是中学学
65 历男性的 1.9 倍，在受到税费转移体系的干预后，大学毕业生可供自由支配收入的金额仅比中学学历男性高出 1.6 倍。澳大利亚的所得税和现金转移体系帮助减少了原始收入或市场收入的不平等。

最后，如第三章所说，模型中估算了教育服务对使用者个体的价值。这部分是模型中现存的评估政府的服务条款对受益者的价值（和由现金流产生的税务转移体系不同，这个会更易于模拟）的唯一领域。教育服务对不同教育等级下的消耗者的价值（评估了政府相关条款的支出的价值）在表 4.1 中体现。

大学毕业生在使用教育服务的整个过程中有超过 6 万美元的收益，几

乎是中学学历者的2倍。这些数据提醒我们，将诸如教育、健康等领域的服务纳入价值测量的范围内，来对终身或现阶段的社会福利进行评估，比如男性享受的终身教育服务的平均价值，大约和其终身现金转移收益的数额相同。然而，现金转移的福利在穷人和富人之间是不成比例的。

另外一个获得数据的方法在表4.3里，显示了教育成就不同、收入来源不同群体的收入平均值。原有收入和总收入的不同显示了现金转移的力量。对于男性来说，见图4.3中的实线，现金转移的加入使得收入呈现一定的差异。换句话说，图中非高等教育人群的收入和大学毕业者的收入之间存在差距，当收入测算从原始收入改为总收入时，这个差距依旧存在。

图4.3还显示了，当我们把教育服务所得纳入总收入时，收入的总数会是什么。因为具有文凭的人群会将教育服务利用更大化，收入不平等的程度也在这时加剧。当收入测算金额从总收入额改为总收入额加教育服务收入时，两者的差距会有些许增大。

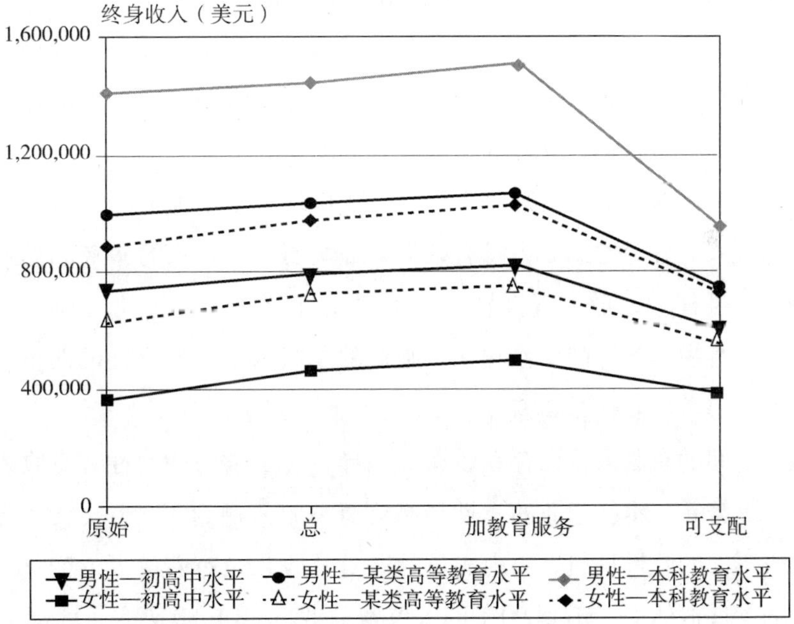

图4.3　不同性别、教育水平、使用不同的收入概念时终身收入的平均值

66 然而，所得税很大程度上减少了收入不平等的程度，如图 4.3 中大学毕业和未毕业人群的收入计算基础，从总收入（可以包含或不包含对教育服务的估算）变为了可供自由支配的收入，两者的差距随即变小。这幅图和之前年度支出研究所揭露的内容形成了鲜明的对比，在削弱收入不平等的情况里，现金转移比所得税政策更为重要。

（二）女性终身总收入

这些结果和女性的相关结果如何比对？图 4.3 已经阐释得非常清楚了，
女性的终身收入平均值比男性要低得多。即使是那些女性中的收入佼佼
67 者，也只是比位于收入底层的男性高而已，而这些男性都仅是中学毕业
（这一小节仅讨论女性个人收入所得，不讨论家庭中可共享的补贴收入）。

没有高等教育证书的女性，其终身所得或原始收入的金额，在政府干预前仅有 36.5 万美元。和同样没有获得高等教育资格的男性相比，仅有其原始收入的一半。女性大学毕业者相对好一些，其终身原始收入金额为 88.5 万美元。大学毕业的女性原始收入和无高等教育资格的女性原始收入之间，存在着一定的差距，这个差距和同样状况的男性群体相比要大得多，这也提醒了我们，女性的市场收入分配是更加不公平的。

本科毕业女性的终身总收入接近 970,000 美元（表 4.2），是本科毕业男性总收入的三分之二，占具有某类高等学历男性收入的 94%。然而，即使在测算过程中，加上现金转移，本科女性的收入才会比其他女性好一些，和只有中学学历的女性相比，她们的总收入是这些女性的两倍，比具有某类高等学历女性多 27%。

女性间的总收入依旧存在较大的差异，中学学历的女性终身收入总额约 200 万美元，本科毕业的女性最高终身总收入额为 370 万美元。每个教育等级不同的女性群组，组内成员的终身总收入也有着巨大的变化。中学学历的女性群体中，不到 90% 的人终身总收入低于 80 万美元，具有某类高等学历女性群体中有 60% 的人，本科学历中有不到 50% 的人是同样的情

表 4.2　女性的受教育水平与终身收入测算

算　法	教育资格		
	中等教育	某类高等教育	本科教育
1. 终身收入总值			
劳动所得	296,660	489,930	693,640
投资收入	54,335	125,285	139,060
养老补贴	10,100	15,445	48,780
总原始收入	*363,235*	*633,380*	*884,480*
现金转移收入	101,865	87,680	83,570
总收入	*465, 100*	*721,060*	*968, 050*
所得税支付	78,430	153,930	239,530
可支配收入	*386,675*	*567, 125*	*728,520*
共享可支配收入(以家庭为单元)	550,290	670,830	770,615
等值可支配收入(以家庭为单元)	920,775	1,119,140	1,291,240
教育服务收入	34,525	36,630	59,985
2. 年化终身收入			
劳动所得	4,960	7,980	10,825
投资收入	860	1,900	2,030
养老补贴	145	215	675
总原始收入 *	*5, 995*	*10, 140*	*13,580*
现金转移收入	1,545	1,320	1,230
总收入	*7,540*	*11,460*	*14,815*
所得税支付	1,305	2,465	3,660
可支配收入	*6, 235*	*8, 995*	*11,150*
共享可支配收入(以家庭为单元)	8,845	10,700	11,780
等值可支配收入(以家庭为单元)	14,735	17,800	19,700
3. 其他算法			
生命平均长度	77. 8	78. 5	80. 6
处在劳动力状态下的年平均长度(大于每年1小时)	26. 3	34. 3	39. 1
失业状态下的年平均长度	4. 8	4. 5	2. 0
处在劳动力状态下的几年中的平均小时数	1,535	1,655	1,665
受雇佣的几年中的平均小时数	1,405	1,570	1,640
终身小时薪资平均值	7. 65	8. 85	10. 70
受教育平均年数	12. 8	13. 4	16. 4
处在劳动力状态下的终身总小时数	41,600	57,760	65,800
处在受雇佣状态的终身总小时数	38,540	55,005	64,735
处在失业状态的终身总小时数	3,060	2,755	1,065

*总额包括了赡养费。所有的数据都在 5 美元上下浮动。

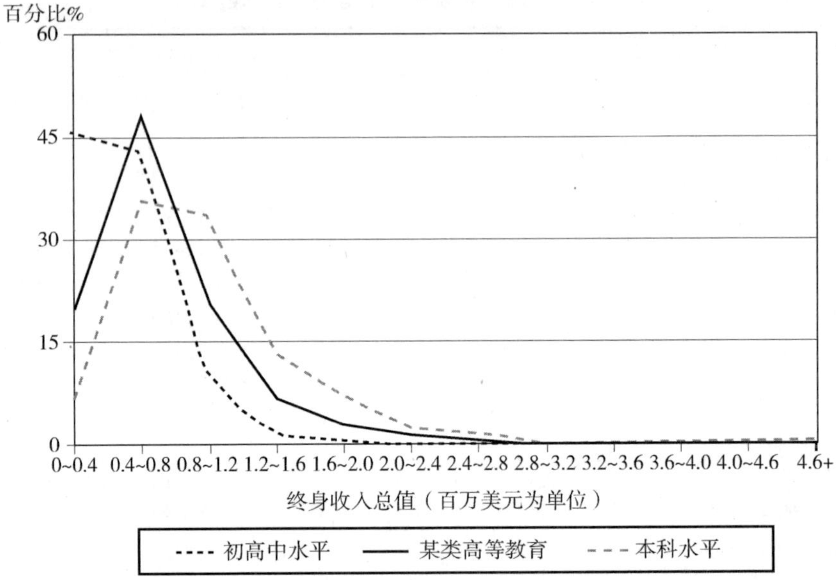

图 4.4　女性教育对其终身总收入频率分布的影响

况（表4.4）（总收入较低可能反映的是这部分人死亡时间较早，也有可能是因为这部分女性有几年处在失业状态）。

对比表4.4和表4.1之后发现，男性的低收入范围内的人数并不集中，女性则反之。因此，当中学学历的女性中有90%的人终身收入低于80万美元，中学学历的男性中则只有不到65%的人处在这个范围。同样，非常
69 少的女性，在不考虑教育资格的前提下，终身收入可以超过200万美元，但男性中却有很大比例的人群可以做到。

女性终身总收入的总额组成是非常不同的。男性的收入所得占总收入的85%左右，而中学学历的女性收入所得占总额的64%，这一比例在大学学历的女性中上升至72%（图4.5）。终身收入所得的绝对数值也低很多，中学毕业女性为29.6万美元，具有某类高等学历女性是69.4万美元，这两个数字分别是同等教育水平下男性收入的45%和57%。女性平均收入所得之间的差异是非常大的，本科毕业女性一生的平均收入是中学学历女性一生平均收入的2.3倍。

令人惊讶的是，有着高学历或文凭的女性在投资收入上比男性要表现 71
得更好。造成这个现象的原因有可能是女性一般平均寿命要高于男性，因此在退休后的几年里，有更多的机会来进行大量的投资。在计算了寿命长度的不同后（后文有更多的讨论），有着高等学历的女性也比高等学历的男性获得的投资收益更多（即使大学学历的女性和男性在投资部分的收入基本一致），然而，这也恰恰反映了，采用1986年澳大利亚收入分配调查里的数据模拟投资收入时得出的结果。模拟显示和男性相比，一些有着某类高等教育资格的女性，在50岁后比同样的男性获得的投资收益更多（见表10.4和表10.5）。是否是由于样本的错误也未可知。

然而，由于在投资收益部分两个数额都绝对高于同样状况的男性，其他的收入来源金额低于同样状况的男性。对于女性来说，投资收益绝对是获得收入的重要方法了。有着中学学历的女性，其投资收益占其收入的12%，在受过高等教育的女性中，这一比例达到了17%（图4.5）。补助作为收入来源，依旧是原始收入中最不公平的分配元素了，本科毕业女性的平均补助收益为4.9万美元，几乎是中学学历女性的5倍。

税金转移体系使得原始收入中的不平等得到了改善。相比男性，现金转移对于女性来说是终身收入的一个非常重要的来源。这反映了孩子的现金转移和女性之间的联系，女性更有可能成为受抚养子女的唯一家长，并且女性有着更长的寿命，因此可以在非常长的时间里获得养老金的补贴。（然而，相比男性，当这一因素促进了女性现金转移收入的增长时，就不应夸大这一部分支出可能会发生的改变而带来的影响。如下图4.6所示，受抚养子女收到的现金转移，是女性收到现金转移的一小部分。）

女性一生中收到的现金转移数额是男性的两倍，由于她们的原始收入较低，这就使得现金转移所得成为了她们终身收入组成中非常重要的一部
分。现金转移的重要性在随着女性学历的提高而不断降低，大学毕业女性 72
的现金转移所得占终身收入的9%，中学学历女性的现金转移所得占了终身收入的五分之一还要多（图4.5）。

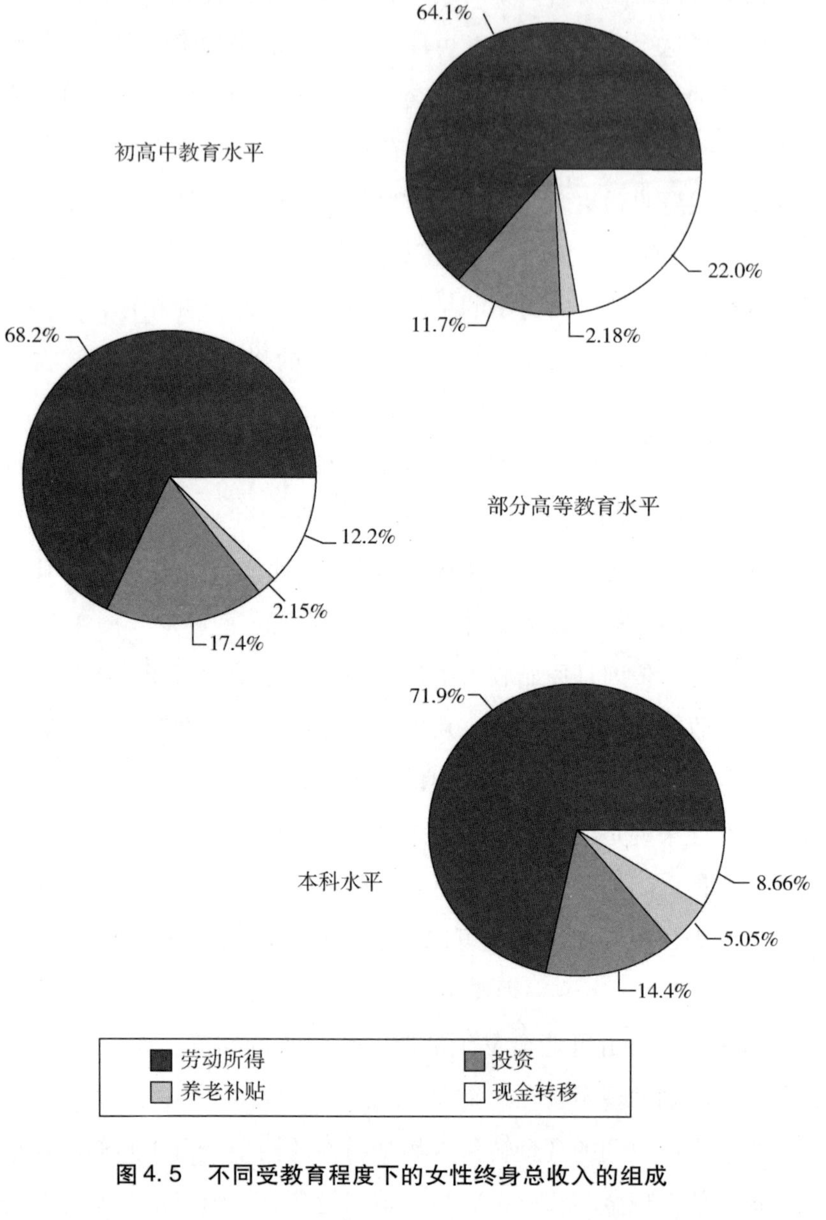

图 4.5　不同受教育程度下的女性终身总收入的组成

男性和女性终身现金转移的构成也很不一样。中学学历的女性在终身现金转移上的统计分析体现在了图 4.6 中。退休金的部分占了全部现金转移的 67%（养老金占了 98%，剩余的无效）。第二大占比的是单亲补助，占了全部现金转移的五分之一左右。家庭补助和家庭收入补充来源紧随其后，这两者一起组成了超过九分之一的转移金额（FIS 是一种收入支付计划，用来支持有受养子女的低收入家庭）。教育转移是可以忽略的，它只占了终身现金转移收益的 2%。终身教育现金转移的平均所得是 1,575 美元，这个金额是作为学生的女性和有接受中学教育的受养子女的女性现金转移所得的不到一半。

其他女性的构成模式差不多，对于有大学学位的女性来说，教育现金转移显然是更重要的。数额达到 4,200 美元的教育转移金额，或者全部转移金额的 5% 都是这部分女性接收的。在这些教育转移中，超过 84% 的教育支出补助都会在这些本科毕业生成为高等教育学生后付出。

对于处在相同教育状况下的人来说，现金转移所得的金额是会改变的。然而，每一个教育等级群组的最大值又不会相差太远，中学学历女性的金额是 28.5 万美元，本科学历的女性是 28 万美元。

所得税大幅减少了原始收入分配的不平等，以及可供自由支配的收入的不平等。从图 4.3 可以看出，结尾处明显下滑的线条和越来越小的距离，都是用来呈现女性获得的不同教育成就的，这时收入的结算方法就从总收

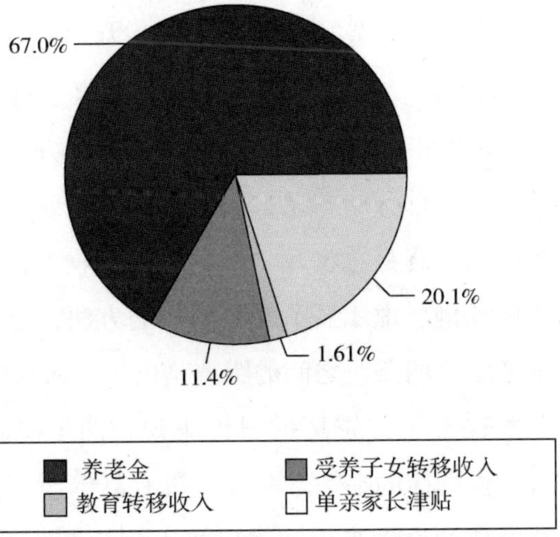

图 4.6　中学学历女性收到的终身现金转移组成

入换成了可供自由支配的收入。从低收入可以看出，女性的所得税金额比男性低，本科毕业的女性终身平均所得税金额为24万美元，中学学历的女性终身所得税金额小于8万美元。

（三）考虑不同生命长度

73 以上这些数据都体现出，越高的受教育水平应该有越高的收入，但随着寿命越长，这些具有高学历的人群从中获利越少。正如第八章中讨论的，如果在模型中模拟45岁后的死亡率，那么在缺少澳大利亚官方数据的情况下其实是根本做不到的，不论模拟出来的模型可调整空间有多大。因为男性死亡平均年龄小于女性。获取本科学位的男性平均死亡年龄，在模拟过程中只比中学学位的男性平均死亡年龄大两岁。但有文凭的女性能够比没有任何高等教育凭证的女性多活将近三年（表4.1和表4.2）。受过的教育等级越高，其收入就应该随着寿命走向尽头而提高。

74 鉴于这样的情况，年化终身收入的测算方法也在不断改进（见第三章），在改进的过程中还是用生命年限减去15（得到的是潜在劳动力进入市场的年龄），尽量将这些模拟特征量放在更为公平的层面。年化测算的方法可以更好地将成年人每年的收入所得平均值呈现出来。表4.1和表4.2分别呈现了对男性和女性不同的年化收入测算方法，图4.7尝试总结从中得出的结论。实线部分的图显示了有本科学位或高等教育学位的人群收到的终身原始收入、终身总收入、终身可支配收入，占获得中学学位人群同样类型收入的比例。虚线显示的是同样的方法，但用的是年化的数字而非终身收入的数字。两条线之间的距离是由于生命长度的不同。

对于具有某类高等教育资历的男性来说，两个概念之间是没有区别的，因为这部分男性群体的平均寿命只比没有高等教育资格的男性群体多五年。对于获得学位的男性来说，多出的生命长度并没有带来任何区别。比如，图4.7中最上面的那张图说明了有学位的男性的原始终身总收入

（税前，转移支付发生前）是没有高等教育资历男性的 1.9 倍。然而，这种得出比较优势的方法是通过对每年的原始收入的简单汇总，并且没有将

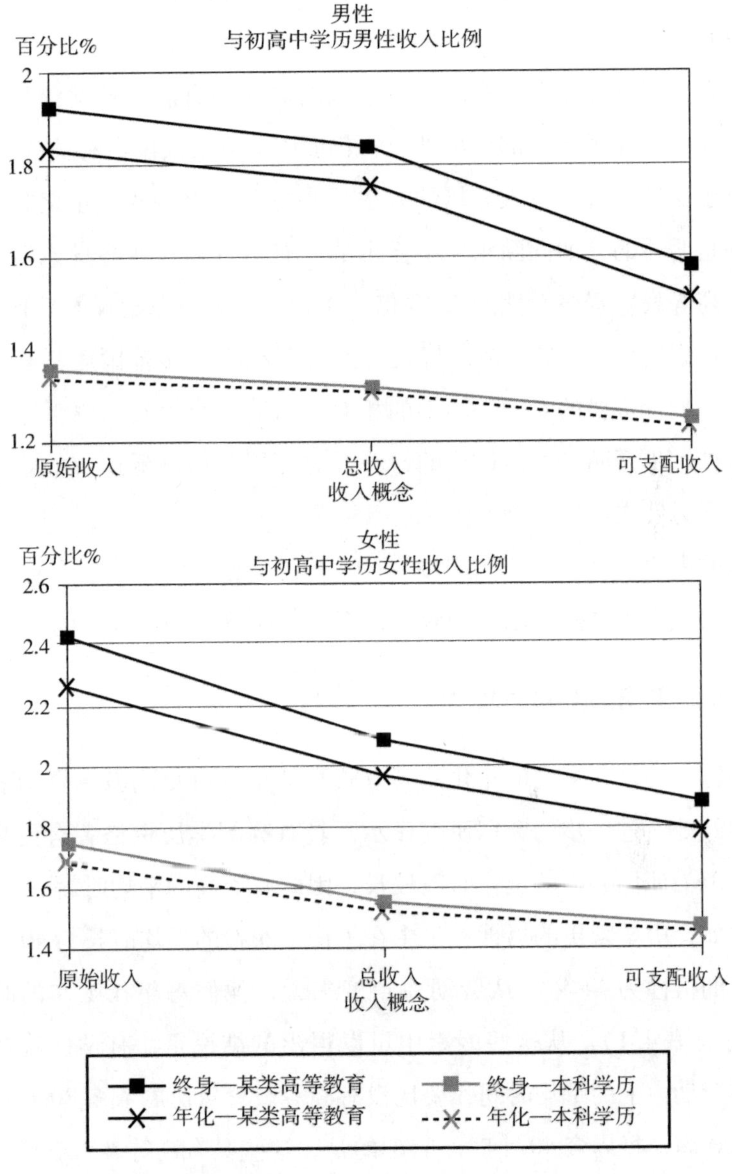

图 4.7　本科学历或某类高等教育资历者的终身总收入和年化终身总收入与初高中学者相对收入的比例

有学位男性多出来的那几年算在内。一旦将这个因素考虑在内，男性学位获得者的年化原始终身收入只比有某类高等教育资历的男性高出了1.8倍。

由于生命长度而造成的重要性的不同是长久如一的，不论是原始收入、总收入，还是可供自由支配的收入，都会用来作为对比的基础。总的来说，多出来的几年确实有减少有学位的男性拥有的比较优势，这种区别是相当大的，体现了这部分男性收入仍旧因为寿命长度占有优势。

对于女性来说，收入分析的方法从终身总收入转变成年化收入，产生的区别是明显的。如同图4.7中显示的，有学位的女性终身原始收入所得是没有高等教育资格女性的2.43倍。年化后的终身原始收入只有2.27倍，
76 减少了将近7%。相似的是，将较长的寿命纳入考量范围后，有一些具有某类高等教育资格的女性，她们的相对终身收入反而有所降低。这些数据也同样进一步证明了之前讨论的，女性之间因学历高低造成的收入差比同样情况下男性之间的差别要大。

总的来说，即使这些差别并不大，受到更好教育并且寿命更长的情况，确实减少了之前仅用终身收入而得出的明显的相对收入优势。

（四）多变的劳动力模式

更重要的是，多变的年化测算方式高估了具有更高教育资历者享受的真正的好处。进一步的数据研究显示，具有高等学历资格者有更高的终身收入是因为他们一生的工作时间较长，因此有更高的平均时薪。

比如，中学学历的男性一生中在工作上花费的平均时长为40.4年，更高学历的男性为44年。从劳动力角度来说，他们每年在工作的时间会少20小时（表4.1）。从这些因素中可以得出的结论是，有学位者在其一生中花在劳动力上的平均时间，要比没有高等教育资历的人多8000小时，相当于200周，每周多40小时。有趣的是，这些具有高等教育学历的男性比其他两组人都会工作更长的时间（包括了许多自主营业者）。

这些区别在女性身上更为显著。中学学历女性的终身工作时间基本上

只有26年（按每小时计算，或更多）。具有某类高等学历的女性这一时间提高到了34年，本科学位的为39年。另外，当涉及劳动力时，有更高学位的群体每年工作的时间更长。本科毕业的女性和有着某类高等教育资格的女性，每年的平均工作时长为1660小时，中学学历女性平均时长为1535小时。总的来说，少部分学历高的女性更倾向于辞职结婚，并且和与其地位相当的另一半生孩子，当这部分女性要进入劳动力市场时，她们更倾向于做兼职工作。

这些趋势导致了劳动力市场中终身工作时长的巨大差别。有某类高等 77
教育资格的女性会在工作上多花费16,000个小时，有学位的女性则会在终身工作时长上多花费24,000个小时，这些都是和中学学历的女性相比，多出来的工作时长分别相当于404周和605周。

除去这些参与者性质的区别，在终身平均时薪率上也有很大的区别（计算方式为用终身工作时长除以终身薪资）。仅对于中学学历女性来讲，终身平均薪资为每小时7.65美元，具有某类高等教育资历女性是每小时8.85美元，有学位的女性是每小时10.70美元（表4.2）。男性的时薪率高于女性，分别是12.6美元、13.5美元和16.6美元（表4.1）。

受更高教育的人获得的终身时薪率是有很大不同的。劳动力参与率的变化产生了一个问题：如何可以控制这些变量，使更高学历人的相对优势能够被精准地估算。很难判断一个人的终身工时是否是其自愿选择的结果（比如学历较低的人可能会面临提前退休），或其对工作和休闲的选择是否自愿，这会对休闲时间是否应该同样被计入工资起到一定作用（斯特夫斯基，1973）。

然而，如果工时的不同可以反映人群对休闲娱乐和工作的偏好，以及在获得不同教育资格的人群中，这种差别是有非常重要的意义的，重新进修人群的相关数据由不同教育资格人群根据年龄所得的年收入而定，这样的基调其实是有问题的，因为没有将获得收入的不同时间算进去（查普曼，1988；查普曼和西亚，1989；克拉克和塔什，1987；萨卡罗普洛斯，1973）。

（五）终身工作时间标准化

由于不知从何下手来研究工作工时是否反映出自个人选择，因此就有了下文中标准化终身工时的出现，这样起码可以保证潜在的不同之处的重
78 要性可以体现。一个更长远的问题是，即使个人劳动力的参与模型不是被教育来区分的，那么那些教育程度偏低的人会在应该进行劳动的时候处于失业状态；因此，当评估终身回报率时这一点也应该有所考虑（米勒，1981）。最后，由不断进步的税务体系带来的影响正在逐渐减少继续进修的可能（查普曼，1988；米勒，1981；理查德森和汉考克，1981），因此净收入的所得税似乎是用来衡量是否会选择继续进修的最合适的方法了。

下文中提到了可以用来区分教育和工时对终身收入带来的影响的方法，然而，只能说并不精确。开始进入劳动力市场的平均年龄，在计算过全日制学习的年数后，只是一个约数。比如，一些毕业生可能只想要通过兼职学习来获取学位。假设所有的劳动力都在法定年龄或者养老金设定的年龄里离开劳动力市场，根据易考斯的说法，每年的标准工时应该是2000个小时（米勒引述，1981）。

每年的失业时长比率，是可以通过终身工作时长中失业时长的比率得出的，如果在劳动力参与率上升的时候，失业的时间长度比例保持一致的假设可能是无效的。同样，每年劳动力发生的时长是由平均时薪率和获得的年度收入相乘得到的。从中可以得到的信息是，在每个受教育水平相同的组里，是否那些平均劳动力参与率较低的人，他们的平均工资率也会更低。

需要注意的是，对失业补助其实是没有一个估算金额的（因此出现了高估高等教育人群收入的问题）。相同的是，1984 年的全日制学习的费用，由就业、教育和培训部门计算出来为 595 美元（1987d），本科毕业生在其上学期间获取的兼职费用（就业、教育和培训部门计算得出，不接受资助的学生收入为每年 1,483 美元，接受资助的则为 865 美元），

是可以从中得出的，有毕业生会获取学生资助，这会导致低估高等教育学生的收入。最后，当计算所得税支出时，可能由家庭环境带来的差异是可以被忽略的，这样一来，被应用的税率就是 1985 ~ 1986 年个体纳税人的税率了。

本质上来说，表 4. 3 中的数据是一个大致数据，可以用来回答下列问 79
题：有学位者的终身收入会有什么优势？如果每个人都工作相同的年数，并且在职期间工时长度一致，那么失业时长的比例和完成学业后开始工作的时间是否会有变化？表 4. 3 显示了基于计算的数据，图 4. 8 会提供可视化结论。

从模型中得出，有某类高等教育资历的男性的终身税前收入是中学学历男性的 1. 32 倍，在不同劳动力参与模式的数据经过格式化后，只有 1. 12 倍了（在图 4. 8 中称为“税前估算收入”）。同样，模拟过程中本科毕业男性的终身总收入比中学学历男性高 1. 8 倍，工作期间，在考虑了终身工作时长后估算的收入只高 1. 53 倍。在考虑所得税费用后，本科毕业人群的估算税后所得只有中学学历男性的 1. 36 倍。

将工作时长标准化会对女性产生更大的影响，因为女性的劳动力模式会因为受教育状况的不同而更加多变。模型中，通常被模拟的对象是有学位的女性，其收入是中学学历女性的 2. 3 倍，而在标准化劳动力的各个情况后，这个数字降到了 1. 35 倍。受过高等教育的女性明显在相关收入上有优势。在考虑了税费的支付后，不论是女性还是男性，收入部分的优势都没有太多的变化，因为女性的低收入意味着不断进步的税收体系会对其产生较少的影响。

这些计算只能用来进行粗略的假设，来分隔不同的劳动力参与模型作出的不同贡献，在这些不同的劳动力参与模型中，终身收入的不平等明显是因为受教育程度不同而导致的。然而，结果显示，终身工作时长的不同是收入不平等的主要来源，尤其是对于女性来说。

这些数据的不同是如何反映人们的选择到底是否出于自愿，这点是非

常重要的，因为在分析收入不平等时，还需要对分析结果的各个因素进行
80 价值判断。然而，对于女性来说，劳动力参与率更能反映她们外出工作和在家做家庭主妇的区别。一旦采用标准化的参与率变量进行模拟，本科毕业女性享受的相对终身福利值出现明显下滑，这一现象说明，在分析女性接受再教育的比例时，如果不考虑工作经验带来的影响是极容易出现误差的。

表 4.3　不同劳动力参与模式标准化后对终身收入的预测

	初高中学历	某类高等教育学历	本科教育学历
男性			
进入劳动力状态的平均年龄	16.5	17.5	20.5
假定退出劳动力年龄	65	65	65
从事劳动力时长 -（A）	48.5	47.5	44.5
失业状态时长所占百分比	6.02	3.12	2.03
处在劳动力状态年平均时长	1880	1938	1959
总劳动所得（税前）年平均值(1) -（B）	16,826	19,574	28,112
税后劳动所得年平均值(2) -（C）	13,552	15,464	20,072
终身劳动所得（税前）（A × B）	816,061	929,765	1,250,984
终身税后劳动所得（A × C）	657,272	734,540	893,204
女性			
进入劳动力状态的平均年龄	16.5	17.5	20.5
假定退出劳动力年龄	60	60	60
从事劳动力时长 -（A）	43.5	42.5	39.5
失业状态时长所占百分比	7.36	4.77	1.62
处在劳动力状态年平均时长	1853	1905	1968
总劳动所得（税前）年平均值(1) -（B）	14,175	16,860	21,058
税后劳动所得年平均值(2) -（C）	11,696	13,575	16,265
终身劳动所得（税前）（A × B）	616,613	716,550	831,791
终身税后劳动所得（A × C）	508,776	576,969	642,470

（1）在职期间每年的平均工时乘以终身平均时薪率。
（2）参照 1985 ~ 1986 年的所得税安排，并假设无偷税漏税或税费折扣等。

（六）考虑家庭环境

个人的收入和所得税有着很大的关系，这部分收入不包含以家庭为单元时共享的收入部分。

这样的分享能够缩小上述男女之间的个人收入出现的明显差距。比如 82
不具备高等教育学历的女性收入很低，这样的人群不能给她们最后达到的

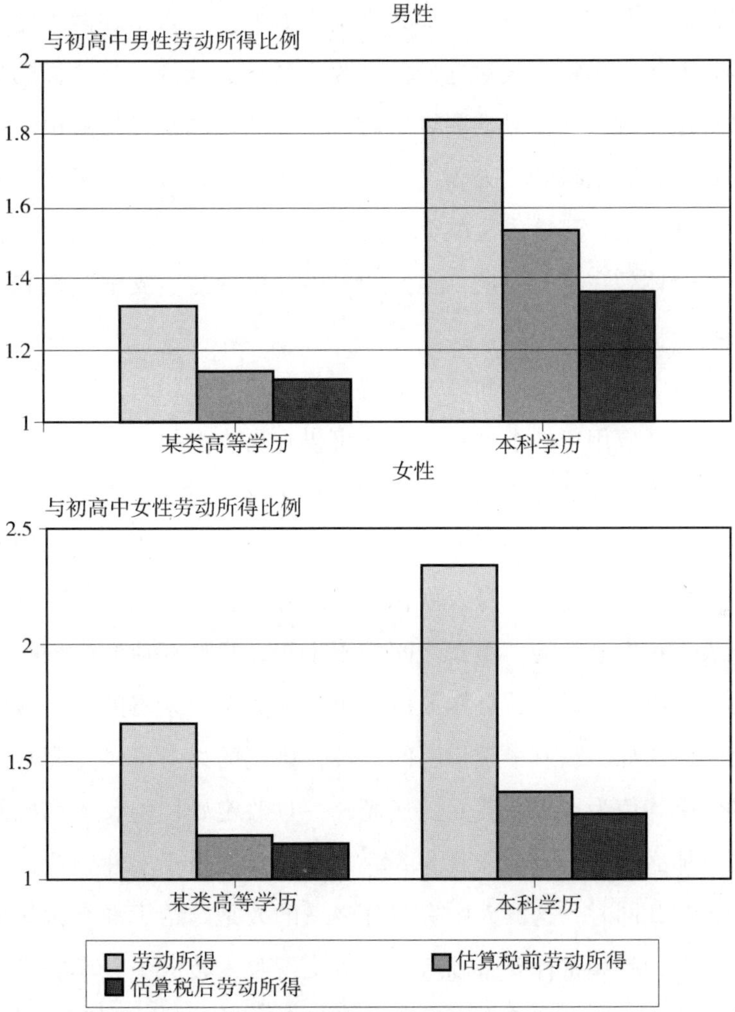

图 4.8　高等教育人群的终身收入与中学学历人群的收入的比例

生活标准提供一个精确的参考，因为她们有可能嫁给了高收入的另一半，并共享财富。然而，只有个体的收入才能通过有意义的方式来进行追踪，家庭收入是年复一年变化和重组的，会有很多情况发生，比如结婚、离婚、孩子离家自己成家等（艾尔德，1985，28 页）。

如同第三章说的，两个额外的收入测算方法可以用来对不同等级家庭环境进行测算。第一种，家庭内可供分享的可自由支配收入，假设成年人之间分享的收入是完全一致的，那么已婚夫妇的总收入是在两人之间被完全平分的，不用考虑每个人对这份共有收入的相关投入。当这样的平均分配方式被应用于收入和税务的测算中时，我们选取的是可供自由支配的收入，因为这样就可以得到，夫妻之间受到税务转移体系干预后的金额。毫无疑问，这样一来，测算方法就会将夫妻之间的所得税费用和现金转移平均分开。当个体处在单身时期，他们的可供分享的自由支配收入和他们个人的可供自由支配收入一致。

第二种以家庭为单位的测算方法就是家庭等价可供自由支配收入，这里的等价尺度是应用于一个家庭内所有可供自由支配收入的，结果得出的价值是源于夫妻二人的。[2] 这种测算方法会比上一个方法走得更远，这种方法也要将孩子的经济需求纳入考虑范围，还有就是两个人会共同使用的住宅大小等，这些都是在跟单身人群相比较的情况下。

如同表 4. 4 中显示的，男女之间的不平等，只有在他们个人收入被纳入考虑时才会更为明显，一旦两人以一个家庭为单位来看的话，这样的差距就会缩小。比如，只有中学学历的女性，她们的终身可供支配收入在年化之后的年平均值为 6,235 美元。然而，一旦假定她们的收入和她们丈夫的一样多，那么这笔钱就会涨到 8,845 美元一年。由于女性毕业人群有更
83 高的收入，与此同时，这群人中有四分之一的人是嫁给了没有大学学历的男性的，所以，就算将计算基础从个人可支配收入转成了分享的可供支配收入，她们的收入增高就不会太明显，但仍会达到 600 美元的年平均值。

并不意外的是，男性的收入在和妻子分享后就会下降，中学学历的男

表 4.4 受教育程度和性别与终身可供自由支配收入、可供分享收入以及等价收入之间的关系

（单位：美元）

算 法	受教育水平		
	初高中	部分高等教育	本科
男性			
年化可支配收入	10,480	12,945	15,885
年化共享收入(以家庭为单元)	9,520	11,375	13,085
年化等价收入(以家庭为单元)	16,165	19,410	22,375
终身可支配收入总值	601,770	746,835	952,490
终身共享收入总值(以家庭为单元)	547,195	657,800	787,400
终身等价收入总值(以家庭为单元)	931,355	1,125,925	1,349,360
女性			
年化可支配收入	6,235	8,995	11,150
年化共享收入(以家庭为单元)	8,845	10,700	11,780
年化等价收入(以家庭为单元)	14,735	17,800	19,700
终身可支配收入总值	386,675	567,125	728,520
终身共享收入总值(以家庭为单元)	550,290	670,830	770,615
终身等价收入总值(以家庭为单元)	920,775	1,119,140	1,291,240

子可供分享的自由支配收入，每年会比他们自己年化的终身可供自由支配收入低 1,000 美元。这样的数额下降在男性本科毕业者身上更明显。一旦将他们的收入在婚后与妻子均分，他们每年可供自由支配的收入就会比单身时年化的终身可供自由支配收入低 3,000 美元。

这些数据同时也对不同寿命长度调整重要性进行了有趣的阐释。比
如，中学学历女性终身的可供分享的自由支配收入比同样情况下的男性要 84
高。然而，有很多女性的寿命和以前相比，多出的平均值为 5 年，总收入就随着增长的寿命而增加，年化可供分享的自由支配收入就会比相同情况的男性要低。即使在全部收入分享的预估中，男性比女性的年化可

供分享的收入要高，因为在他们单身的年份里，收入所得是更高的。

一旦收入测算的方法包含了受养子女的个数，和他们对收入的使用以及可能产生的经济规模，通过对等价尺度的使用，男女之间的差异就会被轻微地扩大。这也许会反映女性在单亲父母的角色上承担了更久的时间，并且和男性相比之下，退休后单身的时间更长。因此，当受高等教育的女性年化可供分享的自由支配收入达到同样状况下男子的收入的94%时，她们的年化等价收入仅为他们的92%。

即使在对生命时长和家庭经历进行了统一之后（但是没有统一劳动力参与的差别），受到更好教育的群体的收入，还是会比那些没有受过高等教育的人群要高，在年化计算了本科毕业女性的收入后发现，她们的所得比没有经历过高等教育的女性要高出三分之一。大学毕业男性的收入比年化计算等价收入之后的男性要高38%，以年均方式计算的中学学历男性等价收入大约是一年16,000美元。

这个现象是非常有趣的，在个人可供自由支配的收入被使用时，它代表了相关位置的一个反转。这就是，大学学历的女性在年化其个人可供自由支配收入时，比中学学历的女性高出1.8倍，而年均等价可供自由支配收入则只高出1.3倍（表4.4）。相反，当本科毕业男性年均可供自由支配的收入是中学学历男性的1.4倍时，年均等价供自由支配收入也是1.4倍。因此，家庭环境在很大程度上降低了相比较之下的不平等程度，比较的内容则是有着不同教育成就的女性，但对于男性来说，这样的影响就没那么大了。换句话说，有着低教育成就的女性收入也会较低，这些女性倾向于嫁给有经济收入并且可以与之分享收入的另一半。相反的是，不同教育成就等级的男人之间，不平等是十分明显的，这种不平等是不能因与之分享收入的妻子而抵消的。

85 三、家庭状况对终身收入的影响

婚姻如何影响男人和女人的终身收入？有受养子女又会降低多少终身

生活标准呢？对于政策制定者来说，这都是非常重要的问题，这些制定者们需要考虑到每笔对家庭的现金转移、税收补贴等的预算。

（一）女性的终身收入

为了回答这些问题，女性被分成了五组：

- 未婚并且无受养子女的女性（占总数的6%）
- 未婚但有受抚养子女的女性（占总数的4%）
- 至少结过一次婚但无受养子女（占总数的5%）
- 至少结过一次婚且有一个或两个受抚养子女（占总数的60%）
- 至少结过一次婚，并有三个甚至更多的受抚养子女（占总数的25%）

模型中的“婚姻”状况包括了处在“形似婚姻”的关系，比如，“未婚女性”群体中包含了在法律意义上从未结婚的女性，和一生中都未经历过任何意义上形同婚姻的关系的女性。

从未有过受养子女的已婚和未婚女性，终身劳动力的情况是相似的。两组人参加劳动力的平均时长分别是38年和41年，一年的平均工时大约是1,800小时，其中1,700个小时是处于受雇佣状态的。年均终身收入的结果也差不多相似，每年超过10,000美元（表4.5）。

可以预料到，有孩子的女性会在劳动力中花费更少的时长，也会在全年全职性质的工作上花费更少的时间，在进入劳动力状态后，她们也会选择工时更少的工作。比如，有三个甚至更多受养子女的已婚女性在劳动状态中只保持了32年的时间，其中全职全年的工作时间是少于18年的。处在劳动状态下的这些年中，这群女性每年处在受雇佣状态下的时长为1,500小时。有着不同婚姻状态和受抚养子女状态的女性，很明显收入不均，其原因是劳动力参与的不同模式。

有受养子女的女性的平均收入，尤其是已婚并有三个甚至更多受养子 86
女的女性所得平均收入，是低于那些无受养子女的女性的。比如，已婚有三个甚至更多受养子女的女性，她们成年后每年的平均收入只有 6,955 美元，如果是以一生的时长计算，那么这笔收入是 430,000 美元。与其形成强烈反差的是，已婚但没有子女的女性在成年阶段里，每年的平均收入是 10,800 美元，终身收入是 680,000 美元。已婚并有三个甚至更多子女的女性收入是已婚但是没有孩子的女性收入的 64%，是未婚无子女的女性收入的 69%。

生育和现有受养子女个数的不同，会导致很大的改变，孩子的影响比婚姻状况的影响要大，婚姻状况对投资收益的变化影响较大。已婚女性的平均投资收益比未婚女性要高得多，这反映了婚姻生活中夫妻投资的共享（表 4.5）。养老金的等级也和这个情况差不多，特别值得注意的是，和未婚有受养子女的女性相比，未婚无受养子女的女性更不可能从职业退休金中获益，同时与已婚女性相比，无法领取去世丈夫的退休金，这就使得她的劣势加倍。

当所有这些因素都加在一起时，原始收入会展现一幅什么样的画面呢？无受养子女的已婚女性每年能够拿到高达 13,000 美元的原始个人收入，紧随其后的是未婚女性，然后是已婚有受养子女的女性。已婚有三个甚至更多受养子女的女性收入仅约为 9,000 美元，相当于已婚无受养子女女性的三分之二（图 4.9）。

在什么情况下，用于孩子的现金转移，以及多样的家庭所得税补贴才能抵销由原始收入带来的不平等呢？未婚有受养子女的女性收到的来自养老和补贴的收入是其他女性的两倍。这是因为单亲父母可以获得很高的补贴，成年之后每年可以拿到的数额是 1,210 美元。所有未婚女性收到的年均养老金比已婚女性要高。同样，未婚没有受养子女的女性收到的金额，也高于失业平均补贴和医疗补贴。如表 4.5 所示，这是由于失业年份过长，
88 但是除了这点，也是由于没有禁止女性从她失业的丈夫领取的补助中分一杯羹。

有受养子女的女性收到了更高的幼童现金转移收入，说得宽泛一点，

表 4.5 依据终身家庭状况划分的女性终身收入平均状况和税务测算方法

算法	未婚		已婚		
	无受养子女 (n = 117)	1 个及以上受养子女 (n = 70)	无受养子女 (n = 107)	1—2 个受养子女 (n = 1189)	3 个及以上受养子女 (n = 505)
1. 终身总算法					
- 劳动所得	607,665	564,730	680,300	503,885	431,905
- 原始收入	715,215	661,735	842,935	649,415	577,500
- 总收入	796,140	801,785	913,095	733,765	675,105
- 所得税	179,120	169,605	224,110	161,980	137,135
- 可支配收入	617,020	632,185	678,985	571,780	537,965
- 等价收入	1,028,520	1,241,280	1,241,280	1,161,695	1,069,165
2. 年化终身算法(比如:用总寿命减 15 年的时长进行平分)					
- 劳动所得	10,060	9,630	10,765	8,105	6,955
- 投资	1,380	1,360	2,140	1,830	1,790
- 养老补贴	255	90	260	310	295
- 赡养费	0	0	0	40	80
-总原始收入	*11,700*	*11,080*	*13,165*	*10,285*	*9,120*
- 单亲家长津贴	0	1,210	70*	245	245
- 养老金/投资津贴	1,015	905	815	810	810
- 失业/疾病福利	130	75	110	45	20
-总津贴/福利	*1,145*	*2,195*	*995*	*1,100*	*1,080*
- 受养子女转移	0	110	0	135	350
- 教育转移	15	40	15	30	45
-总收入	*12,860*	*13,430*	*14,170*	*11,540*	*10,595*
- 所得税	2,890	2,810	3,500	2,565	2,160
-可支配收入	*9,965*	*10,615*	*10,680*	*8,980*	*8,440*
- 共享收入(以家庭为单元)	9,965	10,615	10,965	10,750	10,575
- 等价收入(以家庭为单元)	16,610	15,315	19,250	18,320	16,755
3. 其他算法					
- 寿命	76.6	74.6	80.3	79.0	78.9
- 处在劳动力状态的时长	37.9	35.8	40.7	34.2	31.6
- 失业状态时长	4.3	5.2	4.7	4.1	3.6
- 全日制,全年工作时长	26.3	24.0	28.2	20.6	17.6
- 劳动力状态的几年中工作时长	1,769	1,722	1,790	1,644	1,561
- 非全日制工作时长	1,697	1,633	1,706	1,564	1,484
- 平均薪资	$9.25	$9.40	$9.65	$9.00	$8.85

*单亲家长补贴包括了支持家长的福利及寡妇津贴，一小部分没有受养子女的女性会收到 B 级的寡妇津贴，这笔津贴只支付给至少 50 岁、无受养子女的寡妇。所有收入数据化整为接近 5 美元。由于是约数，所以总值不一定是加总的数字。

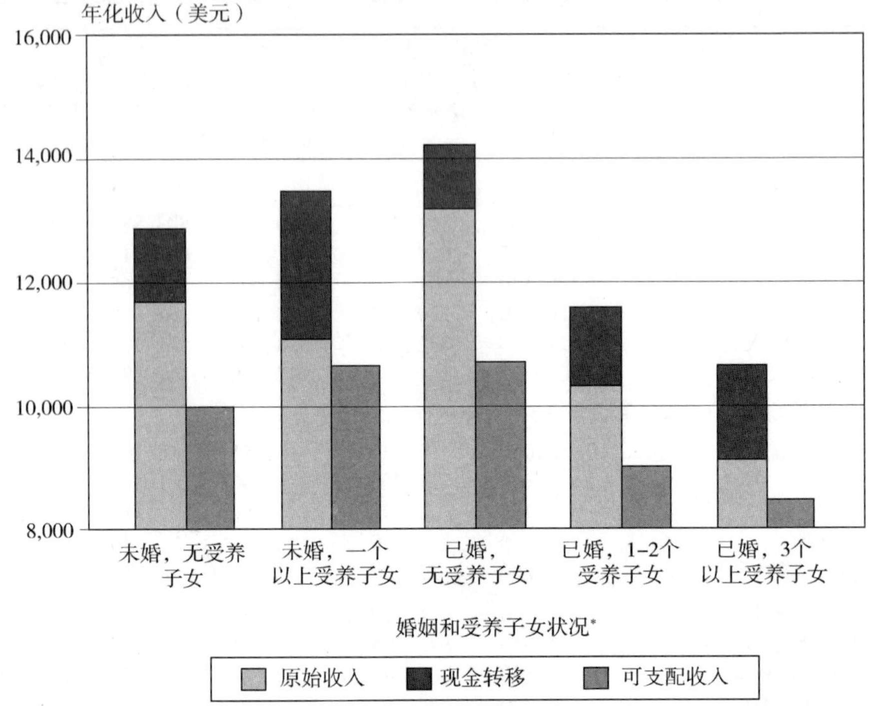

图 4.9　终身家庭状况与女性年均终身原始收入、总收入和可供自由支配收入

*第一栏可见总收入，等于原始收入加上现金转移收入。

就是通过家庭补贴、FIS 和 SAS 收到的教育现金转移所得。比如，已婚并有一到两个受养子女的女性，一年中收到跟孩子有关的现金转移金额的平均值是 135 美元，有三个甚至更多孩子的女性收到的金额是每年 350 美元。然而，这样的现金转移金额对于收入少得可怜的有受养子女的女性来说，只是杯水车薪。然而，有一个很有趣的部分是，不论是否有受养子女，单
89 亲家长的现金转移收入和单亲家长的退税金额是导致未婚女性地位反转的主要原因。和终身单亲家长相比，未婚无受养子女的女性有更高的市场收入，这部分收入来源于高工资和养老金补贴。在拿到现金转移的这笔款项后，未婚无受养子女的女性比相同状况有受养子女的女性持有较低的年均可供自由支配收入。

缴纳所得税的金额不会改变总收入中任何相关福利的排序或占比。已婚没有受养子女的女性要交更多的所得税，成年后每年 3,500 元，按照一生的时间来计算，则是 250,000 美元。更高的支出不仅代表了所得税体系要求的提高，也证明已婚无受养子女的女性比其他群体都要支付更高的所得税（图 4.9）。

（二）男性终身收入

并不令人惊讶的是，婚姻状况和是否有受养子女对于男性的终身收入状况有着极为戏剧化的影响。在模型中，假设离婚状态下，所有的受养子女都由母亲抚养。这就关系到离婚率和再婚率，这样一来，孩子的父亲就不是用来检测孩子对男性终身福利影响的恰当因素了。相反，男性在有一个或更多受养子女的家庭中生活的时长，是一个值得关注的因素。因此，男性被分为以下几类：

- 未婚男性（占总数的 15%）
- 已婚，从未在有受养子女家庭生活过的男性（占总数的 3%）
- 已婚，在有受养子女家庭生活过 1 ~ 14 年的男性（占总数的 19%）
- 已婚，在有受养子女家庭生活过 15 ~ 20 年的男性（占总数的 28%）
- 已婚，在有受养子女家庭生活超过 20 年的男性（占总数的 36%）

已婚男子的年均收入比未婚男子每年高出 2,000 美元，由于已婚男子时薪更高（见第十章），所有已婚男子的年均收入为 16,000 ~ 17, 000 美元。已婚男性花在有受抚养子女的家庭里的时间超过 15 年的，会在劳动力 91
市场中待的时间更长，会有更多时间是用来从事全年全职工作的，一旦牵扯到劳动力，那么平均时长也会更长。养老金和投资收益数据也显示，婚姻和孩子状况会对其产生一定影响（表 4.6）。

和女性的情况相比，婚姻和受养子女的状况对男性的年均原始收入影响很小。在对受个人年均原始收入的影响排名后，排在第一的是已婚无受养子女的女性，比已婚有三个甚至更多受养子女的女性要高出 44%。年均

表 4.6 依据终身家庭状况划分的男性终身收入平均状况和税务测算方法

算法	有受养子女出现的时长				
	未婚 （n = 289）	0 （n = 56）	1 ~ 14 （n = 369）	15 ~ 20 （n = 549）	21 + （n = 718）
1. 终身总算法					
－劳动所得	796,680	935,535	855,795	950,970	986,210
－原始收入	907,385	1,045,820	961,265	1,072,264	1,116,515
－总收入	953,385	1,084,630	1,000,790	1,112,920	1,160,045
－所得税	265,945	319,100	289,160	323,435	339,550
－可支配收入	687,440	765,530	711,630	789,490	820,495
－等价收入	1,145,905	1,286,370	1,128,575	1,181,330	1,125,610
2. 年化终身算法（比如：用总寿命减15年的时长进行平分）					
－劳动所得	14,360	16,340	16,125	16,230	16,680
－投资	1,380	1,260	1,425	1,480	1,605
－养老补贴	415	530	370	480	470
－总原始收入	*16,150*	*18,130*	*17,920*	*18,190*	*18,755*
－养老金/残疾津贴	565	450	470	470	490
－失业/疾病福利	140	135	130	130	140
－总津贴/福利	*710*	*585*	*605*	*600*	*630*
－受养子女转移	0	0	0	5	10
－教育转移	25	20	20	25	25
－总收入	*16,885*	*18,730*	*18,545*	*18,815*	*19,420*
－所得税	4,660	5,615	5,425	5,470	5,690
－可支配收入	*12,225*	*13,120*	*13,120*	*13,340*	*13,725*
－共享收入（以家庭为单元）	12,225	12,440	11,835	11,340	11,165
－等价收入（以家庭为单元）	20,380	21,910	20,470	19,840	18,710
3. 其他算法					
－寿命	70.6	74.4	70.5	74.8	75.5
－处在劳动力状态的时长	41.9	44.2	41.5	44.4	45.0
－失业状态时长	4.0	3.8	3.7	4.5	4.4
－全日制，全年工作时长	33.6	34.6	33.6	36.2	36.2
－劳动力状态的几年中工作时长	1,997	1,990	2,013	2,036	2,029
－非全日制工作时长	1,927	1,931	1,953	1,969	1,963
－平均薪资	$9.65	$11.15	$10.65	$10.90	$11.20

注：所有收入数据化整为接近5美元。由于是约数，所以总值不一定是加总的数字。

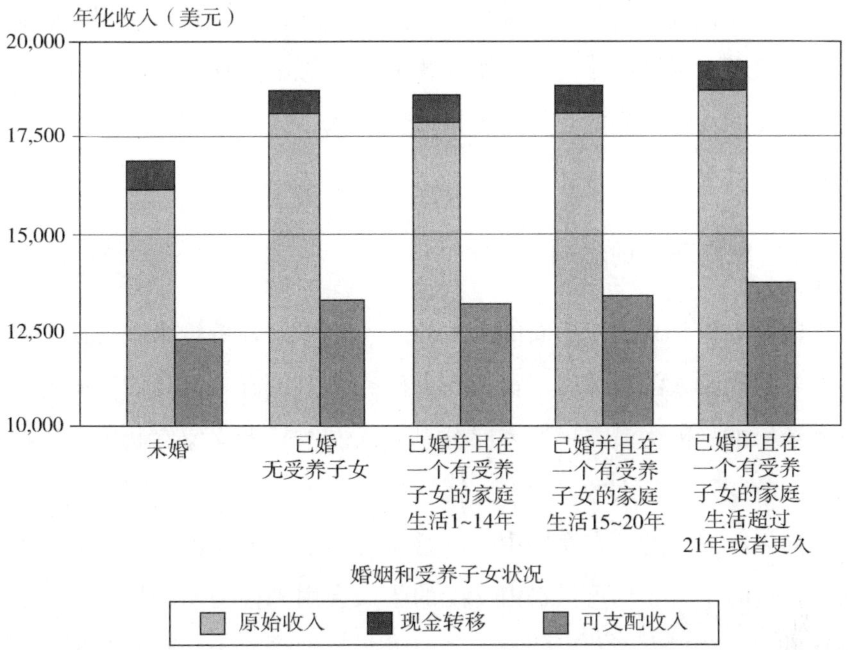

图 4. 10　终身家庭状况和男性年均终身原始收入、总收入以及可供自由支配收入

原始收入排在最前的，在有受抚养子女家庭待超过 20 年的男性，其收入比 92
排在最后的未婚男性要高出 16%。和女性完全不同，男性的个人收入会随着养子女的增多而增加，相同情况下，女性的个人收入则会减少。

现金转移对男性收入的影响就没有上述那么重要了（图 4. 10）。婚姻和受养子女状况对于男性的社会保障现金转移收益并没有太大的影响，虽然未婚男子确实会收益稍多一些，那是因为单身男性缴纳的费用更多。男性的平均养老补贴金额低于女性，因为他们的寿命更短。在这里要再强调一下，对于女性来说，社会保障体系是非常重要的，失业和疾病补贴都是由已婚夫妻中的男方支付，而男性收到的现金转移金额的一半都要给女性。

未婚男子的年均总收入比已婚男子低 2,000 美元，在算上所得税之后，这样的区别减少了一半。已婚、在有受养子女的家庭中待超过 20 年的男性，有更高的年均可供自由支配的收入。他们成年后每年的可供自由支配收入金额，要比处在最低收入额的未婚男性高出 12%。这也说明了婚姻和受养子女状况对男性的年均可自由支配收入的影响要比对女性的低，已婚无受养子女的女性收到的年均可自由支配收入，比已婚有三个甚至更多受养子女的女性高 27%。

（三）家庭环境的影响

之前的分析都只涉及男女的个人收入。这样的分析给家庭特征多种多样、有着不同收入的群体做了很深入的研究，但没有告诉我们不同群体达到的生活标准，因为没有讨论家庭分享收入。一旦考虑家庭状况，那么相关福利的改变是非常大的。

如同之前提到的，在女性中，已婚无受养子女的女性享受着最高的终身收入，这时个人年均可供自由支配的收入会用来做衡量的标准。一旦收
93 入测算方法中考虑夫妻共享的收入，或者要考虑受养子女及其开销，这一组女性仍旧能够获得最高的终身生活标准（仅从金钱角度考虑）。如表 4.5 显示，已婚无受养子女的女性，在成年后的每年里收到的等价收入是 19,250 美元，这几乎是其个人可供自由支配收入 10,680 美元的两倍了，这说明，这群女性的收入中有很大一部分来自和其丈夫共享的收入。

一旦将家庭情况纳入考虑范围，那么其他组女性相关的排名就会发生很大的变化。相关总结见图 4. 11，图中显示了位于最顶端的已婚无受养子女的女性其他收入来源所占的百分比。横轴显示了当收入概念从个人可自由支配收入转变为可供分享的自由支配家庭收入，再到等价家庭可供自由支配收入时，这一变化对相关排名的影响。

94 比如，图 4. 11 显示，正如我们之前讨论的，当个人可供自由支配收入被纳入考虑范围内，并且有几乎 100% 的个人收入都来自已婚无受养子女的女性收入中，未婚有受养子女的女性占据了收入分配阶梯的第二名。然而，当使用的是可供分享的自由支配收入测算法时，相对位置就产生了错位（由于没有其他成年人的收入可共享），所以她们的共享可供自由支配的家庭收

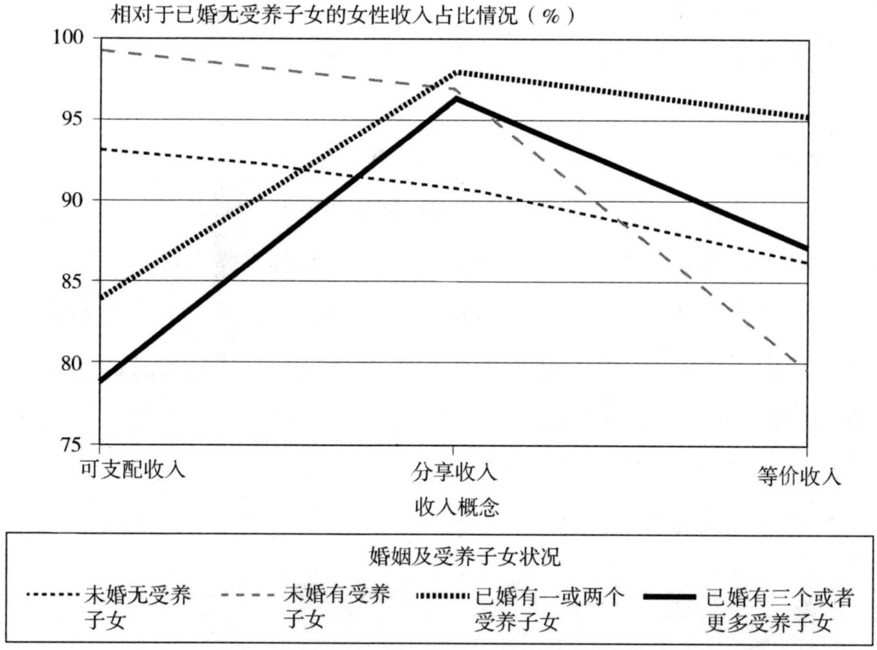

图 4.11 女性年均终身可供自由支配收入、分享收入和等价收入占已婚无受养子女女性收入的比例

入占据了已婚无受养子女女性同样收入金额的97%。最后，当使用等价收入时，两者在图表中的相对位置就很快恶化了。

因此，一旦她们自己对孩子的支持被纳入考虑范围内，无论在哪个分组中，未婚有受养子女的女性都经受着最差的终身生活标准，她们的年均等价收入只占已婚无受养子女女性的80%。一旦失去了通过丈夫而得到更高收入的这一途径，未婚无受养子女的女性是很穷的，她们的年均等价收入金额只有已婚无受养子女女性的85%。

相反，已婚有受养子女的女性个人收入较低，幸好有她们的另一半提供的可供分享的收入，这使其中一部分缺乏的资金得到补充，所以她们的可供分享的自由支配收入比她们的个人可供自由支配收入要高很多。然而，一旦有需要考虑花钱的受养子女，那么这样的情况就被打破了。然而，对于那些已婚、有一个或两个受养子女的女性，这种下降并不特别明显。相反，已婚有三个甚至更多受养子女的女性，她们的年均等价收入只比未婚无受养子女的女性高出一点点，并且是已婚无受养子女女性等价收入的87%。

相比较而言，一旦考虑家庭环境带来的影响，那么男性的状况也会发生巨变。已婚在有受养子女家庭生活超过20年的男性，他们的个人可供自由支配收入是最高的，一旦他们的家眷被考虑在内，那么这些男性的生活水平则会突然下降，所以可供分享收入和等价收入都会比其他类别的男性群体低（图4.12）。最终，这些男性的年均等价收入就会只有已婚无受养子女男性的85%。已婚在有受养子女家庭待15～20年的男性，他们的相对位置也会有一个不明显的下移。他们的年均等价收入金额约为已婚无受养子女男性收入的90%。

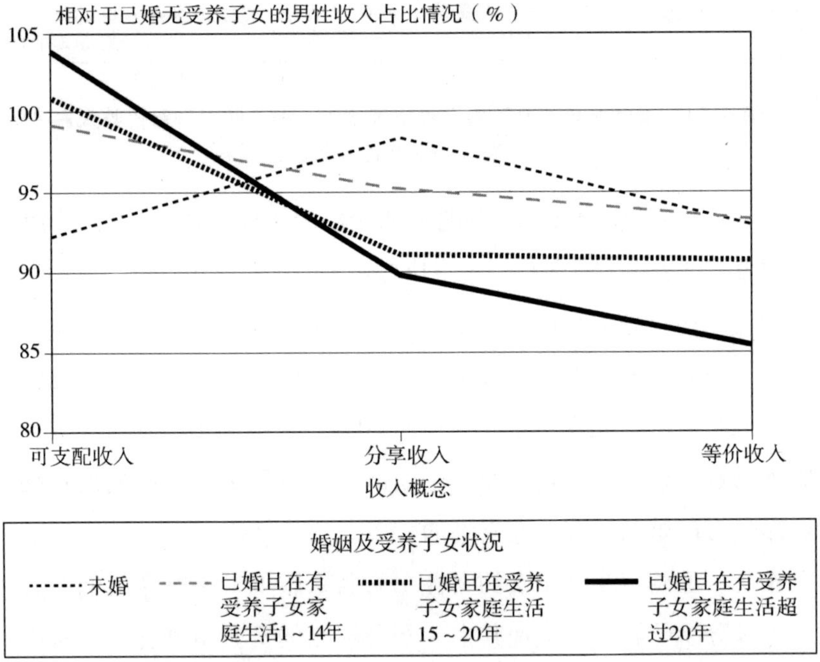

图4.12 男性年均终身可自由支配收入、分享收入和等价收入占已婚无受养子女男性收入的比例

未婚和已婚并在有受养子女家庭生活1～14年的男性的等价收入金额 95
其实差不多，是相同水平下已婚无受养子女的男性总收入的93%。和伴侣分享收入，已婚无受养子女的男性还需要同时承担另一半的开销，这两者相比，前者的影响更为不利。另外，该强调的是，并不是每一组都有相同特征量，所以应该用每个人的家庭状况来区别每个家庭组别中的男性。

四、失业状态对终身收入的影响

政策制定者关心的另外一个问题就是失业对终身收入的影响。导致失业人数多但失业周期短和失业人数少但失业周期长这两种情况的相关社会
政策是非常不同的。前一种情况对终身收入带来的影响相对较小，相比之 96
下，后一种情况由于缺乏大量失业人数数据的辅助，只能对终身福利的数据进行一个预估。

模型中关于失业状态的动态建模细节在第九章中有所描述，给现在记录下的结果打下了基础。在模型中，失业状态的那几年经历是有记录的，所有的群组成员都可以根据他们失业的时间长度被归类。

（一）男性

如表4.7所示，不同的无业经历下的男性终身工作时长是没有太大的区别的。然而，主要的区别在于无业状态持续时间的百分比。举个例了，对于经历了超过10年无业经历的男性来说，他们一生中有近10,000小时是处在无业状态的。那些仅体验过1～5年失业时长的男性，换算成小时则是2,000个小时。结果就是，年均收入随失业时长的增加而下滑，从未失业过的男性每年有约18,600美元的收入，有超过10年的无业状态的男性只有13,000美元的收入。

图4.13显示的是根据失业状况对男性年化原始收入、总收入和可支配收入的排序状况。随着失业时长的增加，男性的失业和疾病补助金额就会

表 4.7　男性终身失业情况与平均终身收入以及税务测算方法

算法	失业状态时长			
	0 （n = 723）	1 ~ 5 年 （0 = 636）	6 ~ 10 年 （n = 391）	11 年及以上 （n = 231）
1. 终身总算法				
– 总劳动所得	1,064,855	857,710	881,445	746,605
–原始收入	*1,233,065*	*956,445*	*981,460*	*808,790*
–总收入	*1,268,370*	*996,115*	*1,030,330*	*868,580*
–可支配收入	*865,285*	*722,485*	*747,600*	*659,990*
– 等价收入（以家庭为单元）	1,258,695	1,088,380	1,126,585	1,020,815
– 劳动力时长	87,765	87,570	91,300	89,685
– 失业时长	0	1,995	5,100	9,870
2. 年化终身算法（比如：用寿命时长减 15 的时间长度来平分）				
– 劳动所得	18,560	5,220	14,915	12,885
–原始收入	*21,260*	*16,850*	*16,525*	*13,900*
– 失业/疾病补贴	0	95	215	390
– 总现金转移收入	525	620	765	955
–总收入	*21,785*	*17,470*	*17,290*	*14,855*
– 所得税	6,930	4,810	4,750	3,585
–可支配收入	*14,855*	*12,660*	*12,540*	*11,270*
– 共享家庭收入（以家庭为单元）	12,625	11,085	11,000	10,200
– 等价收入（以家庭为单元）	21,520	18,930	18,815	17,390
3. 其他算法				
– 寿命	73.7	72.5	75.1	74.3
– 劳动力平均年数	43.5	43.1	44.8	44.9
– 失业平均年数	0	3.1	7.7	14.7
– 劳动力状态的几年里的平均时长	2015	2030	2035	2000
– 受雇佣状态每年的平均时长	2015	1978	1920	1775
– 平均时长	\$12.15	\$10.05	\$10.25	\$9.40

注：所有的收入数据化整接近 5 美元。由于是约数，所以总值不一定是加总的数字。

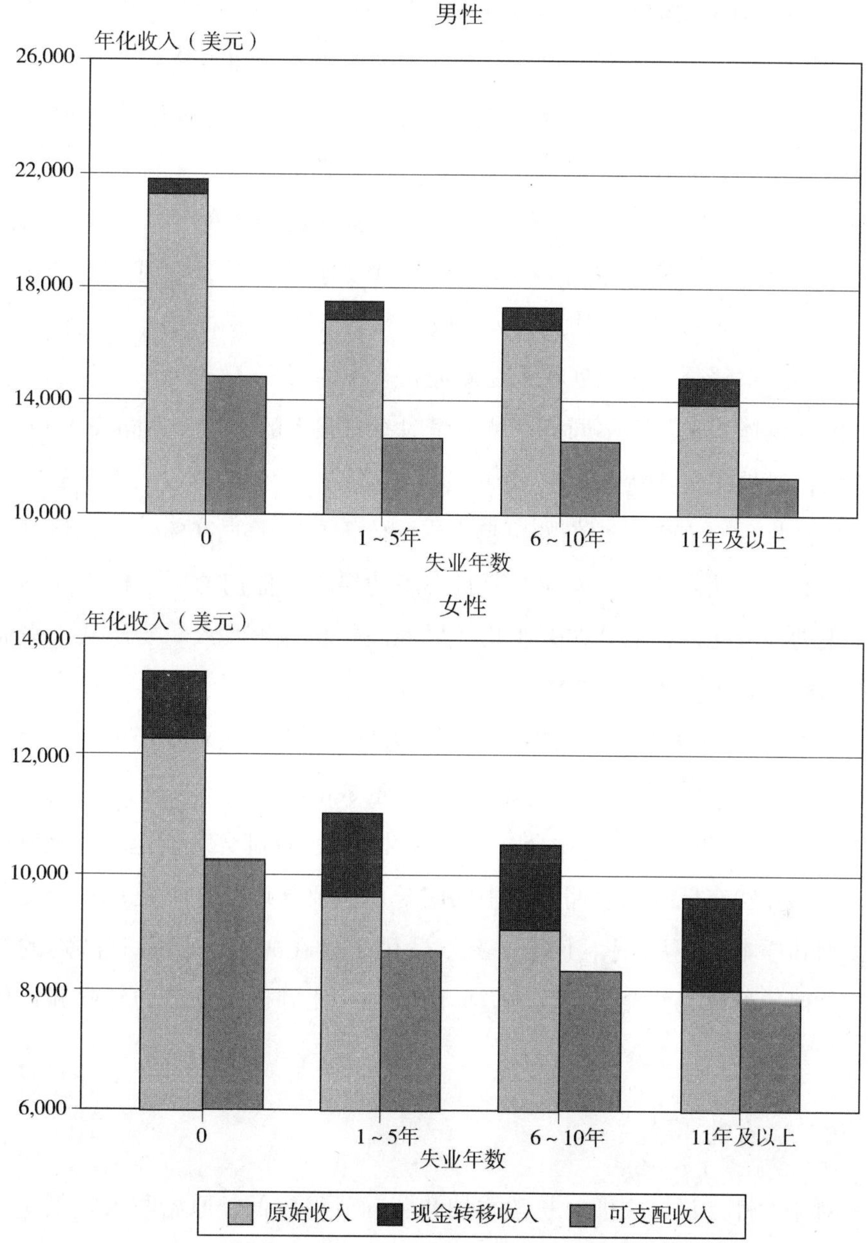

图 4.13　不同性别和终身失业状况下的年均终身原始收入、总收入和可供自由支配收入的比较

升高，超过10年都处于失业状态的男性每年会拿到390美元。

如第三章所说的，澳大利亚对失业人群并没有提供社会保险体系，但却提供了收入检测支付。在澳大利亚，失业救济和所得替代不能相提并论，正如表4.7所示，对于原始收入较低的长期失业人群来说，这样的补贴可以在一定程度上代替社会保险。没有失业过的男性的年均原始收入比失业年数超过10年的人高了1.53倍。在接受了社会保障中现金转移支付
99 的金额后，就业人群的年均总收入是长期待业人群的1.47倍。现金转移体系可以消除小部分由长期处在未受雇佣状态下的损失。

所得税体系在均衡不同待业特征量时有着很大的影响，如同表4.14中呈现的，对处在失业状态超过10年的男性来说，他们的总收入少于从未失业的男性收入的70%，他们的可自由支配收入是后者的76%。一旦将可分享的家庭收入纳入考虑，处在失业状态下的男性，他们的生活标准并不会产生很大的变化，长期处在失业状态男性的年化等价收入，要比从未失业过的男性年化等价收入的80%稍高。

有过1~5年失业经历男性的收入和有过6~10年失业经历的男性之间的不同较小，这些不同都是一些随机因素造成的，处在6~10年失业状态的男性和1~5年的男性相比会有较高的时薪率。这部分薪资差异，足以抵销该群体花费在低收入雇佣关系中的时长。需要强调，并不是每一个无业的类别和样本都不匹配，上述情况不适用于仅在失业时长上有区别的样本。任何一种情况都会存在其他方面的差异，比如样本存活的年限和他们的受教育情况。

（二）女性

对于女性来说，失业时长的增加和劳动所得较低、原始收入较低是相关的（表4.8）。即使和男人相比，女人有较高的现金转移支付，因为她们不仅有失业补贴，还有较高的补助金和孩子们的转移经费，失业和疾病补贴的平均值是比男性低的。失业超过10年的女性在其工作期间每年收到

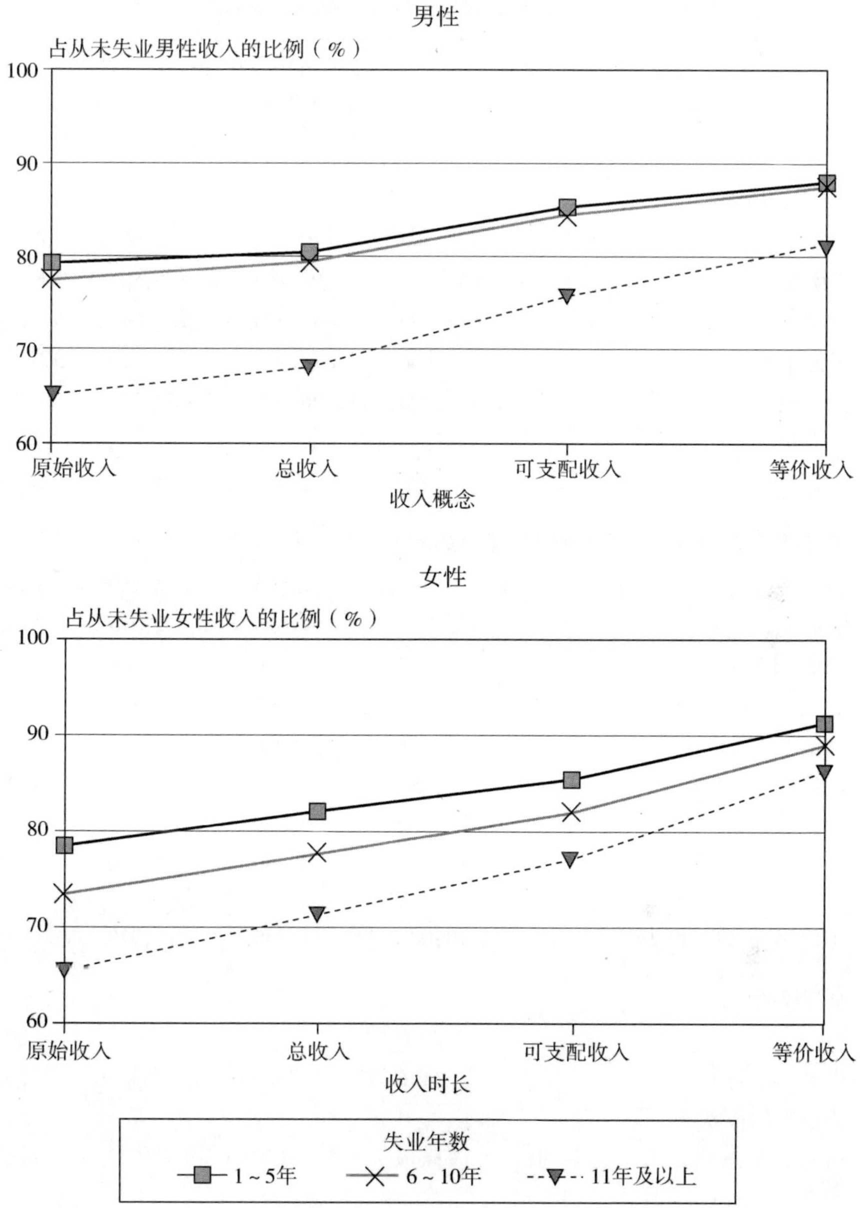

图 4.14　不同失业状态下工作人群的年均终身原始收入、总收入、可供自由支配的收入以及等价收入占不同性别从未失业人群收入的比例

表 4.8 女性终身失业情况与平均终身收入以及税务测算方法

算法	失业状态时长			
	0（n = 678）	1 ~ 5 年（0 = 687）	6 ~ 10 年（n = 446）	11 年及以上（n = 177）
1. **终身总算法**				
– 总劳动所得	594,705	470,780	452,465	407,990
–原始收入	*769,700*	*603,765*	*576,800*	*509,010*
–总收入	*848,345*	*693,830*	*672,045*	*614,540*
–可支配收入	*643,600*	*547,740*	*537,860*	*503,620*
– 等价收入（以家庭为单元）	1,197,990	1,096,995	1,089,635	1,054,735
– 劳动力时长	57,825	55,300	57,913	60,450
– 失业时长	0	1,955	4,680	8,475
2. 年化终身算法（比如：用寿命时长减 15 的时间长度来平分）				
– 劳动所得	9,665	7,625	7,210	6,495
–原始收入	*12,270*	*9,625*	*9,040*	*8,035*
– 失业/疾病补贴	0	30	80	140
– 总现金转移收入	1,185	1,365	1,420	1,565
–总收入	*13,455*	*10,990*	*10,460*	*9,605*
– 所得税	3,250	2,320	2,105	1,760
–可支配收入	*10,200*	*8,670*	*8,355*	*7,845*
– 共享家庭收入（以家庭为单元）	11,425	10,460	10,170	9,800
– 等价收入（以家庭为单元）	19,085	17,340	16,970	16,365
3. 其他算法				
– 寿命	78.0	78.5	79.7	80.1
– 劳动力平均年数	34.6	33.2	34.6	35.8
– 失业平均年数	0	3.2	7.6	14.1
– 劳动力状态的几年里的平均时长	1640	1630	1650	1670
– 受雇佣状态每年的平均时长	1640	1565	1500	1425
– 平均时薪	$10.15	$8.70	$8.35	$7.85

注：所有收入数据化整接近 5 美元。由于是约数，所以总值不一定是加总的数字。

的平均福利补贴为 140 美元，而相同失业状态下的男性则收到 390 美元。造成这种情况的原因有一部分是，福利补贴一般都支付给夫妇中的男方， 102
另一部分原因是，女性不能做其配偶收入补贴的接受者。

图 4. 13 清楚地表达了，即使经历更长时间失业状态的女性会收到稍高的现金转移支付，也不能及时抵销她们的原始收入不足，所以年均总收入在失业状况下下跌很快（即使这样，必须强调的是，从未受过雇佣的群组比经历过失业的人群的学历要更高，高时薪率同样也提供了较高的总收入）。

如图表 4. 14 所示，现金转移和所得税都减少了女性由于不同的失业经历而产生的不同，失业状态超过 10 年的女性的年均可自由支配收入，是成年后从未失业的女性每年收入的 77%。当考虑家庭收入分享、年均等价收入这些因素时，女性之间的不同就会有所减少，失业状态超过 10 年的女性的年化等价收入是从未失业过女性平均收入的 85%。

五、总结

模拟的结果显示，教育水平是造成终身收入差距的主要因素，有本科学历的男性终身劳动所得，是无任何高等学历资格男性的 1. 83 倍（按不贴现美元计算）。在不同教育水平的女性中的，终身所得有一个非常明显的区别，有本科学历的女性是无高等教育资格女性所获金额的 2. 34 倍。当研究对象寿命更长、受教育水平更高时，这些差距就会有所减少，本科学历的男性和女性年均收入分别是无高等教育资格男女的 1. 76 倍和 2. 18 倍。

和受教育程度较高的人相比，那些受教育程度较低的人，倾向于花更少的时间劳动，做更少的工作，而劳动力参与模式的不同也导致两者之前存在一定的差异。教育程度并不高的群体，有时候会在休闲娱乐上花更多 103
的时间，但目前并不清楚这是否是他们的自愿选择。有学者试图来标准化劳动力参与率，这样至少能够保障大量的相关影响可以被更好地测评。但这只能是一个大概调整，在不同的劳动力参与模式被标准化后，估算的本科学历男性的税前终身收入比没有高等教育资历的男性收入高出 1.53 倍。对于女性来说，本科学历女性的相对收入优势在考虑额外工作量之后会下降得更加明显，本科学历女性估算的税前收入是没有高等学历女性的 1.35 倍。这样的相对优势是在税前，在支付完所得税后，本科学历男性的优势降到 1.36 倍，女性降至 1.26 倍。

劳动力参与模式标准化给本科学历女性的明显相对优势带来了巨大差别，这一现象表明，研究过程中忽略了回报率的计算是有着极高的误导性的。同样有证据表明，经济学家用于计算终身回报率的传统方法是基于全日制的毕业生收入和非毕业生的个体横截面调查数据来设定的，这也可能会误导了最后结果（查普曼和哈丁，1993）。

终身收入和福利的变化在很大程度上取决于家庭状况。有孩子的女性和没有孩子的女性相比，收入更低，原始的可供自由支配的收入也更低，但在考虑家庭状况后，相关的排名就产生了一定的变化。未婚的单身家长有着最低的终身生存标准，紧接着是未婚的无受养子女的女性。和未婚女性相比，已婚女性享受更高的平均收入。已婚无受养子女的女性所获的收入最高，已婚有三个甚至更多孩子的女性，在已婚女性群体中的所获收入是最低的，但比未婚无受养子女的女性稍好一些。

男性的个人原始收入表明，婚姻状况和是否有受养子女这两个条件对其影响较小，但在考虑家庭情况后，已婚男性的相对收入随着在有受养子女家庭生活的时间增加而减少。未婚男性则不然，然而，他们的情况和未
104 婚女性的情况差不多，他们的年化等价收入超过了已婚在有受养子女家庭生活超过 14 年的男性。对于男性和女性来说，一样的是，最高的终身生活标准是通过婚姻来达到，而非通过生孩子。

最后，终身福利是会被不断的重复的失业经历所逆转的，比如失业时长超过 11 年的男性，他们的年化可供自由支配的收入为从未失业男性收入

的 76%。

在这一章中，不同终身特征量的个体的终身收入调查结果被呈现出来。在接下来的章节中，将根据个体的终身收入对其进行排序，分析不同终身收入人群的不同特征和财富。

注释

1. 所有在第四章到第七章中呈现的结果，都是模型中寿命至少达到 21 岁的男性和女性的相关记录。
2. 一个家庭指的是，一个有或者没有受养子女的人，以及有或没有受养子女的已婚夫妻。在有这一概念的动态微观模拟模型群组中，发现在现存的模拟过程中，没有出现家庭或者与家庭相关的个人从而引申出来的概念。

第五章　终身收入的分配

一、简介

第四章将有着不同教育经历、家庭特征和失业经验的个体都分出来， 105
来检测这些特征量对终身收入带来的重要影响。在本章中，我们采取不同的方式，在模拟过程中，会首先依据终身收入来对所有个体进行排序。这样就有可能分析出终身富有的和终身贫穷的人有什么特征。因此这一章中，将研究在终身收入的前百分之十的人群中，本科毕业生和女性会占多少比例。同样，也会简单分析出，在阶梯式的终身福利统计中，位于最顶端和最底端的人群的平均收入或者平均缴税金额是什么状况。

一旦终身收入的多个来源和税收方式中的任意一者，可以被用来对个体进行分级，等价收入将是反映终身福利的最佳方法。如果在对个体进行分级时，没有采用等价终身收入测算的方法，比如，一个终身未婚的男性，他的终身收入是 50 万美元，但他能够达到的生活水平无异于一个在 20 年里都需要支撑没有工作的妻子并养育四个孩子的男性。因此，现在大家已经可以接受，用收入等价法来提高福利之间的对比准确性。比如英国数据中心管理局，在分析近年来英国的财政支出时，已经开始采用收入等价法来对所有家庭进行分级（英国数据中心管理局，1990）。

正如在第三章中讨论的，终身收入的测算方法并不是很好理解。如果可以轻松统计个体每年的收入所得，就可以将总人口根据终身总收入分为十等份，其中，有一个收入最低的群体，其原因可能是很大一部分个体死亡时间较早。较低的终身收入并不能代表这些人生活标准低，更能说明的

106 是，有收入来源的年份在不断减少。税收和现金转移情况的测算也和上述的内容相似，举个例子，死亡较早的个体是不会收到养老金的，在这样的情况下，政府现金转移的金额也会呈现减少的情况（这种情况也被称为“早期富有”）。

为了避免上述这些问题，我们会将目标群组每年的收入所得进行合计，之后采用年化终身收入的方法来进行测算，如同第三章中讨论的，把终身各种收入所得总计按照年份（年份总数减去 15）平分。然而，当采用年化终身相对收入对群组进行排序时，年化收入较高的群体是死亡时间较早的群体（即使这个趋势在男性中没有那么明显）。退休后不久就死亡的个体，领取低额退休金的年份并不多，年化终身收入较高的群体，其实是死亡时间相对较早的群体。相反，某群体年化终身收入较低可能是由于在计算过程中，将其原始收入分摊到了整个生命时长里，而这一群体恰好又去世较晚。表 5.1 至表 5.4 描述了这一倾向，尤其是对于女性来说，年化收入和寿命长短有关，年化收入越高可能意味着寿命越短。

产生这样的影响，可能是由于在统计过程中，使用了 1990 年建立的澳大利亚社会保障体系，这一体系包含的等价系数是经政府认可的。澳大利亚的社会保障体系中并没有假设，需求是随着年龄渐少的（因此，举例来说，40 岁残障人士个体的抚恤金税率和 70 岁普通个体的抚恤金税率是一致的），等价系数并没有因为年龄的不同而有任何的不同。同样，即使收入来源的不同导致了社会保障收入试验结果的不同，工作产生的费用（比如差旅、服装）并没有被明确纳入该社保体系的薪酬制度中，劳动力状况无法使社保体系下的薪酬制度产生任何不同的相对规模。

按照收入个体来看，现在并没有一个最新的、能够被广泛认可的等价系数来判断澳大利亚孩子的数量和年龄，成年人的数量和年龄，以及所有成年劳动力的状况。然而，亨德森在 20 世纪 70 年代将标准的成本规模进行了又一次的拓展，这次拓展建立在 1954 年得出的纽约费用数据研究的基础之上，并于 1975 年在澳大利亚得到了广泛的应用。即使没有明确的证据显示，这些范围内的数据和20世纪90年代的澳大利亚有什么关系，但却可以用来建立一个因年龄与劳动力状况花销造成不同的等价系数（虽然，由于这一等价系数假设，相对年轻的人群而言，年龄较大的人群需求会更少，从而导致很多人对这一等价系数的设计性提出了异议）。

因此，衍生出了针对“使用明显不同的等价系数会对结果造成什么影 107
响”的各种测试，这些测试也会用来判断亨德森系数是否能够消除上述“寿命越短，年化等价收入越低”的现象。亨德森系数初步引入了一个完全相反的情况，即女性寿命的增长，实际与较高的等价收入有关。澳大利亚社会保障等价系数和麦克莱门茨等价系数很像，后者被英国数据中心管理局用来对家庭进行分组（英国数据中心管理局，1990），不论使用哪个等价系数来做灵敏度分析，最后得出的结果都十分相似。卡克瓦尼（1986）和英国数据中心管理局进行的财政活动灵敏度分析显示，等价系数的选用会对统计结果产生十分深远的影响，以布曼为首的一些人却对这一结果提出了异议（1988）。由于篇幅的限制，本书不能通过大量的等价系数来进行展示，下文中的分析均采用澳大利亚社会保障体系中的等价系数。然而，需要明确的是，如果采用不同的等价系数，下文呈现的结果是有可能发生些微改变的。

通过分别对男性、女性年化终身等价收入的分组排名，本章第二、三部分描述了收入分配再分配基础的各个形式。接着将这些群体均分为人口规模相等的组，按十等分位组进行统计，并针对不同分位组的不同情况进行分析。第四部分将分析延伸至家庭单元中预估收入分享这一步，并讨论了为什么一旦将家庭环境纳入考量，则男人与女人个人收入之间的显著差异会有所缩小。第五部分简单讨论了当视群组为整体时，终身收入分配的情况。

二、男性终身收入分配

有人可能认为，较高的终身原始收入（比如，税前、获得转移收入前）代表这个人有较高的劳动所得、投资回报以及日益增长的退休金和养老金。在十等分位组收入分析中，投资回报的分布是十分不均衡的，这一不均衡远超过劳动所得，在十分位组终身收入所得来源结构中，前三位的养老金分配明显高于其他组（表 5.1）。

图 5.1 就反映了这些倾向，同时也表现了，男性年化终身总所得五分
110 位组所得来源结构，是由年化终身等价收入决定的。穷人和富人在总所得来源的构成上是有很大不同的。位于最后 20% 的男性，他们成年后的每一年里，现金转移收入平均仅占总收入的 10%，剩下的几乎就是劳动所得。位于五分位组首位的群体，他们的劳动所得占的比重很小，现金转移收入基本不存在，而投资回报和养老金加在一起占了年化总收入的 20%。

收入排在前 10% 的男性，他们的终身可分配收入每年平均是 32,800 美元，其中大约 5,700 美元是投资回报，大约 2,750 美元是养老金所得，因此这群人的年化原始收入可达 41,300 美元（表 5.1）。与之相反，收入在后 10% 的男性，他们的可分配收入平均只有 6,850 美元，其中近 200 美元为投资回报，并且没有养老金等收入，因此在他们成年之后的每一年中，其原始收入只有 7,000 美元。

图 5.2 显示，男性间的收入是存在差量的，只有不到 30% 的男性，其年化收益为 10,000 ~ 15,000 美元（竖轴体现多种来源收入的金额）。位于第十等分位男性群体，其中 70% 的人在其成年生活的每一年里，收入为 5,000 ~ 10,000美元，只有 10% 的男性收入超过 10,000 美元。与之相反，在年化相对收入十等分位组收入来源结构排名中，第一等分位的男性里，有四分之一的人其年化收益为 25,000 ~ 30,000 美元，近 10% 的人一年内收入超过 50,000 美元。

在表 5.2 中可看到，收入分配金额较高的前半部分人是有着较高收入的，而导致这一现象的原因是这部分人时薪较高，第十等分位这部分人，其终身平均时薪为 20.75 美元，是第一等分位这部分人的 4 倍，而位于第一等分位的这部分人，其终身平均时薪仅有 5.30 美元。然而，十等分位组

表 5.1　根据年化终身等价可支配收入对男性的年化终身收入进行排名

（单位：美元）

算　法	年化终身等值可支配收入十等分位组										
	1	2	3	4	5	6	7	8	9	10	平均值
劳动所得	6,840	8,890	10,940	12,385	13,715	15,445	16,945	19,580	23,430	32,785	16,105
投资收入	200	300	445	470	650	1,050	1,180	2,020	2,885	5,740	1,495
养老补贴	0	5	0	5	30	80	125	375	1,115	2,745	450
总收入	7,040	9,200	11,385	12,860	14,400	16,575	18,250	21,975	27,435	41,270	18,050
残障津贴	45	40	25	15	5	10	5	15	5	5	15
养老金	665	785	750	680	570	470	420	250	115	25	475
失业和其他福利	230	185	140	145	140	140	120	110	95	50	135
教育转移	45	35	30	25	25	25	30	30	20	15	20
总现金转移*	985	1,040	945	860	740	650	575	405	235	100	655
总收入	8,025	10,240	12,335	13,720	15,140	17,220	18,825	22,380	27,675	41,370	18,705
所得税支付	1,110	1,745	2,400	3,005	3,595	4,375	5,130	6,690	9,300	16,890	5,430
可支配收入	6,915	8,495	9,935	10,720	11,545	12,845	13,695	15,690	18,375	24,480	13,275
共享可支配收入（以家庭为单元）	5,985	7,550	8,595	9,500	10,320	11,220	12,225	13,565	15,525	20,740	11,525
等价可支配收入（以家庭为单元）	10,050	12,795	14,530	16,140	17,600	19,115	20,905	23,265	26,750	35,505	19,675
等价收入—夫妻间分配比例 60∶40	11,205	14,290	16,340	18,075	19,970	21,425	23,420	25,940	29,945	38,745	21,945
终身教育服务收入#	38,610	36,960	39,320	40,660	42,745	41,585	40,290	42,740	43,105	44,895	41,360

* 包括了小金额的受养子女转移（家庭补贴和单亲家长津贴，是发放给男性单亲家长的）。#这是终身时长收到的教育服务总额（即并没有被按年度计算）。所有数据都化整接近 5 美元。由于是约数，因此总数不一定等于总和金额。

表 5.2　根据年化终身等价可支配收入对男性其他特征量进行排名

算　法	年化终身等价可支配收入十等分位组										
	1	2	3	4	5	6	7	8	9	10	平均值
1. **劳动力特征**											
劳动力平均年数	39.7	43.4	42.9	43.8	44.4	44.7	44.6	44.0	45.0	45.2	43.8
失业平均年数	5.5	5.1	4.0	4.4	4.9	4.5	4.0	3.8	3.7	2.1	4.2
全日制全年工作平均年数	31.3	34.2	34.6	35.5	35.8	36.2	36.4	36.3	36.6	36.5	35.3
自主雇佣平均年数	13.6	11.8	9.3	8.6	8.8	8.6	8.2	7.2	8.4	10.2	9.5
终身劳动力总时长	80,743	86,931	86,679	88,674	90,084	90,680	90,589	89,391	91,255	91,198	88,624
处在劳动力状态的几年里劳动力平均小时数	1,996	1,999	2,018	2,030	2,030	2,034	2,030	2,031	2,032	2,025	2,022
处在劳动力状态下每年受雇佣的平均小时数	1,897	1,918	1,953	1,961	1,955	1,968	1,969	1,972	1,977	1,995	1,957
处在劳动力状态下每年失业平均小时数	99	81	65	69	75	66	61	69	55	30	65
平均时薪	$5.28	$6.66	$7.61	$8.79	$9.43	$10.24	$11.24	$12.68	$15.10	$20.77	$10.78
2. **婚姻和受养子女状况**											
已婚百分比	81	88	86	85	90	86	87	84	89	78	85
离婚百分比	22	33	27	29	29	26	33	31	33	32	29
有受养子女的平均年数	15.7	16.8	16.9	16.8	17.8	16.2	15.9	15.0	15.8	12.8	16.0
已婚人士的婚姻持续平均年数	40	40	40	41	42	39	39	38	38	34	39
3. **教育**											
受教育平均年数	13.5	13.7	13.6	13.9	14.2	14.1	13.9	14.2	14.2	14.7	14.0
进入政府资助学校的平均年数	9.4	9.5	9.1	9.1	9.1	8.2	8.4	8.8	9.8	8.1	8.9
进入私立学校的平均年数	2.7	2.6	2.8	2.9	2.9	3.8	3.5	3.4	2.3	4.2	3.1
接受高等教育的平均年数	2.5	2.7	2.8	2.9	3.1	3.1	2.9	3.1	3.1	3.4	3.0
有本科学位的百分比	9.10	9.6	12.1	17.2	19.7	19.2	18.2	23.7	25.3	33.7	18.8
平均寿命	71.6	76.9	74.2	75.7	74.8	73.8	73.5	71.5	72.5	72.5	73.7

中，收入较高的人意味着其投入劳动力的时间较长，既然身处在劳动力阶段，其受雇佣时间则会多于未受雇佣的时间。举例来说，第十等分位的人群平均受雇佣年限为45.2年，在这些年里，每年工时可达1,995小时，而第一等分位的人群平均受雇佣年限为39.7年，在这些年中，每年工时为1,895小时。

可分配收入最多的这群人，有着更高的平均工资率，这与其受教育年
限长有关，特别是获得学位有关。在获得学位的人里，只有26%的人在收 112
入十等分位组所得来源结构中位于前第四等分位，44%的人位于后三等分位，并且有20%的人位于十等分位组中的第十等分位。那些仅拥有中学文凭的人里，仅有3%是达到了收入十等分位组里的第十分位，17%的人排在后三等分位，41%的人都聚集在最低的五等分位里。有某类高等教育资格的人则相对均匀地分布在可分配收入来源的各个等级。

和受教育程度以及劳动力参与度相比，婚姻状况和受养子女状况看似

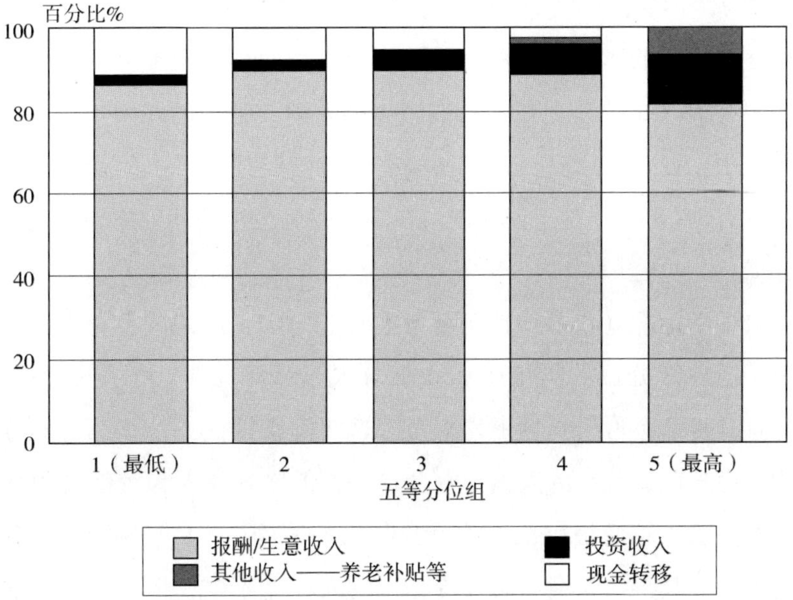

图5.1 男性年化终身等价可支配收入五等分位组年化终身总收入来源结构

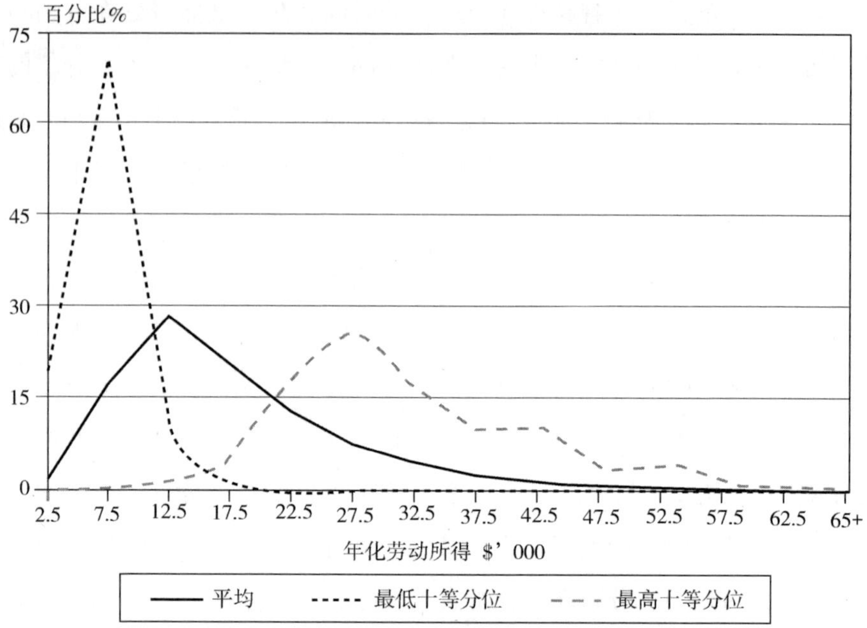

图 5.2　男性年化收入分配百分比

对男性终身收入的影响并不重要，但值得注意的是，十等分位组中，第十等分位中有 78% 的人都已婚；曾有婚史的人群其平均的在婚年数为 34 年；但这群人中，处于有家庭、并且在家庭中有已经独立自主的受养子女的平均年数仅有 12.8 年。对于任何记录在案十等分位组的研究来说，这些数字都十分低。

终身生活标准（仅从金钱角度考虑）和寿命长度之间也存在一定的联系。位于第一等分位的男性中有一部分人是残障人士，未受过教育的人士，并且其寿命远低于男性平均寿命。这些因素拉低了位于第一等分位群体平均寿命长度，其余的人虽然寿命较长，但终身收入却较低（退休后的这几年里，收入较低是拉低平均终身收入的原因）。十等分位组中有较高收入的人群，其寿命长度和后几等分位的人群差不多，但收入较高的这群人在从事工作的那几年里收入更多，处于退休的时间更短，因此对终身平均收入的影响也更小。

政府的政策如何影响市场或原始收入的分配？现金分配转移的影响是逐渐上升的？这一政策使得收入分配更为平等。第一等分位中，教育和社会保障的转移收入占到年化总收益的 12.2%，这一占比在第十等分位中降至 0.002%。

终身收入较低的人群在失业期间会有更多的收入以及其他福利，也反映出他们处于失业的时间更长。残疾也会对终身收入造成影响，在可工作的年份里有严重残疾的情况出现，则会有来自残障补贴的收入，这一现象集中体现在前三等分位中。

随着原始收入和退休金的增加，平均养老金收入有所减少，第一等分位的收入是最低的，这部分养老金收入相比接下来的三等分位较低，很明 113
显，这是他们较短的寿命造成的（最低等分位的寿命为 71.6 年，第二等分位的寿命为 76.9 年）。在收入十等分位组中，教育的现金转移收入的价值并没有明确的体现。那些位于十等分位组底端的，更多是由于受养子女还是学生，于是收入有部分来源于二级福利津贴。位于十等分位组顶端的，是由于受到高等教育或研究生教育资助，这里的高等教育和研究生教育的接受者都是他们本人。

所得税的支付金额也在不断上升，年化总收益的十等分位组中，最低所得分位组中所得税占 13.8%，在最高所得分位组中，这一比例上升到 40.8%。图 5.3 显示了终身年化相对收入中，年税支付或转移收入的绝对值。比如，收入最高的十等分位组每年获得的转移收入是少于 100 美元的，但是却支付了近 16,900 美元的所得税，这样每年几乎都会有高达 16,800 美元的净损失。

十等分位组中现金转移收入是多种多样的，和所得税相比这种多样化更为明显，而后者对终身收入多样性的减少起到了重要的影响。图 5.3 中显示，即使是男性最低所得分位组，其平均税费支付也超过了平均转移收入，这和“税务—转移支付”的横截面研究结果是完全相反的。

图 5.4 显示了，在税与转移支付体系的操作中，每个阶段里，不同收

入间的差量是如何减少的。左手这一栏显示的是男性原始或市场收入在五等分位组中每个等分位的数据。比如，前20%男性的终身原始收入是每年34,000美元，这是最低等分位男性年总收入的4.2倍，最低等分位的总收入是每年8,000美元。

位于图表中间区域的，是给原始收入加上了政府现金转移政策的影响。第一等分位和第二等分位间微小的间距再次说明了政府现金转移政策对收入均衡的影响。然而，第五等分位的年化总收益依旧是第一等分位年化总收益的3.8倍。

所得税对收入差量的影响是很大的，正如图右侧显示的，第五等分位
115 和第一等分位之间急剧缩小的间距。在所得税支付过后，第一等分位对应的可支配收入降低至21,000美元，是第五等分位年化可支配收益的2.8倍。

对于收入分配来说，税与转移支付政策的影响也可以用劳伦兹曲线来

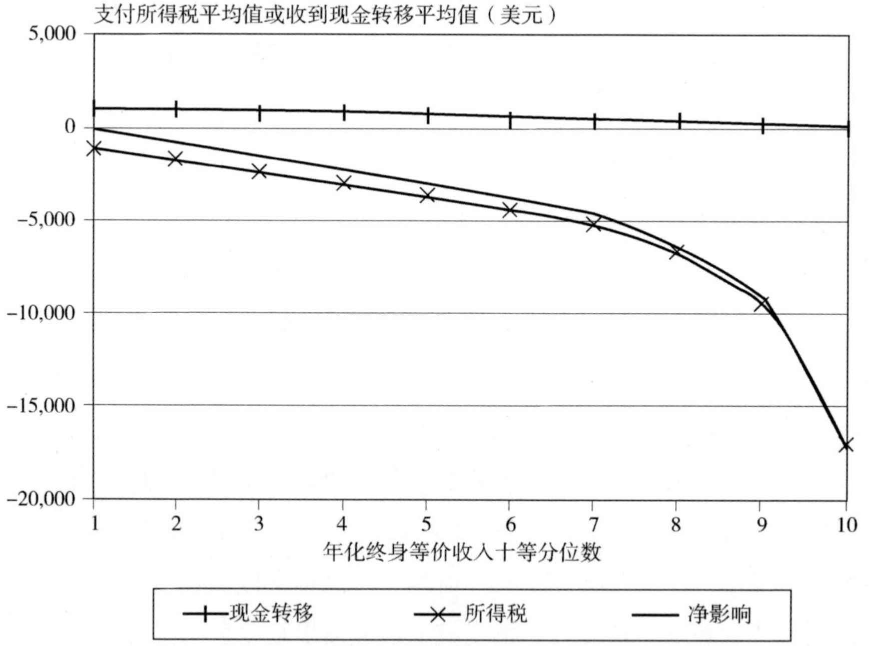

图5.3　男性年化终身现金支付收入及所得税支付十等分位组年化终身等价收入结构

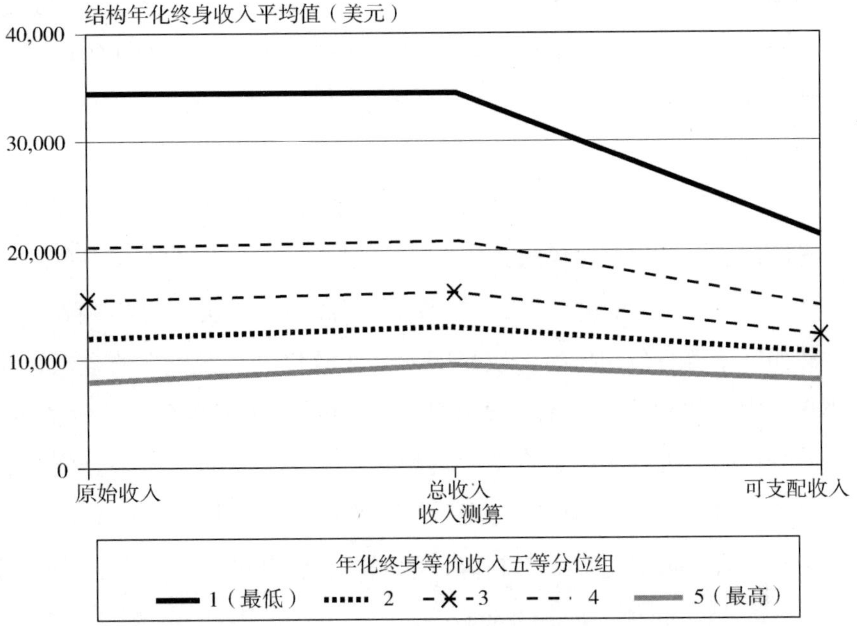

图 5.4　税务—现金转移体系对男性终身收入影响，按年化终身等价收入五等分位组排序

描述，这一曲线描绘了累计共享收入和累积共享家庭财产间的关系。这一曲线表达了，为什么绝对平等的收入要用一个从左下角到右上角的对角线表达；收入分配越是不平等，该曲线离绝对平等时的对角线就越远。

如图 5.5 所示，终身转移收入和缴纳税费都呈现上升趋势，可支配收入的分配远比原始收入分配要均衡。举例来说，原始收入最低的 10% 的男性，在用原始收入所得进行排名时，这部分仅占收入的 3.2%。在收到现金转移支付后，这部分比例上升到 3.7%，在支付完所得税后，这一比例达到 4.5%。同样，在收入所得不断累积至最高点时，就会因为税与转移支付体系的加入而骤减。前 10% 的男性收到 24.5% 的原始收入，只获得 23.7% 的总收入和 19.5% 的可支配收入（扣除税费，收到转移支付后）。

总收入（非年化）的估算价值包括，学前教育、小学教育、中学教育、大学教育的获取，这使得终身收入不断增加（表 5.1）。然而，增长率不如想象的那么高。最富有的10%的男性，他们接受的教育服务估算价值在45,000美元以下。最穷的10%的男性在同样情境下，收到的服务价值平均值为38,600美元，前者进比后者多了16%。如表5.2显示的，位于高收入十等分位的人群倾向于私立学校，在第十一章会讨论到这个问题，和公立的小学、中学比起来，私立学校会收到较少的政府补助。比如，第十等分位的男性在私立学校平均年限为4.2年，8.1年在公立学校，第一等分位的男性平均只会有2.7年花费在私立学校上，而9.4年都会在公立学校。

然而，十等分位组中所得较高的人会在教育上花费较少的金额，他们在小学、中学的相关花费都会被晚些年所接受的高等教育估算价值抵销。第十等分位的男性在高等教育上平均要花费3.4年，而第一等分位的男性
116 只会平均花费2.5年。然而以美元为学费的教育分配有一些亲富人的倾向，这类的转移收入依旧呈现上升趋势，就如同在较高的收入等分位中，对更

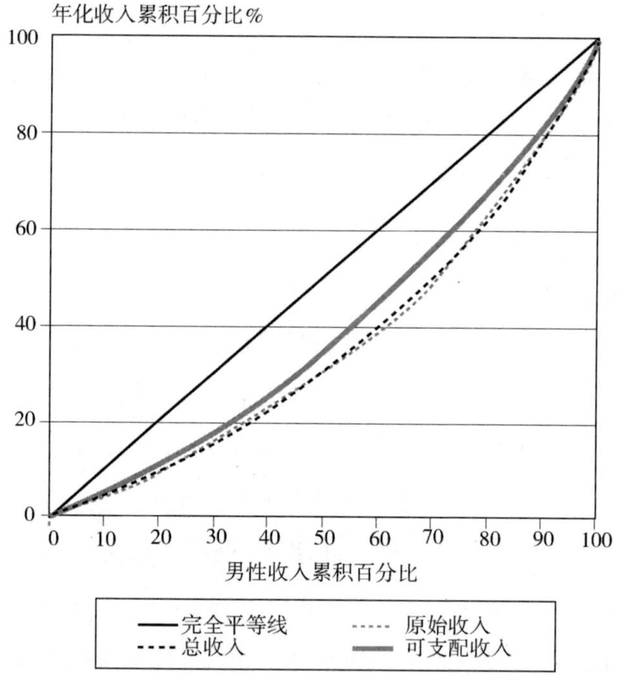

图5.5 男性年化终身原始收入、总收入以及可支配收入的劳伦兹曲线

小比例的总收入的一个加总（见哈丁，1984，19～22 页，关于收入分配和支出的不同有更全面的讨论）。

三、女性终身收入分配 117

第二部分探究了男性终身收入的分配情况。那么女性是否会有不同呢？女性的年化终身收益是男性的一半（表 5.3）。收入最高等分位和收入最低等分位之间的间距也会相对较小，第十等分位的每年平均值是第一等分位的 4.6 倍。

女性的收入也相对较分散，和图 5.6 及本章第二部分描述的相比，40% 的女性收到的终身年化收入为 5,000～10,000 美元（多个收入类型的中间部分在图 5.6 中显示）。年化终身相对收入的第十等分位所得中，几乎三分之一的女性收入为 10,000～15,000，不到 10% 的人一年有 25,000 美元的收入。形成鲜明对比的是，第一等分位中，90% 的女性在成年后每年收到的平均收入都在 5,000 美元以下。

收入金额的不同不仅和多变的工资率有关，也和不同的劳动力工作经验有关（表 5.4）。第一等分位女性的终身收入中，平均时薪为 5.35 美元，还不到第九和第十等分位女性收入的一半。然而，前一半的女性，她们的终身可分配收入是用参与工作年份里的收入所得进行分配的，这些女性平均参与工作的时长为 37 年，而后一半的女性可参与分配的收入获取时长则为 31 年。更重要的是，第十等分位的女性花在全职工作上的时间比第一等分位的女性多了 10 年。劳动时间按照小时计算出现过较大的变动，第十等分位的女性每年工时达 1,660 小时，比第一等分位的女性（1,440 小时）高出 15%。收入分配金额低的女性处在失业状态的时间，要比收入分配金额高的女性长，不仅是处在失业状态的年份长，在这些年里处于失业状态的小时数也很多。

和劳动收入分配相比，投资回报和退休金的分配更不均衡，第一等分

位的女性成年之后，每年从上述来源获取的金额仅有 375 美元。在成年后
每年的投资回报和退休金能够达到 6,065 美元，这一点成为了第十等分位
121 女性的相对优势。在十等分位组中，收入来源之一的赡养费并没有一个十
分明确的规律，收入位于中段的人群的赡养费平均值较高。

如图 5.7 所示，现金转移作为收入的来源之一，对女性收入影响的重要性远大于男性，在女性的总收入中，现金转移收入占了 30%，这部分女性的年化终身相对收入使得她们位于五等分位组的第一等分位。相反，对于收入排在前 20% 的女性来说，现金转移收入在总收入中的占比几乎可以忽略不计。女性投资收入较少，但对于总收入的构成来说，这部分收入来源却十分重要，男性则反之，这是因为女性的收入本来就不是很高。退休金对女性收入也做出了一定贡献，从五等分位组所得来源构成看，退休金在每个分位的分布较为均匀，也反映了这部分补贴来源于她们已故的丈夫。

教育也是影响终身收入的一个重要因素，终身收入的不断增加，和就读于私立学校、接受高等教育，尤其是获得学位这几点是有密切关系的（表 5.4）。获得学位的人中，有 16% 都位于所得分位组等值化收入的最高值分位。而那些获得中学学历的人，有 4% 在最高分位，39% 在五等分位组的低等分位。那些具有某类高等教育资格的研究对象则再一次平均分布在各个收入范围。

政府实施的税收—转移政策体系，对于女性来说是一个强有力的再分配手段。女性现金转移平均所得是男性的两倍。这一影响力还在不断上升，收入十等分位组里，这一来源在第一等分位中占到总收入的 30.8%，但在第十等分位，这一比例则下降到 2.2%。终身收入排在倒数 10% 的女性，成年后每年收到的现金转移收入约 1,630 美元（表 5.3）。随着收入的增加，现金转移收入的美元价值在迅速降低，这一现象反映了澳大利亚社会保障体系“以收入作为评判准则”的性质，比如所得第十等分位，女性的现金转移收入每年降低到了 480 美元。

表 5.3　根据年化终身等价可支配收入对女性年化终身收入进行排序

（单位：美元）

分位组	年化终身等价可支配收入十等分位组										
	1	2	3	4	5	6	7	8	9	10	平均值
劳动所得	3,260	4,555	5,390	6,260	6,545	8,365	9,790	10,230	11,750	15,110	8,125
投资收入	330	510	530	745	925	1,535	1,870	2,740	3,550	5,180	1,790
退休金	45	30	80	230	215	220	275	345	590	885	290
赡养费	20	40	25	50	60	55	65	30	40	45	45
原始收入	3,655	5,130	6,025	7,285	7,745	10,180	11,995	13,345	15,940	21,220	10,255
残障津贴	30	5	45	20	1	5	10	5	5	0	15
养老津贴	870	1,240	1,150	1,090	1,020	920	770	510	400	175	815
单亲家长津贴	460	420	355	295	290	205	160	165	105	105	255
失业及其他补助	65	55	55	45	55	45	45	40	40	30	50
受养子女现金转移(家庭补助、家庭收入补贴)	165	195	170	170	185	170	175	160	160	150	175
教育现金转移	40	45	35	40	35	30	25	30	20	20	25
现金转移总额	1,630	1,955	1,815	1,660	1,590	1,370	1,180	910	735	480	1330
总收入	5,285	7,085	7,840	8,945	9,330	11,550	13,180	14,250	16,670	21,700	11,585
所得税	520	865	1,080	1,430	1,570	2,250	2,970	3,380	4,475	6,850	2,540
可支配收入	4,765	6,220	6,765	7,515	7,765	9,300	10,210	10,875	12,195	14,850	9,050
共享可支配收入(以家庭为单位)	5,925	7,475	8,230	8,980	9,790	10,635	11,570	12,460	14,105	17,460	10,665
等价可支配收入(以家庭为单位)	9,575	12,055	13,410	14,750	16,120	17,585	19,205	21,070	23,925	29,910	17,765
等价收入—夫妻间分配比例 60 : 40	8,540	10,755	12,005	13,105	14,145	15,515	16,865	18,375	20,995	26,060	15,640
终身教育服务收入	36,920	39,085	38,075	39,790	40,180	42,630	42,220	42,570	41,730	43,915	40,710

全部收入数据化整为接近 5 美元。由于是约数，因此总数不一定等于总和金额。

表 5.4　根据年化终身等价可支配收入十等分位组对女性的其他特征排序

分位组	年化终身等价可支配收入十等分位组										
	1	2	3	4	5	6	7	8	9	10	平均值
1. 劳动力特征											
处在劳动力中的平均年数	28.5	30.1	31.2	33.2	33.2	37.3	37.1	36.5	36.3	38.5	34.2
处在失业状态中的平均年数	5.5	4.3	4.4	4.4	4.5	3.8	4.1	3.7	3.5	2.8	4.1
全日制全年工作的平均年数	15.6	16.4	18.4	19.6	20.0	23.3	23.0	22.7	23.2	24.9	20.7
自主雇佣工作的平均年数	5.7	4.2	4.2	4.7	5.0	5.5	5.5	5.5	5.5	6.9	5.3
终身处在劳动力状态中的总时长	46,027	48,271	51,400	54,942	55,417	63,109	62,386	61,990	61925	66582	57,205
处在劳动力状态的平均小时数	1,571	1,564	1,605	1,627	1,646	1,673	1,659	1,678	1,681	1,709	1,640
每年处在受雇佣状态下的平均小时数	1,438	1,467	1,520	1,541	1,558	1,610	1,588	1,616	1,619	1,659	1,560
每年处在失业状态下的平均小时数	133	97	85	86	88	63	71	62	62	50	80
平均时薪率	$5.35	$6.66	$7.06	$7.74	$7.88	$8.89	$10.32	$10.45	$12.11	$13.88	$9.05
2. 婚姻及受养子女											
已婚百分比	85	89	86	89	94	91	92	94	93	95	91
离婚百分比	29	31	31	35	34	31	33	26	24	30	32
单亲家长百分比	23	28	25	33	28	24	27	21	16	23	25
有独立受养子女的平均年数	19.6	20.5	19.3	19.4	20.4	19.1	19.7	18.2	18.3	18.4	19.4

续表

分位组	年化终身等价可支配收入十等分位组										
	1	2	3	4	5	6	7	8	9	10	平均值
受养子女出生平均数	1. 9	2. 1	1. 9	1. 9	2. 0	1. 9	1. 8	1. 7	1. 7	1. 6	1. 8
已婚研究对象的婚姻时长平均值	37	35	33	36	36	36	38	38	38	37	37
单亲家长处在该状态下的平均年数	9. 3	9. 3	9. 2	7. 7	8. 9	8. 1	8. 2	8. 7	7. 5	7. 4	8. 4
3. 教育											
受教育平均年数	13. 2	13. 6	13. 5	13. 8	13. 7	14. 2	14. 1	14. 2	14. 0	14. 4	13. 9
在公立学校就读的平均年数	9. 9	9. 2	9. 0	8. 7	8. 6	9. 2	9. 1	8. 6	8. 8	8. 2	8. 9
在私立学校就读的平均年数	2. 2	2. 9	3. 0	3. 4	3. 4	2. 9	3. 0	3. 3	3. 2	4. 0	3. 1
接受高等教育的平均年数	2. 1	2. 5	2. 5	2. 6	2. 7	3. 0	2. 9	3. 1	2. 9	3. 1	2. 7
持有学位的百分比	7. 1	11. 1	12. 1	12. 1	21. 1	24. 0	23. 1	24. 1	23. 6	29. 1	18. 6
平均寿命长度	81. 6	80. 4	78. 2	79. 7	79. 1	79. 3	78. 3	76. 8	77. 8	76. 5	78. 8

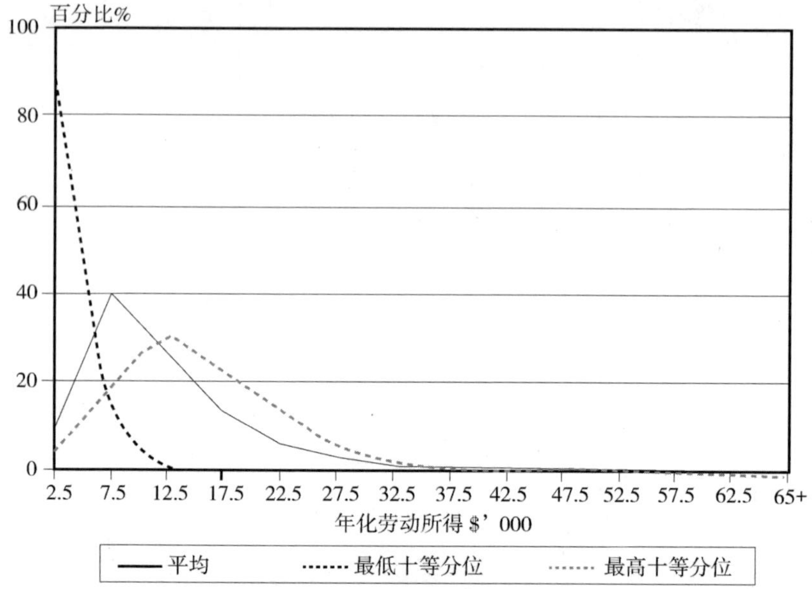

图 5.6　女性年化终身劳动所得分配频率分布

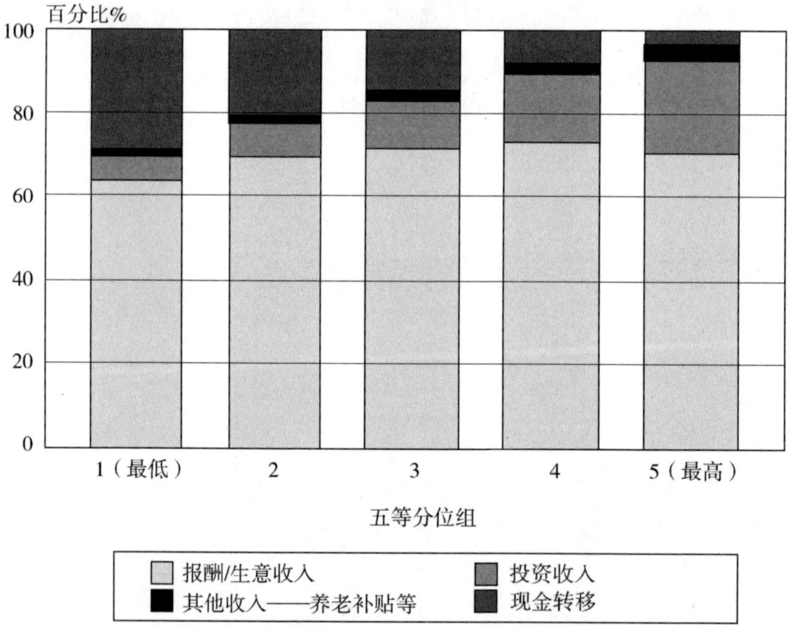

图 5.7　依据年化终身等价可支配收入五等分位数对女性的年化终身总收入来源进行排名

对于女性来说，像严重残疾、有获得残障补贴资格或失业等特性，并不会使得她们比男性获得更多的养老金或补贴，因为在以收入为衡量标准进行测算时，其丈夫的收入也会被计算在内，这样一来，她们就没有资格获取相应的补贴。除了这点，低终身收入和增长的失业率、越来越高的失 122
业补贴有着明显的关系（表5.4）。举例来说，最低等分位女性收到的失业和疾病补贴的年平均额为65美元，平均计算，大约每年都有133个小时处在未雇佣状态下，而第十等分位的年平均补贴约为30美元，年平均未受雇佣时长为50个小时。

较低等分位的女性获得的单亲家长补贴往往会比较高。有趣的是，补贴高却并不仅是由于收入低等分位的女性更有可能成为单亲家长。一般来说，女性收入分配中排在后一半的是单亲家长的比例是高于平均值的，而在收入分配中排在前一半的女性，是单亲家长的可能性则低于平均值。然而，随着收入的不断增高，“是否是单亲家长”的比例并没有明确的降低趋势，却出现了轻微的波动（表5.4）。在那些做过单亲家长的女性中，不断增长的“单亲家长”时长和不断减少的终身等价收入相关。举例来说，位于低等分位的女性，充当单亲家长的平均年限为9.3年，而位于最高等分位的女性充当单亲家长的平均年限仅为7.4年。较低的终身收入似乎是和有过充当单亲家长经历以及作为单亲家长的时长是有关的。

对于男性来说，收到的养老金数额会随着退休金的增加而不断降低，因此，收入较低的等分位代表着该人群收到了更多的养老金。之前讨论过，澳大利亚的养老金体系是以收入为测算基础的，这和欧洲常见的社会保险体系不同。收入分配较低的这一半女性，她们较高的养老金收入也反映了她们较长的寿命。更早的时候还讨论过，等价系数并不能假定寿命长度和终身收入之间的关系，即随着年龄的增加，人们所需的钱会不断减少。随着年化终身收入的不断增加，寿命的平均时长在不断减少，这一影响在表5.4中有所体现。

说完了现金转移，现在谈谈所得税。所得税也是在不断增长的，收入

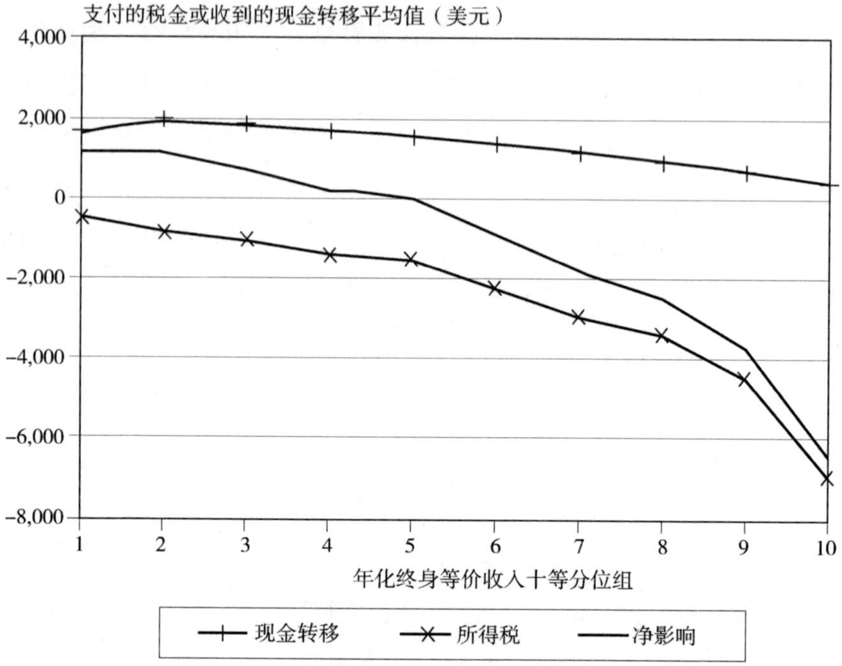

图 5.8　根据年化终身等价收入十等分位组对女性年化终身现金转移收入及所得税支付进行排名

十等分位组所得最低的等分位，其总收入中有 9.8% 需要支付所得税，而最高等分位则有 31.6% 的收入需要支付所得税。图 5.8 列举了年化终身等价收入十等分位组中，现金转移收入和所得税支付金额的绝对值。即使对
123 于男性来说，终身等价收入十等分位组中，最低等分位的现金转移数量并没有超过所得税支出的金额，而位于后四低等分位的女性，在成年后每年收到的平均现金转移金额是比其所得税支出低的。只有因为收入很高而位于终身收入分配前一半的女性，缴纳的所得税金额高于其收到的现金转移金额。

图 5.9 表现出，现金转移收入以及所得税支付对女性平均年化终身收入的影响，并用年化等价收入五等分组进行排列。在第五等分位和第一等分位之间，平均收入出现一个差值，这一差值会随着现金转移收入而缩

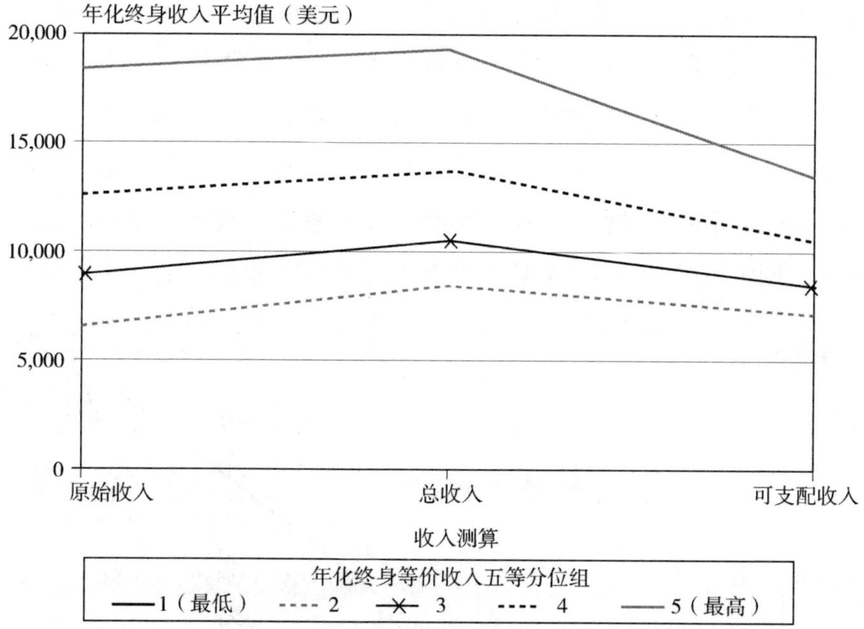

图 5.9　税务—转移支付体系对女性终身收入的影响，依据年化终身等价收入的五等分位排名

小。如同图 5.9 所示，随着原始收入到总收入的移动，最上面和最下面两条线之间的间距在不断缩小。第五等分位的年化终身原始收入是第一等分位的 4.2 倍，其总收入约为 19,000 美元，是第一等分位的 3.2 倍。所得税使这些收入之间的差距进一步减小，这样一来，第五等分位的终身平均可支配收入是第一等分位的 2.5 倍。

如同图 5.10 中劳伦兹曲线所示，税收和转移支付的影响促使收入分配更加均衡。举例来说，收入位于后 10% 的女性只能收到 2.3% 的年化原始收入，却有 3.8% 的收入为可支配收入。前 10% 的女性收到 24.9% 的原始收入，但却只有 19.4% 的可支配收入。

男性的婚姻状况和受养子女状况对他们的终身生活标准只有很小的影响，而对于女性来说，婚姻状况和受养子女状况，对决定其在终身收入分配位于什么位置起到了十分重要的作用。第四章讨论过，女性的终身等价收入会因为其已婚而增加，但会随着其家庭的不断扩大而减少。表 5.4 也有所反映，用少数低收入已婚的女性和高收入的女性作对比，并分析已婚女性所占的比例，以及随着终身收入的增加，她们处于已婚状态的时间也会稳步增长。位于所得十等分位组中最高分位的女性，更有可能是已婚但仅有少量受养子女的女性。前三等分位的女性最大生育人数为 1.7 个，而在收入范围中被归为低收入阶段的女性，生育人数约为 2 人。

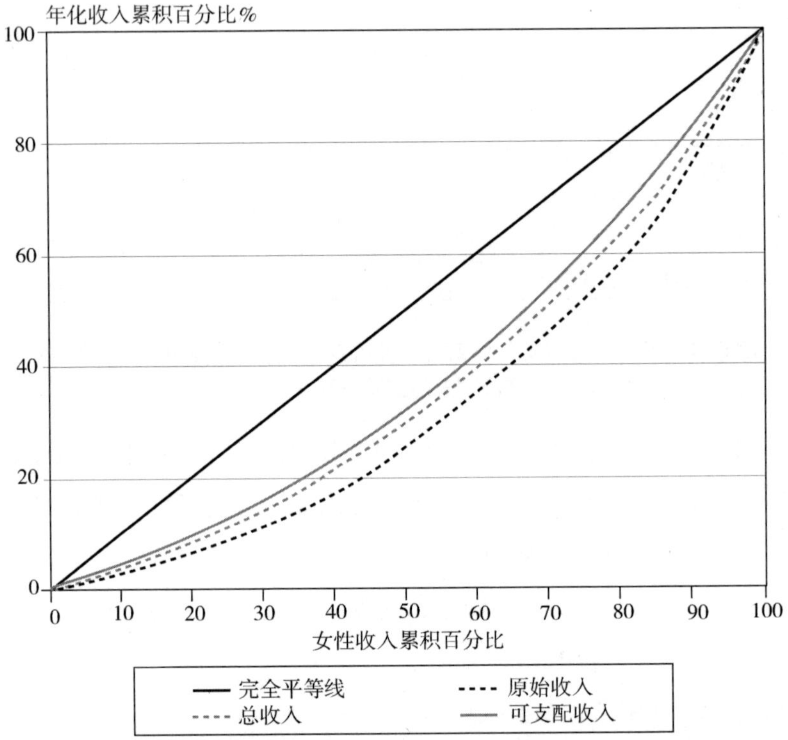

图 5.10　女性年化终身原始收入、总收入和可支配收入劳伦兹曲线

四、家庭中的共享收入

上述分析均与女性和男性的个人收入有关，个人收入分配无法表现不同性别的生活标准，因为在这个过程中无法计算一个家庭单位里可用于分享的收入。第三章讨论过，如果所有的收入都能在已婚成年夫妇之间平均分配，那么共享可支配收入就可以用来进行收入分配。有人会猜测，如果将这样的共享计算在内，就会减少男性的可支配收入（表5.1），增加女性的可支配收入（表5.3）。

然而，等价收入为衡量生活标准提供了一个更好的方法，因为等价收 126
入中包含了共享收入、受养子女状况和规模经济带来的影响。一旦将夫妻间的共享收入纳入考量范围，女性的生活标准就会迅速上升。即使等价收入的绝对值只是简单反映了其使用的等价系数，等价收入的分布也可以成为可支配收入分配的参考。

如同图5.11所示，对于男性和女性来说，用收入进行分配远比用个人可支配收入进行分配更为公平。劳伦兹曲线的变化显示的是，以家庭为单元和考虑共享收入产生的共同影响。劳伦兹曲线的走向不断接近收入最均衡的情况，这也为收入分配如何更加均衡提供了证据。

有趣的是，女性间的个人可支配收入分配，比男性间的个人可支配收入分配更加不平衡，而等价可支配收入在男女之间的分配情况却恰巧相反。劳动力的参与等因素会使得女性收入分配不平等的情况持续发生，但在一个家庭中，这样的情况也会受到婚姻状况和共享收入的影响，从而有所减弱。

另外，即使男性的终身生活标准比女性稍高一些，这种差距也会小于男女个人可支配收入间的差距。图5.12表现了女性在终身所得十等分位组中，平均个人可支配收入和家庭等价可支配收入的绝对水平，以及同等收入水平男性的等价收入的绝对水平。每个终身等价收入十等分位中，女性个人的可支配平均收入为同等收入下男性的65%～70%，同等情况的十等分位组中，女性的等价可支配收入为男性的90%。

举例来说，如表5.1和表5.3所示，在终身收入分位组中，最低等分位的女性可支配收入为4,765美元，仅占终身收入十等分位组中最低等分位的男性成年后年均收入的69%，男性的可支配收入平均值为6,915美

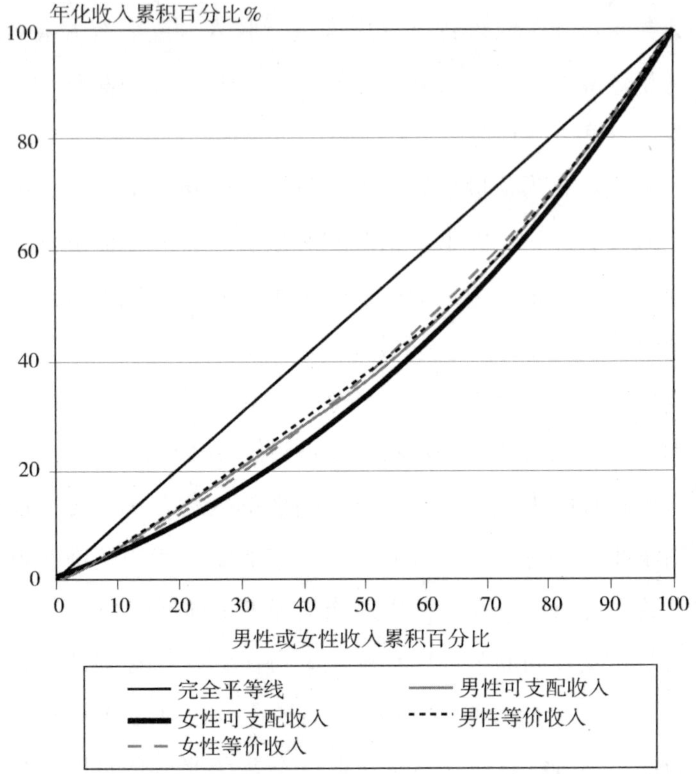

图 5.11　女性年化终身可支配收入和等价收入的劳伦兹曲线

元。然而，许多女性的个人收入虽然低，但这些收入并不能反映她们的生活水平，因为这些收入中依旧含有其配偶的共享收入。相比之下，她们成
127 年后的年均等价收入为 9,575 美元，是男性十等分位组所得来源构成中，最低分位组里等价收入的 95%。

这些结果说明，在一个家庭单元中，男女之间的共享收入是均衡的。爱德华（1981）、帕尔（1990）以及沃格勒（1989）做了一个研究，这项研究表明，并非在一个家庭中，男女共享的收入金额是相等的，相比男性，女性似乎会收到较少的共享收入，尤其是在她们贡献的所得收入并不
128 是很多的前提下。因此，表 5.1 和表 5.3 中较低的等价收入线表明，如果改变夫妻间共享收入分配是均衡的这一假设会产生什么样的影响？这不是

直接按照丈夫和妻子 6：4 的分成来进行计算的（两个案例都是用了相同的澳大利亚的等价系数来进行计算的）。

如同所预料的，假设以家庭为一个单元，该家庭的共享收入分配并不是十分公平，正是这种不公平导致了男性的等价可支配收入升高，女性减少。举例来说，当一个家庭中，夫妻二人的共享收入分配按照男女 6：4 来进行时，男性十等分位组所得来源结构中，第一等分位的等价收入将提升到 11%，即 11,200 美元，而女性则将降至 15%，即 8,540 美元。因此，如果假定共享收入不平衡的等级，如上文所说，那么女性最低等分位中的等价收入仅占男性最低等分位等价收入的四分之三。这样一来，就比图 5.12 所显示的不公平比例 95% 还要高。这就表明，家庭中的收入分配也许比许多经济学家传统认为的要更为敏感。

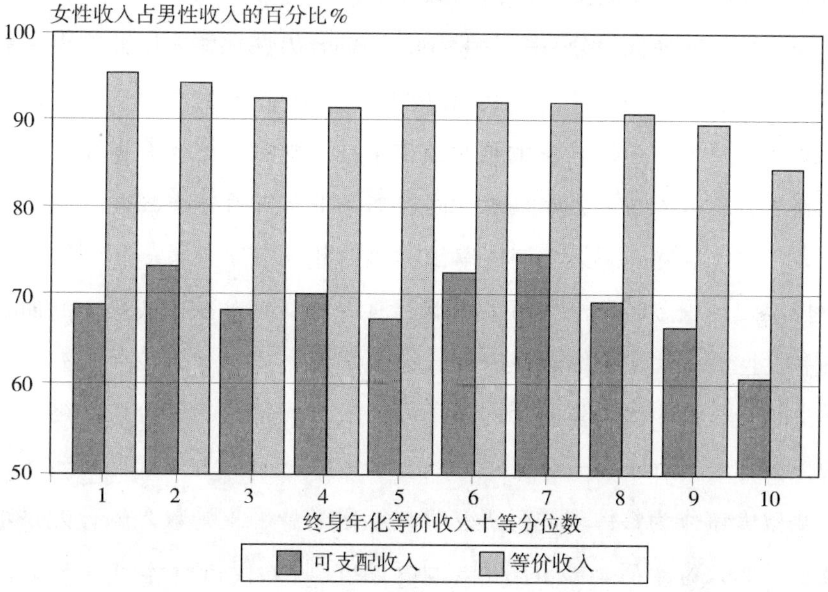

图 5.12　根据年化等价收入十等分位占男性相对收入百分比，对女性年化终身可支配收入和等价收入进行排名

129

五、整体研究群组的终身收入

之前对男性和女性的终身收入分别进行了研究，大多数针对收入分配的研究都将整个人口纳入了考量范围。因此，这一小节将针对整个模拟群组终身收入的特性进行简单的测算。整个群组按照年均等价收入进行排列，在不考虑家庭环境的情况下对整个研究群组进行排列，那么男女之间个人收入的巨大差异就不会太过明显，女性依旧会聚集在终身收入分配的底端，男性则位于顶端的部分（表 5.5）。

几乎有四分之一的男性，都排在年等价收入十等分位组的第九和第十等分位，13% 的男性位于第十等分位。形成对比的是，仅有 7% 的女性跻身第十等分位，23% 的女性还在最低等分位的部分。除去这些，男性依旧在年等价收入的最低等分位中占 43%，这部分男性在整个研究的男性群体中不足 9%。

如同预料中的一样，在十等分位组中，“平均”意味着男性和女性的原始收入、总收入、可支配收入都比表 5.3 中女性群体单独测算的相关数字要高，也比表 5.1 中男性群体单独测算的相关数字要低。相似的是，十等分位组中，现金转移平均值会更低，所得税支付金额会更高。然而，将男性和女性的相关记录结合在一起，就会使得所得十等分位组的数字产生更大的差量，第十等分位的年均终身可支配收入是第一等分位年终身可支配收入的 3.6 倍。

当以人口作为整体来进行研究时，年化终身可支配收入的分配是很不均衡的，收入位于后 10% 的个体，其可支配收入仅占整体收入的 3.7%。收入分配中，分配金额为后一半的人群其年化终身可支配收入不到三分之一，而第十等分位的年化可支配收入占总收入的五分之一。

终身收入中，各个收入来源的相对位置还受到劳动力参与度的影响。最高等分位更倾向于将时间花在劳动力参与中，其劳动力参与度的平均值较高。而低等分位的劳动力参与时间较短，一个小时或多于一个小时的时长仅有 33.1 年，最高等分位的时长则为 42.9 年。每年的工作时长会有很大的变化，从最低等分位的每年 1,750 小时到最高等分位的每年 1,920 小时不等，两者之间的差距大概是 10%。平均时薪率也有很大的变化，从最 130
低等分位的每小时 5.40 美元，到最高等分位的每小时 18 美元。

受教育的时长也和更高的终身收入有着密不可分的联系，最高等分位的平均受教育时长为 14.5 年，总体人群的平均受教育时长为 13.9 年，最低等分位的受教育时长为 13.4 年。终身货币福利中，孩子带来的影响是完全相反的，最高等分位人群在有受养子女家庭的时长为 14.7 年，低于总体人口 17.7 年这个平均值。

六、总结

本章总结了按照终身等价收入对个体进行排序的结果。得出了对收入高低、终身收入分配不平等、终身收入再分配对社会保障现金转移及所得税体系的影响等决定性因素的评估方法。

即使以一个生命周期作为基础，收入中一些主要的不均衡还是很明显的。年化终身等价收入十等分位组中，最高等分位的男性收入，在缴纳所得税和收入现金转移之前，是最低等分位男性收入的 6 倍。女性之间也出现了类似的不平等现象。较高的收入和投资回报以及职业养老金与生命周期中的高额收入、原始收入等有关。有着较高收入的群体更倾向有较高的劳动力参与度、较低的失业率、高等学位认证、很少或者没有受养子女。另外，对于女性来说，这意味着较高的结婚率和较低的成为单亲家长的可能。

年化原始收入中位于前 10% 的男性，其原始收入来源中有近四分之一都是自己赚取的，而位于后 10% 的男性仅赚取 3%。相似的是，女性中前 10% 赚取了四分之一的终身原始收入，后 10% 的女性仅赚取收入的 2%。

现金转移收入和所得税支付都呈现上升趋势，并有助于抵销收入产生
132 的不平等。举例来说，现金转移占男性年化终身等价收入十等分位组中，第十等分位平均总收入的 12%，但随着收入的上升，这个比例却急速降低至 1%。

由于受养子女的现金转移是付给他们的母亲，单亲家长和寡妇的补贴以及更高的养老金（女性寿命更长）都是女性的收入来源，因此女性的平均现金转移收入是男性的 2 倍。这样的现金转移会越来越高，年化终身等价收入中，成年后的女性每年的现金转移都占总收入的 45%，但在最高等分位中，现金转移收入仅占总收入的 2%。现金转移使得终身收入分配更加均衡。

所得税也在不断增加，年化终身等价收入十等分位组中，最低等分位的男性所得税缴纳额占了总收入的 14%，到了最高等分位中，这一比例攀升至 41%。女性的平均所得税率会略低一筹，这是因为女性的终身收入较低，但这一比例，仍会从最低等分位的所得税占总收入的 10%，攀升到最高等分位的 32%。

较高的所得税缴纳额以及较低的现金转移收入，两者的影响结合在一起，就会导致税收—现金转移体系里男性群体产生净损失。即使终身等价收入的十等分位组中，第一等分位的男性每年缴纳的所得税平均值会比每年收取的现金转移稍高一点。明显相反的是，同样情况下，后四等分位的女性每年收到的现金转移平均值比每年缴纳的所得税要高。仅有收入排在前 50% 的女性会有净损失的产生。

男性终身个人收入比女性要高得多，男性的年化终身可支配收入平均值为 13,275 美元，比女性的平均值 9,050 美元要高出三分之一。然而，一旦在家庭中出现了收入贡献，那么男性和女性之间终身生活标准的差异也会不那么明显，女性的平均年化等价收入就会是男性年化等价收入平均值的 90%。

133 然而，这些都是建立在假设家庭中共享收入是完全平等的状态下的。

表 5.5　根据年化终身等价可支配收入对群组终身收入特征量进行排序

算法	年化终身等价可支配收入十等分位组										
	1	2	3	4	5	6	7	8	9	10	平均值
劳动所得	4,785	6,375	7,740	8,860	10,235	11,650	13,240	14,555	17,985	25,640	12,110
投资收入	270	390	560	670	825	1,195	1,670	2,155	3,270	5,430	1,645
养老补贴	25	20	60	150	100	125	195	425	605	2,000	370
原始收入*	5,085	6,810	8,375	9,720	11,185	13,000	15,135	17,155	21,880	33,090	14,145
残障补贴	35	25	35	15	10	5	5	15	5	0	15
养老津贴	810	1,050	945	910	795	690	555	365	240	70	645
单亲家长津贴	255	230	195	160	120	85	75	70	60	30	125
失业/疾病福利	140	110	105	90	95	100	80	80	75	50	90
受养子女现金转移(家庭补助,家庭收入补贴)	95	110	100	100	90	80	85	75	75	50	85
教育转移	45	40	30	35	25	30	30	25	25	15	30
总现金转移	1,380	1,565	1,410	1,305	1,135	995	835	625	480	215	995
总收入	6,465	8,375	9,785	11,025	12,320	13,995	15,970	17,775	22,360	33,305	15,140
所得税	770	1,210	1,655	2,085	2,550	3,195	4,000	4,785	6,895	12,675	3,980
可支配收入	5,695	7,165	8,130	8,945	9,770	10,800	11,970	12,990	15,465	20,635	11,160
分享可支配收入(以家庭为单元)	5,960	7,500	8,400	9,240	10,060	10,880	11,900	12,925	14,860	19,225	11,095
等价可支配收入(以家庭为单元)	9,790	12,385	13,895	15,410	16,840	18,360	20,025	22,155	25,310	32,990	18,720
等价收入按照 60：40 的比例在夫妻之间进行分配	9,690	12,175	13,845	15,300	16,915	18,405	20,030	22,275	25,465	33,735	18,785

续表

算法	年化终身等价可支配收入十等分位组										
	1	2	3	4	5	6	7	8	9	10	平均值
终身教育服务收入	37,930	38,725	39,310	40,065	41,500	42,125	42,120	41,115	43,360	44,090	41,035
劳动力平均年数	33.1	36.2	36.5	37.8	39.9	41.2	40.6	40.5	40.9	42.9	39.0
劳动力平均小时数	1,750	1,765	1,785	1,820	1,855	1,845	1,850	1,870	1,870	1,920	1,830
受雇佣平均小时数	1,630	1,675	1,705	1,730	1,785	1,770	1,790	1,810	1,810	1,880	1,760
平均时薪	5.40	6.55	7.35	8.15	8.50	9.65	10.60	11.45	13.50	17.95	9.90
受教育平均年数	13.4	13.5	13.6	13.8	14.0	14.1	14.1	14.0	14.3	14.5	13.9
女性占比	56.8	58.4	55.9	53.7	50.6	48.4	50.6	45.8	46.3	34.3	50.1
有受养子女的平均年数	17.7	19.3	17.9	18.7	18.4	17.9	17.8	16.7	17.6	14.7	17.7

* 包括了赡养费。所有数据都化整接近5美元。由于是约数，因此总数不一定等于总和金额。

灵敏度分析是通过改变已婚女性在家庭中积累得到的共享收入的假设，从而证明男性和女性的相关终身福利收入对于收入共享假设是有影响的。比如，假设一个丈夫的收入占夫妻收入的60%，那么女性的平均等价收入就会降至男性收入的71%。

上述讨论总结了在澳大利亚模拟收入分配与再分配的结果。这些结果要如何与年收入进行对比呢？我们会在第六章中进行讨论。

第六章　终身收入与年收入的分配与再分配

一、简介

大量关于收入分配在某一时间的研究表明，收入分配是十分不平等 135
的，政府的税收和现金转移政策在收入再分配方面取得了巨大成功。建立动态微观模拟模型的目的之一，就是检测如果这些结论中的时间段变为一个生命周期而非一年或一周时，还能否成立。

为了检测这一点，必须获取一个生命周期的数据和年度数据。这件事需要一些小技巧来完成，因为模拟终身数据是不能与任何澳大利亚现存有关收入分配的数据进行有效比较的。比如，模拟人口的特性和澳大利亚现存人口特性不同，这一点对收入分配有着主要影响（因此，正如第八章中图表所示，由于现在的死亡率低于以前，人口模拟数据中包含了许多 60 多岁的人，比澳大利亚 1986 年人口中的老年人要多）。

另外，大多数关于年收入分配的研究都采用一个家庭或者一户人作为一个收入单元，在对一个生命周期进行分析时，是以个人作为研究单元。有许多个人研究对象是没有自己的收入的，比如独立的青年学生、已婚没有工作的女性，作为一个家庭的成员赚取收入并且要与家庭成员共享收入。因此，家庭或一户人的收入分配要比个人的收入分配更为平衡。

除去这个原因，一个生命周期的收入分析对象只能是个人。这是因为，在一个家庭或者一户人中，个体进进出出，这样的话要是想将家庭作为一个收入单元来对终身收入分配进行研究是无法实现的。第三章中，我们提到有两个方面能用来说明家庭环境产生的影响，一个是已婚个人的收入来源有一半都是因为夫妻关系，还有一个是个体收到的等价收入是根据个体所居住的家庭大小、构成以及收入来进行分配的。

136 如果模拟终身收入分配无法和澳大利亚1986年进行的年收入调查进行比较呢？一个解决方案是用终身模型来提供一个模拟横截面样本，用每年对15岁及以上的生命个体或群组成员的观察作为该样本解决这一问题。上千个模型记录可以用来进行分组隔离观察，不用仅挑选某个个体的生命历程来做参考。合成横截面人口中有着每个年龄段个体的记录，每个国家的收入分配都会包含某个时间点的横截面记录。

这样的方法听起来不一般，但是如果世界改变了，1986年所使用的终身模拟模型仍旧在接下来的几代人中使用，那么“真实的”横截面样本就会真的看起来像用隔离观察得出的终身数据一样，是一个人工得出的横截面数据。其他涉及终身微观模拟模型的样本就也会使用这样的方式，来生成一个合成年收入分配（布林德，1974；戴维斯等，1984，51页；沃尔夫森，1988b，51页）。

不论是横截面分析还是一个生命周期的分析记录，都有可能不包含或者包含某研究对象（比如，一定年龄下没有收入的全职学生就不包括在任何一个记录里）。在最初的分析中，15岁及以上的研究数据都被记录在内，这就和第四章、第五章中呈现的终身收入资料完全一致，也可以直接用来进行比较。然而，这也就意味着，模拟年收入十等分位组中最低等分位里有很多记录都是无收入的全职学生。

在本章第二部分中，生命个体的年记录都会被用来单独进行观察，观察后的人口就会用十等分位组的形式来表达其年度等价可支配收入。年收入分配会按照先男后女来进行考虑，接着会检测所有个体的收入分配。这些结果更能够为年收入不均等的原因提供一个指导。

第三部分中，我们把终身收入分配和年收入分配进行了比较。我们率先使用了许多不同来源的收入进行检测，体现终身收入和年收入的基尼系数。接下来将群组在年化终身等价收入和年等价收入的十等分位组中进行了排列，并通过建立转换矩阵来检测这两个收入之间迁移性的更多可能。年收入横截面调查中，收入的高与低对个体终身福利提供了一个指导。

第四部分对比了终身税务、现金转移和年税务、现金转移，并对比了 137
终身税务、现金转移的集中系数和年税务、现金转移的集中系数。第五部分试图通过将所得税收入来支撑现金转移支付的十等分位组分布，来对比现金转移之间的分布，通过这些研究来得出人和人之间、一个人一生中用税务和现金转移的方法达到的收入再分配，并得出一个清晰的逻辑思路。第六部分对年教育支出和终身教育支出做了说明。

二、不同性别的年收入分配

以下所有结果均采用个人作为收入单元进行测算，因此这些结果可以直接和前面的章节进行对比。虽然收入分配极度不均衡，还是可以和获取的收入分配进行比较，比如，采用 1986 年澳大利亚收入分配调查中个人作为研究单元（而不是以收入为研究单元）的相关记录（真实的结果会因为拟定群组特点与 1986 年澳大利亚人口的不同而不同）。

表 6. 1 和表 5. 1 进行比较，发现男性年度收入和其终身收入是完全不同的。在对男性年度等价收入进行排序后发现，排名后 20% 的男性有一半的收入来自社保和教育现金转移。这也反映了年度收入五等分位组里，低等分位中有很多学生以及养老金受益者，这样对生命周期会产生的影响被表 5. 1 中所展现的终身收入结果剔除了。

另外一个比较明显的区别在于，在年度收入分配中，投资回报更倾向于分布在五等分位组的各个分位中，这种情况是因为投资回报通常是由那些年度收入较低的年长者所得。相似的是，在终身收入的研究中，退休金基本集中在收入分配的顶端人群手中，因为退休人员会分散在年度收入十等分位组的各个等分位里。这些结果再次表明，对某一时段的收入分配进

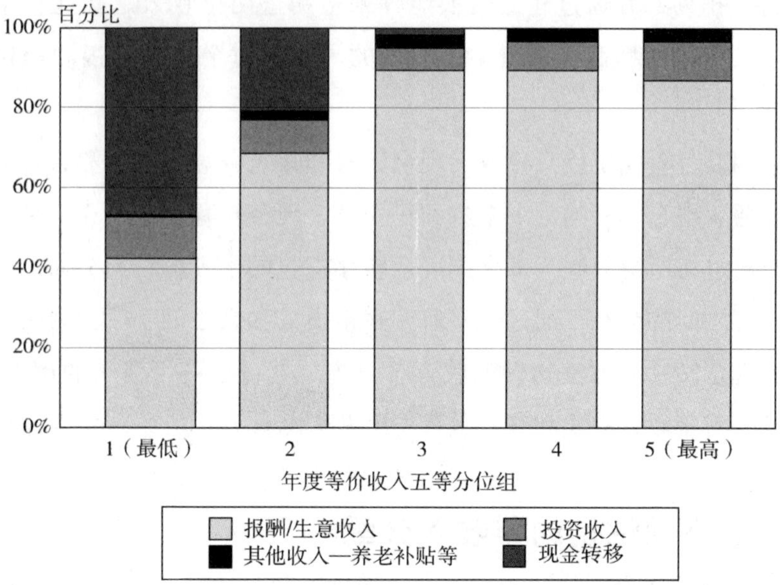

图 6.1　根据年度等价收入五等分位组对男性年度总收入来源进行排序

行研究时，生命周期的各个环节都会对其产生强烈的影响。

年度收入十等分位组中每个等分位的构成和终身收入是十分不同的。138 在年度等价收入十等分位组中，位于低等分位的多是全日制无薪资的学生，年长者基本集中在第二或第三等分位（图 6.1）。每个等分位中劳动力的比例随着收入的增加而增加，第一等分位中占比为 37%，第十等分位占比为 95%。生命的各个阶段对收入的影响是很明确的，年长者位于收入分配第三等分位，30 岁到 40 岁并有受养子女的则位于中间，第十等分位里则是位于生命周期中“空巢”阶段的人群，这些人的受养子女数量较少（奥希金斯等，1988）。

年度收入比终身收入的分配更为不均。原始收入第十等分位是第一等分位的 75 倍，是第二等分位的 19 倍。现金转移急剧增加，举例来说，将第二等分位的收入翻倍，也对第十等分位的总收入占比毫无影响。所得税也在增加，图 6.2 所示，税收—现金转移体系的净值影响会增加第一到第三等分位男性的收入，并使得位于前一半的收入分配减少。举例

来说，第十等分位的男性几乎没有现金转移这笔收入来源的构成，但却支 140
付了 19,700 美元的税费，这就造成了图 6.2 所示的高达 20,000 美元的净损失。

图 6.3 体现了税务和现金转移对年度等价收入五等分位组产生的影响，并且表现了收入的分配是如何缩小其中差距的。所得税要比转移支付更能够平衡收入分配的不均等，因为税务缴纳的金额远大于现金转移所得。第五等分位的男性原始年度收入是第一等分位的 19 倍，将二者总收入相比，仅在 10 倍左右（总收入是在涵盖了现金转移支付收入后进行计算的）。所得税不断增加对于减少贫富间收入差距起到的影响是十分明显的，如图 6.3 右半部分所示，收入的计算也从使用总收入变为使用可支配收入。在支付过所得税后，男性收入排在 20% 的人其平均年度可支配收入在25,000 美元上下，是收入五等分位组中最低等分位的 7 倍。与图 5.4 进行对比可看出，和采用终身收入来研究相比，这里的收入分配还是不平等的，收入五等分位组中，最高等分位的年化终身可支配收入是最低等分位的不到
3 倍。 141

这样的影响在图 6.4 中也有所表现，这张图体现的是年度原始收入、年度总收入及年度可支配收入的劳伦兹曲线。这张图中年度原始收入分配的曲线低于图 5.5 中年化终身原始收入的曲线。相似的是，年度总收入和年度可支配收入的曲线也低于图 5.5 中年化终身收入的相对曲线。如图 6.4 所示，收入排在前 10% 的男性收到总年度原始收入的仅 31%，在支付完所得税后，他们反收入可支配总收入的 24%。

同样，收入排在后 20% 的男性，收到的原始收入少于 1%，但可支配收入的占比达 2.7%。图 6.4 清楚体现了税收和转移政策带来的不同影响，对于低收入人群来说，现金转移政策在一定程度上缩小了个人原始和个人总收入之间的距离，而税收政策则对高收入水平的人群有更重要的影响。

现在让我们将女性群体作为分析对象。年度等价收入五等分位组中， 142
最低的两个等分位里，现金转移支付是非常重要的，收入所得五等分位组

表 6.1　根据年度等价收入五等分位组对男性特征量十等分位组进行排序

算　法	年度等价可支配收入十等分位组										
	1	2	3	4	5	6	7	8	9	10	平均值
劳动所得	395	2,040	3,670	9,250	14,005	16,785	20,285	23,075	26,935	41,140	15,760
投资收入	235	370	670	910	920	1,105	1,470	1,885	2,340	5,375	1,530
养老津贴	5	45	95	385	375	725	710	705	1,030	1,105	520
原始收入	635	2,460	4,435	10,540	15,300	18,615	22,465	25,670	30,305	47,620	17,805
残障补贴	0	95	40	40	15	0	0	0	0	0	20
养老津贴	0	2,040	2,440	730	140	95	5	0	5	0	545
失业和其他福利	35	320	335	220	150	95	60	35	20	5	130
教育转移	70	130	25	15	15	5	5	5	5	0	25
总现金转移*	105	2,585	2,840	1,005	320	195	70	40	30	10	720
总收入	740	5,045	7,270	11,545	15,615	18,810	22,535	25,710	30,330	47,630	18,525
所得税	0	60	525	1,865	3,340	4,610	6,145	7,560	9,860	19,710	5,370
可支配收入	740	4,985	6,745	9,680	12,275	14,200	16,390	18,150	20,470	27,920	13,155
共享可支配收入（以家庭为单位）	770	4,630	5,935	7,805	9,765	11,630	13,685	15,930	18,630	25,705	11,450
等价可支配收入（以家庭为单位）	1,325	7,865	10,195	12,970	16,165	19,435	22,975	27,095	32,430	45,485	19,595
等价收入按照 60：40 的比例分配	1,445	8,485	11,410	14,775	18,450	21,990	25,865	30,180	36,045	50,165	21,880
无受养子女平均值	0.15	0.31	0.42	0.72	0.77	0.66	0.61	0.47	0.32	0.19	0.46
已婚百分比	29.9	40.9	59.3	69.5	70.7	65.8	62.9	57.1	55.7	52.7	56.5
退休年龄以上百分比	10.7	45.1	53.7	26.4	13.4	13.0	7.4	6.4	6.6	6.5	18.9
劳动力百分比	36.6	46.0	44.2	72.2	84.4	86.5	92.4	93.8	94.1	95.4	74.6
平均年龄	36.9	54.1	56.5	46.0	42.0	42.9	41.7	42.3	44.3	47.1	45

* 包括了受养子女转移金额（家庭津贴，家庭收入补助）。所有数据都化整接近 5 美元。由于是约数，因此总数不一定等于总和金额。

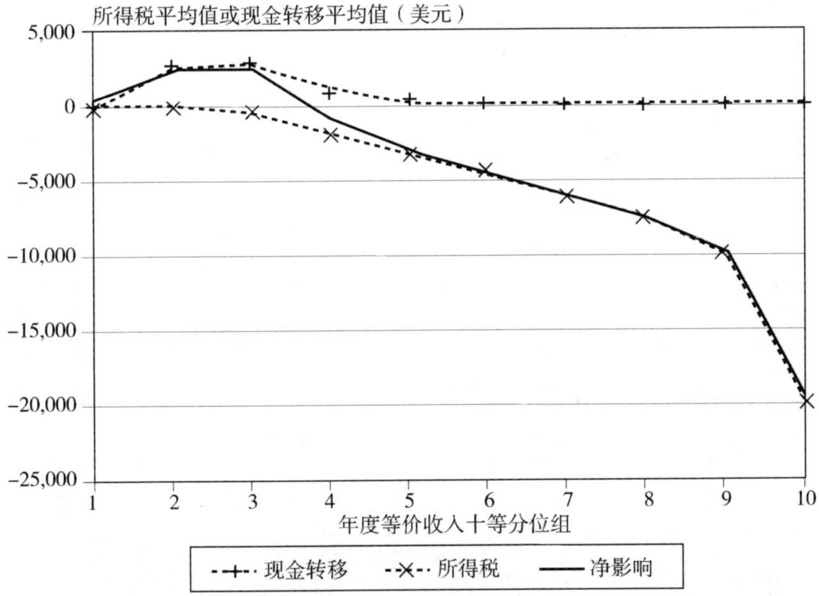

图 6.2　根据年度等价收入对男性现金转移支付所得和所得税支付进行排序

中，最低等分位里，有 70% 都来源于转移支付（图 6.5）。最低等分位女性的投资收入也很低，其他贫瘠的收入来源也是收入组成的很重要的一部分。相比男性，女性收入十等分位组中，投资收入和退休金这两个来源是起到非常重要的作用的。

退休女性集中在年度等价收入十等分位组中的一到四分位，这些女性的收入很少，仅比平均的养老补贴要高出一些（表 6.2）。单亲家长集中在收入分配较低的那半部分，中部的十等分位里大多是已婚女性，这些已婚女性中有很多人是有受养子女的（表 6.2）。家庭资助和补贴的平均值在位于中间的等分位里是最高的。仅有一点收入或没有收入的学生都聚集在第一等分位。

正如所预料的一样，从终身的角度来看，女性从社会保障体系中获取的福利大于男性。如果以年为测算单位，女性其实在失业补贴、疾病补贴方面比男性收入少（有部分原因是在已婚夫妇中，这笔款项是发给男方

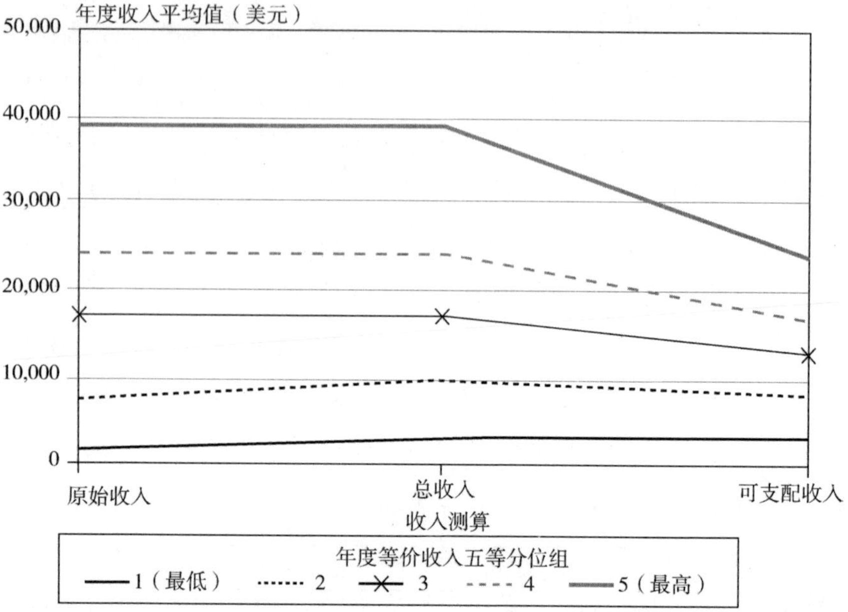

图 6.3　根据年度等价收入五等分位组对税收—转移支付体系对男性年度收入分配影响进行排序

的），她们收到的养老补贴平均值较高（因为这部分女性的原始收入较低，并且更多女性是单身），并有较高的单亲家长补贴以及和孩子相关的转移支付。由于女性较低的收入，她们所支付的所得税也少于男性。结果，男女之间由税务—转移支付体系所得出的净收入或净损失就会有很大的区别，图 6.2 和图 6.6 做的比较可以得出。男性收入分配排在前 70% 的人会
145 受到税务—转移支付体系相结合带来的影响，遭受净损失，而女性只有前 50% 会遭受净损失。以年度为计算基础，收入分配排在后一半的女性可以说是该体系的净收入赢家了，她们收到的福利补贴远高于支出的税费（图 6.6）。

转移支付和税收体系的影响在图 6.7 中得以体现，可以从图中看出，这两者一起作用，使得收入间的差距有了显著的缩小。女性的年度原始收入比男性的要集中一些，第五等分位的原始收入所得是第一等分位的 25

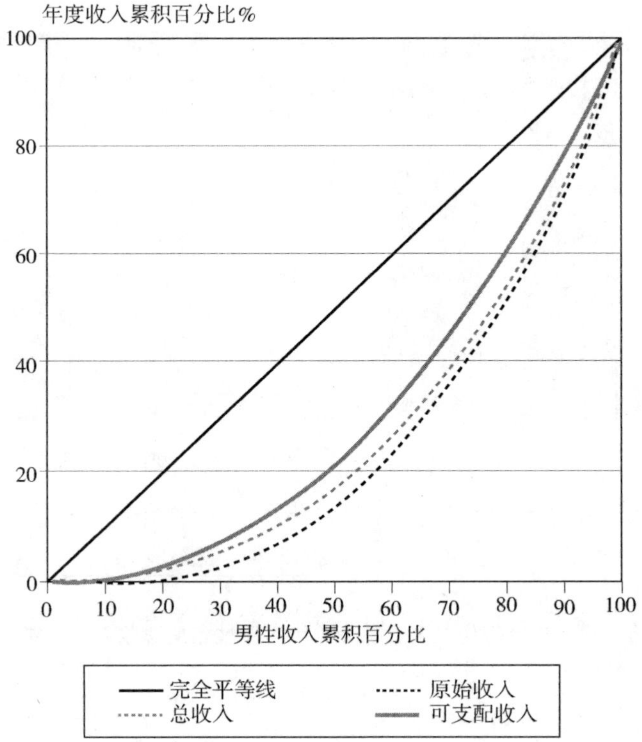

图 6.4　男性年度原始收入、总收入和可支配收入劳伦兹曲线

倍。在计算过现金转移支付所得以及所得税支付后，第五等分位的年度可支配收入约为 18,000 美元，是第一等分位的 6 倍。相比起图 5.9 中展示的终身收入结果，这显然是十分不公平的。图 5.9 中，位于年化终身等价收入第五等分位的女性，其可支配收入还不到第一等分位女性收入的 3 倍。

虽然女性收入五等分位组中，第五和第一等分位的可支配收入平均值之间的差距并没有男性的大，女性年度收入分配依旧没有男性年度收入分配公平，如图 6.8 所示。因为女性中有很大一部分只有微薄的甚至没有收入，女性的原始收入分配就显得更加不均衡。 146

然而，从原始收入曲线和总收入曲线之间较宽的距离可以看出来，现

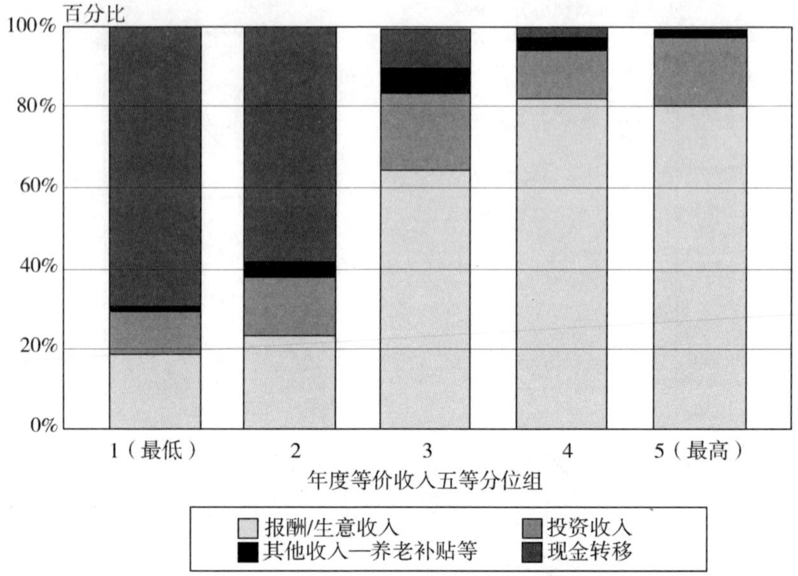

图 6.5　根据年度等价收入五等分位组对女性年度总收入来源进行排序

金转移支付在平衡女性收入分配中起到了十分重要的作用。收入排在前 10% 的女性，其原始收入占了收入的 36%；排在后 20% 的女性，其原始收入不足 1%。在考虑税收—转移支付体系后，前者的可支配收入跌至 26%，后者增加至 1.2%。

前期对男女双方的分析是分开进行的，可以将两者的记录进行结合，形成一个针对全部人口收入分配的合成横截面数据进行分析。表 6.3 对结果进行了总结和呈现，再一次，以年度等价收入做为测算基础，女性大多聚集在收入十等分位组中的低收入等分位。举例来说，位于第二、第三和第四等分位的个体研究对象中，女性占了几乎 60%。

147 然而，很有意思的是，和终身收入不同，在以年度收入为测算基础时，在低收入范围内，女性的数量有所减少。举例来说，年度等价收入十等分位组中，最高等分位有 42% 都是女性，年化终身等价收入十等分位组中，最高等分位里有三分之一是女性。这就表明，年度收入分配高估了女性相对终身收入的位置，也许是因为有几年里，女性处在退休状态中，在

表 6.2　根据年度等价收入十等分位组对女性特征量十等分位组进行排序

算　法	年度等价可支配收入十等分位组										
	1	2	3	4	5	6	7	8	9	10	平均值
劳动所得	295	785	760	2,005	4,705	6,920	9,800	13,150	15,400	25,120	7,895
投资收入	310	290	485	1,310	1,470	2,065	1,670	1,755	4,785	4,500	1,865
养老津贴	35	45	25	350	590	435	485	485	295	545	330
原始收入*	640	1,125	1,300	3,715	6,815	9,465	12,020	15,470	20,525	30,215	10,130
养老和残障补贴	105	2,375	3,390	2,110	610	245	70	5	5	0	890
失业/疾病福利	40	135	70	60	55	40	30	20	10	5	45
单亲家长补贴#	0	1,005	520	535	260	80	35	15	5	5	245
子女转移	70	150	100	180	260	240	225	195	130	90	165
教育转移	60	65	15	35	45	35	20	15	10	5	30
总现金转移	275	3,770	4,130	2,950	1,250	650	375	250	160	105	1,390
总收入	915	4,895	5,425	6,660	8,065	10,115	12,395	15,720	20,685	30,320	11,520
所得税	0	15	105	555	1,050	1,665	2,410	3,505	5,430	10,400	2,515
可支配收入	915	4,880	5,320	6,110	7,015	8,450	9,985	12,220	15,250	19,915	9,005
共享可支配收入(以家庭为单位)	890	5,160	5,695	7,045	8,885	10,600	12,575	14,780	17,315	22,760	10,570
等值可支配收入(以家庭为单位)	1,535	8,150	9,520	11,405	14,005	17,030	20,355	24,310	29,475	40,790	17,660
等价收入按照 60：40 的比例分配	1,385	7,745	8,815	10,295	12,355	14,900	17,850	21,335	26,105	34,805	15,560
无受养子女平均值	0.17	0.39	0.27	0.53	0.78	0.74	0.71	0.63	0.44	0.32	0.50
已婚百分比	31.1	26.7	36.8	48.4	58.8	62.6	61.4	61.3	57.6	73.1	51.8
单亲家长百分比	0	11.4	4.0	7.7	8.5	7.5	6.6	5.8	2.5	1.6	5.6
退休年龄以上百分比	28.5	50.6	69.6	51.1	27.7	21.9	16.1	12.6	19.3	11.6	30.9
劳动力百分比	25.1	26.0	18.1	34.7	54.0	62.6	71.1	79.2	77.2	88.4	53.6
平均年龄	40.9	53.4	61.9	53.5	44.4	43.0	42.6	42.7	47.0	47.4	47.7

* 包括赡养费。#包括寡妇津贴。所有的数据都化整接近 5 美元。由于是约数，因此总数不一定等于总和金额。

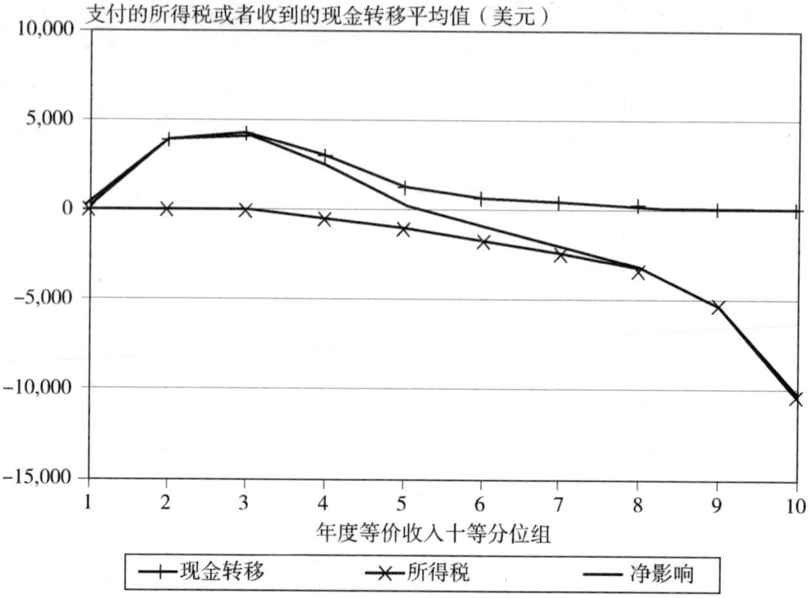

图 6.6　根据年度等价收入十等分位组对女性现金转移收入和所得税支付进行排序

这个时段里，她们的收入低于终身收入的平均值。

在所有对年度收入分配的研究中，标准生命周期的影响是十分明显的，有受养子女和家庭的人群都集中在收入分配的中间部分，年长者则聚集在收入分配的倒数三分之一处。十等分位组中的平均年龄存在相对变
148 化，第一等分位中测算的平均年龄为 39 岁，反映了其中年轻的全日制学生和贫穷的长者的平均年龄。第二和第三等分位的平均年龄为 54 ~ 59 岁，在这部分人中会先计算退休的个体，接着是第四等分位，这部分人群就转换到了中年有家有受养子女的个体。最后，在最高的两个等分位中平均年龄会再次提升，这也反映等价收入的增加，是发生在受养子女离家后，但其父母仍作为劳动力这种情况下的。有其他研究表明，劳动力参与度和年度收入之间是存在值得注意的联系的（CSO，1990），随着劳动力参与率的稳步攀升，年度等价收入也在不断增高，从最低等分位的 31% 增加到了最高等分位的 92%。

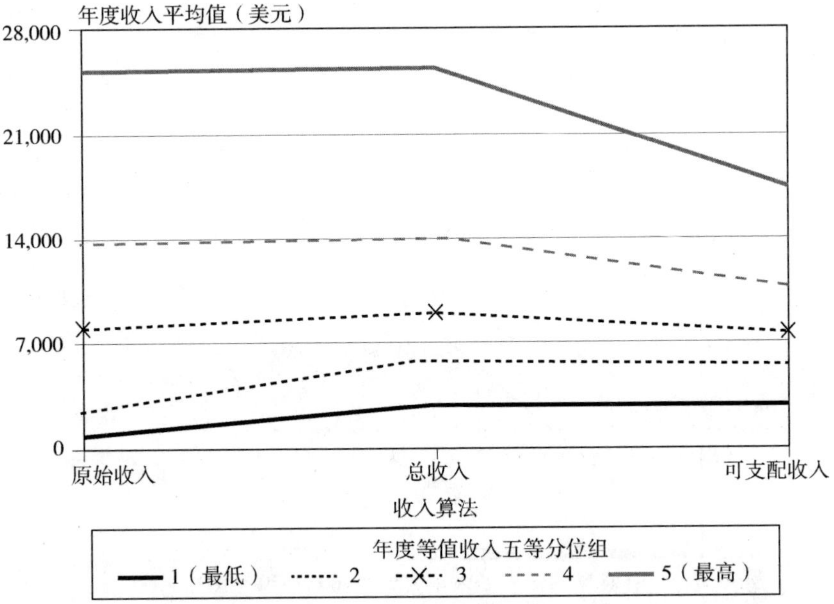

图 6.7　根据年度等价收入五等分位组对税务—转移支付体系对女性年度收入分配影响进行排序

社会保障和教育领域的现金转移支付对收入分配的影响再次倾向于收入较低的群体，在收入范围内，收入偏高的群体，仍旧会受到来自受养子女领域的现金转移收入影响，这是因为 1986 年实施的“不以收入位测算基础”提供家庭补贴的情况导致的。所得税也产生了很大的变化，最高等分位的个体要从总收入中抽取 39% 用于缴纳所得税，而第二等分位平均只需抽取不到 1% 的总收入用来缴纳所得税。

整个人口的年度收入分配和终身收入分配相比是不均衡的。举例来说，第二等分位的年度可支配收入不足 5,000 美元，是最高等分位年度可支配收入的五分之一，第二等分位的终身可支配收入约为 7,000 美元，仅低于最高等分位终身收入的三分之一（表 5.5）。

因为男女双方都包含在表内，共享可支配收入和可支配收入的数值一致，当变成了用共享可支配收入来进行测算时，男性这一方就会产生

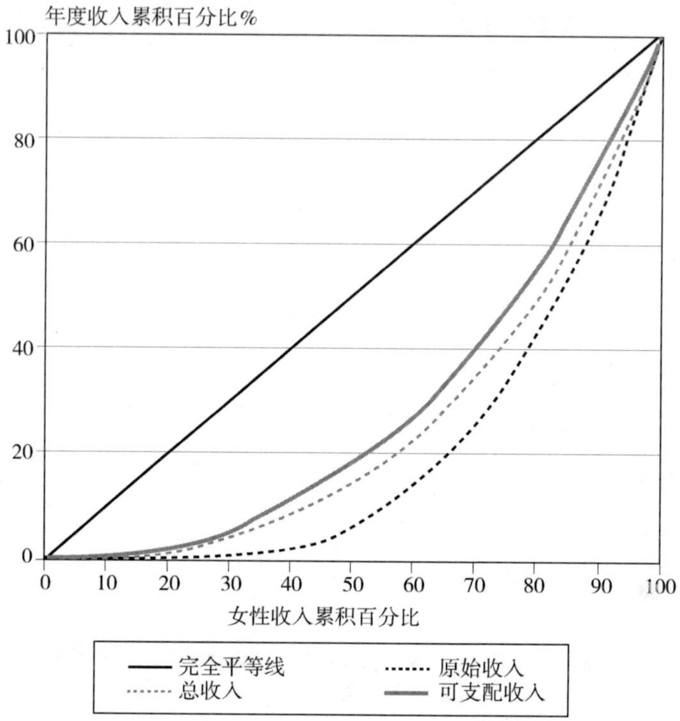

图 6.8　女性年度原始收入、总收入和可支配收入劳伦兹曲线

一个损失，因为在保持数字一致的情况下，女性就会从中获取一部分收入。同样的原因，对于等价收入来说，当在一个家庭里对其按 60∶40 的比例进行拆分，用标准的等价收入进行测量，那么就可以假设共享收入是平等的。

年度等价收入的测算可以在表 6.3 中获得，并且可以和以家庭作为收入测算单元，并使用家中所有成年人的收入进行等价收入计算的年度收入研究结果进行比较（然而，以一个家庭作为收入单元的定义也许会有些不同，因为在模拟全日制 15 岁及以上的学生时，是按照单独的收入单元进行
150 测算的）。然而，一旦可以通过忽略最低等分位来部分消除这样的影响，那么第二等分位的年度家庭等价收入就是最高等分位的五分之一，即 8,000美元。

表 6.3　根据年度等价收入对全部人群的年度收入和其他特征量进行排序

算　法	年度等价可支配收入十等分位组										
	1	2	3	4	5	6	7	8	9	10	平均值
劳动所得	355	1,320	1,785	4,670	8,760	11,585	14,975	18,150	21,180	33,780	11,655
投资收入	275	325	595	1,180	1,305	1,540	1,475	1,845	3,615	4,870	1,705
养老津贴	20	45	55	420	450	490	565	640	630	885	420
原始收入*	645	1,695	2,460	6,300	10,545	13,640	17,045	20,670	25,445	39,560	13,800
津贴	45	2,855	3,350	1,760	440	200	30	10	5	5	870
失业和其他福利	40	215	180	140	110	70	50	30	15	5	85
总受养子女转移金额	35	85	70	115	140	125	110	90	60	35	85
教育转移	65	95	25	30	30	15	10	10	5	5	30
总现金转移	180	3,245	3,620	2,045	720	410	205	140	85	50	1,070
总收入	830	4,945	6,080	8,340	11,265	14,050	17,250	20,805	25,525	39,610	14,870
所得税	0	30	250	995	1,975	2,960	4,135	5,505	7,600	15,340	3,880
可支配收入	830	4,915	5,830	7,345	9,295	11,090	13,115	15,305	17,930	24,270	10,990
共享可支配收入(以家庭为单位)	830	4,915	5,830	7,345	9,295	11,090	13,115	15,305	17,925	24,270	10,990
等价可支配收入(以家庭为单位)	1,430	8,015	9,785	12,055	14,985	18,160	21,605	25,680	30,900	43,225	18,585
无受养子女平均值	0.16	0.35	0.34	0.61	0.79	0.71	0.66	0.55	0.38	0.24	0.48
已婚百分比	30.5	32.9	45.1	59.3	65.7	65.0	62.5	60.0	56.9	62.4	54.0
退休年龄以上百分比	26.1	52.0	64.3	43.5	23.6	20.2	14.4	12.9	15.8	12.8	28.6
劳动力百分比	30.9	34.6	28.8	50.4	68.6	74.9	82.7	87.0	86.2	92.4	63.6
平均年龄	39.0	53.8	59.3	50.3	43.0	42.8	42.0	42.7	45.6	47.3	46.6
女性百分比	50.4	58.6	59.1	57.0	53.9	52.3	50.8	48.9	48.8	41.8	52.2

*包括赡养费。所有数据都化整接近5美元。由于是约数,因此总数不一定等于总和金额。

三、终身分配和年度分配

工业化国家收入分配的横截面研究可以清楚表明，收入分配是十分不均衡的（索尔，1976）。也有人对按终身对收入进行分配会更加平等这一说法提出了质疑。许多人指出，明显的收入不平衡是由于样本收入单元处在生命周期的不同阶段，举例来说，一个样本可能是刚退休的住户，或者是刚进入工作、收入较低的年轻人，而非处在工作巅峰状态下的全职工作者（布林德，1974，102 页；帕格林，1975；波林斯基，1973）。

以上的结果表明，按终身对收入进行分配要比按年度进行分配平衡得多。然而，需要强调的是，在现在这个社会状况下应用这样的测算方法来表示终身收入和年度收入的分配，如果接下来的几代人还处在这样的大环境下，那么这个方法也会继续沿用。在真实的世界中，几代人之间是存在再分配的（阿尔特曼和阿特肯森，1982）。

表 6.4 在模拟模型的基础上，反映了以年度收入和终身收入为基础时的基尼系数以及该系数针对不同类型收入的变化，如同早期研究结果表明，年化终身收入的分配是采用基尼系数进行测算的，这比采用某时间段内的伪年度收入分配要更加公平，起码公平一半。由于女性的终身收入都很低，相对于男性来说，女性年化终身收入的分配更为不均衡。在以终身为测算基础时，男女收入之间巨大的鸿沟意味着整个群组的基尼系数要高于男女双方分开测算时的基尼系数。

151 终身原始收入分配要比年度收入分配更加公平，这一结果是通过伪横截面研究得出的，男性年化终身收入的基尼系数为 0.320，是年度原始收入的 47%，男性年度原始收入的基尼系数为 0.510。终身原始收入分配和所得分配更加不均衡，因为在终身原始收入中还包含了投资收入、养老金这些收入来源的不均衡分配，因此年化终身原始收入的基尼系数要比终身所得基尼系数高。

表 6.4　采用年化终身及年度收入测算时的基尼系数与离散系数

收入测算	年化终身收入		年度收入	
	基尼系数	变化系数	基尼系数	变化系数
男性				
劳动所得	.286	0.552	.542	1.047
原始收入	.320	0.630	.510	0.999
总收入	.299	0.592	.470	0.930
可支配收入	.232	0.434	.398	0.725
等价收入	.200	0.374	.356	0.656
女性				
劳动所得	.333	0.643	.685	1.466
原始收入	.352	0.671	.606	1.239
总收入	.296	0.567	.507	1.035
可支配收入	.246	0.450	.447	0.827
等价收入	.183	0.332	.349	0.644
总				
劳动所得	.353	0.686	.623	1.260
原始收入	.363	0.719	.568	1.142
总收入	.323	0.645	.501	1.017
可支配收入	.259	0.485	.433	0.799
等价收入	.193	0.360	.354	0.653

然而，对于年度收入分配来说就恰恰相反，年度原始收入的基尼系数比年度所得要低，因为收入低的年长者会有投资和养老金作为收入来源。换句话说，在年度收入分配中，投资回报和养老金收入会抵销所得的不均 152
衡，当对终身收入进行分配时，会增强劳动收益的不均衡。

之前提到，女性原始收入分配比男性的更不均衡，这是由于女性中有很大一部分人是几乎没有收入的。这就反映了，年度和年化终身收入中基尼系数的价值。然而，在某时刻的伪横截面研究分析中，发现终身原始收入分配要比原始收入分配更加平等，年化终身原始收入的基尼系数为 0.352，是女性年度原始收入基尼系数的 42%。

男性年度和终身总收入分布相比于原始收入更加均衡，这也反映了现金转移支付起到的平衡作用。这种转移支付使得年度总收入的基尼系数下降了 8%，终身年化总收入的基尼系数下降了 6.5%，从 0.470 降到了 0.299。所得税的缴纳进一步减少了收入的不平等，男性年度可支配收入的基尼系数降至 0.398。并且，年化终身可支配收入分配也更加均衡了，基尼系数表现为 0.232，仅为相对年度可支配收入基尼系数的 58%。

通过总收入分配的基尼系数出现大幅下滑可以得出，现金转移支付对女性的巨大影响。你也许会很惊讶，现金转移支付在平衡女性收入分配方面的作用，在从原始收入转换为总收入进行测算时，年度和终身基尼系数都下降了 16%，这也凸显了年度和终身收入之间的不平衡。

所得税减少了收入之间的不平衡，也导致了女性年化终身可支配收入分配的基尼系数变为 0.246。相比男性来说还不算特别公平。同样，劳伦兹曲线表明，这些系数均以图 5.11 为参考设定。

当等价收入的测算方法并没有严格意义上可以和其他方法进行比较，比如从采用个人作为收入单元到采用一个家庭作为收入单元，男性的等价
153 收入就会更为均衡地被分配，这时年化终身等价收入的基尼系数为 0.2。同样，上述所有有关个人收入的数字都可以应用到女性群体，则表明女性经历的生活标准会发生很大的改变，一旦将一户人的共享收入纳入考量范围，那么个人收入也会出现明显的降低，女性年化终身等价收入的基尼系数就会降至 0.183。因此，许多个人收入低的女性所处的家庭都是配偶收入较高的家庭。

当群组作为一个整体被考量时，终身收入分配就会比不同性别分别考虑时更为不均衡，低收入的女性和高收入的男性之间就会有一个更深的鸿沟。然而，以年度为测算基础时，将男性和女性相结合，可以对性别分开时的基尼系数进行一个很好的评分。年化终身原始收入的基尼系数为 0.363，是年度原始收入的 60%。在年化终身收入和年度收入测算的基尼系数上也有相似的鸿沟。

如何将这些研究和其他研究进行对比呢？戴维斯等人发现，现存的假

设（以传统方法来测算）是“年度所得不平等，但在以终身所得为测算基础的前提下，这个情况能够有大部分的改善”（1984，635页）。采用纵向数据，以出生于1917～1925年的美国男性为研究样本，利拉德发现“超过30岁的男性在他生命周期中任何阶段，出现的劳动所得的不平等，都是根据离散系数，或者基尼系数超过人类财富不平等的50%来进行测算的”（后者指的就是终身劳动所得）（1977，49页）。这些研究中的一些漏洞似乎都能在针对男性的模拟研究中找到答案。

布吉斯特模拟了瑞典的终身劳动所得和收入，基于两组样本调查，是相同的研究对象时隔六年的情况，发现用于模拟税前终身收入的基尼系数是年度收入的一半（用年度收入分配的收入概念和年龄，得出的精确数字是44%到53%）（1976，249页）。然而，即使这个可以支持从哈丁模型里终身收入和年度收入之间巨大差距得出的结论，布吉斯特模拟出的终身收入的不均衡情况要比现在的研究得出的结论都低。在布吉斯特的研究中，税前收入的基尼系数为0.122，比模型中男性年化终身总收入的基尼系数0.299少将近一半。

索托在挪威的萨尔普斯堡做了一个研究，发现1928～1960年平均年 154
度基尼系数比率为0.183，33年同样样本的基尼系数是0.134，要低27%（布林德引用，1974，103页）。布林德根据1974年做的模拟表明终身收入的基尼系数比率约是年度收入的“0.25～0.30”，在其“主张平等”的模型中可以发现，终身收入基尼系数为0.295，年度收入基尼系数为0.43（1974，104页，137页）。布鲁格涅和莫里森发现两者间的差距更小。然而，他们的方法和本研究中使用的方法出现了一些比较重要的差异，因为他们的样本仅包含相对处于经营层面的工作者，并不包括样本刚开始进入劳动力的那几年，这两者都会减少终身收入之间明显的不均衡（1983，68页）。

总的来说，终身收入和年度收入之间巨大的差距是由于模型的设置并没有走出现有的研究，即使我们可以看出两者之间相对的不均衡要比其他研究的更严重。另外，当模拟一个伪横截面分布时，加拿大的DEMOGEN终身模型中有一个年度收入的基尼系数，和哈丁模型的基尼系数十分相似（沃尔夫森，1988，231 页）。正如沃尔夫森观察到的，“劳动所得的基尼系数会有一些高，但应注意的是，这个数字是每个年龄、性别组中所有个体的一个数据，并不仅是采样于获得收入的那些人”（1988，232 页）。

由于选取的收入单元不同，选取的样本也不同，才会产生收入模型和其他终身研究的基尼系数值之间巨大的差异。比如年度和终身收入采样的样本包含 15 岁及以上的学生，这些人还没有开始工作，几乎没有收入。一般的终身收入研究中，这部分人是不纳入考量的。所以在未来的某个阶段，这些记录是可能被删除的，并且可以检测到这些结果对相关基尼系数的影响。

但是除了了解与其他研究的相对结果外，没有明确因素说明为什么没有收入或者收入较少的那些年要在计算终身收入的过程中被剔除。

年度—终身之间的转换

上述结果表明年度收入分配中大部分的不均衡，是由于样本收入单元
155 处在他们生命周期的不同阶段。有一个推论，横截面调查中收入十等分位组里，最低等分位不会一直保持同样的状况，一旦将终身收入纳入考量范围，那么最低等分位就会发生改变。另一个检测这种情况的，是用交叉分析的方法，来看看有多少伪横截面样本能够在计算终身收入后仍旧保持一致。

先对男性群体收入进行检测，结果显示，在横截面调查中，男性年度等价收入十等分位组的结果，确实对其在年化终身等价收入分配中的相对位置提供了参考，如表 6. 5 所示，几乎有五分之一的男性在年度收入和终身收入十等分位组中是一样的位置，44% 在一个十等分位组中保持一致，在另一个收入的十等分位组中出现了上升或下降的情况。在所有收入转换的表中，收入分配两极的变动较少。比如，在年度等价收入

最低等分位的男性，有近46%在终身等价收入中处于第一到第三等分位中。

位于年度等价收入最高等分位的男性，其位置更加稳定，将近一半的人数在终身收入最高等分位中保持不变，85%处在终身收入的第八到第十等分位。因此，在横截面研究中，那些身处在年度等价收入最高等分位的男性有一半都会被纳入考量范围（在此猜想是因为他们是主要的劳动力并且赚取高收入）。这些人位于年度收入的优先位置，会给相对终身收入位置的选定提供一个精确的指导。

这样的结论同样适用于女性吗？在经过横截面研究后发现，女性处在收入分布中的位置并不难像男性一样，给与之对应的终身收入段位提供一个精确的参考，但是两者的差距是很小的。17.5%的女性在年度和终身收入十等分位组中的位置是不变的，这里男性保持不变的数量是18.2%。44%是在一个收入十等分位组中不变的情况下，与之对应的另一个十等分位组会有所上升或下降。然而，那些在最低等分位的女性相比男性似乎更容易停留在同一个位置，27%的女性没有改变自己的位置。相似的是，女性年度等价收入中，最高等分位的女性是不能保持自己的相对优势的，不到五分之二的最高等分位的女性会在年度收入和年化终身等价收入中位于一样的位置。

最后，当站在整个人口的角度，而不分男女性别考虑时，会有任何的 157
不同吗？表6.5表明，当把两个性别结合在一起考虑时，并不会产生变化太大的模式，18.1%会在终身收入十等分位组中保持同样的位置，44%会在一个十等分位组中不变，并在另一个十等分位组中出现对应的上升或者下降。这再一次表明，在研究对象的一生中，即使收入的横截面研究给相对收入的位置提供了一些参考，还是无法得出谁的收入高，或是更精确的谁是最低收入人群，通过横截面研究也无法准确得知，在他们一生中，是否会一直持续富有或贫穷的状态。

表6.5　年度等价收入十等分位组与年化终身等价收入十等分位组交叉列表

男性

男性年化终身等价收入十等分位数	男性年度等价收入十等分位数									
	1	2	3	4	5	6	7	8	9	10
1	22	23	18	14	10	6	4	2	0	0
2	14	18	16	14	13	11	8	4	1	0
3	10	15	15	14	14	12	10	7	3	0
4	10	12	13	12	12	11	12	10	7	1
5	9	9	11	11	12	12	13	12	9	3
6	8	7	10	11	10	11	13	14	11	5
7	8	6	7	10	10	10	11	14	15	8
8	7	5	5	7	8	11	11	14	19	13
9	6	3	3	5	7	10	11	13	19	23
10	5	2	1	2	3	5	7	9	17	48

女性

女性年化终身等价收入十等分位数	女性年度等价收入十等分位数									
	1	2	3	4	5	6	7	8	9	10
1	27	17	16	11	12	8	5	3	1	0
2	14	16	19	13	13	11	9	5	2	0
3	10	13	17	13	12	12	11	8	3	0
4	9	12	13	12	12	12	12	10	5	2
5	9	10	11	12	11	11	11	12	9	4
6	7	8	8	13	10	10	12	13	12	7
7	7	9	6	10	9	11	11	13	14	11
8	6	6	4	8	9	10	12	13	17	14
9	5	5	3	5	8	10	11	12	18	23
10	4	3	2	3	4	6	7	11	19	40

总人口

年化终身等价收入十等分位数	年度等价收入十等分位数									
	1	2	3	4	5	6	7	8	9	10
1	25	20	18	12	11	7	4	2	0	0
2	13	17	18	13	13	10	8	5	2	0
3	11	14	16	13	12	12	11	7	3	1
4	9	11	13	13	12	12	12	10	6	2
5	9	10	11	12	11	11	12	13	12	6
6	8	8	9	11	11	11	12	13	12	6
7	7	7	7	10	9	11	12	14	14	9
8	7	5	4	7	9	11	11	13	17	14
9	6	4	3	5	7	9	11	13	19	22
10	5	2	1	2	3	5	7	10	17	44

在横截面研究中，出现了“下滑”的现象，对低收入的影响会大于高收入。因此，年度收入最低等分位的5%会转换为终身收入最高等分位，即使四分之一还是会出现在终身收入的最低等分位。相似的是，位于年度收入最高等分位的高收入记录代表着短期内的相对富有（也许是由于短短几年工作收入较高），一旦将终身收入纳入考量，几乎10%都下滑到了收入分配的后一半。年度收入最高等分位的44%，在其整个生命周期中都会保持其相对优势，并且在终身收入十等分位组中达到最高等分位。

四、终身与年度税收—转移支付费用

在财务收支的研究中，发现了税收和转移支付对一年的收入带来的持续影响，这一发现出现的频率在现金转移和所得税收支中呈现上升趋势（澳大利亚数据局，1987a；雷诺德和斯莫伦斯基，1977；罗斯，1980）。然而，许多人提出了不同意见，认为在这样短时间内对收支的分析更可能会高估再分配对整个国家带来的影响，随着时间的增长，税收和转移支付在收入分配上起到的平衡作用就不是那么明显。这一模型的结果得出了比预期更有深度的结论。

（一）现金转移

图6.9显示的是男性和女性在终身和年度的现金转移收支的情况。针对年度收入，对于两个性别的人群来说，现金转移的影响远大于终身收入。对于男性来说，年化终身收入的现金转移收入在不断增加，年化终身 158
等价收入十等分位组中，现金转移收入占最低等分位年化终身总收入的12%，这一比例在最高等分位中变成了1%。年度收支更为显著，在年度等价收入十等分位中，第二等分位的现金转移能平衡一半多的不均收入（主要是养老金获得者），但对于年度等价收入分配来说，位于前一半的

人，他们的现金转移收入仅占总年度收入的不到2%。

对于女性来说，现金转移收入更为重要。年化终身等价收入十等分位组中，最低等分位现金转移占年化总收入的30%。然而，在以年度收入为基础时，现金转移对收入再分配的影响带来了非常明显的不同。年度等价收入十等分位组中，第二和第三等分位现金转移仅占总收入的75%（正如之前讨论的，年度收入十等分位组中位于最低等分位的男性和女性一般是全日制学生，这部分人群仅有一小部分收入或没有个人收入来源，也不会收到教育领域的现金转移）。

通过建立一条现金转移收付的集中曲线，就有可能对终身现金转移分配和年度现金转移分配的区别进行比较。这样的曲线和劳伦兹收入曲线相似，但是在该集中曲线中没有体现个人累积收入的百分比中转移支付的累积百分比。除去用收入十等分位组来进行排序，或用收入金额来进行排序，使用该曲线来分析显示个人累积收入百分比的竖轴来说很重要，因为在这个过程不会用现金转移收入的金额来进行排序。

正如图6.10显示，在一整年里，以年度收入为基础，有70%的男性都没有收到现金转移支付。在所有男性中，70%的男性支付的现金转移用在了另外10%男性的现金转移收入中。然而，在这些男性整个生命过程的收入中，只有7%的男性是完全没有收到过现金转移的。通过年化终身现金转移收入来对男性进行排序，位于最后10%的男性所得的现金转移收入仅占全部男性现金转移收入的0.1%。最后50%的男性收到占全部现金转移的13%，而收到现金转移收入的前10%的男性，他们的现金转移收入只占支付给全部男性终身现金转移金额的四分之一多一点。

对于女性来说，年度收入分配中的现金转移更为平等，也反映了受养子女的现金转移在针对女性群体时的强大作用，即使在某一年里，有30%
160 的女性没有收到任何的现金转移。第四等分位收到的现金转移占全部现金转移的1.2%。现金转移收入排在前10%的人收到的现金转移收入占全部现金转移的40%多一点。

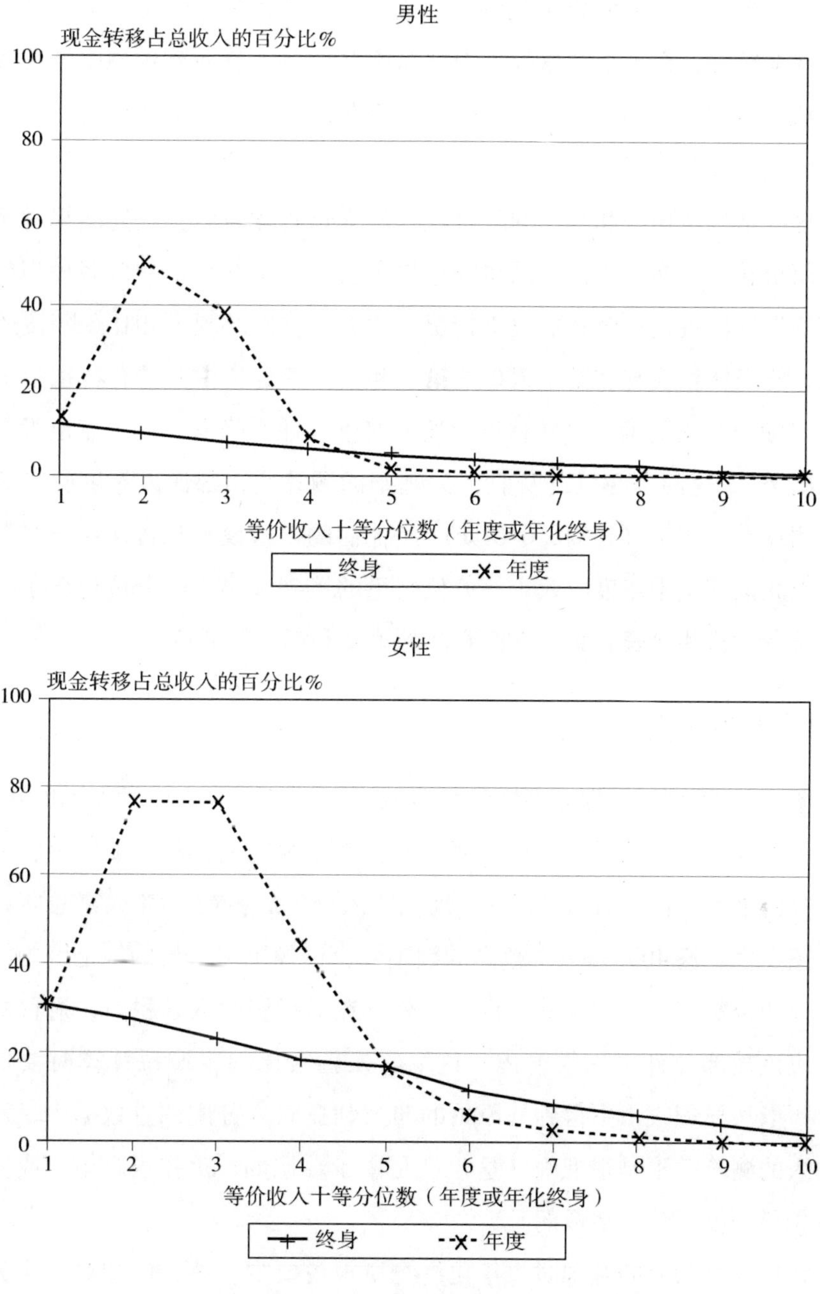

图6.9　按性别分析终身及年度现金转移收支

终身现金转移分配更为均衡，只有 0.005% 的女性在其一生中没有收到过现金转移，在现金转移收入中排在后 10% 的女性收到的现金转移收入是全部现金转移金额的 1.1% 。在支付给女性的所有现金转移中，位于前 10% 的接收者获取了全部转移金额的 23% 。

这些结果能用来和其他的终身收入研究进行比较吗？上述结果并不能直接用于和戴维斯等人提出的研究结论进行对比，在他们的微观模拟模型中，并没有体现现金转移的收支情况。然而，他们发现“相比于年度收入数据，终身转移收支在整个人口的第一和第二等分位中并没有特别集中”，并且“随着收入的增加，转移支付的相对重要性在降低，这一点也没有被明确出来”，这两点在以终身收入为基础的测算中，都比以年度收入为基础的测算中更明晰（1984，640 页）。（他们的模型没有包含任何全日制学生，因此该模型中年度收入十等分位组里的第一和第二等分位包含了大量的年长者，这些年长者集中在图 6.9 的第二和第三等分位。）

（二）所得税

图 6.11 描绘了男性和女性在终身收支以及年度收支中所得税的轨迹。在对年度收入进行征税时，税收部分的支出是很高的，从年度等价收入最低等分位中税收占总收入的 1% ，到在收入分配后占前 10% 人群总收入的 40% 还要多。这 40% 是一个很高的数字，也许像第三章说的，是因为没有对逃税的金额有一个明确的统计。另外，在对投资收入计税时，避税的影响也应该被部分计算在模型内，这笔收入就会比缺少避税计算时要低一些，所以从投资收入中得到的原始的澳大利亚收入分配调查数据中，对部分收入的测算并不是很准确（这也许是由于，比如，负扣税政策，或者其他负扣税的投资收入造成的）。

在以终身为时间基础时，年化终身所得税要少一些，但却对收入分配
162 的平衡起到了一定作用。让男性终身生活标准十等分位组中所得税占年化中收入的 14% ，到最多占总收入的 41% 。然而，年度和终身收支在等价可

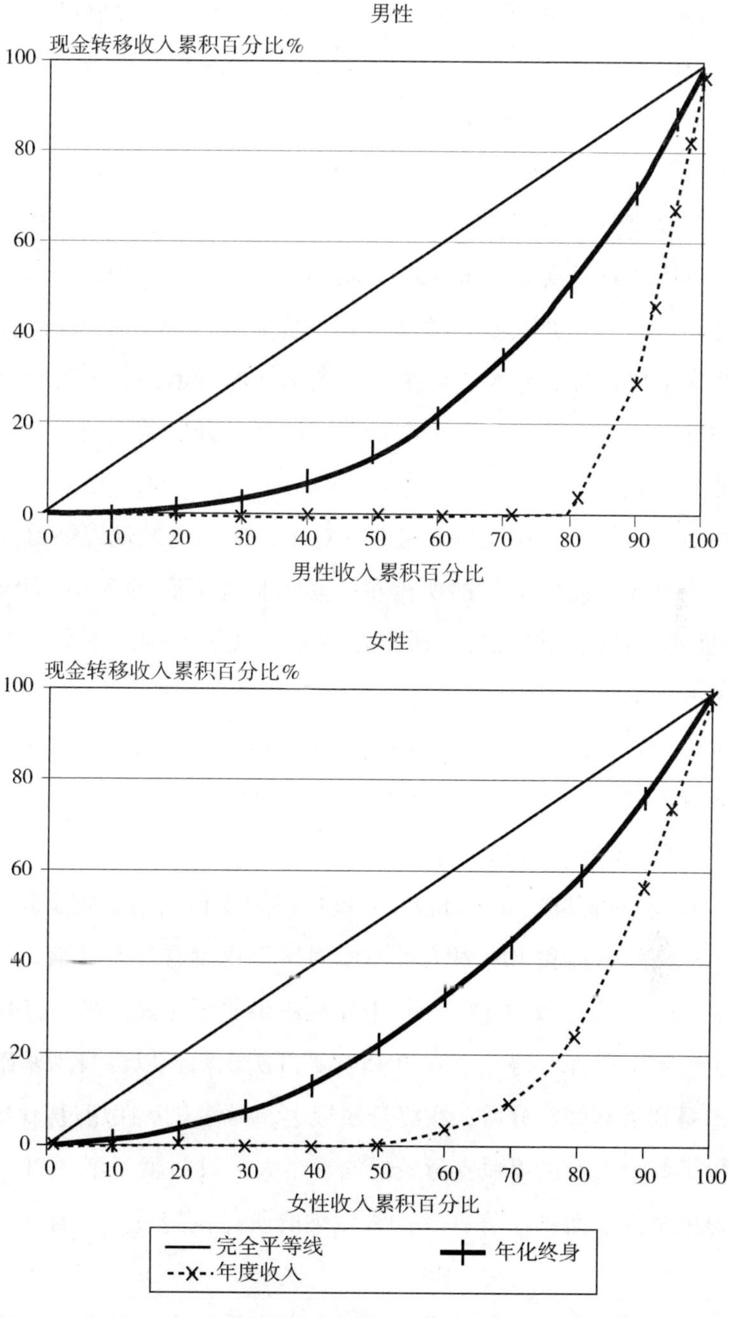

图 6.10　男性和女性终身与年度现金转移收入集中曲线

支配收入的十等分位组中都出现了相似的下滑，从第六等分位向第一等分位移动，最高等分位总收入中所得税占比，在年度和终身的时间基础上基本一致。

对于女性，在伪横截面时间点研究中，以一年为单位，位于五等分位组的第一等分位缴纳的所得税占总收入的比率可以忽略不计。所得税在总收入中的占比随着年度等价收入的增加而迅速上升，前10%的人所得税占总收入达到33%（很明显比男性低，因为女性的需缴税收入较低）。当测算基础变为年化终身总收入，女性年化终身所得税十等分位组中，生活标准最低的需缴纳的金额占总收入的10%，最高等分位缴纳的所得税是该数额的3倍。

上述结果和戴维斯等人的研究进行对比，他们也发现以终身为基础的最高等分位收入单元要支付的所得税，是最低等分位的3倍（1984，643页）。然而，在他们的模拟中，所得税占总收入的比例并不高，男女最低等分位中占比均为7.3%，最高等分位在20.5%（和哈丁模型中的12%和38%做对比，表5.5）。这并不难明确到底是不是因为加拿大和澳大利亚所得税体系的不同，导致了收入模拟的不同（比如他们的体系不包含退休补贴），或者其他未知的因素。

图6.12表现的是终身所得税和年度所得税支付的集中曲线，以年度为基础时，30%的男性和40%的女性基本对所得税没有任何贡献。所得税支付排在前10%的女性仅贡献了一年中女性一半的所得税金额，前10%的男性贡献了一年中男性所得税金额的45%。再次表明，以终身为基础，所得税的负担得到了更好的分摊；在终身模拟中，男性和女性超过20岁就一定开始交税了。个人在所得税支付较低的一半人，只贡献了不到20%的年化终身所得税金额，而排在前20%的人缴纳的所得税超过了所有所得税金额的一半。

这些结果都在表6.6中呈现，从表中也能看出现金转移和所得税的集
165 中系数（和早期收入中使用的基尼系数概念相似）。男性年度现金转移集

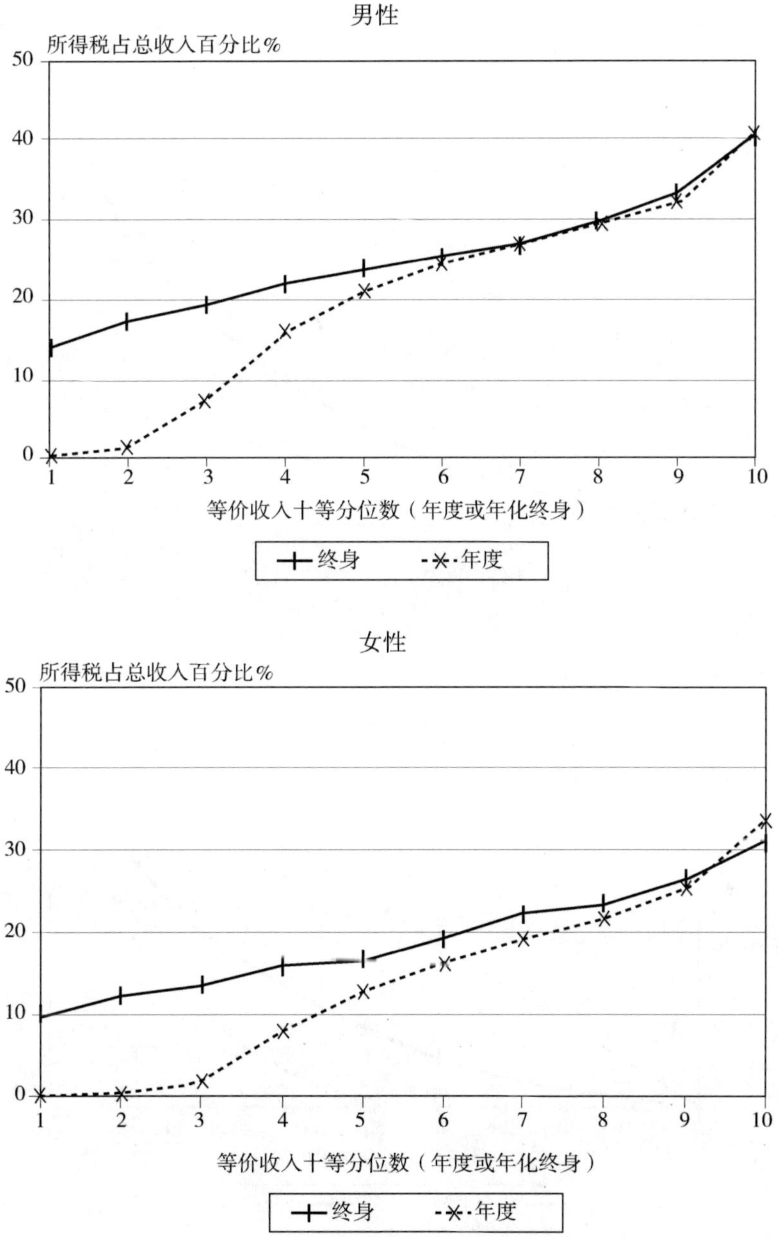

图 6.11　男性和女性终身与年度所得税费用

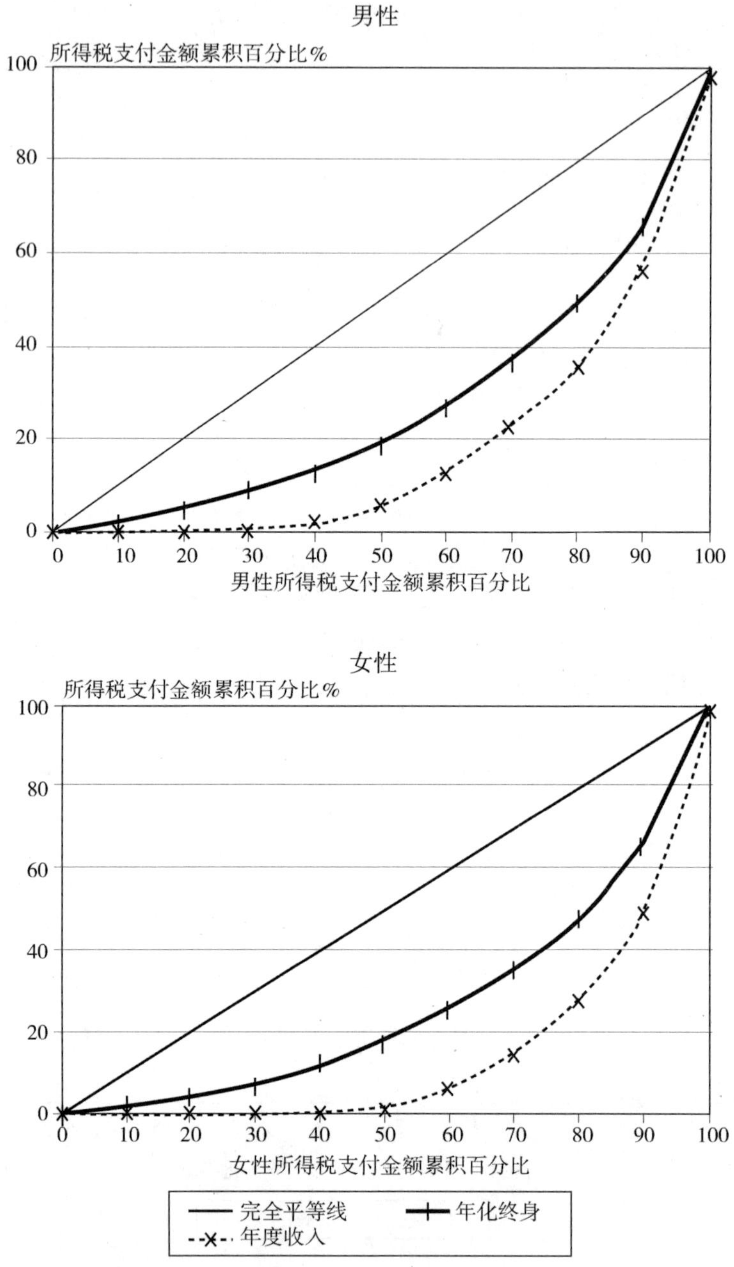

图 6.12　男性和女性终身与年度所得税支付集中曲线

中系数为0.85进一步强调了，之前在现金转移部分所反映的收入分配的偏移，大约有70%的男人从未收到过任何的现金转移收入。终身现金转移系数低了40%，为0.496。男性年所得税系数较低，也反映了研究对象承担所得税的情况，要比现金转移收入的分配更加均衡，但仍旧比年终身所得税的系数要高40%。

对于女性来说，年度现金转移系数要比男性低，因为现金转移分配在女性群体中更为均衡，但比终身现金转移系数高出89%，这也说明了在某一时间，几乎所有女性都获取现金转移收入。另外，年度和终身所得税在女性群体中分配的公平性，都小于男性群体，相对应的终身和年度收入分配之间的差额也很相似，终身所得税的集中系数为0.484，这个数字是相比之下年度系数的三分之二。

最后，对于整体人口来说，现金转移的终身系数值比所得税系数值低60%，是相比之下现金转移年度系数的70%。这再一次强调了，如果从一个生命周期这样的时长来看，现金转移收入作为补贴，对收入分配进行调整，要比所得税干预进行收入分配调整要更为公平。

表6.6 现金转移和所得税的终身及年度分配的集中系数与变化系数

算法	年化终身		年度	
	集中系数	变化系数	集中系数	变化系数
男性				
现金转移	0.496	0.671	0.852	2.255
所得税	0.465	0.683	0.648	1.514
女性	0.377	0.664	0.713	1.486
现金转移	0.377	0.664	0.713	1.486
所得税	0.484	1.034	0.726	1.951
全部				
现金转移	0.458	0.829	0.780	1.775
所得税	0.505	1.130	0.698	1.753

166 五、现金转移与调整后的所得税

以上分析都说明，对年度花费的研究，都高估了政府税收政策和转移政策对收入再分配的影响。不论是转移政策还是税收政策，在对终身收入和年度收入进行对比测算时，都没有起到太大的作用，更为精确的收入再分配的类型和数额，都因为所得税缴纳金额远大于现金转移收入金额，而被掩盖了。大家缴纳的所得税，会投入公共物品和公共服务建设，由于这笔费用远超过了现金转移支付的金额，因此在这笔投资中还要算上现金转移支付的金额。

解决这一问题的方法之一，就是通过计算一个群组一生中现金转移收入的金额，并计算一个需要征收的所得税的百分比，这笔所得税金额需要负担起这笔现金转移金额的发放。按这种情况来看，男女终身所得税征收总额的 27.6%，要等于男女终身收到的现金转移收入。因此，在下面的分析中，所得税缴纳的 27.6%（称作调整后的所得税）要和每个十等分位组中不同性别收到的现金转移进行对比。这就相当于，假设每个个体缴纳的所得税比例是完全超过其收到的现金转移比例的，这一比例不会随着所得税缴纳金额或其他特征量而改变。格兰德将这种模棱两可的假设进行了清晰的阐述（1987）。

忽视现存的理论性困难，表 6.13 显示了根据年终身等价收入十等分位组，对男性再分配的终身模式进行排序。实线以下的黑色区域显示的是人与人之间的再分配状况，表示分析对象缴纳的所得税在其生命的某一阶段以现金转移的形式又还了回来。举例来说，男性第一等分位在成年后的每一年里，都会贡献平均 305 美元，作为所得税调整金额。然而，每一年收到的现金转移平均金额为 985 美元，这样看来，所有缴纳的所得税金额很明显又回到了他们的口袋里。

对每一个十等分位组来说，黑色实线处有一个平衡点，该点水平向左

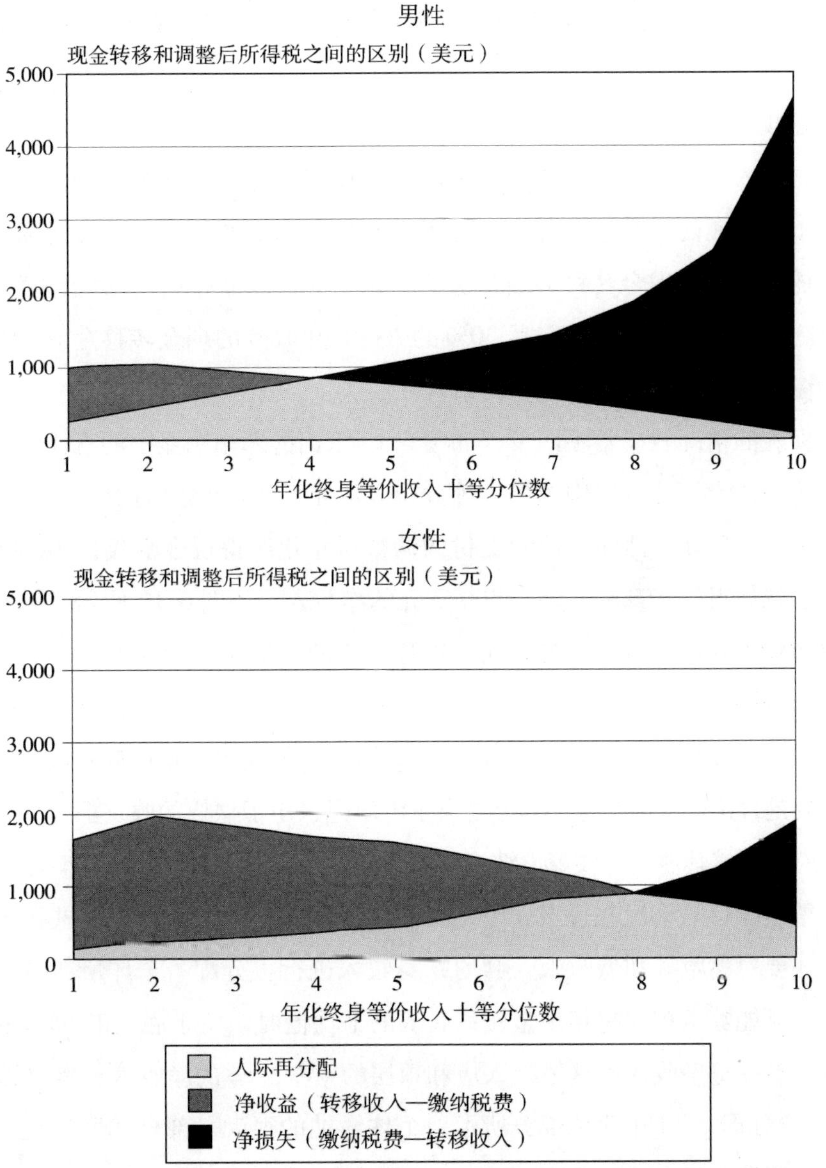

图 6.13　不同性别的年现金转移收入平均值和年调整后所得税支付的区别

是税务—转移体系的盈利部分，即表示现金转移收入超过所得税支付金额。比如，男性第一等分位收到的平均现金转移为 985 美元，其中 305 美元来

168 自所得税，而这缴纳的 305 美元所得税就能覆盖所有的现金转移收入，这样就产生了一笔 700 美元的净收入，上述均可从图左侧的最上一部分得出。

在收入最高的范围内，有一个垂直的区域，位于图的右侧，这里显示的是高收入人群的损失。男性第十等分位在其一生中，举个例子，每年仅收到 100 美元的年现金转移收入（表 5.1），但却要支付 4,660 美元的所得税才能覆盖这笔现金转移金额。这就出现了垂直部分净损失区域，每年高达 400 美元。仅有收入排名后 30% 的男性每年收到的现金转移金额，要比他们缴纳的调整后的所得税平均值高。

女性的情况就非常不同了，如图 6.13 下面的那幅图显示的一样。女性年等价收入十等分位组中的第一等分位，成年后每年收到的现金转移平均值为 1,630 美元。然而，他们支付的调整后年化所得税金额仅仅为 145 美元，这就使得每年都有一笔 1,500 美元的净收入。如图 6.13 所示，在对比现金转移收入以及可用于提供现金转移支付的所得税缴纳金额时，收入排在后 70% 的女性是赢家。因此，很明显，不论男女，大量的收入再分配是通过税收—转移体系完成的。（即便是这样，正如在第三章中解释的，需要强调的是，这样的结果有一部分是由于本研究采用了这样的收支假设，如果将政府服务或其他减税政策也纳入其中，那么，这一结论也会发生改变。）

整体人口的情况在图 6.14 中显示。除了将男女之间的收入进行再分配，还要对高收入和低收入人群的终身收入进行再分配。个体所缴纳的所得税金额能够负担起每年现金转移收入的平均值时，位于底层的 60% 的个体就会有一笔净收入。这笔收入应和顶层的 40% 个体的净收入相等（或更高）。正如图 6.14 中涂色部分所示，个体缴纳的很大一部分的所得税，都在生命周期中的其他时间段里，以现金转移的形式被返还给了同样一批人。在经过一个生命周期的时长后，整个费用会有一个翻天覆地的流动过程，个体缴纳给政府的税费，就会在某一时间点以另一种形式返还给同样的个体。

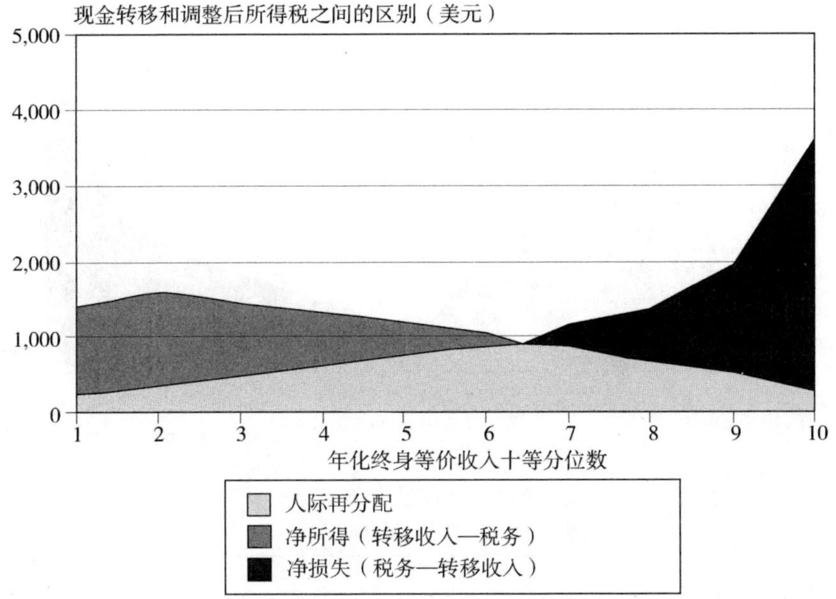

图6.14 群组平均年化现金转移收入和平均年化调整后所得税支出差异

图6.14中，收入十等分位组出现了非常明显的差异。举个例子，对于处在年终身等价收入最低等分位的个体来说，他们为高出平均值的收入所缴纳的调整后的所得税，都以现金转移的形式在生命周期的某一时刻被返还了。年终身等价收入十等分位组中，第五等分位有45%的调整后的年终 169
身所得税支出都用于人际收入再分配，并通过现金转移的形式返还给了这些人，剩余的55%的金额都以同样的渠道给了终身收入较低的人群。

这些图为人际和个人的终身收入再分配提供了一些指导。那么以一年为基础的蓝图又是什么样的呢？图6.15中强调，年度的税务—转移收支夸大了与人之间的再分配，低估了个人再分配的重要性。这张图在概念上和图6.14是相似的，但图6.14显示的是终身结果，而该图则显示的是横断面研究结果。这张图将一年中收到的平均现金转移，与同年缴纳的调整后所得税进行比较。通过底层一半人群年度收入分配后的获利情况，和顶层一半人群收入分配后的损失情况，可以进一步确认无数研究得出的结果，

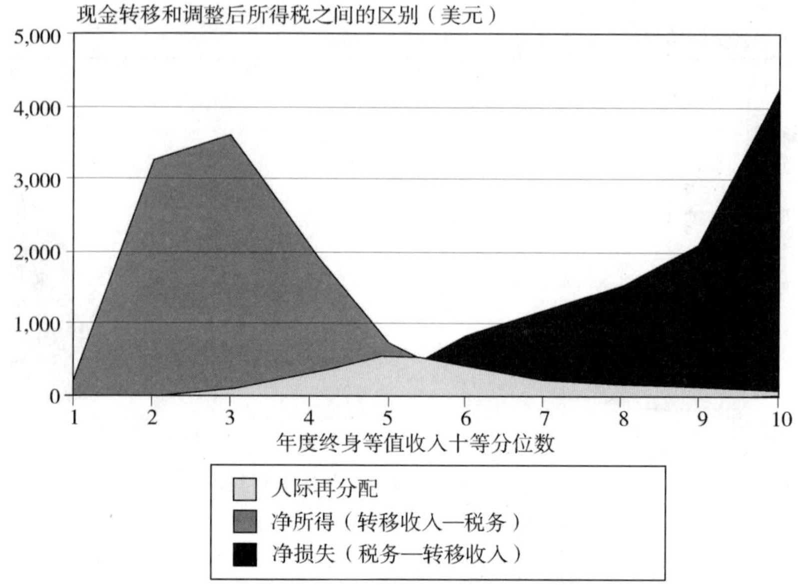

图 6. 15　总人口平均年度现金转移收入与平均年度调整后所得税支出差异

即税务—转移支付体系下，所得税和现金转移对年度收入起到的是一个两级分化的再分配效果。

170 然而，图 6. 14 中的对比显示得很清楚，底层的一半个体在年度收入分配中是有收益的，一旦变成以终身为时间单位来测算，这笔收入就会减少。也说明了在税务—转移体系下出现的净收益，会在生命周期中的某个其他阶段变为净支出。相反，图 6. 15 中显示的高收入的所得税缴纳金额也有可能在 10 ~ 20 年之后转变成净收益。

六、终身与年度教育

前期的讨论都是针对税务和现金转移收支的，有关教育经费的年度及终身发生情况也是澳大利亚纳入讨论的主题。在 1980 年晚期，澳大利亚对高等学位的需求出现了增长，澳大利亚政府便将这部分的经费划归到了赋税者名下，出台各种测算方法。这就导致出现了 80 年代晚期，澳大利亚出台高等教育贡献计划时，遭到了诸多争议的情况。对于受高等教育的学生延后支付其学费来说，这是一个非常有效的计划，但这个有效性的前提是 171
这些学生的收入要超过其平均每周劳动所得。在1992年的政府预算中，澳大利亚政府还同时出台了澳大利亚助学金计划，这项计划中，学生可以一年内两次因进行高等教育深造而自愿申请高达2,000美元的助学金。这笔贷款需要在未来偿还，偿还这笔助学金的前提是在未来几年里，这些学生毕业后的收入超过其平均劳动所得（查普曼和哈丁，1993；哈丁，1993b）。

本科毕业生获取较高的收入，这一点是显而易见的，但是，到底应该对获取本科学位的人群提供何等程度的补贴，这一问题也受到了很多关注，这一阶段的补贴会很大程度提升接受人群的生存环境，于是也有人提出，高等教育部分的费用应该来自收入更高的人群。

在研究过英国部分收入分配的福利后，比如，巴尔称，“中产阶级的学生受到的教育资源分配是不公平的”，并且“对大学教育的经济支持几乎是不断减退的”（1987，419页）。格兰德称，英国的教育经费显示“其分配明显是亲富人的”（1982，57页）。这一结论受到了哈丁的反驳，通过澳大利亚的数据，哈丁称，收入较高的群体在教育上花费的美元比较低收入的人群要高，这部分花费的比例和双方收入的比例是一样的。这一观点表明，教育支出的发生是成比例的，因此收入的分配也不应该改变（1984，64页）。然而，两位作者同时指出，由于数据是有限制的，他们得出的结论中，教育花费只能按照一户人家的总收入百分比来测算，同时指出，有受养子女并且收入较高的家庭会处在收入范围的中部或上部，以等价家庭收入为基础或采用其他的测算方法，都可能产生不一样的结果。

这些结果可以在下面的图6.16和图6.17中看到，同时也表现了，当以终身等价收入为测算基础时，教育服务与教育转移花费的增长，以及为终身等价收入带来的可观利益。如同第三章和第十一章中解释的一样，教育服务的价值是一些主要人员使用教育的价值总和。教育转移是在以收入测算为基础的转移支付上进行分析的，这笔转移支付的对象是受养子女在中学的家长，或者也可以是就读于大学、受高等教育的学生本人。

172 首先对教育服务的所有花费进行分析，图 6.16 中的是此类服务价值的估算总数（非年化的），是女性终身收入十等分位组中，最低等分位女性终身总收入总数的 10.5%。然而，这些服务的总值只占最富有的、排名前 10% 的女性的终身总收入的不到 3.5%。教育服务的价值超过男性终身收入十等分位组中，最低等分位男性总收入的 8.5%，对于最高等分位男性来说，这一比例迅速减少至不足 2%。

即使性别不同，但以美元计算，两者收到的教育服务收入是相对平等的，女性较少的收入意味着其教育服务收入占终身总收入的比重较大，从数字来看，不论男女，这一比重都在不断上升。纵使教育转移的金额仅占终身总收入一个较小的比值，但站在研究对象一生的角度来看，教育转移

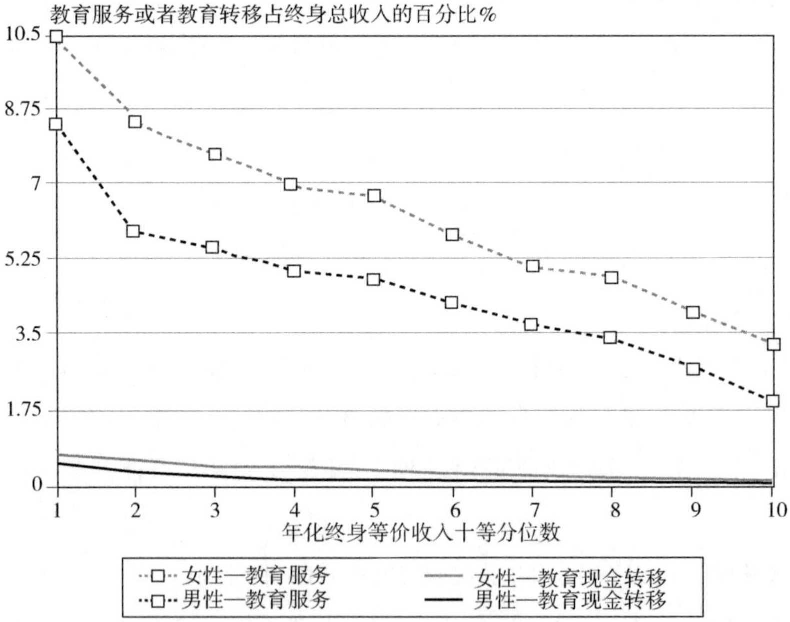

图 6.16　不同性别的终身和年度教育现金转移花费及教育服务收入估值

带来的净影响是不断增强的。

然而，这仅仅体现了所有教育花费带来的净影响。也有可能，比如， 173
教育花费部分日益增长的影响也许会被高等教育日益减少的影响所抵消。因此，群组中，教育花费里的每个因素都会作为整体进行检测，体现在图 6.17 里。结果显示，小学教育（包括学前教育）阶段和中学教育阶段的花费在一生中都是不断增加的。

继续教育的花费（提供职业培训）也同样在不断增加，终身年化等价收入十等分位组中，最低等分位的继续教育花费占了总终身收入的 1.1%，但这一比例在最高等分位下降至 0.25%。大学教育的花费（包括预科在内）并非这样明确。即使这样的花费金额有所下降，从最低等分位中 1.3% 的占比，到最高等分位中 0.6% 的占比，收入分配中占后 60% 的人 174

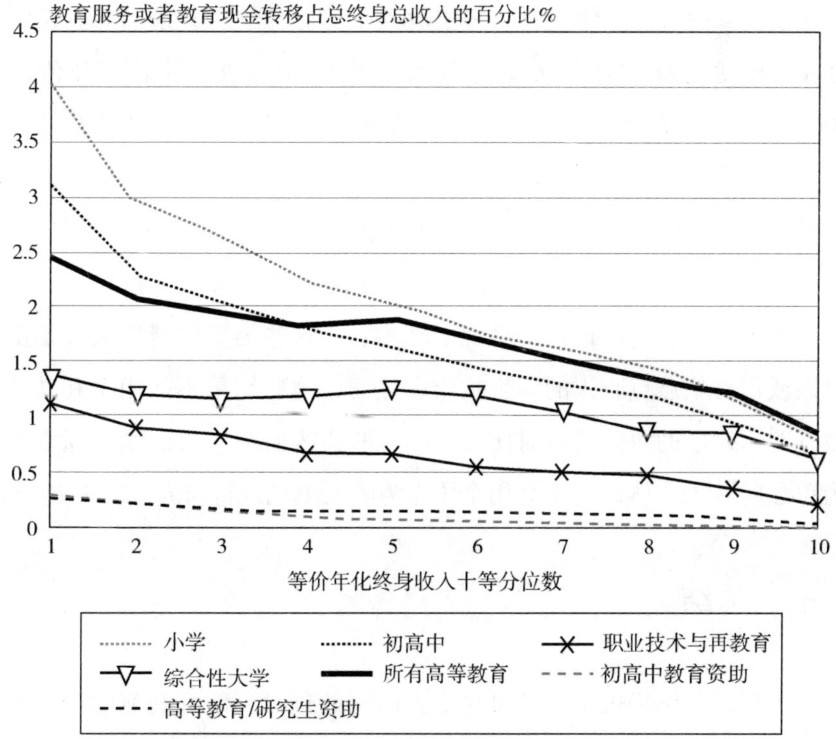

图 6.17　教育现金转移和教育服务估算收入的终身发生情况

群，在大学教育上的花费和其收入大致是成比例的。所有高等教育花费的影响加起来，其中包括了继续教育和大学教育的花费，在图 6. 17 中显示，即使这些费用的发生在中等收入范围内占比较多，但是也在不断增长。

从教育服务到教育现金转移，福利补贴中次级补贴费用的经费是在增加的，这笔费用通常是提供给受养子女在学校就读、同时收入又较低的家庭。高等教育资助、研究生奖学金等，这笔花费广泛分布在收入的每个阶层，这也说明了，这些收益于福利补贴的人群，有很多是在他们为了获取高收入，而进行高等学位学习时所获得的福利。

即使以一生为基础，教育服务费用的发生是在不断增加的，但这部分花费的增加并不像社会保障费用以及教育现金转移费用的增加一样。另外，也不代表低收入群体收到的教育服务金额比高收入群体要高。实际上，在表 5. 5 中可见，年化终身等价收入十等分位组中，最高等分位收到的金额，要比终身教育服务估算收入十等分位组中，最低等分位高出 6,000美元。这样的费用发生模式，自从 1986 年就发生了本质变化，当进行模拟时，由于推行了高等教育贡献计划，以及将高等教育学生补助改为贷款模式，就可以在毕业后，再对前面预先支出的这笔费用进行偿还。

尽管个人年度教育费用发生的结果没有在上文中体现，这样的花费和转移在模拟年度收支的过程中呈现了高增长，这些类型的费用大多是由没有收入或仅有一点点收入的学生接收。然而，这些结果不能用于和其他年度教育费用发生的研究进行对比，因为这些作为研究对象的学生通常不被视为单独的收入个体，也不会用个体作为收入单元进行研究。

七、总结

模型得出的结果表示，经过这么长时间的假设，澳大利亚的世界终身收入要比年度收入分配更均衡。即使这些精确的结果是根据收入测算方法
175 得出的，不论男女，其年化终身可支配收入要比年度可支配收入更为均

衡，这一均衡的比例为40%。比如，男性年化终身可支配收入分配的基尼系数为0.232，占相对的年度收入基尼系数的60%。

这表示，在年度横截面调查中，由于样本收入单元处在他们生命循环的不同阶段，所以年度收入分配的不平等才会很明显。在年度收入十等分位组和终身收入十等分位组的交叉对比结果中，进一步确认了这一点。仅有不到20%的个体会在年度等价收入十等分位组和年化终身等价收入十等分位组中处于同样的等分位中，45%的个体会在一个等分位组中处于同样的位置，在另一个等分位组中会上升或下降。

在年度时间点的调查中，整个人口的相对位置，能够给高年度收入人群的终身收入测算提供一个更为精确的指导。比如，在年度收入十等分位组中处在最高等分位的男性里，有不到一半的人是处在终身收入十等分位组的最高等分位里的。相反，仅有22%的男性，无论是年度十等分位组还是终身十等分位组，都处在最低等分位。有趣的是，拥有最高年度收入的女性在和男性相比时，更易于处在终身收入十等分位组的最高等分位，有着最低年度收入的女性在和男性相比时，会更易于处在终身收入十等分位组的最低等分位。

即使现金转移和所得税的终身发生金额在不断增加，这样的政府政策在再分配上起到的作用，要比年度费用发生状况研究中显示的小。现金转移和所得税的终身集中系数，是相对的年度系数的60%~70%。当以群组为整体时，最低等分位的现金转移金额占了年化总收入的21%，而对于终身收入在10%的群体，这一比例下降到不足1%。在终身收入最低等分位中，所得税占终身总收入的12%，这一比例在最高等分位中上升至38%。

除去累进税，大多数的收入再分配都是在一个人的一生中完成的，将个体生命中的一个收入来源转换成另一个，而不是通过人与人之间的财富转换，比如把高收入人群的收入分给低收入群体。对现金转移再分配的影
响分析发现，现金转移再分配的金额是由所得税金额支持的，这也表示， 176
从男性到女性的收入再分配，和个体年化终身等价收入十等分位组中，最

高的四个等分位到最低的六个等分位的收入再分配是一样的。

最后，对教育领域支出的分析显示，不论以年度收入为基础还是以终身收入为基础，这部分的费用都呈上升趋势，但在高等教育服务和高等教育现金转移方面的支出，比中学学校服务和现金转移的支出金额增长缓慢。

以上结果将收入的终身分配和模型衍生的伪年度收入分配进行了比较，并且分析了政府在所得税和现金转移方面，对终身和年度两个时间长度的费用发生状况。这些结果并不能告诉我们什么，然而，在个体的生命周期中，有多少不同种类的费用发生，是可以从最后的结果中得出的。因此，下一章将转向讨论生命周期中，处于贫穷和富有状态的时间长度。

第七章　生命周期中的收入分配与再分配

一、简介

第四章分析了终身特征量多样化群体的终身收入，第五章和第六章对 177
比了终身和年度收入分配。微观模拟模型巨大的灵活性，更便于追溯和检测终身特征量较为特殊的样本和这些样本在每一年的相关记录——这也催生了生命周期中收入分配和再分配的蓝图。

本章第二部分对具有不同终身生活标准的群体及其生命周期的情况进行了讨论，并检测了人与人之间和个体一生中的收入再分配情况。先从男性群体入手，接着以同样的分析方法对女性群体进行了分析，这一部分开篇，先检测了生命周期中不同年龄收到的不同类型收入的金额。可以先把终身收入十等分位组中，最高等分位和最低等分位的情况单独分出来，之后再回过头去检测这两个极端人群在生命周期中的情况。其实这些问题可以简化为，位于终身收入阶梯顶端的男性的未调整收入和等价收入，要比位于底端男性的未调整收入和等价收入高出多少。这部分还研究讨论了生命周期对税收和转移支付的影响。

本章第三部分中，生命周期收入模式的变化被分为了终身婚姻状况和受养子女情况两种进行比较。比如，这一部分将从未结婚的群体财富变化状况，和已婚并有大体量家庭需要赡养的群体财富变化进行了比较。并回答了关于有无受养子女对生命周期不同阶段生活标准的影响的问题。

最后，第四部分分析了，获得不同水平的教育资格认证给生命周期情况带来的变化。前几章的分析也说明，有高等学历资格认证的人群获得的终身收入较高。然而，将在生命周期不同阶段获得学士学位的群体和仅有中学学历的群体的平均收入进行比较，就会发现两者之间巨大的差距也是越来越明显。

178 ## 二、生命周期里的终身收入

在很多关于劳动所得的研究中可以发现，随着资产的积累、年龄的增加和经验的增多，男性的劳动所得在其 20～30 岁处在一个上升阶段（布兰彻弗劳尔和奥斯沃德，1990）。如图 7.1 所示，男性在 30～40 岁，其劳动所得增长率有所下降，模拟过程发现，男性的年度劳动所得，以及其他收入在 40～44 岁时达到峰值。在 50 岁左右到 60 岁初期的这十年间，年度收入的平均值有所下降，这不仅仅是由于表 7.1 所示的时薪率的下降[1]，也是由许多钟点工自愿或非自愿退出劳动力造成的。

有些男性到了快 70 岁的时候仍旧在工作，这些男性的平均劳动所得是 65～69 岁男性年度收入平均值的四分之一，到了 70 多岁，男性的劳动所得基本可以忽略不计。退休后男性的收入减少得很快，只有工作峰值年收入的三分之一。收入来源也产生了非常大的变化，70 岁及以上澳大利亚男性的收入来源基本分布在投资回报、个人养老金以及国家以现金转移形式发放的退休金。

180 男性情况的普遍性掩盖了那些在一生中生活标准不同的个体，其生命周期收入发生的许多变化。和很多综合性的模型相比，动态群组微观模拟模型的特殊点在于，它包含了每个个体每年的相关记录。举例来说，这样就有可能来辨别哪些人比较富有，哪些人没有这么幸运，并且可以追溯到这些人孩童和中年时代，去探究发生了什么。因此，这就很容易将那些终身收入排名最后 10% 的男性区分出来，在考虑了家庭环境的各种可能性后，可以再去研究在这些男性生命的每一年里都发生了什么。图 7.2 以年化终身等价收入十等分位组中最低等分位的男性为主体，体现了这部分男

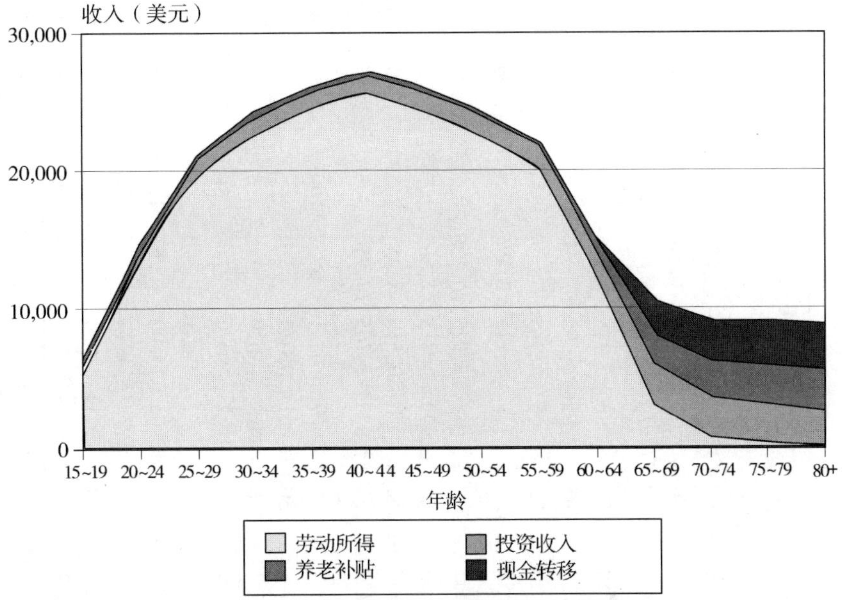

图 7.1　不同年龄男性每年所得收入平均值

性，在其一生中通过不同收入来源获得的收入金额。

对于那些处在最低等分位的男性，获取劳动所得和收入所得的峰值年要高于男性平均年龄，即 35～39 岁，这也反映了处在最低等分位男性较低的受教育程度。图 7.2 的竖轴和图 7.1 的范围不同，最低等分位男性的收入峰值为12,500美元，是所有男性收入峰值的一半。即使是和图 7.1 中男性平均收入的剖面分析进行比较，终身收入的剖面分析都相对没有太大起伏。

最低等分位男性终身收入的组成部分也十分不同。对于图 7.1 中年龄低于退休年龄的一般男性来说，现金转移收入并非其收入的重要来源，而对于最低等分位的男性，在他们有工作的那几年里，现金转移收入占其收入的一小部分，这反映了失业和疾病在这部分男性中有较高的发生率。最低等分位男性在他们有工作的那几年里的投资所得是微乎其微的，这和很多研究对象的一般经验形成了鲜明的对比。

表 7.1　不同年龄男性的收入和其他特征量

算法	年龄													
	15～19	20～24	25～29	30～34	35～39	40～44	45～49	50～54	55～59	60～64	65～69	70～74	75～79	80＋
劳动所得	5,660	13,775	19,605	22,780	24,600	25,600	24,320	22,300	20,150	12,360	3,065	810	305	20
投资收入	185	425	1,205	1,265	1,315	1,325	1,535	1,760	1,745	1,625	3,020	2,800	2,850	2,630
养老补贴	0	0	0	0	0	0	0	0	15	730	1,940	2,555	2,735	2,910
总原始收入	*5,845*	*14,200*	*20,810*	*24,040*	*25,915*	*26,920*	*25,850*	*24,060*	*21,910*	*14,715*	*8,025*	*6,165*	*5,890*	*5,555*
津贴	10	5	10	5	5	15	10	35	35	115	2,495	2,960	3,090	3,230
福利	205	400	195	140	105	110	120	95	95	95	0	0	0	0
教育转移	115	95	20	10	15	15	20	15	5	5	0	0	0	0
总现金转移 (1)	*330*	*505*	*220*	*160*	*125*	*135*	*155*	*150*	*135*	*215*	*2,495*	*2,960*	*3,090*	*3,230*
总收入	*6,175*	*14,705*	*21,035*	*24,200*	*26,040*	*27,060*	*26,005*	*24,210*	*22,045*	*14,925*	*10,520*	*9,125*	*8,980*	*8,790*
所得税	1,060	3,254	5,790	7,225	8,190	8,760	8,540	7,850	6,990	4,415	2,265	1,735	1,620	1,445
可支配收入	5,115	11,450	15,245	16,975	17,850	18,295	17,465	16,360	15,050	10,510	8,255	7,390	7,360	7,345
等价收入	*8,384*	*17,775*	*21,405*	*21,385*	*22,300*	*24,570*	*25,470*	*26,120*	*24,620*	*18,105*	*14,950*	*13,690*	*13,155*	*12,540*
婚姻百分比	2.1	22.1	51.4	67.7	72.3	73.2	73.0	71.6	69.9	68.1	65.1	60.9	53.0	37.8
无受养子女平均值	0.018	0.226	0.662	1.218	1.386	1.115	0.648	0.230	0.061	0.015	0	0	0	0
劳动力百分比	68.0	95.4	98.0	98.5	99.2	99.0	95.7	92.8	89.8	60.9	24.1	6.2	2.9	0.4
全日制工作百分比(2)	70.0	89.4	94.7	95.5	95.8	96.1	95.4	90.8	85.4	80.9	72.6	58.6	53.1	62.5
失业经历百分比(3)	25.1	22.0	10.5	6.6	5.9	6.4	7.1	6.1	5.7	6.1	0	0	0	0
时薪率(2)	6.75	8.75	9.90	11.15	11.95	12.45	12.65	12.80	13.05	13.00	10.65	12.45	10.10	5.60
兼职平均工时(2)	1366	1711	2063	2116	2118	2131	2125	2045	1979	1912	1278	1142	1128	1053
有学位的百分比	0	8.1	15.1	17.1	18.3	19.0	19.0	19.0	19.1	19.0	19.0	19.8	20.5	24.0
仅中等教育	42.5	39.3	24.8	16.9	11.8	9.1	8.9	8.9	8.8	9.0	8.9	9.4	9.6	9.0

注：(1)包括给男性单亲家长的小笔资金。(2)劳动力平均表示(对全年龄群体来说并不平均)。(3)失业百分比指的是一年里任何有失业经历的百分比，因此会比某时间点的标准横截面失业率高。

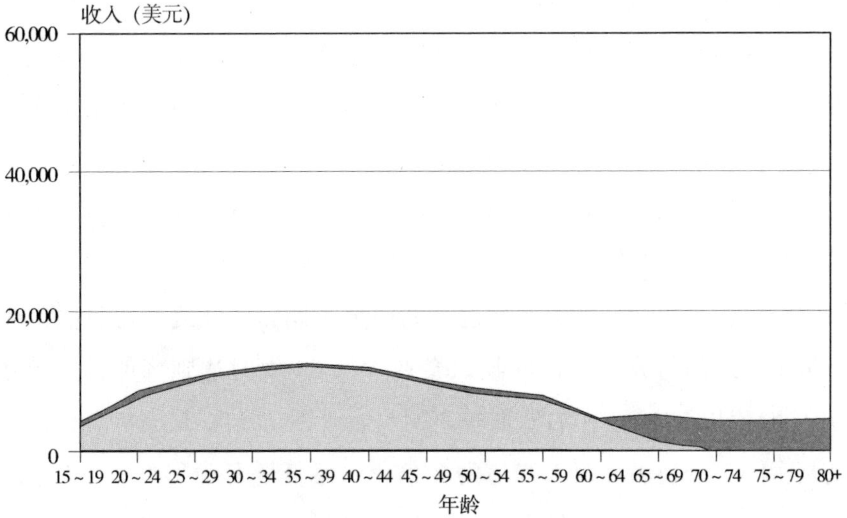

图7.2　年化终身等价收入十等分位组中最低等分位男性每年收入平均值（按年龄划分）

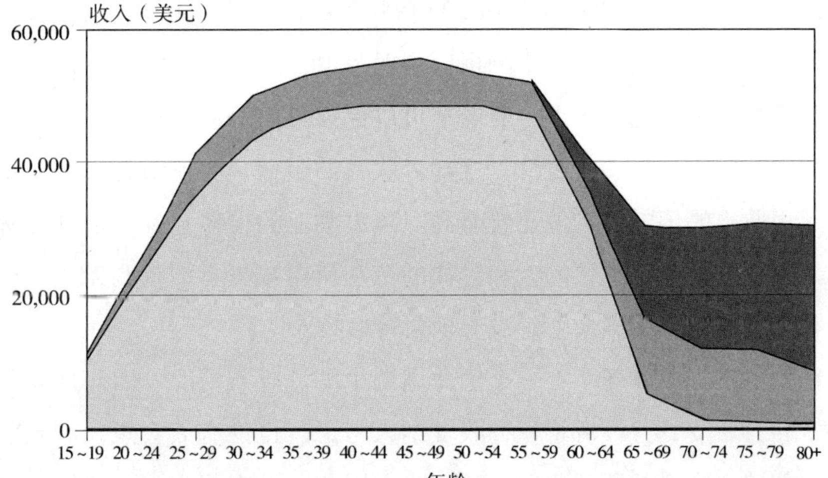

图7.3　年化终身等价收入十等分位组中最高等分位男性每年收入平均值（按年龄划分）

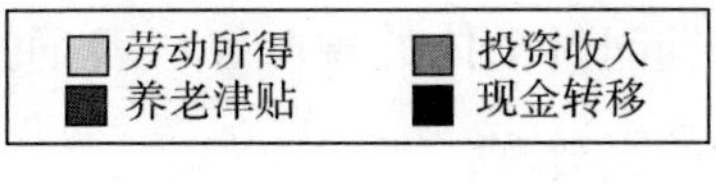

最低等分位的劣势一直延续到退休之后，退休后养老金已经不存在了，投资回报也达到了最小值。普通男性基本上就依靠退休金、投资回报和养老金均等份额掺杂的收入来支持退休后的生活，终身收入滑落至最后10%的男性，基本上只能依靠国家提供的那部分养老金来生活。这部分人享有的退休后收入平均值在4,500美元上下，是普通男性退休后收入平均值的一半。

这样以一个生命周期为基础进行的研究表明，年化终身等价收入十等
182 分位组中，最高等分位男性的收入会在45～49岁时达到峰值，也会在其30岁、40岁以及50岁左右获取较高的收入（图7.3）。最高等分位的收入峰值是中间等分位男性收入峰值的2倍，是最低等分位男性收入峰值的4倍多。投资回报是一生中较为重要的收入来源，并且在退休后的收入中占了三分之一，和养老金的金额基本持平。

最高等分位的男性退休后的生活水准很高，65岁以后的平均收入在30,000美元上下，要比男性平均退休后收入高出3倍。由于养老金收入带来缓冲，退休对生活水平的影响得以削弱，退休后的平均收入是最高等分位工作峰值年收入的一半多。养老金可以保证最高等分位男性在退休后能够获得平均收入一样多的金额，这部分收入的金额，要比所有男性在工作的几年里收入峰值的平均值还要略高。澳大利亚的退休金发放是以现阶段的收入作为基础进行评估的，和过往的劳动所得或享有的权利无关，最高等分位男性在退休后本质上是没有现金转移收入的。

前面的图只是体现了在一个生命周期中的总收入情况，因此这部分只考虑了转移收支，并没有将税务收支纳入考虑。也许有人会想，富人享有的相对优势会在缴纳所得税后有所减小。因此，可支配收入呈现的报告可能会存在些许不同。另外，有一个非常有趣的问题可以用模拟模型来进行进一步的分析，即个体生命周期过程中国家对收入的再分配，这个再分配过程就是在工作峰值年期间对个体的税收，以及通过现金转移政策对退休后短短几年的收入进行的再分配。

图 7.4 阐述了所有男性都存在的普遍情况，在不同年龄缴纳的所得税平均值，以及收到的现金转移支付平均值。并不让人惊讶的是，考虑到澳大利亚不断改进的所得税体系、所得税和收入的情况，在整个个体生命周期过程，呈明显的驼峰状，在研究个体刚进入劳动力的那几年里呈快速上升趋势，在 50～60 岁中期呈快速下滑趋势。在个体生命循环周期的第一个周期中，从进入劳动力到退休的这段时间，所得税的缴纳金额远远超过了收到的现金转移收入，但在 65 岁之后，现金转移收入又超过了所得税缴纳的金额。值得强调的是，即使图 7.4 中很明显地显示了，男性一生中缴纳的所得税金额平均值要比他们收到的现金转移金额高，这并不意味着其福利补贴的状况是下降的。所得税是用来为其他更多的
服务提供经济支持的，比如教育、健康、住房、交通和国防，这些服务 183
中有很大一部分是能够给个体提供直接福利的，这部分花销的研究也需要一并进行。现在的研究很少能够体现现金收入在生命循环中是如何被再分配的，以及税务金额超过转移金额是由于缴纳的税金需要用来支持很多其他的服务。

再次证明，终身生活水平不同的群体呈现的状况是完全不同的。终身生活标准最低的人群，缴纳的所得税显示没有太大波动，一生中也仅有一点点变化（图 7.5）。在研究对象 30 岁后期时，每年所得税支付的金额从开始低至 0 元，到后来增至不到 2,500 美元。实际上，工作这几年里缴纳的所得税金额基本在退休时都返还给了这些人（如表 7.1 所示，最低等分位的平均税收仅比每年的现金转移平均收入高一些）。图 7.5 最初显示的是年化终身等价收入最低等分位人群在退休后，收到的现金转移总额要比早期缴纳的所得税金额高，这并不能用来当作一个案例。如表 5.2 所示，
这个十等分位组男性的平均死亡年龄是 71.6 岁，在现实中，许多研究对象 185
并不能有足够的寿命，支撑到获得他们缴纳所得税的偿还金额。

图 7.6 体现了，年化终身等价收入十等分位组中，最高等分位的税务和现金转移在生命周期中的模式。现金转移在整个生命周期中可以忽略不

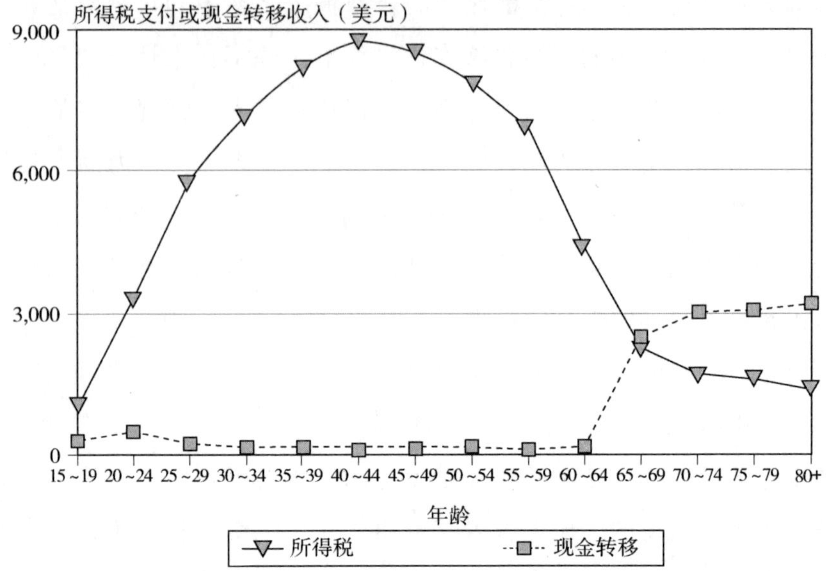

图7.4　不同年龄段的男性缴纳的所得税金额平均值以及收到的现金转移收入平均值

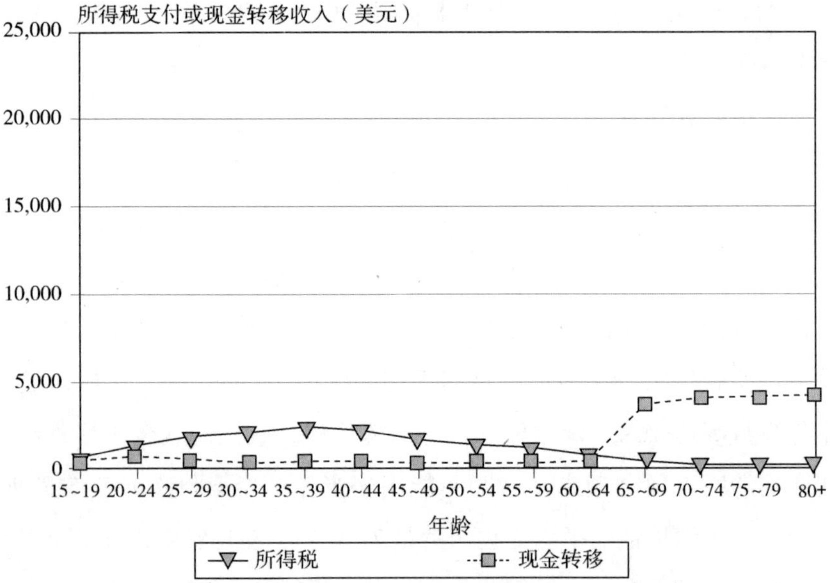

图7.5　年化终身等价收入十等分位组中最低等分位
男性缴纳的所得税平均值以及现金转移收入平均值（按年龄划分）

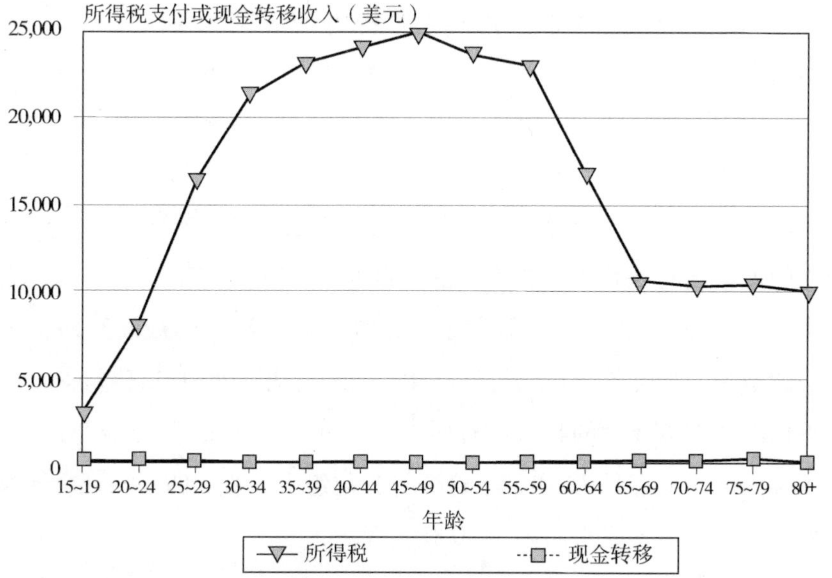

图 7.6 年化终身等价收入十等分位组中最高等分位男性缴纳的所得税平均值以及现金转移收入平均值（按年龄划分）

计，最高等分位周期在 40 岁后期时的所得税峰值的平均数一年约 25,000 美元。即使在退休状态下，最高等分位男性每年在所得税的支出有 10,000 美元，占他们总收入的三分之一。

如第六章讨论的，由于所得税的金额远高于现金转移金额，因此很难去衡量由所得税和现金转移对人际收入以及个人收入转移带来的准确影响。也让收入再分配的方向和体量都更加清晰，纳税人每年缴纳税金的 27.6% 都会被精准地计算（这里指的是调整后所得税）。在这个层面上，模拟模型中的男女所缴纳的所得税和收到的现金转移金额是一样的。

为了体现生命周期不同阶段的累积净得或累积净损，要根据不同群体的特殊性，用调整后的所得税累积金额减去收到的现金转移累计金额。如图 7.7 所示，以男性为一个整体，调整后的累积所得税超过了累积现金转移收入（90 岁以上的男性除外）。74 岁是男性平均死亡年龄，普通男性一生中的净损失约为 50,000 美元。换句话说，已故男性缴纳的平均调整后所得税在90,000美元以下，收到的现金转移在40,000美元以下。对于所有男性来说，其支付调整后所得税金额的45%都用于个人收入再分配，或是一个人一生中一个时间段的收入，转移到了另一个时间段，剩余的55%则用于人际收入再分配，比如从男性到女性收入的分配调整。

即使这个代表了普通男性的状况，但组成这个群体的每个个体间都存在很大的差异（这仅代表尚在人世的人群状况：在退休年限之前就去世的人是由净损失的）。图7.7也显示了年化终身等价收入的最高和最低等分位的一般情况。最低等分位的男性在工作的几年里，税务和转移支付的收支是平衡的，但退休后的收入会有所上升。在平均年龄死亡的男性，其终身生活标准的最低点是72岁，在这个等分位组中，收到的平均现金转移金额要比调整后的所得税支出多38,000美元。

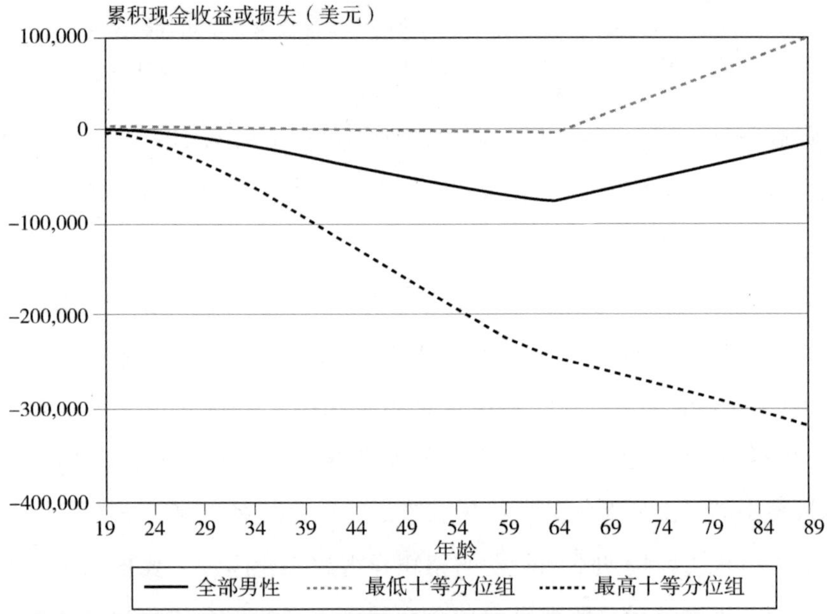

图7.7　男性生命周期中税务和转移支付的累积得失

注：男性死亡的平均年龄是73.7岁，最低等分位男性死亡年龄是71.6岁，最高等分位男性死亡年龄是72.5岁。本图体现的是特定年龄的累积年化现金转移收入减去同样年龄的累积调整后年化所得税支付金额。

与之不同的是，最高等分位的男性里，平均死亡年龄在 72.5 岁的个 186
体，其一生中支付的调整后所得税要比收到的现金转移收入高出 260,000 美元。在这个十等分位组的分析中，男性群体支付的终身调整后所得税金额里只有 2%，在现金转移收入过程中得到了回收，因此，这个十等分位组里个人收入的再分配限度是最小的。

除去非常明显的收入的主要转移群体，是从终身生活标准较高的男性到终身生活标准较低的男性，生命周期中的收入分配仍旧呈现不平等的状况。图 7.8 中呈现了一个更为清晰的画面，阐释了生存标准是在整个生命周期中如何变得均衡的。这一问题要追溯到年化终身等价家庭收入五等分位组中，男性每年的等价收入在该五等分位组中的排名情况。换句话说，第一步，要计算所有男性终身等价收入的总额；第二步，将这笔费用平摊 187
在寿命时长减去 15 年的时间长度里，从而得到年化等价收入；第三步，将逐渐上升的年化终身等价家庭收入平分进五个大小相同的组里。

在将所有男性个体分配在了这些五等分位组的组别中，然后才有可能追溯并重新检测每个组在每年里的收入。在特定的年份里，要考虑在当年收到的现金转移、缴纳的所得税，以及需要支持的成年人和受养子女。[2]图 7.1 体现了在工作后最初的十年里，大部分男性都经历了一个等价收入高增长的阶段。20 多岁和 30 多岁的后半部分人群，生活标准趋向平稳化。然而在本章第三部分才对这一问题进行了更为细节化的分析，这也表明，图 7.1 所示该时间段内劳动所得获得了不容置疑的提升，而这部分提升都被家庭构成以及受养子女的需求所消化。

一旦考虑到需求，图 7.1 所示的退休前后的生活水平差距就会有所减 188
小。这也表明，在工作的峰值年里，高收入带来的优势有一部分，都被需要助养人群的花销抵销了。退休期间的等价收入金额，是普通男性工作期间等价收入的 52%。终身等价收入分配中，前五名和最后五名的段位的群体，其等价收入的金额分别是工作期间最高等价收入的 63% 和 60%。

在 40 岁后期和 50 岁早期，在五等分位组中最高等分位的群体能够从

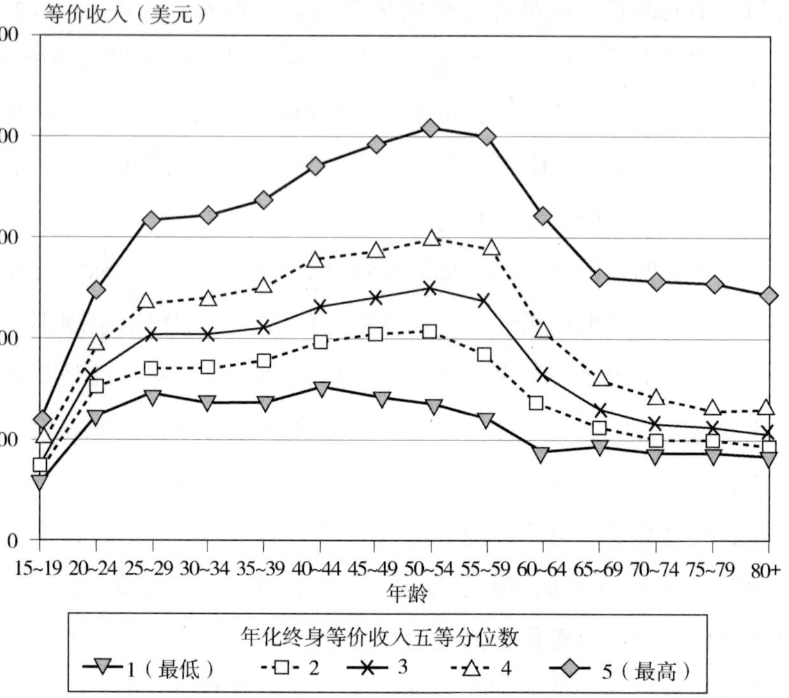

图 7.8　根据年化终身等价收入进行排列的不同年龄男性的年度等价收入

年度等价收入中获利，其获利的金额是最低等分位的三倍多。在退休阶段，人与人之间生活标准的差异在不断缩小，位于人口底部 80% 的群体生活标准都差不多，但剩下 20% 人口之间的差距在不断变大。

现在让我们把目光从对男性的分析转向女性，女性的劳动所得平均值在她们 20 多岁到 30 岁时呈飞速增长趋势，在 40 ~ 44 岁时达到峰值14,115 美元（图 7. 9）。女性的平均时薪率在 20 多到 30 多岁时稳步增长，从 15 ~ 19 岁的平均 6. 75 美元，增长到了 35 ~ 39 岁时的 10. 60 美元（表 7. 2）。然而，除了这个之外，在 30 岁早期，她们的平均年度劳动所得并没有持续上升，这是由于那几年孩子的出生和受抚养值达到了巅峰，使得女性大举退出劳动力。举例来说，20 ~ 24 岁女性的劳动参与率为 85%，25 ~ 35 岁这十年间减至 75%。另外，在这几年里，80% 真正从事全职工作的女性中，有 70% 在 30 ~ 34 岁。因此劳动所得才产生了双倍的缩减。

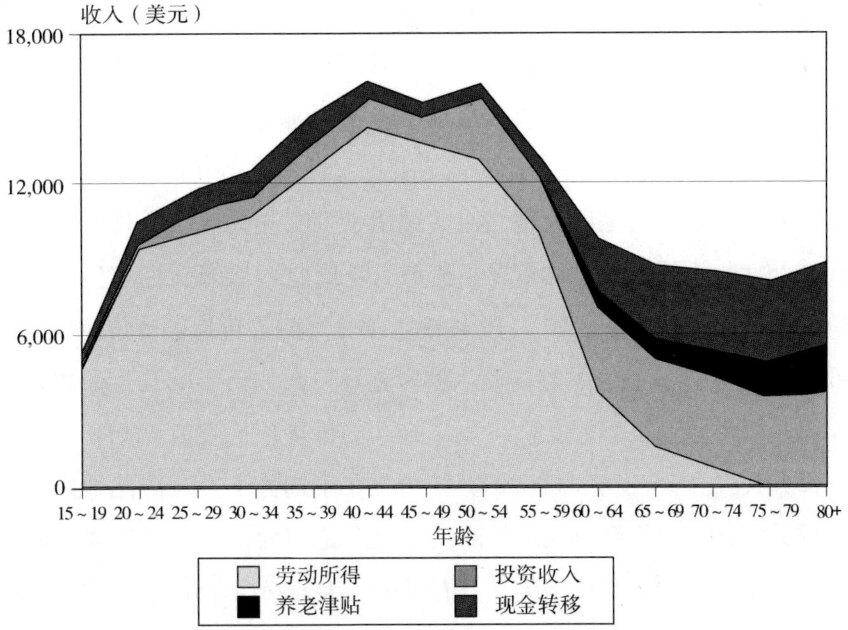

图 7.9　不同年龄的女性每年收入的平均值

投资所得不是女性前半生收入的主要来源，在 45 ~49 岁，女性的投资所得缓慢攀升至 1,015 美元。然而，在 50 岁早期，投资收入得到了进一步增长，这是由于女性的家庭责任有所减轻，她们就有了多余的资金用于投资。这样数额的收入在 60 岁退休后还停留在同一水平，80 岁后，可提出使用的养老金才是女性收入的重要来源之一，并且她们会从已故配偶那里继承他们的政府补贴。

和男性相比，现金转移收入仍然是女性生命周期中收入的重要来源， 189
造成这样结果的原因是受养子女的现金转移收入通常是母亲接收的。比如，30 ~40 岁这十年间，女性每年收到的和受养子女相关的现金转移金额要比男性多 500 美元（表 7.2）。25 ~40 岁，女性每年平均要收取超过 400 美元这样大数目的退休补贴（一般来说是给作为单亲家长和寡妇的女性）。失业和疾病福利一般集中在生命周期的早期发放，通常是 15 ~24 岁，结婚之前。

在工作峰值年，女性的个人收入远低于男性：图 7.1 和图 7.9 竖轴的范围完全不同，根据这两个图来看，女性的收入大概是男性收入的 60%。退休后，男性和女性的平均收入更加平等了，基本是一年 9,000 美元。寿命超过 70 岁的男性可以取出的养老金要比女性多，但女性投资收入的绝对值则会略高一筹，这是因为她们能够继承她们丈夫的收入所得的资产。再
191 一次，女性收入情况的总体情况，掩盖了不同收入层级女性在生命周期不同阶段所得收入的不同。图 7.10 体现了年化终身等价十等分位组中，位于底部 10% 的女性，她们的终身收入和家庭环境是如何影响其生命周期模式的。那些所得收入很低的女性，一年收入的最高值也仅有 6,000 美元，由于这部分女性在 20 岁晚期和 30 岁早期会在家抚养子女，因此她们的收入会出现大幅下降。终身收入最低的女性更多是因为她们退出劳动力的年龄要早于女性不工作的平均年龄，只有极少一部分女性在 60 岁可以领取政府补贴时仍旧有劳动所得。

终身收入最低十等分位的女性，每年的平均投资收入只有几百美元，基本可以忽略不计，而可以取出的养老金基本不存在。现金转移在她们的一生中仍旧是收入的一个重要来源，在 20 岁晚期和 30 岁时由于受养子女获得转移支付，女性的现金转移收入有所上升。在她们 50 岁左右时，这笔收入会随着孩子离家而减少，在她们退休后这笔收入又会增加。在退出劳动力之后，最贫穷女性的退休后收入里，有很大一部分都来自政府提供的补贴，投资收入的金额虽然很小，但也会成为这些女性收入的一部分。

与之形成鲜明对比的是，那些年化终身等价收入十等分位组中，最高等分位的女性，她们退休前和退休后收入的重要来源都是现金转移，即使是在她们组建了家庭的那些年里（图 7.11）。最富有的那 10% 的女性，她们的劳动所得情况，和除去由于 30 岁早期需要承担家庭责任而所得有所下滑的男性是相似的，在 40 岁左右，这些女性的劳动所得会持续攀升至 25,000美元这个峰值。这和普通男性的收入水平大致是相同的（图 7.1）。最高等分位的女性工作时长要超过其余的女性，这部分女性也更倾向于在

表 7.2 不同年龄女性的收入及其他特征量

算法	年龄													
	15～19	20～24	25～29	30～34	35～39	40～44	45～49	50～54	55～59	60～64	65～69	70～74	75～79	80＋
劳动所得	4,605	9,420	10 025	10,575	12,450	14,115	13,550	12,865	10,005	3,675	1,600	860	0	0
投资收入	135	255	815	875	1,055	1,045	1,015	2,515	2,390	3,455	3,495	3,550	3,565	1,765
养老津贴	0	0	0	0	0	0	0	0	0	550	790	1,005	1,290	3,720
总原始收入[(1)]	*4,745*	*9,685*	*10,885*	*11,540*	*13,635*	*15,275*	*14,675*	*15,420*	*12,410*	*7,680*	*5,880*	*5,420*	*4,850*	*5,490*
津贴	95	355	410	430	430	330	290	425	595	2,165	2,835	3,075	3,230	3,315
福利	160	225	75	30	20	20	40	10	10	0	0	0	0	0
教育转移	110	75	20	20	40	50	45	25	5	5	0	0	0	0
受养子女转移收入	25	140	350	540	525	350	145	40	10	0	0	0	0	0
总转移收入	*390*	*800*	*850*	*1,020*	*1,015*	*750*	*515*	*500*	*620*	*2,165*	*2,835*	*3,075*	*3,230*	*3,315*
总收入	*5,135*	*10,485*	*11,735*	*12,560*	*14,650*	*16,025*	*15,190*	*15,920*	*13,030*	*9,850*	*8,715*	*8,490*	*8,085*	*8,805*
所得税	690	1,875	2,420	2,780	3,520	4,100	3,915	4,295	3,300	1,865	1,530	1,380	1,150	1,365
可支配收入	4,440	8,610	9,315	9,780	11,130	11,920	11,275	11,625	9,730	7,985	7,185	7,110	6,935	7,440
等价收入	*7,880*	*16,365*	*18,750*	*19,295*	*21,010*	*23,225*	*23,825*	*24,565*	*21,200*	*5,660*	*13,310*	*12,810*	*12,460*	*12,860*
已婚百分比	7.4	34.2	58.9	69.2	71.5	71.9	69.9	68.2	64.5	59.7	52.3	42.6	29.8	12.0
无受养子女平均值	0.087	0.438	1.008	1.519	1.521	1.109	0.538	0.166	0.041	0.007	0.001	0	0	0
劳动力百分比	62.0	84.8	75.3	72.5	77.0	81.2	77.7	70.2	59.3	27.3	9.9	5.5	0	0
全职劳动百分比[(2)]	49.2	79.5	73.1	70.3	74.0	77.8	78.4	88.5	88.7	87.7	83.5	85.9	0	0
失业经历百分比[(3)]	20.2	21.0	14.9	11.8	10.4	10.1	10.6	5.9	6.7	0	0	0	0	0
时薪率[(2)]	6.75	8.30	9.40	10.20	10.60	10.95	10.80	10.30	9.50	8.15	10.65	10.35	0	0
兼职工作平均工时[(2)]	1,182	1,433	1,513	1,511	1,617	1,684	1,704	1,849	1,849	1,758	1,786	1,858	0	0
本科百分比	0	9.1	15.1	16.7	18.0	18.7	18.7	18.7	18.9	19.3	19.6	19.7	19.9	22.0
初高中百分比	37.6	42.8	32.0	23.9	17.5	13.4	12.5	12.5	12.4	12.6	12.7	12.7	12.6	11.5

注：(1)包括赡养费。(2)注意，平均值都只是劳动力状态下。(3)失业百分比指的是失业的年份。所有数据都化整接近5美元。由于是约数，因此总数不一定等于总和金额。

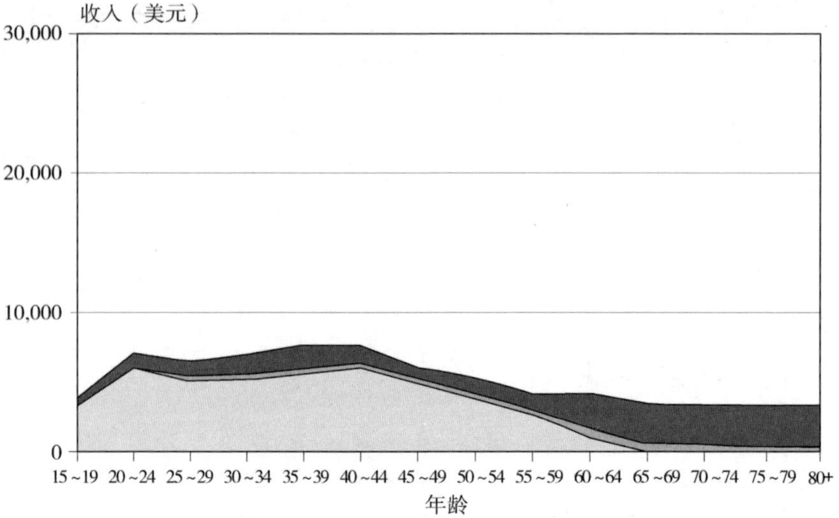

图 7.10　年化终身等价收入十等分位组中，最低等分位不同年龄女性每年收入的平均值

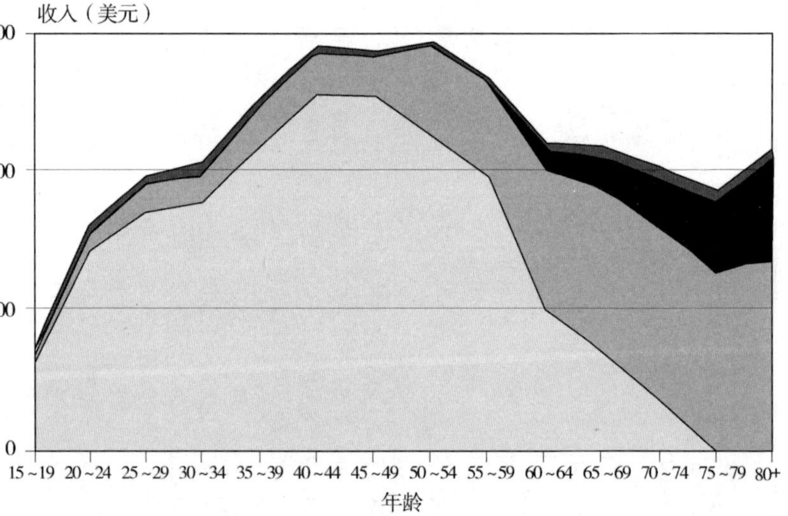

图 7.11　年化终身等价收入十等分位组中，最高等分位不同年龄女性每年收入的平均值

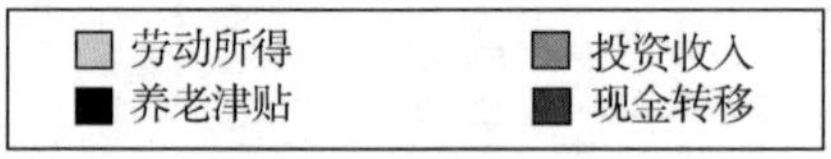

结婚或生育子女后仍旧工作。同样，最高等分位的女性在达到法定退休年龄后仍愿意继续工作，其中有 21% 的女性在 60 岁晚期还在工作。

即使最高等分位女性的投资收入要比最高等分位男性的低，但她们在 80 岁左右，由于配偶去世带来的政府退休补贴金额的增加和养老金的发放，投资收入也是她们收入的重要来源之一。在最高等分位女性 60 岁中期，她们的平均劳动所得要高于 6,000 美元，对于最低等分位女性来说，同样的年龄下，劳动所得基本不存在。生命周期收入的曲线呈非常明显的驼峰状，这和最低等分位女性生命周期收入基本没有变化的情况形成了鲜 193
明的对比。

在女性生命周期收入的再分配中，有很大额度的金额变化都是由税务—转移体系带来的，这一再分配体系为 20 岁和 30 岁左右的女性带来现金转移收入，尤其是当女性承担家庭责任和 60 岁早期退休后。图 7.4 和图 7.12 对比显示，即使退休后，男女现金转移转移收入的平均价值十分相似，在工作期间，现金转移对于女性要比对于男性更重要。所得税支付金额在整个生命周期中要低一些。这也反映了，相比于男性来说，女性需要缴纳税金的收入有所减少，其缴纳所得税的峰值在 4,000 美元上下，比男性要缴纳税金的一半还要少。

根据普遍情况来看，终身生活水平的两极人群，他们的税务和现金转移的模式也有很大的差异。图 7.13 所示，终身等价收入最低等分位的女性在一生中收到的转移支付金额，要比她们缴纳的所得税金额高得多，但 45
到 49 岁这个范围的女性除外，她们每年收到的转移支付金额要高于缴纳的 195
所得税金额。女性在 20 岁左右和 30 岁左右的所得税金额会有一个上升，但在退休后这个金额会有一个下降，这种情况在最高等分位女性中会更容易出现。即使女性的现金转移收入很少，从未超过 1,000 美元，但其走势呈现双驼峰模式，这个特征是十分明显的（表 7.14）。

对于男性来说，更有可能将累积缴纳的调整后所得税和累积收入的现金转移做比较，比如，将收到的现金转移金额和用于提供现金转移的所得

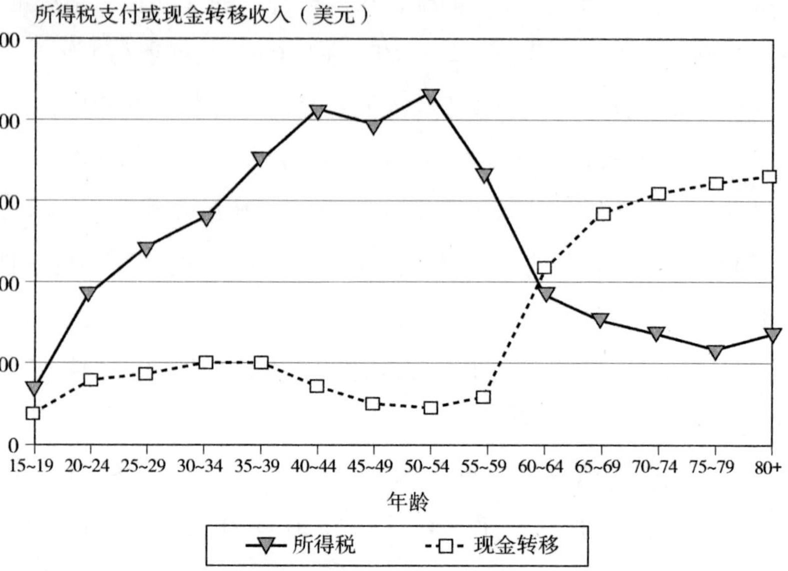

图 7.12　不同年龄女性缴纳的所得税和收到的现金转移支付平均值

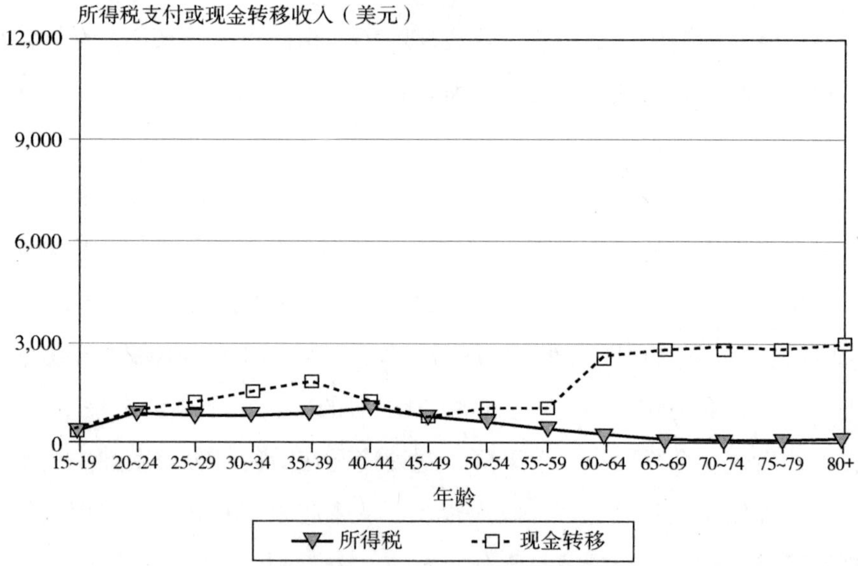

图 7.13　年化终身等价收入十等分位组中，最低等分位不同年龄女性缴纳的所得税和收到的现金转移支付平均值

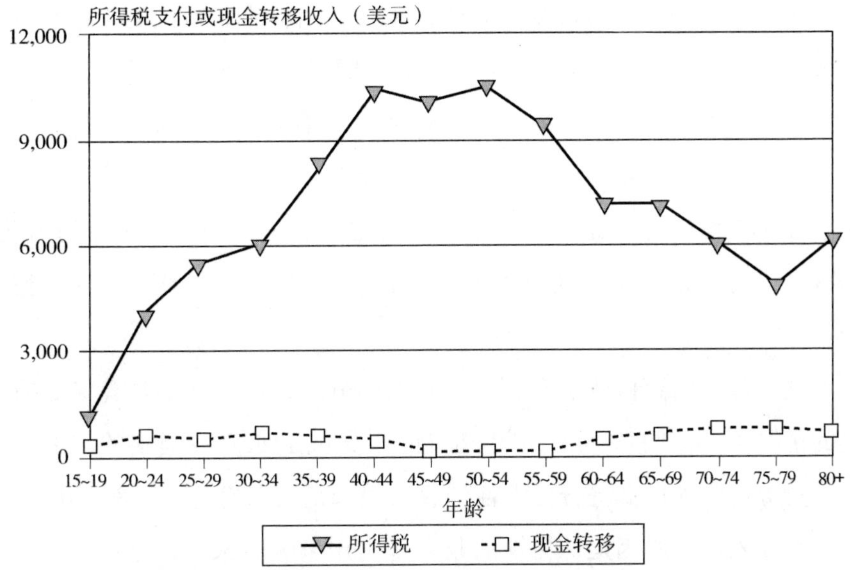

图 7.14　年化终身等价收入十等分位组中，最高等分位不同年龄女性缴纳的所得税和收到的现金转移支付平均值

税缴纳金额进行比较（男女所得税金额的 27.6%）。有趣的是，所有女性的情况和年化终身等价收入最低等分位男性的情况比较相似；女性在工作期间，支付的累积调整后所得税和收到的累积转移金额基本一致，但是在退休期间这些女性的所得净值就会有一个质的飞跃，因为这个期间转移收入就会超过调整后缴纳的税费。

女性的平均死亡年龄在 79 岁左右，因此普通女性在退休期间获得的净收入在 40,000 美元左右（这笔收入的金额，低于男性高达 50,000 美元的净损失，而这 50,000 美元会被用来资助女性这笔 40,000 美元的收益；因为女性的平均寿命比男性要长 5 年，所以男性净损失的金额会用于资助更多女性）。这意味着，对于普通女性来说，她们缴纳的调整后所得税都是用于进行个人收入再分配的。站在生命周期的角度来看，女性在工作峰值年缴纳的税费，都会经过再分配这个过程，应用于孩子的教育，这笔费用更重要的是，会被应用在这部分女性退休后的各种补贴里。

年化终身等价收入十等分位组中，位于最低等分位的女性，在一个生命周期里，她们的现金转移收入是超过缴纳的调整后所得税的。按平均死亡年龄为 81.6 岁计算，该等分位中的女性收到的现金转移要比她们支付的所得税金额高 100,000 美元。如图 7.15 所示，有着最高终身生活标准的女性在其生命循环里，是没有一个时间点，能够达到所得现金转移高于支付的调整后所得税的。因此，不仅是对男女之间收入的不平等进行再分配，更是根据终身生活标准，对富有和贫穷的女性之间收入的不平等进行再分配。

上述的分析内容检测了女性个人收入的分配，以及在不计算家庭收入共享的情况下，终身收入的所得税和转移支付是如何被调整的。举例来
196 说，终身等价收入最低等分位女性的收入很低，从未超过一年 8,000 美元，很多女性收入低的原因是，男性的收入基本用来赡养家庭，这样一来，女性就承担了许多的家庭责任，也包括照顾受养子女。

不再只针对不同女性，把她们的生命周期中获得的收入进行对比，而

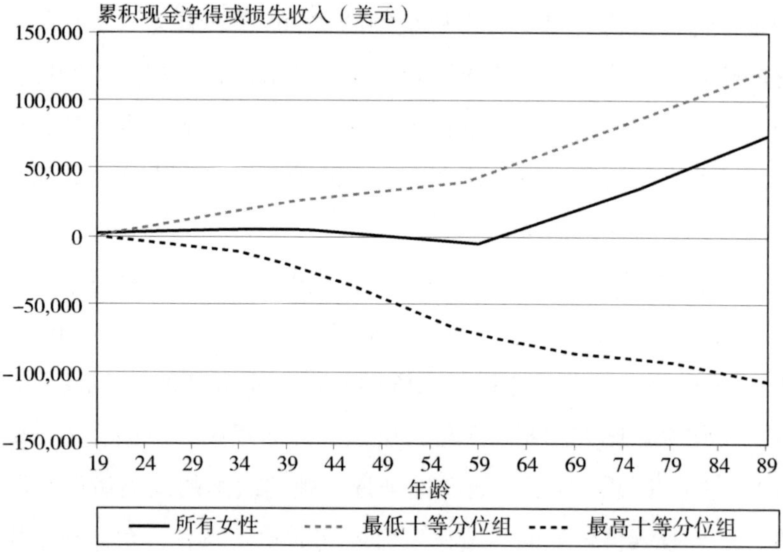

图 7.15　女性生命周期税务和转移支付的累积净得与净损

注：所有女性的平均死亡年龄是 78.8 岁，最低等分位女性的死亡年龄是 81.6 岁，最高等分位女性的死亡年龄是 76.5 岁。

是加上等价收入作为参考，用她们达到的生活标准进行对比。在图 7.16 中，根据年化终身等价收入，将女性分为五等分位组，选取每个等分位每年的年度等价作为变量参考。正如图 7.8 中对比呈现的，女性一生中达到的生活标准和男性基本是相似的。最大的差异在于，最高等分位男性的等价收入要比最高等分位女性的等价收入高。

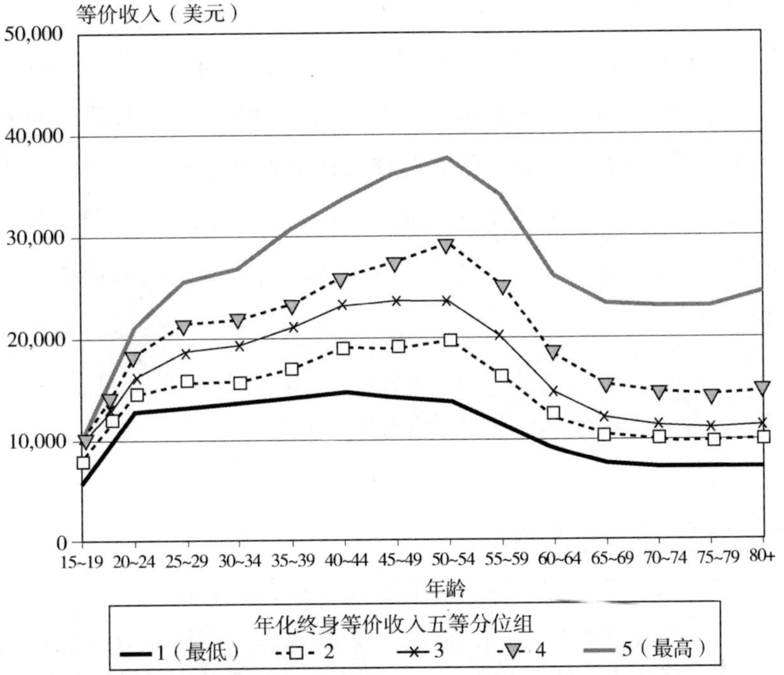

图 7.16　根据年化终身等价收入五等分位组对不同年龄女性的年度等价收入进行排序

如果不去仔细看，其实最低等分位人群在一生中的生活标准，并没有太大的变化。然而，平稳的曲线也无法掩盖，退休后的等价收入仅有工作峰值年等价收入的 53% 这一事实。在五等分位组中间的女性，退休后会出现一个等价收入的下滑，其金额比例和上述相差无几。 197

受养子女对终身生活水平带来的影响是显而易见的，女性在 20 多岁和 30 多岁所得收入不断增加，但由于大部分女性仍需要共享收入才能在一个家庭中生存下去，于是二三十岁女性不断增加的收入便会再分配到这部分女性手中。这就导致了二三十岁晚期女性生活标准的缓慢增长。在五等分位组中，前四等分位的生活标准峰值年龄为50岁早期，这个年龄不用再承受和受养子女有关的责任，劳动所得收入平均值的下降也还未产生较多的影响。退休后，女性现实中的生活水平是有所下降的，相当于等价收入峰值（仅在15年前达到）平均金额的53%，某种程度上，达到的生活标准要低于20岁早期。

198 特定的年龄下，五等分位组中大部分女性的等价收入都在某种程度上比男性的低（导致这一现象的原因包括单身男性的收入一般都比单身女性的高），两者之间的差异并没有个人收入检测显示的那样明显。然而，五等分位组中，最高等分位男女之间的等价收入差距，要比低等分位男女收入之间的差距大。举例来说，最高等分位男性等价收入的峰值要比女性的高出10%。

三、终身家庭状况对生命周期收入的影响

婚姻状况和受养子女状况的不同，会导致人与人之间终身收入主要差异吗？政府税收和现金转移政策，能够多大程度上补偿家庭之间原始收入分配带来的不平衡呢？再一次，借助动态微观模拟模型才有可能规范可供研究的生命周期，分析各种类型的问题。

和女性对比后发现，不论是收入的来源还是金额，或者支付所得税和现金转移收入的金额，男性受婚姻状况和受养子女的情况影响较大。然而，如图7.17和图7.18所示，所有已婚男性的收入情况都很相似，未婚男性终身收入要比已婚男性收入少，这是由于婚姻状况作为回归系数中的一个解释变量，可以用来预测时薪率（详见第十章）。[2]

举例来说，图7.17和图7.18体现了不同年纪未婚男性的收入金额，以及已婚并在有受养子女家庭超过21年的男性收入金额。后者收入的峰值要比前者高几千美元，劳动所得曲线在已婚男性群体40岁左右会呈现明显

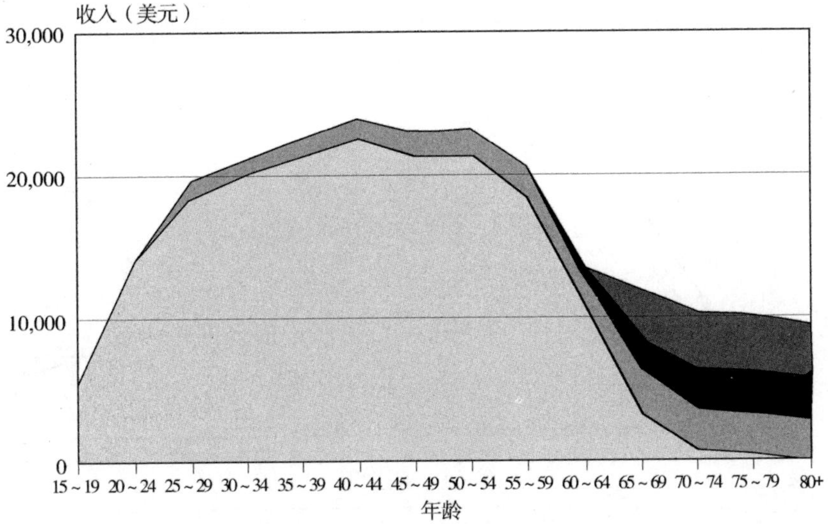

图 7.17　不同年龄未婚男性每年平均收入

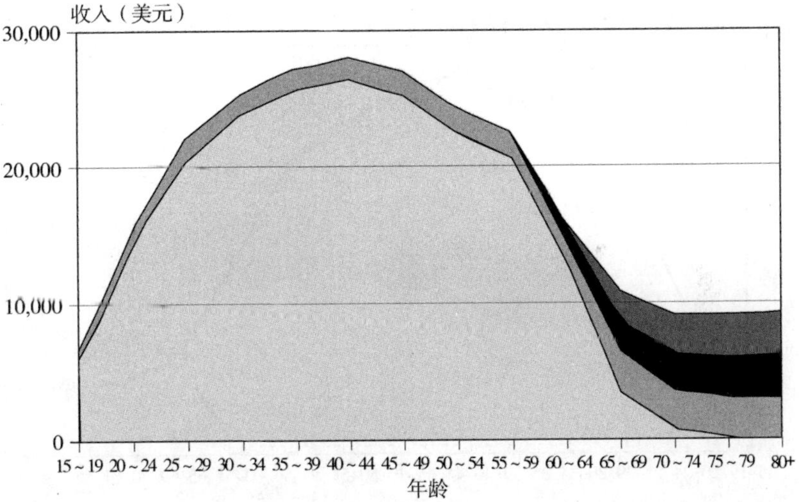

图 7.18　在有受养子女家庭生活时长超过 21 年不同年龄的已婚男性每年平均收入

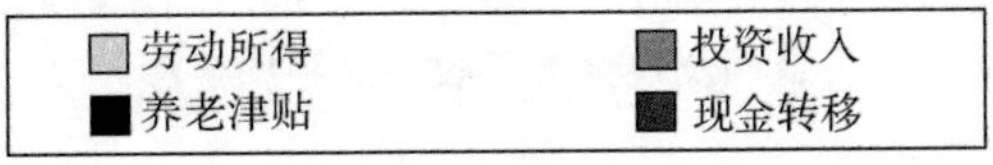

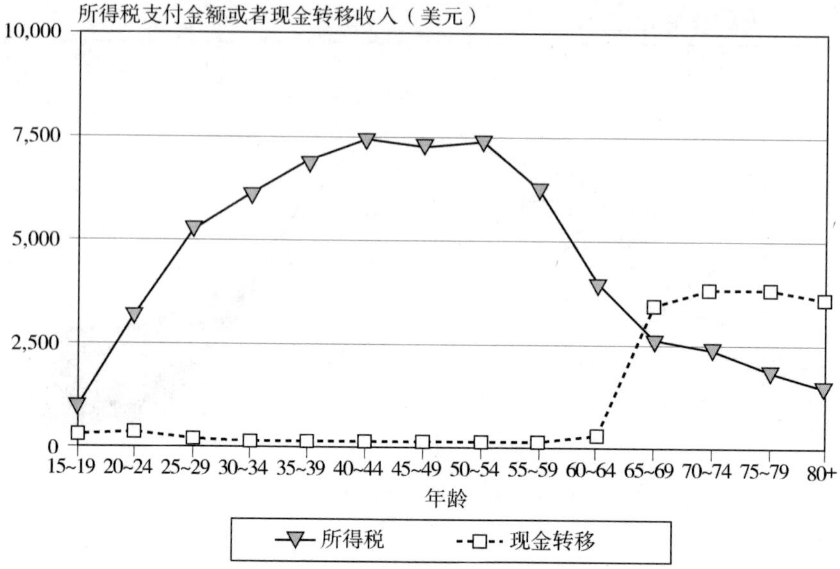

图 7.19　不同年龄未婚男性平均缴纳所得税金额及现金转移收入

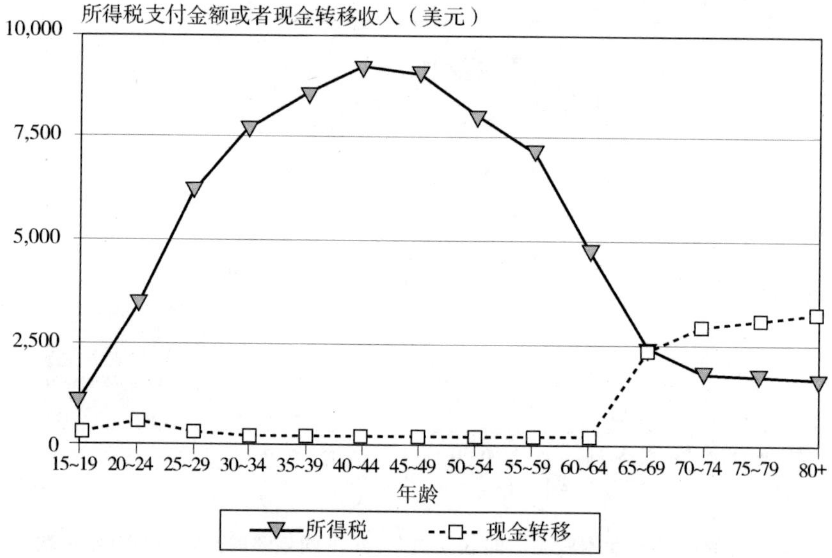

图 7.20　在有受养子女家庭生活时长超过 21 年的不同年龄已婚男性缴纳所得税金额及现金转移收入的平均金额

驼峰状。然而，在图表中值得注意的一点就是婚姻状况对男性个人收入的影响，是微乎其微的。

另外，已婚男性之间，现金转移收入模式和缴纳税费的模式都有些不同，未婚男性要比已婚男性缴纳更少的税费，这是由于他们较低的需缴税收入（图 7. 19，图 7. 20）。未婚男性收到的现金转移金额也要高于已婚退 201 休男性，据推测，因为单身人群的养老金补贴要比一半的已婚人群养老金补贴高，并且配偶的收入不会导致养老金补贴的减少。

通过对比男性终身现金转移收入累计金额以及缴纳终身所得税累积金额（这笔金额的数量要能够支持所有的现金转移支付），便能够得到不同婚姻状况和受养子女状况下，男性的收入再分配情况（以所得税支付金额的 27. 6% 为标准）。图 7. 21 追溯了未婚男性以及已婚并在有受养子女家庭生活超过 21 年的男性的累积损失。再次证明了，两个群体的男性在工作的几年里，会缴纳更多的调整后所得税，与之相比，两个群体的现金转移收入会少一些，因此他们的累积净损在退休之前都不断增加。

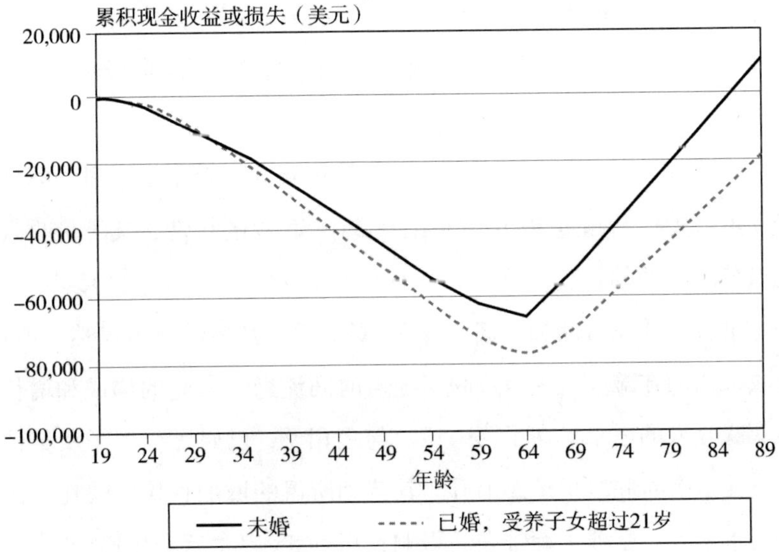

图 7. 21　未婚和已婚并在有受养子女家庭生活超过 20 年的男性，生命周期中缴纳调整后税费和收取转移支付之后的累积净得以及净损失

退休后，未婚群体的净损失要比已婚群体减少得更快，这是由于未婚群体会有更高的养老金补贴。然而，对于以下两个群体，即平均死亡年龄为 70.6 岁的未婚群体，和平均死亡年龄为 75.5 岁、在有受养子女家庭生
202 活超过 20 年的已婚男性来说，两者都会存有一大笔净损失。虽然如此，图表显示，将已婚并有受养子女的男性收入和未婚男性收入之间做再分配，这个再分配的金额较小，这样的结果似乎并不是政策的决定者想看到的。

实际上，有一个非常明显的发现，一旦考虑到很多人需要在婚姻中通过已婚丈夫较高的收入来支撑这个家庭，那么已婚有受养子女的男性所面临的状况就会比未婚男性要坏得多。正如图 7.22 所示，男性之间所得收入显示出来的平等，掩盖了不同男性因为终身婚姻状况和受养子女状况的不同而导致的生活标准的主要不同。如同之前猜测的，有受养子女的男性很难和其他人有相同数目的可供分享收入，他们的等价收入也相应较低。受养子女或者配偶对 25~55 岁的男性影响比较大，已婚无受养子女的男性或者说未婚无受养子女的男性，他们的等价收入要比有受养子女的男性高。澳大利亚政府在 1986 年通过对有受养子女的家庭研究得出的结论是，如果想要在生命周期中获得高标准（以金钱为测量标准）生活，那么最好就是选择结婚但不生育孩子。

男性生活在有受养子女的家庭后，其等价收入便会很快下滑，同样在有受养子女家庭中生活超过 20 年，年纪在 25~55 岁的男性，其等价收入是所有研究对象中最低的。25~40 岁，在有受养子女家庭生活超过 15 年的男性，他们的等价收入并没有增加，甚至在 30 岁早期，其劳动所得虽然有所增加，但等价收入依旧在减少，这也反映了随着时间流逝，家庭的构成和增长使得人们对家庭收入的需求排在了第一位。与之相反，已婚无受养子女男性的等价收入会在这个时间段里迅速上升，其劳动所得的增加直接反映在了不断上升的生活水平上。受养子女带来的影响在男性 55 岁之后会慢慢消退，这时，终身婚姻状况和子女状况对男性等价收入的影响就十分相似了。

另外，女性的个人收入状况说明，终身婚姻状况和子女状况对女性的

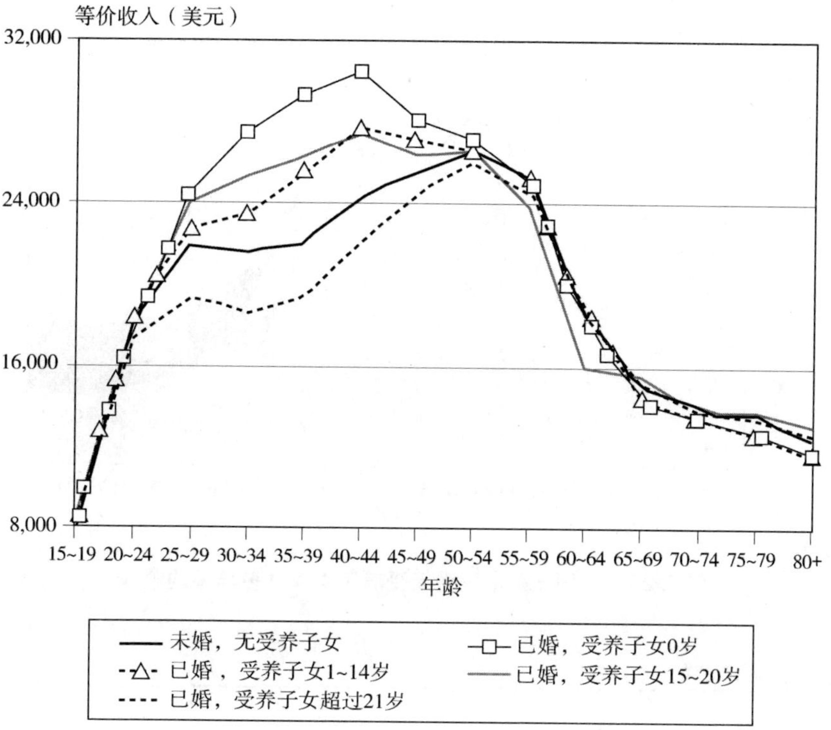

图 7.22　不同年龄男性在不同终身家庭情况下的年度等价收入

影响要远胜于男性。图 7.23 体现了已婚无受养子女女性的平均收入。长期来看，处在劳动中、但是无受养子女的女性，她们的劳动所得情况和男性差不多，因此图 7.9 中体现的，女性劳动所得收入的下降，都不复存在。投资收入往往在 50 岁左右有所增长，在有进一步增长前，投资收入的金额 203
直到退休都会保持在同一水平。

已婚有三个或以上受养子女的女性，其生命周期中的平均收入在图 7.24 中有明确说明。20 多岁和 30 岁早期劳动所得的下降也得到了明确的体现，这一年龄段的女性劳动所得收入较低和同期其他女性的生活有着紧密的联系。孩子的转移收入在这些女性 20 岁后的 30 年里，是一笔可观的收入，到了 50 岁左右，现金转移收入会有所下降，下一个收入增长点，则是 60 岁左右获得的养老金补贴。

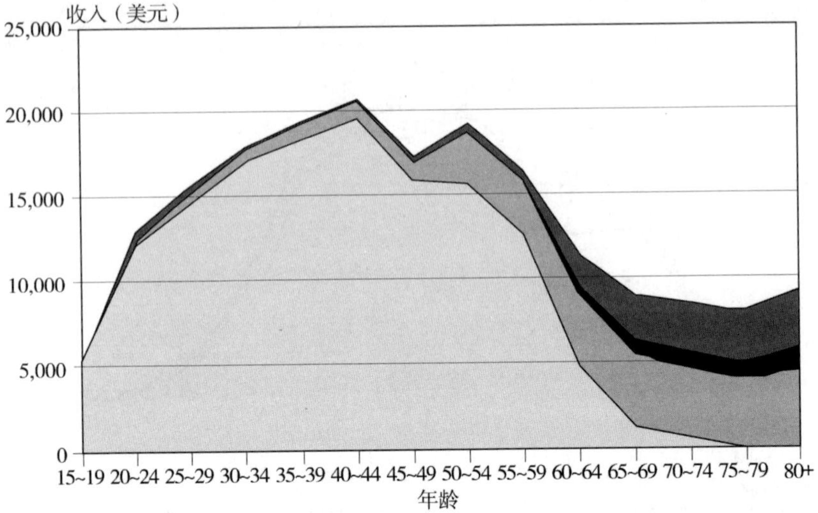

图 7.23　不同年龄的已婚无受养子女女性多年平均收入

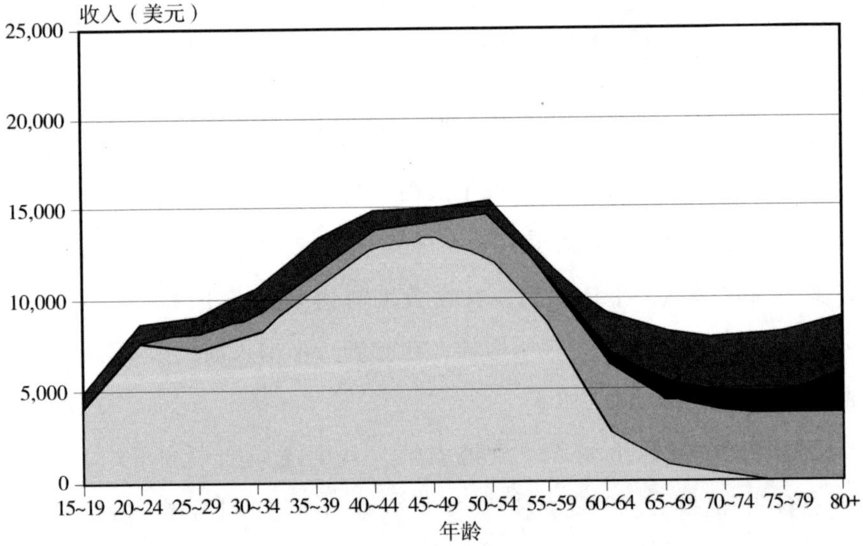

图 7.24　不同年龄的已婚有三个或以上受养子女女性的年平均收入

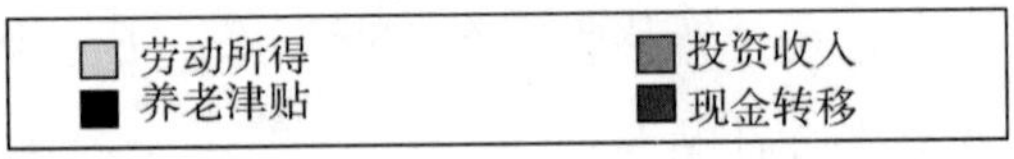

已婚女性退休后的个人收入不会随着生育子女的个数有太大的变化。即使退休后人与人之间的投资收入会产生一些区别（也可能反映了没有生育子女的女性，在生命周期早期时段储蓄金额的不断增加），但现金转移 206
收入金额比较相似。很明显，生命周期收入最重要的不同是来源于有很多孩子的女性，她们能够赚取的劳动所得不断减少。

图 7.25 和图 7.26 对比了已婚无受养子女，和已婚有三个或以上受养子女的女性，这两部分人群每年缴纳的所得税和收到的现金转移金额。有三个或以上受养子女的女性，一生中的现金转移收入呈现明显的双峰状，而没有受养子女的女性，其现金转移收入状况，直到退休都呈现一个平稳的趋势。那些没有孩子的女性有着较高的收入，因此也缴纳了更多的所得税。相比有三个或更多受养子女的女性，那些没有孩子的女性，会在更年轻的时候达到缴纳所得税峰值，这也反映了家庭带来的沉重负担会延后女性开始工作的时间，或者延后她们再度回归工作领域的时间。

要是给女性的收入再分配制定一个方向，那么就要对比收到的转移支付累积值，以及用来支持这部分资金应缴纳的所得税金额。因此，如同早前讨论的，因为在一个生命周期中，群组所支付的所得税金额远超过了收到的现金转移金额，那么现在亟待找到一种方法，可以解决这个问题。因此，解决方案就是明确现金转移收入的金额，并算出需要用来支撑这笔费用的所得税的具体比例。图 7.27 表明，累积缴纳的税费是超过转移支付的累计金额的，女性之间的收入再分配是从无受养子女的女性到有受养子女女性。

未婚单亲家长的净得是最高的，这部分人群平均死亡年龄是 75 岁，在这之前部分人群收到的现金转移金额超过 90,000 美元，要比她们所缴纳的调整后所得税更多。在 50 岁之际，未婚但有受养子女的女性，每年收到的现金转移金额远超过她们支付的所得税金额，这就导致了图表中线条的攀升。从 50 岁到 60 岁退休，这些女性就变成了完全债权人，她们每年缴纳的税费都要比收到的现金转移支付要多，这也说明了受养子女在这一时期

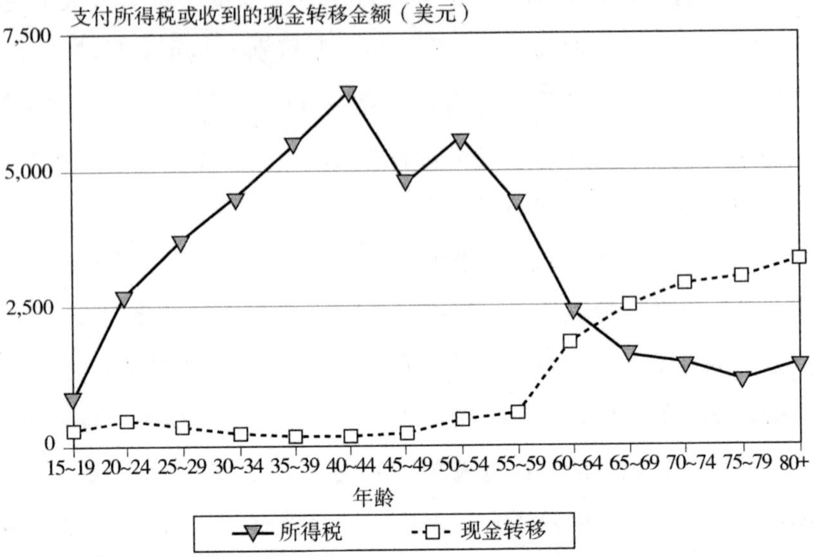

图 7.25　不同年龄的已婚无受养子女女性平均缴纳所得税及现金转移收入

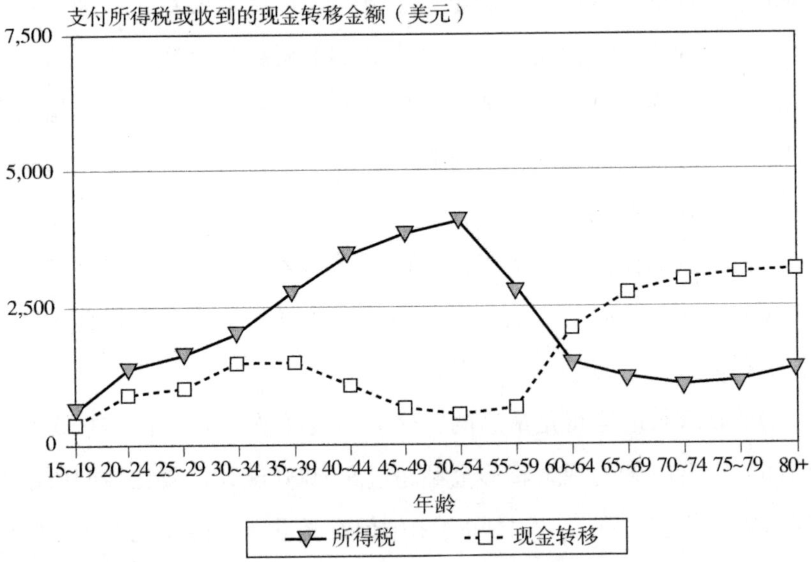

图 7.26　不同年龄的已婚有三个或以上受养子女女性平均缴纳所得税及现金转移收入

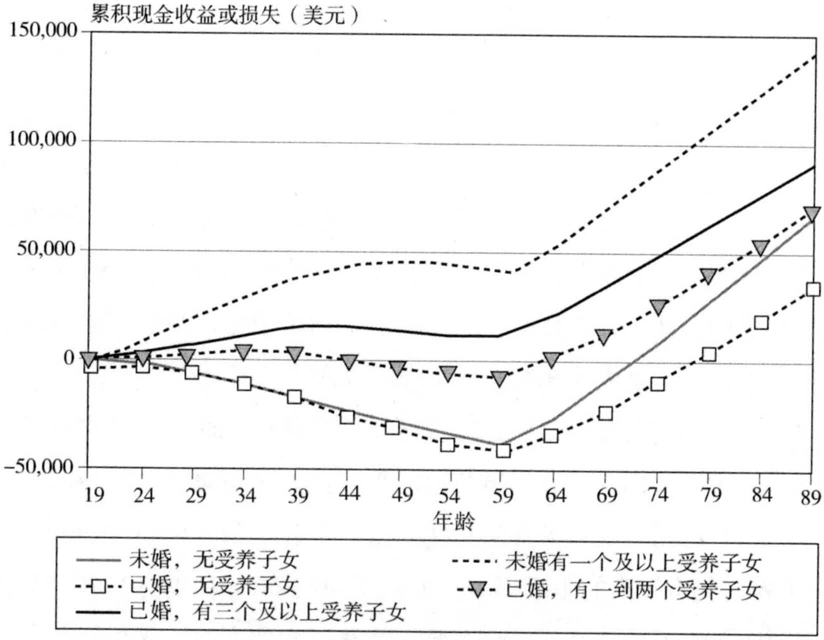

图 7.27　根据不同家庭状况，女性生命周期经过调整后所得税以及现金转移，而得到的累积收入或损失

离开家，以及这部分女性再度后延回归工作岗位的时间。

已婚有三个或以上受养子女的女性和这个情况相似，这部分女性缴纳的调整后所得税平均值，从未超过她们收到的现金转移平均值。已婚仅有一个或两个受养子女的女性，除了生命周期早期收到的现金转移，在她们退休之前，还仍旧是处于一个完全债权人的身份。到了 59 岁，她们已经支付几乎 10,000 美元的所得税金额，要比她们收到的现金转移金额高得多。

相反的是，无论结婚与否，无受养子女的女性在退休前的净损情况都 207
极为相似。由于家庭结构的改变，养老金补贴金额也随之改变，单身女性的养老金额，大约是已婚夫妇养老补贴金额总和的 60%。已婚无受养子女的群体是唯一一个没有创造大量净得的群体。这部分人群的平均死亡年龄在 80 岁左右，这个年龄也正好是现金转移累积金额，开始超过同水平调整后所得税累积金额的时间点。

虽然如此，除了部分现金转移做出的净值贡献，已婚无受养子女的女性享受着比其他团体更高的生活标准。不同终身婚姻状况和受养子女状况
208 的女性，每年的等价收入可以从图 7.28 中得出。未婚且是单亲家长的女性，从 20 岁往后的三十年里有最低的等价收入。这说明，大笔社会保障和税务优惠，并不能弥补作为单亲家长用于抚养子女的钱。在 20 ~30 岁，她们的生活标准并没有提升，在 30 岁左右，其等价收入有一部分提升，这个时间里孩子们离开家，并开始工作。然而，到了中年，她们的生活水平会比已婚女性低，这是因为无法共享丈夫的收入。

已婚无受养子女女性的终身生活标准是最高的。如图 7.28 中位于最上方的线条所示，这部分女性每年花销的平均值，也要比其他类型的女性更低。虽然，与已婚有受养子女的女性相比，未婚无受养子女的女性在 20 岁和 30 岁左右仍有较高的生活标准，但到了 40 多岁，已婚有受养子女女性的生活标准就会有所提升，超越未婚无受养子女的女性。这个年龄恰好是已婚女性的受养子女离开受养家庭，且这部分女性重返工作岗位的年龄，但她们仍旧会从配偶较高的收入中获益，这一点是未婚女性无法比拟的。

庞大的家庭结构对生活水平的影响是十分显著的。20 岁早期，丈夫持续攀升的收入，能够缓解已婚有一到两个受养子女女性由于家族庞大而被拉低的生活标准，到了 20 岁晚期，她们的生活水平就没有什么提升了。已婚有三个及以上受养子女女性的生活更为艰难，从 20 岁往后的 15 年里，这些女性的生活水平基本没有什么提升。然而，这些女性的等价收入到了 40 岁左右，就会有一个非常快速的提升，同期她们的孩子会离开家，也让这群女性再度返回工作中。从 50 岁再往上，有着庞大家族的女性，她们的等价收入基本和已婚无受养子女或受养子女少于三个的女性在同一水平。

退休后，已婚女性可用于花销的费用要比未婚女性的多，因为已婚女性同时还共享着其配偶的收入，但这笔收入在不同领域的作用，要比工作的那几年里小一些。这一情况也说明，澳大利亚政府发放的养老金补贴，也是最近才发放到了大量的退休人士手中，虽然家庭特征量有好有坏，但

这些女性在退休后还是获得了相对的公平。一些人也许会说，在测算过程中采用的等值系数较为偏向有受养子女的家庭情侣。然而，在澳大利亚，209
这样的指控从来没有在社会保障隐藏的体系中得到平衡。这样的体系，如同之前提到的，和英国卫生和社会事务部（DHSS）体系几乎如出一辙，据英国数据中心办公室所述，这样的体系无法在国际事例中得以运用（CSO，1990）。他们对受养子女这一领域的慷慨程度明显低于 OECD 体系。因此，并不是说采用另一个被广泛认可的等价系数，上述结论依旧被留存。

然而，需要再次强调的就是，拥有不同终身家庭特征量的男性和女性，两者之间会有着鲜明的差异，但这些差异不仅是由于家庭状况造成的。有受养子女的和无受养子女的家庭在其他方面并不完全线条，调研结果也反映了这些差异。

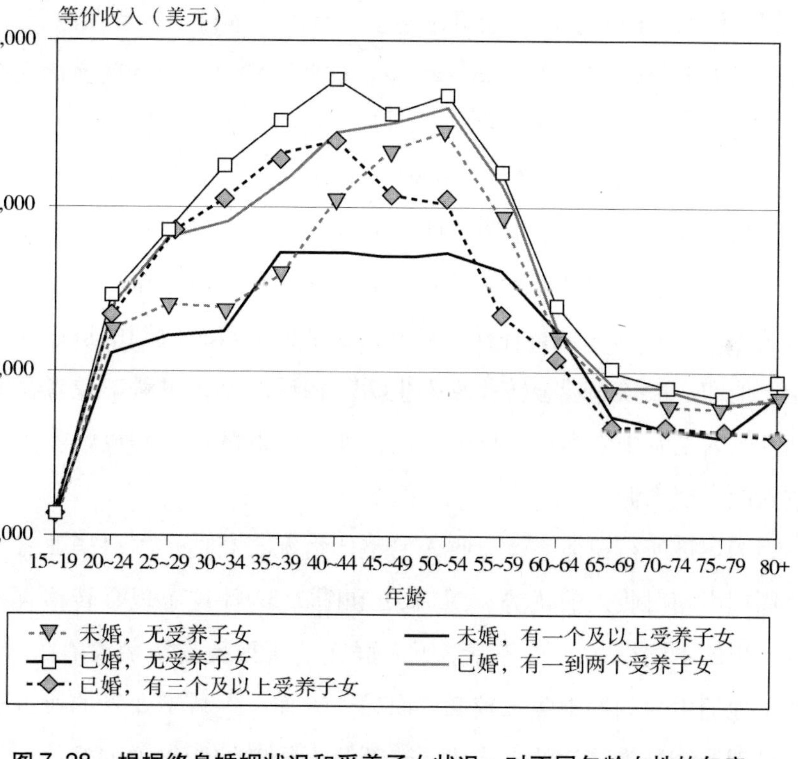

图 7.28　根据终身婚姻状况和受养子女状况，对不同年龄女性的年度等价收入进行排序

210

四、终身受教育状况对生命周期收入的影响

正如第四章和第六章得出的结果，已经明确说明，有着更高的教育资历的人，会有更高的终身收入，并且这部分人群会处在终身生活标准十等分位组的最高等分位。然而，在进行数据分析的过程中，并没有分析处在生命周期不同阶段的人群，因为受到更好的教育而具备的相对优势。因此，在这一小节将分析两个不同的群体，一部分是在死亡前就已经毕业的人群，还有一部分是在离开学校后就再也没有深造过的人群，以及他们不同的生命轨迹。

如图 7. 29 和图 7. 30 对比所示，在 15 ~ 19 岁，仅有初高中学历的人群的收入要高于本科毕业的人群，这有可能是因为前者中有很大一部分人是有全职工作的，而后者则是全日制学生。然而，本科毕业者在他们 20 岁早期赚取了大笔收入，这样在 25 ~ 29 岁，这些人的平均收入就会比仅有初高中学历的男性要高出三分之一。本科毕业者享有的劳动相关收入优势也在持续上升，在 45 ~ 49 岁时收入达到一个峰值，一年大约是 38,000 美元，他们的收入几乎是初高中学历男性的 2 倍。

退休后，这一相对优势并没有丝毫减弱。在退出工作后，一般来说是 65 岁左右，那些从未获得任何教育资格认证的人群，收到的退休补贴是最少的，他们一般依靠现金转移收入生活。相反的是，本科毕业者在退休后收到的收入是有中学学历人群的 2 倍，他们的退休补贴和投资收入是退休后收入的主要来源。

因为累进所得税体系，总收入的整体情况，高估了本科毕业者在整个生命周期中相对收入的优势。图 7. 31 和图 7. 32 体现了现金转移收入和所得税支出的不同模式。初高中学历人群缴纳所得税的金额没有太大变化，反映了他们生命周期中收入较低。而另一方面，本科毕业者的所得税缴纳情况呈现一个极为陡峭的驼峰状，这部分人群缴纳所得税的峰值，是初高中学历人群缴纳所得税峰值的 2 倍。

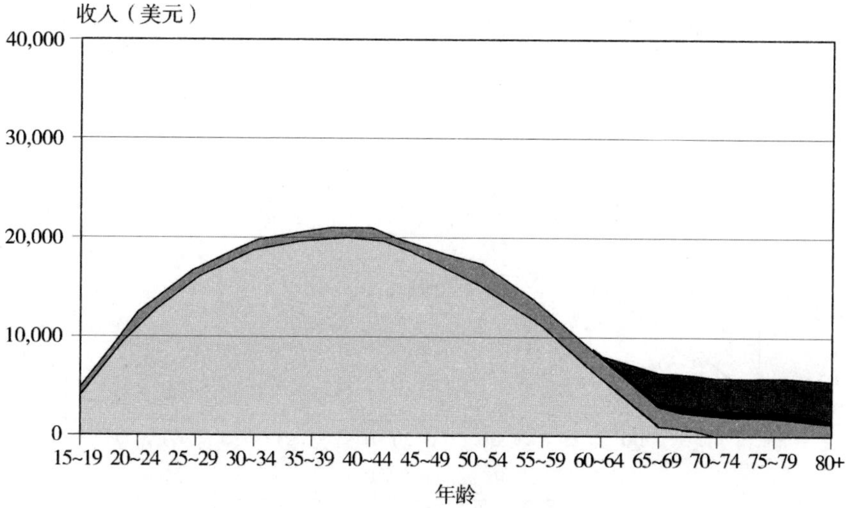

图 7.29　不同年龄的初高中学历男性年平均收入情况

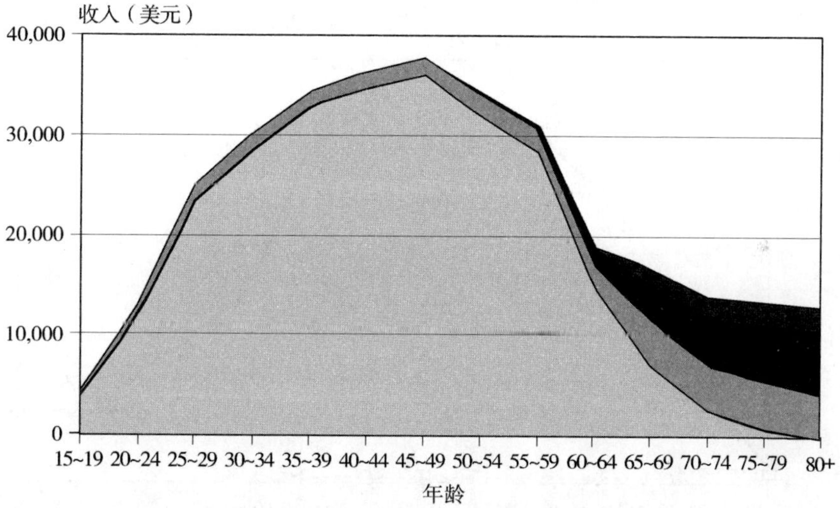

图 7.30　不同年龄的本科毕业男性年平均收入情况

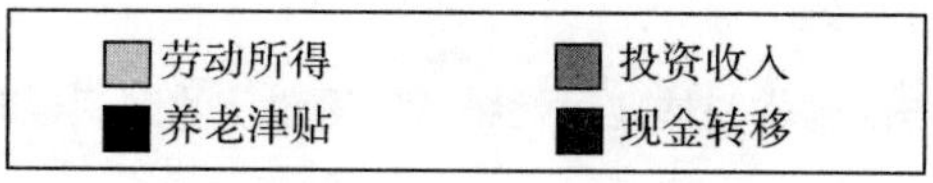

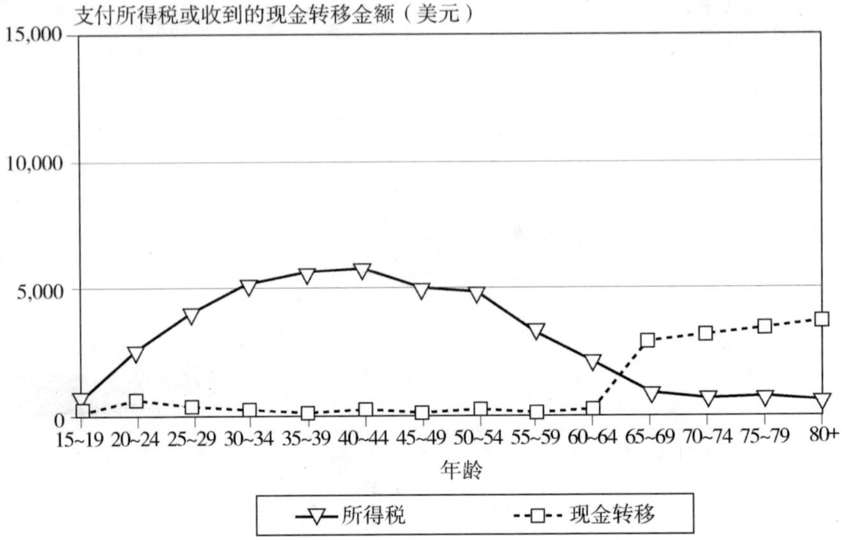

图 7.31　不同年龄的初高中学历男性缴纳所得税及收到现金转移平均值情况

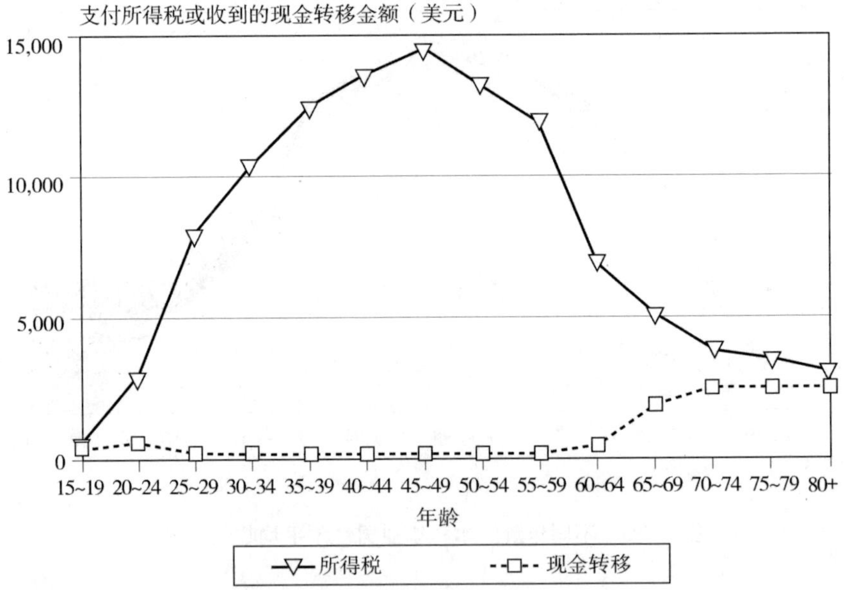

图 7.32　不同年龄的本科毕业男性缴纳所得税及收到现金转移平均值情况

退休后，初高中学历人群首次成为了净收益者，他们收到的养老金补贴要高于他们缴纳的所得税。即使退了休，本科毕业者支付的所得税金额 213
依旧高于他们收到的现金转移支付金额。然而，图 7.32 展现了一个更明确的画面，给我们描绘了本科毕业者收到的养老金补贴状况。从图中可以看出，很多本科毕业的男性，即使收到养老金的金额少于非本科毕业男性，也有资格获取全额养老金补贴或部分养老金补贴。较低的所得税支付金额平均值是由两个原因造成的，一个是由于本科毕业者中有小比例的人群，是在政府评估了其收入后发放养老补贴的，另一大部分比例的本科毕业者在接受收入评估后，仅收到了部分政府发放的补贴。

通过对比现金转移支付分配的累积金额和用于支持这笔现金转移收取的所得税金额（所有所得税金额的 27.6%），可以更清楚地为税务—转移支付体系需要达到的再分配目标，制定一个明确的方向。如图 7.33 所示，会把有高等教育资格证书人群的收入，部分分配给有初高中教育资格证书的人群，这样的收入再分配方式，是无法满足税务—转移支付体系下作为净得人群的三类男性的。

有初高中教育资格的人群在退休后收到的现金转移金额，要比他们缴 214
纳的调整后所得税金额多（图 7.33 中表示累积净损的直线在该人群到达 64 岁时呈向上趋势，可以反映这一情况）。然而，这一群体的平均情况说明，他们并没有从税收—转移支付体系中获利。持有初高中教育资格认证的人群，在达到平均死亡年龄 73 岁之前，他们的收支情况还处于净损状态，其终身缴纳的调整后所得税，要比这笔所得税补偿的现金转移金额高出 10,000 美元。相似的，本科毕业生平均死亡年龄为 75 岁，他们的累积净存要远超 100,000 美元。

最后，图 7.34 表示的是不同教育程度下男性享受的不同生活标准，这幅图参考了所有缴纳的所得税、收到的现金转移和家庭的构成以及大小。在 15 ~ 24 岁，获得高中以上教育资格证书的人群，会因为在校念书而损失一部分收入，持有初高中教育资格证书的男性会有更高的等价收入。

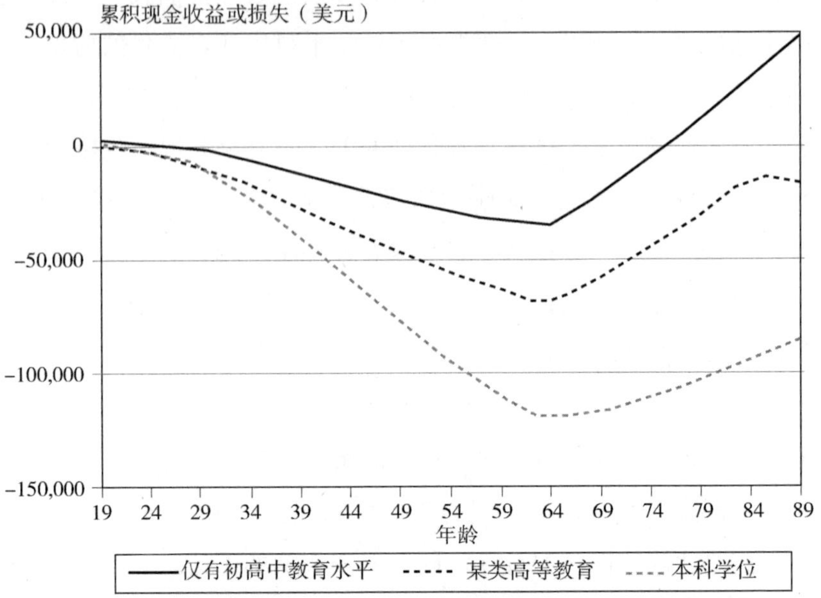

图 7. 33　获得最高教育资格认证的男性在一生中通过调整后所得税和现金转移支付获得的净收益和净损失

注：仅有初高中教育资格证人群的平均死亡年龄为 73 岁，有某类高等教育资格证的人群平均死亡年龄为 73. 4 岁，本科毕业人群的平均死亡年龄为 75. 1 岁。

215 然而，从 25 岁起，和其他男性相比，本科毕业者享有的生活水平会更高一筹，两者之间的差距会在 40 多岁和 50 多岁越来越大，但退休后这一差距又有所减小。本科毕业人群在 40 岁左右的表现是很不错的，他们的平均收入还会持续增长。虽然有高中以上教育资格认证的人群（尤其是在青少年时期就获得了专业培训资格认证的人群）在开始工作的第一个 10 年享有较高的等价收入，到了他们 20 岁中期的时候，大学学历人群的等价收入就会超过这些人。

将同样的分析应用在女性群体身上，会发现，根据受教育程度来分析女性在一个生命周期中的收入情况，得出的结论和男性是完全不同的。仅有初高中教育资格认证的女性更容易辞去工作，全身心投入婚姻生活或者养育孩子（图 7. 35）。她们收入的第一个峰值出现在 20 ~ 24 岁，之后随着

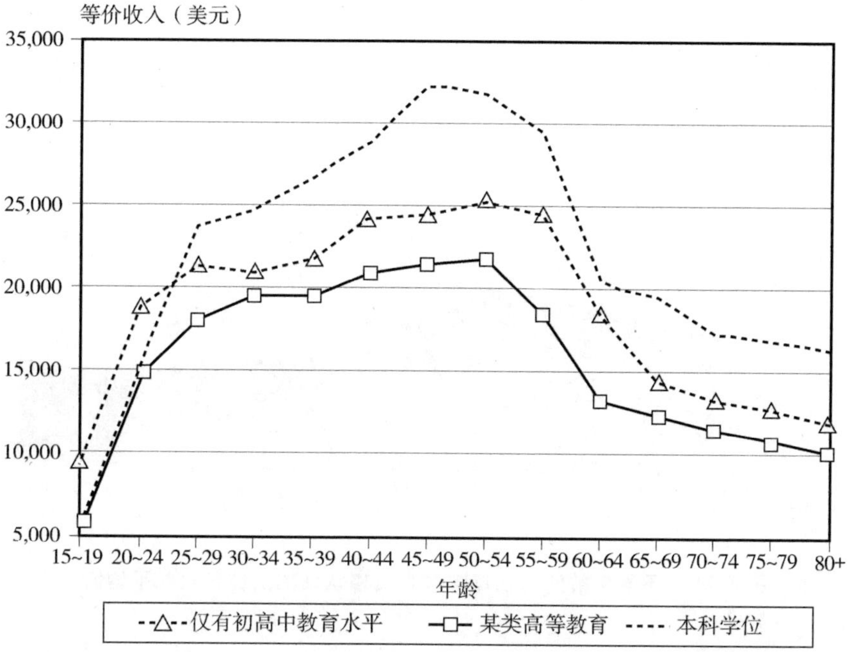

图 7.34　获得最高教育资格认证、不同年龄男性的年度等价收入情况

家庭的组建，其收入就会呈持续下降状态。女性群体收入会在 40 ~ 44 岁达到第二个峰值，这一时间段里，劳动力参与率会再次上升。

而女性本科毕业者则保持着较为连续的劳动参与率（图 7.36）。这反映在女性本科毕业者开始参与工作的前 30 年里劳动所得的持续上升。如果将女性本科毕业者的情况和男性相比，家庭组建，也许还有性别歧视带来的影响，依旧十分明显（图 7.30）。相比男性本科毕业者，女性本科毕业者的收入增长率从 25 岁开始有所减缓，50 到 55 岁期间出现一个长达五年的峰值。

现金转移收入是有初高中教育资格认证女性收入的一个主要来源，占据了她们生命周期中很大一部分，在其退休后，现金转移收入在其收入来源中的重要性更为突出。对于女性本科毕业者来说，现金转移的重要性就相对弱一些，占退休后收入不到三分之一的比例（然而，现金转移对女性本科毕业者的重要性还是大于男性本科毕业者，因为后者可以提取更高的退休基金）。

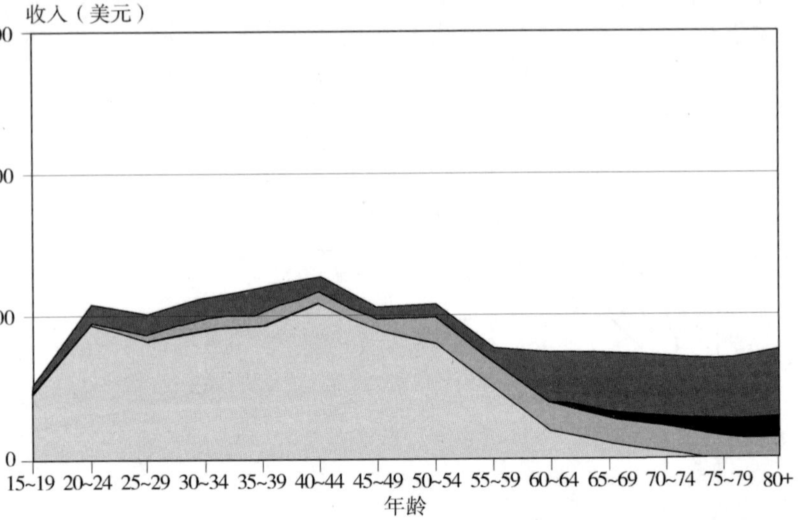

图 7.35　不同年龄的有初高中教育资格认证的女性年收入平均值

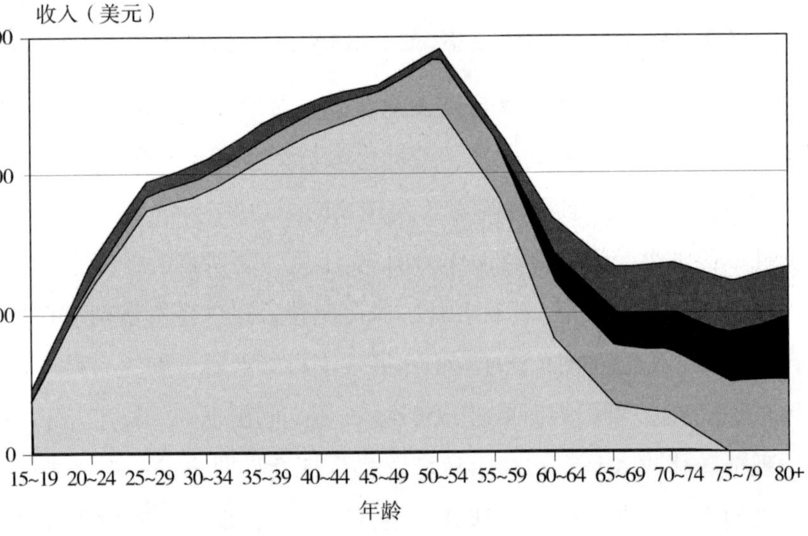

图 7.36　不同年龄的女性本科毕业者年收入平均值

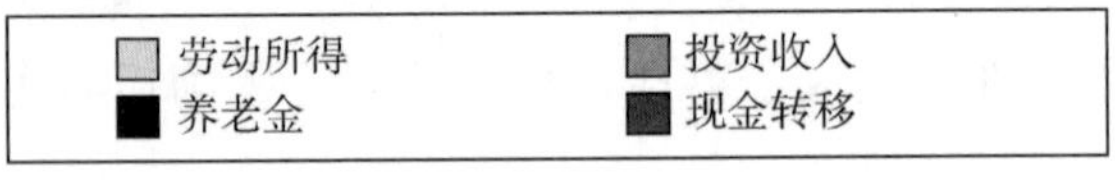

如图 7.37 和图 7.38 所示，生命周期中支付所得税的模式和收到现金转移的模式有着极大的差别。有初高中教育资格认证的女性，在工作峰值年期间每年收到的现金转移金额，比支付的所得税金额低1,000美元左右。给有受养子女的家庭提供的普遍性援助，比如家庭津贴带来的影响对女性本科毕业者一生的影响要更明显。这样的援助现在会通过评估家庭收入来进行分配，因此，许多澳大利亚的女性本科毕业者在她们生命周期早期通 218
过现金转移收到的援助会更少。一旦退休，有初高中教育资格认证的女性，每年收到的现金转移平均值要比其本身负担的年度所得税更多。女性本科毕业者的收入模式更加不同。即使女性本科毕业者退休后收到的现金转移比缴纳的所得税要多，但两者之间的差距和受教育水平更低的群体相比要小得多。

图 7.38 所示，有大学学位的女性，一生中支付的所得税金额要比收到的现金转移金额多，由于她们支付的所得税金额不仅会用于供给现金转移收入，还会用于支持其他的各类附加服务，因此，我们很难对收入再分配的金额和方向有一个确定的结论。相比之下，如果直接将收到的现金转移金额和用于供给这部分经费的所得税进行比较，那么就能更容易得出这些女性究竟是获益者还是损益者了。

图 7.39 中可以清楚地看到，用现金转移收入的累积金额扣除调整后所得税累积金额，就能获得最后的累积净收益或累积净损值，这两个结论是非常不同的。有大学学位的女性在 81 岁之前，生活水平都较为普通，退休后，女性之间由工作期产生的净损失差异，都会随着现金转移收入而缩小，这时女性获取的收入就达到了一个普通水平，即 15,000 美元以下。

有高中以上教育资格认证的女性在工作期间的收支基本处于平衡状态，她们每年所缴纳的调整后所得税基本和收到的现金转移支付金额一致。因此，到了 59 岁，她们的资金池里有 5,000 美元左右的净投入，可以用来供给政府需要支付的现金转移金额。平均死亡年龄在 79 岁左右的女性在退休初期，仍是净获益者，她们收到的现金转移收入高达 40,000 美元，

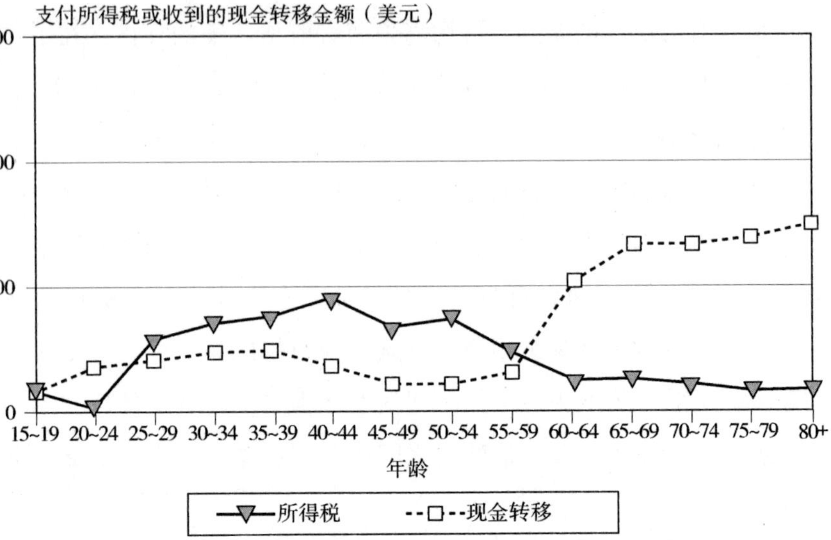

图 7.37　不同年龄的有初高中教育资格认证的女性支付所得税及收取现金转移的平均值

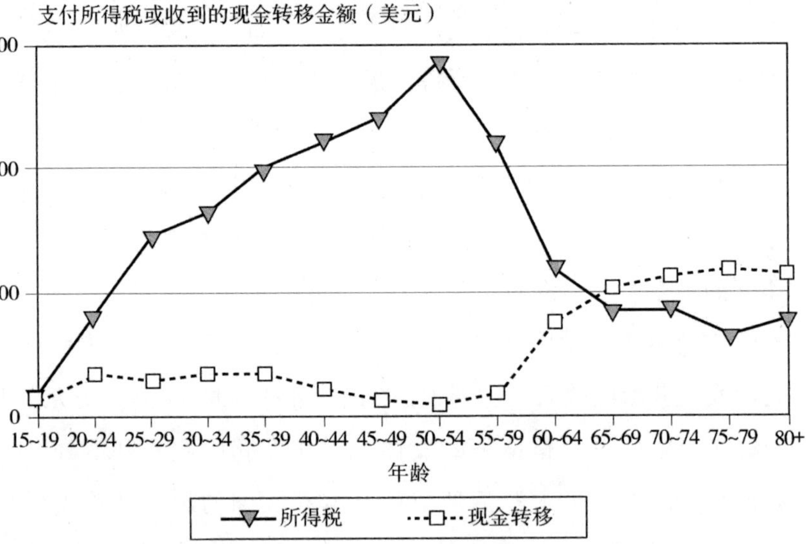

图 7.38　不同年龄的女性本科毕业者支付所得税及收取现金转移的平均值

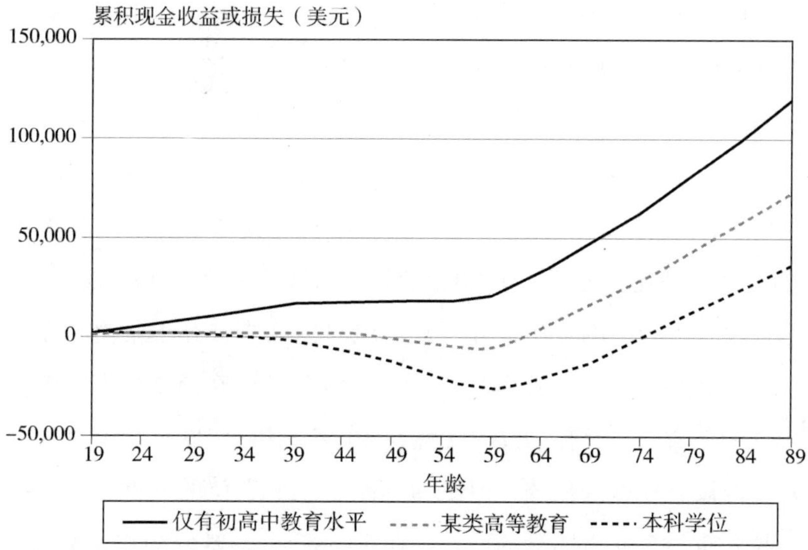

图 7.39　获得不同教育资格认证的女性在一生中经过缴纳调整后所得税和收取现金转移，累积净收入及净损失情况

注：仅有初高中教育资格证人群的平均死亡年龄为 77.8 岁，有某类高等教育资格证的人群平均死亡年龄为 78.5 岁，本科毕业人群的平均死亡年龄为 80.6 岁。

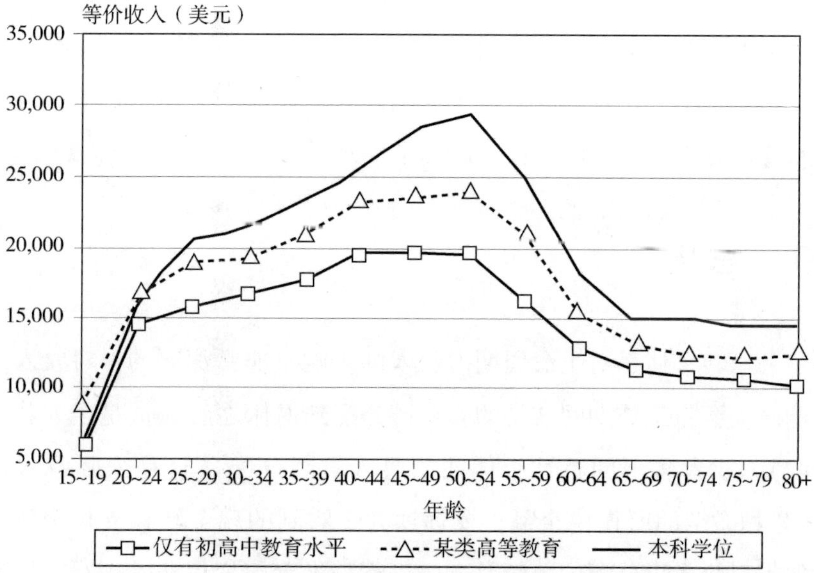

图 7.40　不同年龄女性在不同学历水平下的年度等价收入分析

远超过她们投入到“现金转移支付资金池”的资金。以一个生命周期来计算，有初高中教育资格认证的女性无疑是最大的赢家。在40岁和50岁左右，她们的累积收益仍保持平稳增长的趋势，她们有更高的劳动所得，因此她们缴纳的所得税基本可以抵销所有她们收到的现金转移金额。然而，到了平均退休年龄60岁左右，她们的收益会持续增长。平均死亡年龄在78岁的女性，到死亡那天，平均能够收到达75,000美元的净收益。

尽管收入再分配的金额十分可观，也只能减少，并不难消除原始收入的不平衡，因此，女性本科毕业者一生中仍旧享有着较高且不容忽视的生
219 活水平（图7.40）。没有学位的女性在40多岁和50岁早期的时候，等价收入是基本没有什么变化的，但是拥有高中以上学位的女性，她们在同期的等价收入有一个非常明显的增长。在50~55岁，她们的收入不同是较为明显的。即使女性本科毕业者在她们的劳动所得急剧下降时会觉得不满，但是这三个群体女性的等价收入在退休后都有所下滑，因此，由受教育水平所带来的收入不平等会在65岁后有所减缓。

通过图7.34和图7.40的对比所示，即使退休后，性别差异所带来的生活水平差异要相对弱一些，在工作期间，教育水平资格相同的情况下，男性的生活水平要比女性高，但也有例外。退休后，男性本科毕业者的等价收入要比有本科学历的女性高出几千美元。

220

五、总结

税务—转移体系对生命周期内收入的影响是非常深刻的，对收入进行再分配时，会将工作期间获得的收入再分配到退休之后（这是个人收入的再分配），或者将不同特性个体间的收入重新分配（这是人际收入再分配）。累积缴纳的所得税金额，要远远大于收到的现金转移支付金额，这样就使得对收入再分配的数额及方向进行精准定位变得非常困难。用来分析收入再分配时，最简单的方法，就是将收到的现金转移金额和用于供给

这笔现金转移所缴纳的所得税金额进行比较（这部分税叫作调整后所得税，其金额占总所得税的27.6%）。

将现金转移累积金额和调整后所得税支付金额进行比较时，下列几个 221
群体为净收益者，也是和其他纳税人相比时，通过人际收入再分配而获益的人群：

——终身生活标准最低的男性（比如：年度终身等价收入十等分位组中位于最低等分位的男性）；

——平均收入水平下女性群体；

——终身生活标准最低的女性（比如：年度终身等价收入十等分位组中，位于最低等分位的女性）；

——未婚、有或没有受养子女的女性以及已婚有受养子女的女性。

换句话来说，一般情况下，以上所有群体所缴纳的调整后所得税，都会在生命中某一时间点，以现金转移收入的形式返还给他们。

以下几组人群则是净损益者，也就是说，在这些人的生命周期中，他们所支付的调整后所得税要大于收到的现金转移金额：

——平均收入水平的男性；

——终身生活标准最高的女性（比如：年度终身等价收入十等分位组中，位于最高等分位的女性）；

——已婚，无受养子女的女性。

然而，即使对于这些群体来说，个人收入的再分配金额也是很庞大的。比如，平均收入水平的男性，他们所缴纳的调整后所得税金额里，有45%会以现金转移收入的形式，在生命周期的某个时间点返还给他们。那些有着最高终身生活标准的人反而是另一种情况，其缴纳的调整后所得税金额中，只有很少一部分会用于个人收入再分配的调整。年度终身等价收入十等分位组中，位于最高等分位的男性的调整后所得税里，只有2%的金额以现金转移的形式返还给了他们，而最高等分位的女性所缴纳的调整后所得税中，有4%会以现金转移的形式返还给她们。

除了这些转移支付的比例，生活特点不同的人群，其一生的生活水平也相当不平衡。很多群体的生活水平都在退休后面临着严峻的形势，也许
222 也暗示着，国家应该在个人收入再分配上多下下功夫。另外，虽然在50岁之后，大多数受养子女离开家庭，男女之间的生活水平有所平衡，但在20岁往后的30年里，那些有受养子女的人群，他们的生活水平要比没有受养子女的人群低很多。虽然，对于是否要孩子是个人决定，这个话题仍有争论——因此也有衍生出，国家应该对有受养子女的家庭进行扶持这样的话题——很明显，于1986年所推行的针对受养子女的转移支付政策，是远远不够用来改善有受养子女家庭的生活环境的，他们一生中有超过三分之一的时间都不如没有受养子女的家庭过得好。

注释

1. 一些纵向研究已经发现，在退休之前，男性的劳动所得会受到经济增长的影响，所以每年都在真实劳动所得的基础上呈现持续上涨的趋势（拉格勒和拉格勒斯，1977）。然而，更年轻的群组，其劳动所得会以更快的速度增加，年长的工作者其薪资会降低。正如第三章中讨论的，模型是经济增长的一个抽象体现，因此其相对的减少也会在模拟中体现。
2. 正如第三章讨论的，收入单元中的等价收入会计算收入单元中所有的成年人情况，并且进行分配。这就意味着，当一个男性是已婚夫妻中的一部分时，这段时间里，任何其妻子的收入都应该在计算等价收入时考虑在内。在男性处于单身期间，他的等价收入就仅仅是在应用了等价规模后所得到的收入。
3. 在模型构建的过程中，男性的婚姻状况不会被当作时影响劳动力参与的一个可解释因素（这是因为，增加一个可解释因素以及检测后可知，一旦受教育程度和年龄是可控的，那么婚姻状况就不是一个重要因素，以上这两个原因见第十章）。然而，不论模拟时薪率的过程中男性是否已婚或离婚，已婚和离婚男性的薪资率都高过未婚男性。婚姻状况同样会在模拟投资收入的过程中使用，以及在离婚成为男性收取养老补贴的建模过程中一个重要的可解释变量时使用。

第三部分

模型的结构

CONSTRUCTION OF THE MODEL

第八章　模型中的人口概况、残障人士以及教育模块

一、简介

本书的第三部分从这一章开始。本章阐述了哈丁模型的构建过程，而 225
第二部分中所述的研究结果，就是从这样的过程中产生的。这一章也提供了更合适的方法，来检测前几章呈现给读者的各种数据结论。同时，也给对动态微观模拟模型感兴趣的人提供了指导。

本章的几个部分则阐述了人口概况、残障人士情况以及教育情况等模块在模型中是如何被模拟的。并且按照一定的顺序，对动态模型构建的多个步骤进行了描述。比如，教育模块的建模过程一定排在婚姻状况之前，因为模拟婚姻状况的前提，是要了解群组构成人员的受教育状况。本章第二部分总结了死亡率模拟，第三部分描述了残障人士模块的建模过程，第四部分是学前、小学及初高中受教育程度状况的模拟，第五部分是高等教育程度状况的模拟，第六部分讲的是模型中家庭的构成以及解构的流程，第七部分则是生育情况的模拟。

二、死亡

在哈丁动态群组微观模拟模型的第一个模块中，研究者在研究对象一出生时，就设定了身份号码和性别，并开始了长达一生的调研。目前，设定的“新生”对象为2000名男性和2000名女性。在研究对象出生时，就

以亲本社会经济地位（SES）四分位数对群组成员进行分配。比如，在研究对象出生时，随机选取群组中25%的样本，假设这些人的父母位于社会经济地位四分位数中的第一分位数（在后面的教育成就模拟中，亲本社会经济地位会作为一个解释变量出现）。对于一个动态人口模型来说，将研究
226 对象从一出生随机分配在亲本社会经济地位的不同阶段，是远远不够精确的。然而，在仅有一个群组长达一生的时间，可供建模参考时，这样的方法无疑能够提供更为充足的数据。

在模拟45岁前后的死亡情况时采用的方法仅有一些不同。在45岁之前，每年都会随机选取一些群组成员死亡，这个情况和1986年根据年龄和性别测算的死亡率一致（澳大利亚数据局报道，1987d，8页）。正如第二章中所说，死亡率的模拟（以及模型中其他主要的模拟过程）是通过蒙特卡罗统计模拟法得出的。因此，对于死亡率模拟的过程来说，所有的群组成员每年的死亡率数值都随机均匀分布在0到1。如果在男性总人口中，15岁男性死亡概率为千分之一，那么在男性样本总数为2000个时，则两个群组的男性都会被设定为15岁时死亡（假定所有有关15岁男性的随机数都是完全均匀分布的）。被选定死亡的男性个体，是其15岁时的随机数比0.001小，或完全相等的个体。

然而，大量研究显示，死亡的似然性不仅受年龄和性别的影响，同时也受到社会经济因素影响，包括职位、受教育程度、收入、阶层等（澳大利亚健康机构，1990；健康促进委员会，1988；喜多川和豪瑟，1973；麦克柯莱兰德，1991；波尔斯，1977）。在达韦尔马的分析中，澳大利亚人的死亡率数据受不同职业的影响较大。比如，将1970年到1972年，15～64岁死亡的男性分为12组，从中可以发现，专业领域人才、技术行业、管理和行政领域的男性，他们的标准化死亡比为90，而那些从事神职工作、销售、农业和渔业等行业的人群，他们的占比为100（即平均值）。手工业者和劳动人士，以及从事服务、体育和休闲行业的人群，占比为120，而在交通运输和交流沟通行业中则为137，而矿工业和采石工行业中，这一占

比最高，为 162（1982，87 页）。李和他的同伴发现，1981 年，在澳大利亚，死亡率最低的职业是专业领域的从业人员（低于平均比例 29%），神职工作人员（低于平均比例 26%）以及零售行业（低于平均比例 25%）。他们发现，矿工从业者的死亡率平均值和其他行业相比要高一些（高于平均值 37%），交通和运输行业也稍高一些（高出平均值 28%）（1987，20 页）。

模型中并不对职业进行模拟。然而，针对美国的研究发现，死亡率并 227
不仅和职业有关，受教育程度和收入都会带来影响（喜多川和豪瑟，1973，152 页）。这些作者指出，假设收入和死亡率是负相关的，因为死亡的前几年里，收入也是不断递减的，“也是由于这个原因，在使用社会经济因素来判断死亡率时，受教育程度的不同要比收入更加可靠”（1973，154 页）。

因此，在模型中，使用社会经济因素判断死亡率时，用受教育的时长作为变量时会影响死亡率。不过不巧的是，正如达韦尔马指出的，“由于数据的不可获得性，采用教育或收入的相关数据来测算澳大利亚人群的死亡率的差异是不太可行的”（1982，3 页）。由于缺乏相关数据，当设定相关的可能性时，美国的数据会被用来当作参考。喜多川和豪瑟发现，1960 年，与上过四年大学的男性相比，25～64 岁、在校时间少于五年的男性，死亡率要高出 65%。在白人女性中，相对的差异比为 105%。同比的受教育程度带来的影响相对没有特别极致，但依旧很明显；25～64 岁的白人女性中，和在大学学习至少一年的女性相比，在校学习时间少于八年的人死亡率要高出 40%。根据这一证据，作者们总结“对于 25～64 岁的男性，和 25 岁及以上年龄的女性来说，提高与受教育程度相关的社会经济条件，对死亡率的影响会有极大的改善”（1973，153 页）。

在研究对象为 45 岁及以上的人群时，模拟死亡概率要以受教育程度，及年龄和性别做基础。选取 45 岁这个年龄是因为，在这个年龄，群组成员已经完成了他们的大学教育，这使得模拟死亡差异更加容易。另外，即使

45 岁前的死亡率会受到社会经济类因素的影响，群组内只有 5% 的男性和 2.5% 的女性在到达这个年龄前死亡，因此更为烦琐复杂的建模是没有必要的。

为了归纳总结受教育程度带来的影响，将 44 岁的群组划分到了受教育程度四分位数中，比如，根据完成教育学位的时长年数，排名前 500 名的男性被分到了第一分位数中。由于死亡率的差异在两个极端相比时表现得更为明显，那些位于中间分位数人群的死亡率，在考虑其年龄和性别时，
228 被简单假设为平均水平。位于最高分位数的人群，其死亡率假定低于平均值 10%，而位于最低分位数的人群，则假定其死亡率高于平均值 10%。这也就意味着，那些 45 岁以上，位于最低分位数（也就是 4 分位数）的人群，其死亡率要高出最高分位数 22%。并没有一个方法可以确定，根据澳大利亚的社会经济差异，而分布在四分位数中的这 22% 的人群是否精准，但是，根据以上证据可知，这样的估计并不会高估现实的状况。这一模型在未来会得到非常有趣的应用，即改变这些假设，并且检测税务转移发生所带来的间接影响。正如表 8.1 所示，死亡率差异的整合，有着并不夸张并且十分重要的意义。

我们会假设 96 岁时还活着的人都在这个年龄死亡，这样一来，模型就会以 96 岁作为每个性别的寿命截点。即使有记录显示，在超过这个年龄之外，还是能够继续进行模拟过程的，但是在建模过程中，电脑的储存量就会是一个很大的问题。而缩短研究对象的寿命，对于这一的问题来说，无疑是一个相对有效的解决方法，仅仅有 5% 的女性和 2% 的男性会在 96 岁时依旧“存活”，而这一比例也会在随之而来的每一年里快速下滑。

在图 8.1 和图 8.2 的对比中可以看到，采用 1986 年死亡率的相关数据所得出的人口金字塔，和 1986 年的实际状况并不完全相符。60 岁及以上
229 人群占总人口比例要高于 1986 年澳大利亚的模拟情况，而 80 岁及以上的人群占总人口比例要比实际情况高出 2 倍。这是因为 1986 年实际存在的人口结构，是经早年较高的死亡率数据所得，而早些年间曾发生过诸如两次

表 8.1 假定死亡率差异的影响

教育四分位数	在以下年龄仍旧存活的群组百分比		
	60	70	80
男性			
1（最高）	21.4	16.9	9.1
2 和 3	21.1	16.1	8.1
4（最低）	20.8	15.5	7.3
女性			
1（最高）	23.0	20.4	14.4
2 和 3	22.8	19.9	13.4
4（最低）	22.7	19.5	12.8

世界大战这样的事情（还有当时的出生率和移民情况）。比如，1986 年，70 岁人群的死亡率要比 20 年前低很多。因此，模型中会有更多 70 岁的人活到 71 岁，这就使得 1986 年澳大利亚的人口结构有所不同。换句话说，模型中更有可能显示的是，采用 1986 年的死亡率数据，并应用到寿命为 95 岁的样本中时发生的情况，而非 1986 年人口的真实情况。

三、障碍人士、残疾人士和终身无行动能力人士

这个模型归纳了群组成员中，障碍人士、残疾人士和终身无行动力人士从生到死的情况。由于缺乏不同残疾状况的纵向数据，以及变为残疾人士和康复的相关可能性数据，这一模型的构建严重受阻。因此，1988 年残障人士和老年人群调查（澳大利亚数据局，1989），也就是关于残障人士最为全面的横截面数据来源，会用来决定残障人士在男性和女性的在每个年龄段中的占比，但却对成为残障人士和康复为健全人士的似然性没有什么帮助。这一调查发现，和 1981 年相比，1988 年早期，人口中有较高比例的人群自认为是障碍人士或残疾人士，而 1981 年却是最后一次调查实施的年份（澳大利亚数据局，1984，71 页）。然而，1988 年的数据却没有进

行任何调整，因此，我们可以隐式假定为，在模型中所提供的数据，更能精确代表 1986 年的情况。

在 1988 年的调查中发现，总人口中有 15.6% 的人是障碍人士（即有一个或更多的体征符合障碍或身体有损的状况），而随着年龄的增长，和性别不同，身体障碍或损失的发生情况则有所不同（澳大利亚数据局，1989，1 页）。因此，模拟过程中，假定残障的可能性可以随着年龄和性别的不同而有所差异。一旦设定产生，这样的残障状况要维持一生，直至对象死亡。

澳大利亚数据局还发现，残障人口中 84% 的人群都是残疾人，残疾人被定义为该个体能力受限，无法完成特定的活动，或无法完成某一领域的任务，比如移动、自我照顾或受雇佣（1989）。在模型中，每个年龄和性
231 别群体中，残疾人士的比例都是通过随机选取而决定的。个体的残疾状况会持续到其死亡为止，但也有例外，除非人口中残疾人士的比例有所减少，这是因为在这一时间里，需要校正一部分群组成员中的残疾人个体，使他们退出这一状况。

男性残疾人群组在 16 ~ 64 岁普通男性中占比多少，和女性残疾人群组在 16 ~ 59 岁的普通女性中占比多少，都是随机选择的，但这些人数要能和领取残疾津贴的人数相符（澳大利亚残疾津贴是现金转移的一种，建立在收入测算的基础上，有资格领取残疾津贴的对象，必须是处在适工年龄，永久丧失工作能力的程度要在 85% 左右）。在随机挑选的过程中，如果有满足领取残疾津贴、务工食宿补贴或康复津贴条件的，模型内置的“符合条件”编码则会选取该对象，这一模型编码选取的人数比例，要和根据年龄性别测算得出的人数比例一致（根据年龄和性别领取补贴的数据是由社会保障部门计算得出的）。

由于 1986 年（或其他任何年份），社会保障部门在获取群众领取残疾津贴的总时长这一问题上，没有相关数据，所以是很难判断残疾津贴的领取时长是多少年。然而，有关现有的领取人，以及持续领取人群的相关平

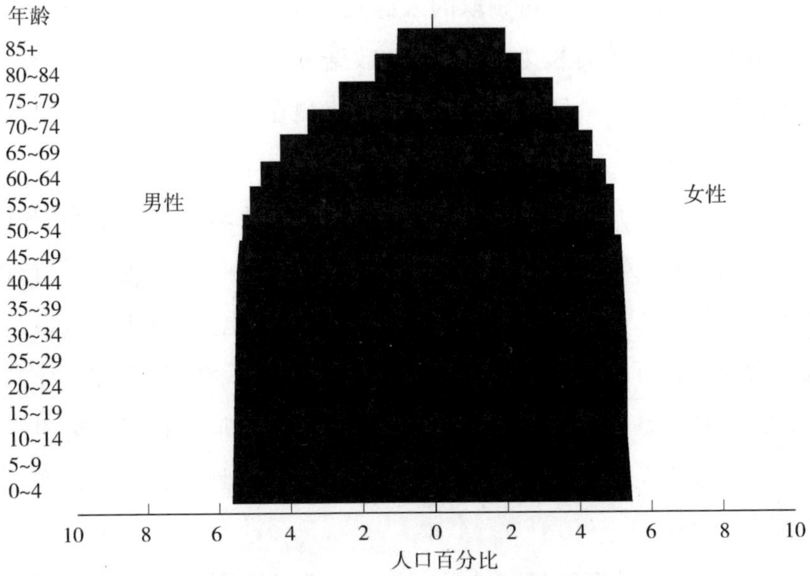

图 8.1　模拟人口中人口年龄结构

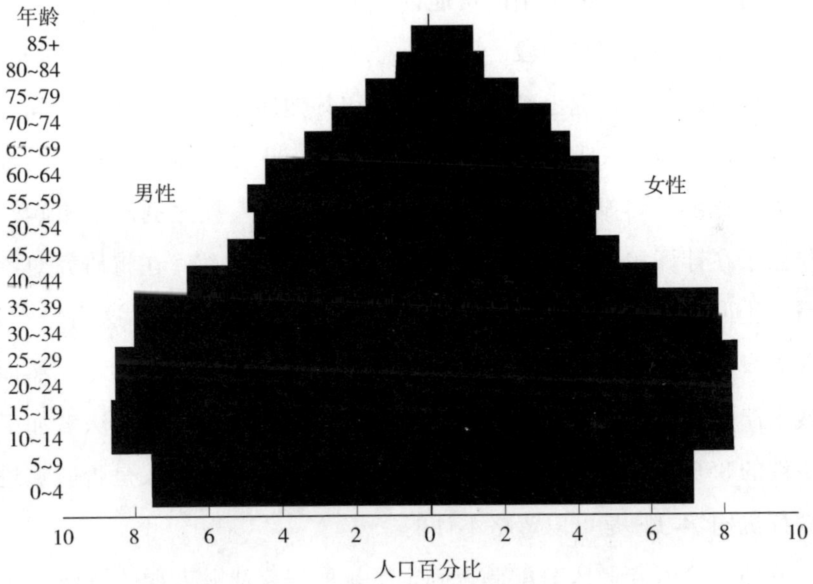

图 8.2　澳大利亚的人口年龄结构，1986 年

来源：澳大利亚数据局（ABS）（1988a）。

均数据来看（而不是已不再领取的人群），1986 年中，30 ~ 39 岁的女性领取人领取的平均持续时长为 10. 6 年（数据统计局，1986a，31 页）。这就说明，这样的领取人最早的领取津贴年龄大概在 16 岁，并且从这之后还在持续领取相关津贴。

到了 1986 年的 6 月，由于“非永久性丧失活动能力”以及“其他原因”的限制，有 7706 人被终止领取残疾津贴，这一人数达到了所有残疾津贴领取人数的 2. 8%（数据统计局，1986b，12 页）。由于残疾群组成员的人数太低了，所以每年要想从整个群组中选取 2. 8% 的个体，让其归入普通人行列基本是不可能的。为了保持残疾津贴领取人在残疾群组中的占比，其他的残疾人群体成员都有极大的可能性，被划分为符合领取残疾津贴条件的候选人。

一旦一个人失去领取残疾津贴的资格，那么在其他任何时间里，他们无法再次领取的可能性，和不符合领取条件的人群就基本一致了。换句话说，获得领取残疾津贴资格的可能性是一个马尔可夫过程，这个过程不依赖于前一年里的任何时间段。图 8. 3 总结了上述障碍人士情况的模拟过程。

232 在模拟过程中，退出障碍人士模型和其他所述模型这两者之间有什么联系呢？假设障碍人士、有缺陷人士以及残疾人士，都不会对接受校园教育的人数比例、再婚/已婚、离婚、生育和死亡人数比例产生影响，这基本是由于在计算相关比例时没有数据可供参考。然而，在将研究对象编入障碍人士群组之前，这部分人已经属于高等教育群体了。这当然不是说，有严重身体或精神障碍或缺陷的人不能进入高等教育机构学习。然而，领取残疾津贴的前提是，个体的身体或精神状况要满足终身无法参加工作这一条件的 85%，这样看来，假设领取残疾津贴的这部分人是否能够进入高等教育机构学习，是可以忽略不计的。

另外，1986 年收入分配调查确定了领取残疾津贴人群的资格（虽然该数据不包括其他的残疾状况），这就能够得知障碍人士情况，在劳动力参与模型中对受雇佣状况的影响，因此紧接着也能得出对劳动所得和非劳动

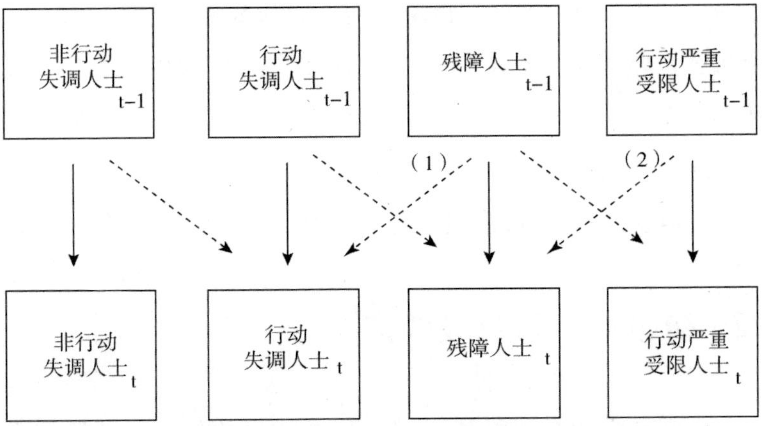

图 8.3　障碍人士情况模型结构

（1）男性退出的年龄分别为 15 岁和 65 岁，女性退出的年龄为 15 岁。

（2）退出领取残疾津贴群体的年龄为 20、30、40、50 和 60 岁（政府不再提供残疾津贴，但养老金能够支撑这部分津贴的生活需求，这时所有不再领取残疾津贴的男性为 65 岁，女性为 60 岁）。

所得收入的影响。最近英国调查显示，障碍人士的劳动力参与率大概是非障碍人士的一半，且他们的工资更低（这是由于他们工作的小时数要比时
薪率低的人群工资还低）（马丁和怀特，1988）。然而，这些数据在澳大利 233
亚的实用性是无法确定的，因此，无法对是障碍人士但还没到无效研究对象这个程度的劳动力参与模式进行调整。

美国仿真模型中对障碍人士的模拟，要比以上模型复杂得多，因为该模型的搭建者很幸运能够获取收入动态追踪调查中的纵向数据，因此就能够根据前一年人群的不同特征量，比如种族、婚姻状况、受教育状况和残障人士情况，来计算退出和进入残障群体的人口比例。他们发现，35 岁以下（将范围缩小到女性）残障人士和其他残障群体相比有更大的恢复概率（奥克特等，1976，181 页）。然而这样的话，就没有可用来比较的澳大利亚的纵向数据和模型了，如此一来，在未来给退出该模型的群体建模时，就没有办法作出提高改进。

然而，如果假设，那些在孩童时期就成为残障人士的个体，会一直保持这个状态，那么退出该群体的主要利益相关群体大概就是 15～35 岁的人群。残障人士中，15～30 岁的仅占 6.5%（其中 75% 是身体/精神有障碍人士，因此退出这一群体的可能性较小），排除模拟过程中，残障人群的恢复情况，对前几章中所讲的政府会产生的估算费用是没有明确影响的。

四、初级教育和中级教育

下一个模型中的主要模块，讲的是在适当的年龄里开始接受初级教育，以及完成初级教育后开始进入初高中接受中级教育的过程。这一模块中的群组成员年龄为 4～19 岁，主要是接受学前教育、小学和初高中教育的孩子。在每一个澳大利亚人生育群组中，有 75% 的个体在 5 岁时开始接受小学教育（在澳大利亚，六个州情况不同，接受的初级教育也不同，其中包括了预备教育、幼儿园教育和小班教育等）。然而，昆士兰没有学前班一年级，因此大多数学生都在 6 岁开始接受第一年的教育，其他情况下，群组中一小部分的个体在 4 岁或 6 岁开始接受学前一年级教育。即使模型中没有对州内的接受教育情况进行模拟，但是，在澳大利亚的国境内，这个模型捕捉到了不同州内个体接受教育其实日期的不同。结果，那些在 16 岁就离开学校的人，一般花费四年、五年或六年完成其中级教育。

234 （一）学前教育

有关澳大利亚国内，不同年龄和性别的个体，对公立学前教育使用情况的相关数据十分有限，这也是因为政府的三个层级都参与了学前教育的组建。模型假设，4 岁的孩子里有 74% 的人都进入幼儿园接受了学前教育。在测算过 1984 年 11 月接受学前教育的孩子数量后（澳大利亚数据局，1986a，7 页），挑出 5 岁的孩子，与人口中剩下的 4 岁孩子的数量进行比较。

只有接受公立幼儿园教育的孩子，他们的情况才和费用的发生相关。以昆士兰的数据为基础，对于不同年龄在政府支持成立，和非政府资助的幼儿园接受教育的群体情况来说，该数据提供了非常详细的突破口，假设4 岁的孩子中有 11% 的个体进入的幼儿园都是不受资助的（澳大利亚数据局，1986b，12 页）。综上所述，因此，4 岁孩童群组中，有 66% 的个体是在公立幼儿园接受教育的。大多数孩子在 5 岁时开始上小学，也就是不再接受学前教育，所以在 6 岁进入小学就读的孩子基本都是 5 岁或 4 岁才开始接受学前教育的。

（二）小学

以 5 岁为入学起点，群组成员基本是在公立小学、教会小学或私立小学就读（私立小学即私人的、非教会小学）。每个类型学校的入学学生情况根据不同性别和亲本社会经济地位划分。根据澳大利亚数据局在 1986 年国内学校数据收集中得到的非公开数据，可以对不同年龄和性别的个体在不同类型学校内的人数比例进行测算。这些数据展现了，比如，13 岁的孩子进入教会学校接受教育的人数比例。

然而，澳大利亚数据局的数据无法提供不同类型学校内学生、家庭社会经济状况的信息。然而，也有大量的数据显示，家庭社会经济地位较高的学生，在私立学校中占比较大，这和由社会经济地位为标准，得出可能完成 12 年教育的相关数据有很强的相关性，社会经济地位不同，给进入大学学习的可能性也有很大的不同（比如，安德森和威尔伍，1983，77 页；海登，1982；教育机构质量，1985，46 页；威廉姆斯，1987）。然而，这 235
些研究中大部分都是和接受高等教育学生有关的。即使社会经济地位非常重要，但没有最近的数据可以表现不同类型小学学生家长的社会经济地位的情况。

1971 ~ 1972 年有关国内离开中级教育的人群调查结果，可以用来设定有关人群小学入学的概率。我们必须能够识别，在孩子进入小学到完成中级教育期间，其父母的职业情况有可能发生转变。虽然如此，在这一领域的研究过程中，获取的数据不够准确也好过什么都不做。

1971～1972 年的调查显示，父亲为专业领域从业者、技术领域从业者或者员工管理领域的孩子中，离开公立学校的人群占 27%，教会学校的占 36%，私立学校占 70%（莱德富和维克斯，在安德森和威尔伍的汇报中可见，1983，82 页）。同时也能看到，如果父亲是技术从业者和非技术手工从业者，那么孩子进入独立（非政府）学校是极为少见的。以上的研究更符合以前的情况，调查显示，初高中、综合大学和工程类教育机构的学生，其社会经济情况分布的较为稳定（安德森和威尔伍，1983）。

受父亲职业影响的入学率（模型中没有模拟这一项），和受亲本社会经济地位影响的入学率（模型中模拟了这一项），两者数据相互借鉴后，就产生了表 8.2 中的概率，即模型中有关 5 岁儿童入学接受教育的情况模拟。[1]比如，亲本社会经济地位最高的家庭，孩子中有 10% 的男孩都就读于独立学校。

已经有了基础入学率，就能够在每年关于第三级教育，也就是初高中以上教育的每个小节研究中，进行大量的数据转换借鉴，尤其是 12 岁左右、从小学到初高中教育这段时间的数据（联邦教育部，1980）。维多利亚州教育部似乎是唯一一个政府部分，有对不同性质学校转学情况相关详细数据和用于设定模型参数相关数据。他们在记录有关情况时做了一些调整，如此一来，群组学生的总数可以保持不变（维多利亚州内的原始人流数据会被国内外移民影响，1986）。维多利亚州内，就读于私立初高中学校的学生比例要远高于其他州，但这并不意味着，每年在不同性质学校学习的学生情况是不具代表性的。

236 我们对四种有可能发生的转学情况分别进行了建模操作，比如从政府资助学校转到教会学校，再到私立学校，或者从教会学校到公立学校，或者从私立学校转到公立学校。教会学校和独立性质学校间产生的学生人流

表 8.2　5 岁时根据性别假定不同性质学校的入学率

	5 岁进入不同性质学校学习的可能性		
	公立学校	教会学校	私立学校
男性			
－社会经济地位 1（最高）	.67	.23	.10
－社会经济地位 2	.76	.20	.04
－社会经济地位 3	.82	.16	.02
－社会经济地位 4（最低）	.79	.20	.01
女性			
－社会经济地位 1（最高）	.66	.24	.11
－社会经济地位 2	.75	.20	.04
－社会经济地位 3	.81	.18	.01
－社会经济地位 4（最低）	.78	.21	.01

转移情况是基本可以忽略的，因此这部分人群可以不计算。如果几年里从公立学校转学的学生比下降到 1% 以下，那么就会将一年或两年内可能产生的人流数据进行积累，直到这个转变百分比超过 1% 或 2%。现在，学生可以在 6 岁、9 岁、11 岁、12 岁和 14 岁时转换到不同性质的学校。

维多利亚州的相关数据，同时也能算出在计算年内，重复小学和初高中教育的学生数量。由于在同一性质的学校复读的可能性很低，因此在模型中，并没有同一年内的重复数据。然而，在学生离开学校后，复读的影响就开始出现，因为会影响到规定时间内学生完成初高中教育的年数（国家教育数据整合中有相关分布情况）。

（三）中级教育

在 15 岁以上、19 岁以下，学生可以选择继续在初高中进行一年的教育，也可以离开校园。

继续教育（分别完成第 10 年、11 年和 12 年的教育）的可能性是根据 237

不同的年龄、性别、亲本社会经济地位和接受教育的学校不同类型来呈现的。不同年龄、性别和不同性质学校所占有的比例，是可以根据国内教育数据整合给出的数据进行计算的。根据社会经济地位而产生的不同之处，来自威廉姆斯的计算结果，该结果是家庭财富不同的情况下完成12年教育的学生比例，建立在住户特征、还有家庭所拥有的资产项目之上，比如洗碗机、电话等（1987）。威廉姆斯发现，男学生中22%的人在19岁时完成了12年教育，他们所在的家庭，都属于家庭财富四分位中的最低分位；到了中间的两个等分位，这一比例上升至33%，而在位于最高等分位的家庭中，这一比例上升至52%（1987，166页）。1982年在同一群组内的女性，其相关比为28%、41%和52%。因此在澳大利亚，来自更富裕家庭的学生更倾向于完成全部的中等教育。

一旦在模型内的学生选择退学，那么他们就不可再返回校园。更简单的是，处在20岁的研究对象中有1%仍在校园，这个比例，对于用来判断其对模型的影响是没什么意义的，因此，就假设所有的青少年在19岁时都还在校就读，并在这一年结束的同时离开学校。在模拟入学教育状况中所牵涉的步骤，都在图8.4中有所总结。

教育模块具有更广的准确性，并得以应用。个体记录都得到了非常仔细的验查，图8.5展示了，由伪群组中四男四女组成的样本在整个教育模块中的完整过程。比如，21号女性，完成了两年制的学前教育，在6到11岁期间则在公立学校接受教育，接着在12岁的时候到了私立学校，第17年的时候离开了学校。第2010号女性同样完成了两年制的学前教育，在6到16岁在教会学校接受教育，这样一来，在她第17岁伊始，便离开了学校。这些数据都能很好说明，在一个动态微观模拟模型中，可能出现的细节多样性和不同程度。

另外，不论有多大的可能性，这些结果的检验过程都能不依赖任何外来数据。比如，由其他的调查和该模型得出的社会经济地位以及学校性质的保留率，可以在表8.3中看到。模型得出的结果很好地捕捉了1986年在澳大利亚的保留率特征，比如，女性的保留率比男性要高。同样重要的是，模型中的私立学校完成 12 年教育的数据有着更高的留存率，紧接着 238 是教会学校，然后是政府资助的公立学校。这个模型实用性很强，因为第十年和第十二年，不同性别的保留率平均值和澳大利亚数据局的报道是基本一致的（1987a），45% 的男性和 52% 的女性在第十二年还是留在学校的。

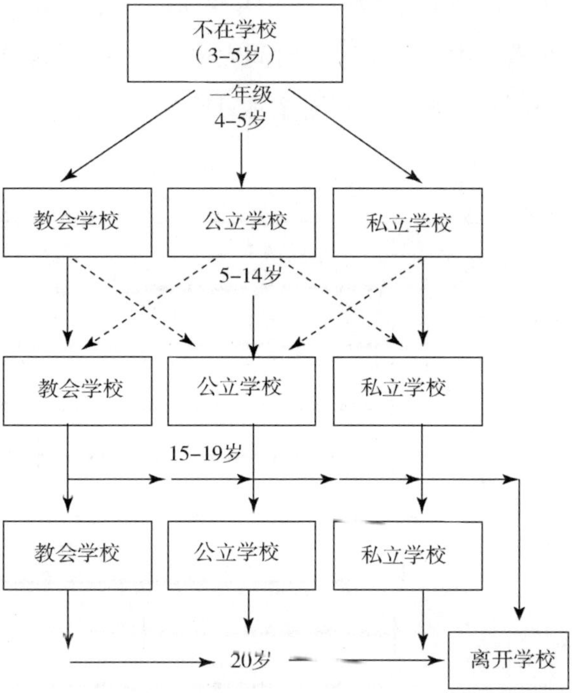

图 8.4　教育模块结构

然而，不同性质学校的结果是非常不同的。这是因为保留率仅体现了完成 12 年教育的学生情况，时间还限定在 1986 年内，并且根据已有的不同性质的学校进行核算，这一数据还包含了 1981 年在同性质学校完成 7 年教育的学生。这一方法论意味着，学校性质的不断转换，比如 20 世纪 80 239 年代的澳大利亚，所有参加私立学校的学生比例增加，就会扭曲保留率数据。模型中不同性质学生的分配是固定的，建立在 1986 年实际情况的基础上，因此显示的保留率能够说明，1986 年在不同性质学校接受教育的比例是否能够在接下来的 14 年里保持不变。

根据社会经济地位来看，不同性别的保留率要高于威廉姆斯之前的发现（1987）。在很大程度上取决于 1984 年里增加的保留率，这在威廉姆斯于 1986 年做的调查中样本一致，另外，威廉姆斯在 1978 年的再次调查中发现，22 岁的人群，其保留率要明显高于，他在 1987 年对 19 岁人群作出的研究。换句话说，很多样本都被设定为在 19 ~ 22 岁完成 12 年的教育。在模型中，晚于这个时间完成学业的，都会被假设为在 20 岁
240 之前完成这个过程。最后，和由亲本社会经济状况得出的保留率数据是相匹配的。

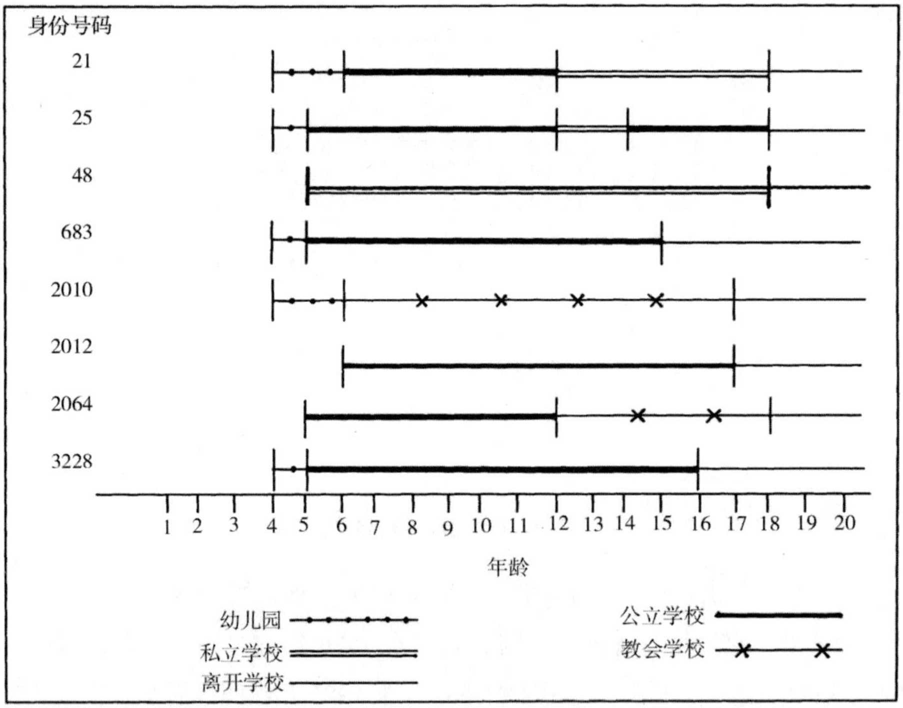

图 8.5　模型中 8 个样本的教育记录

注：男性的身份号码范围为 1 ~ 2000，女性的身份号码范围为 2001 ~ 4000。

表 8.3 参考其他数据来源的男女样本情况得出的第 10 年和第 12 年的保留率

	模型产生的保留率		其他数据来源的保留率
	男性	女性	
12 年教育的保留率			DEET（1987a）
公立学校	.42	.48	.42
教会学校	.47	.53	.57
私立学校	.67	.74	.91
不同的社会经济地位，12 年教育的保留率			威廉姆斯（1987）男性/女性[(1)]
社会经济地位 1	.60	.64	.52/.52
社会经济地位 2	.50	.56	.42/.44
社会经济地位 3	.40	.47	.32/.36
社会经济地位 4	.31	.40	.22/.28
所有学生			ABS（1987a）男性/女性
12 年教育保留率	.451	.515	.456/.521
10 年教育保留率	.943	.953	.932/.951

（1）1982 年，19 岁的保留率是根据家庭财富这一变量得出的，“更加顺利地”提供了最高五等分位组和最低五等分位组之间的增长规律线（威廉姆斯，1987，166 页）。（也就是，威廉姆斯将五等分位组中间的两结果相结合，并结合了平均的完成情况，男性是 33%，女性是 41%。在上面的表中，计划将中间的五等分位组分开。）

五、高等教育

这一模块中，会看到 15～50 岁的研究对象在综合大学、高等专校科学以及计算机辅助教育、技术和再教育机构接受教育的情况（从 1986 年起，计算机辅助教育以及综合大学这两个部分已经被完全合并了）。最初是计划，这三部分学生的参与和退出情况，都是需要单独建模进行研究的，当每个部分的学生情况被分为全日制、兼职学生两部分，就会出现六种情况，这样一来，相关可能性的计算就变得非常复杂。因此，只有下列的四种情况里，学生参与和退出的情况才得以计算： 241

——全日制综合大学/计算机辅助教育；

——非全日制综合大学/计算机辅助教育；

——全日制技术和再教育机构；

——非全日制技术和再教育机构

下面的三个部分会讲述如何针对这四种情况计算相关的可能性。

（一）全日制综合大学/计算机辅助教育学习

群组中很多人在17岁完成12年的教育，并且在18岁进入了全日制综合大学或高等教育学院。然而，一些人在16岁时完成了12年的教育过程，并且离开了学校，在17岁时进入综合大学，还有推迟几年入学的。这样进入高等教育阶段的多种情况都在模型中有所体现。

根据年龄和性别，15～24岁的学生进入高等教育阶段的可能性，可以根据澳大利亚数据局在1986年6月通过劳动力调查得出的未公开数据进行计算，在这个调查中，把15～24岁的人群分成了三组——分别是进入全日制学校学习的，进入高等教育机构全日制学习的和其他。从25～40岁，不同年龄性别进入高等教育阶段的可能性，是根据澳大利亚数据局收集的“澳大利亚高等教育”相关数据得出的，并以澳大利亚数据局于1986年6月的人口为基准（1988a，22～23页）。对于以上的两个不同年龄小组来说，澳大利亚数据局能够提供全日制学生以及不同高等教育组别的情况。

1. 第一年进入综合大学接受全日制教育的概率研究

从17～20岁，模拟过程中的群组成员里，12年完成了中等教育的那部分人，面临着能否在第一年进入全日制综合大学学习的不同概率情况，这一概率取决于年龄、性别和亲本社会经济状况。在这个年幼的时间段里，社会经济状况会在很大程度上影响大学入学情况，作为研究的主体部
242 分，来自社会经济地位较高的家庭里的孩子，能够在综合性大学中占有很高的比例（安德森和威尔伍，1983；克罗克特，1987；海登，1982；林可等，1985；帕沃和罗伯森，1987，沃兰等，1988）。

澳大利亚数据局（1987）提供的不同年龄和性别的入学率，是在 17 ~ 20 岁这个区间内浮动调整的，并和学生家长的社会经济地位有关。根据威廉姆斯测算方法，不同性别和家庭财富情况下，综合大学/计算机辅助高等教育的入学率四分位数，会被用来决定受社会经济状况影响，第一年就接受综合大学/计算机辅助教育学习（1987，166 页）的可能性，其差异的重要性。举例来说，18 岁时，30% 的女性接受了长达 12 年的教育，她们的父母处在社会经济四等分位数的最低等分位，这些学生还没有开始进行全日制或非全日制的综合性大学教育，但被选定在第一年就进入综合大学进行全日制教育。与之相反，父母的社会经济地位在最高等分位的女性学生中，42% 的样本会被选定在第一年进入综合大学接受全日制教育。

在研究 21 岁及以上的学生时，其父母的社会经济地位不会被纳入影响入学的因素中。做出这样的决定，不把这个可解释变量纳入考量范围，是因为相关研究显示，社会经济地位较高的人群中，成熟年龄的学生仍旧占据很大的比重，他们的优势没有从学校出来继续接受更高级别教育的学生明显（安德森和威尔伍，1983，11 页）。21 ~ 24 岁，是根据年龄和性别来研究综合性大学的入学情况的，有资格进入综合性大学学习的是群组成员中那些完成了 12 年教育，并从来没有进入过综合性大学学习的人。

25 ~ 40 岁，有资格的人群得到了扩充，包含了仅仅完成 10 年或者 11 年教育的人。这样的改变反映了，越来越多进入大学学习的学生，他们的年龄更加成熟，在没有完成 12 年教育认证的情况下，仍旧能够获取资格进行高等教育。（教育质量回顾委员会称，1983 ~ 1985 年，在大学学习的本科生中，有 15% 的人是没有完成 12 年教育认证的，95 页）。

2. 进入综合大学，进行全日制学习到第二年和第三年的可能性

在进行完第一年全日制的综合性大学教育后，学生可以选择继续在综合大学接受全日制教育，或者离开学校。那些有资格被选入第二年进行学习的学生，仅包含在前一年完成了第一年学业的人。有资格开始第三年学习的对象，仅包含那些在前一年完成了第二年大学教育的学生。这也意味

243 着，完成一年或者两年大学教育，就离开学校的人，是永远不能重新进入综合性大学进行学习的（即使他们可以通过非全日制的形式来完成学位）。

如何对待模型中样本退出大学这样的问题，以及是否允许其以全日制学生的身份再度接受高等教育，是一个非常复杂的研究领域。以上所有解决方案，排除第二年和第三年就不再继续其学业的情况，都建立在模拟过程中问题可能出现的范围的一端。方法论则是属于模拟过程中的另一端，允许只完成两年或者三年学业就退出的人有资格在未来的任何时间里，继续完成学业，这种模拟情况是经过测试的，但是已经被证实了不合适。这是因为，群组中很多人完成学业的模式并不是典型的，比如，学生通常开始在完成一年学业之后，再过三年，才开始第二年的学习，或者在完成两年的学业后，再过五年，才开始第三年的学习。

这样不太可能的情况会出现，是因为继续完成高等教育的概率和最后一年大学学习的时间长度是十分不同的。然而，并没有针对澳大利亚的纵向数据可以用来计算相关的可能性，并且项目中包含的内容可能会十分复杂。美国 DYNASIM 模型的设计者也面临同样的问题，并且被迫妥协；他们采用了录取可能性，生成了完成大学教育所用时长的保留率，并且“不用考虑任何和实际的大学入学模式有关的内容”（奥克特等，1976，130 页）。相似的是，在加拿大的 DEMOGEN 模型中，是根据生育情况来研究教育每年的保留情况，并且不用模仿每年各个教育机构的入学情况（哈丁，1990，41 页）。

然而，虽然我们可以忽略数据的缺失，还是需要模拟每年澳大利亚高等教育的入学流程，因此，需要非常精确地给教育类现金转移支付的收入状况建模。关于澳大利亚高等教育的人流情况，有相对坚实的数据基础，有一部分原因是其测算的精确程度，这都要归功于各个复杂的因素，比如：州内外、洲际以及海外的转移支付；学生们从全日制转换为非全日制，反之亦然。出于这样的原因，需要强调的是，这个模型仅提供人流模式的一个粗略的判断和估计。然而却恰恰提供了一个正确的比例，这个比例是关于每个年龄参加全日制大学教育的男性和女性，将这些学生分为，接受一年教育、接受两年教育、一直到接受九年教育的学生，这是根据非常少的数据得到的预估。

如何在综合大学的全日制教育中升至第二年学习的可能性在韦斯特等 244
人的人流表中可以看到。(1986，26～27页)。模拟过程中开始了第一年学习的人里，有65%的人随后都会开始第二年学习。韦斯特等人也发现，完成了两年学业的人里，有90%会在接下来的五年里毕业。在模型中，完成两年全日制教育的学生样本中，有80%会被选中继续在紧接着的一年里继续第三年的学习。

3. 在大学开始第四年或随后几年全日制学习的可能性

开始第四年或第五年的全日制高等教育，和开始第二年第三年的情况不同，那些有资格进入上述所有阶段学习的学生，都需要已经分别完成第三年和第四年的学习（而不是仅完成前序年份的学习）。这样的改进，是因为许多毕业生，都无法随即获得文凭或荣誉，或开始研究生或博士生的课程，他们需要在重返学习之前有几年的工作经历。在接受综合大学全日制教育的过程中，完成第四年或者第五年学习是根据性别（女性继续接受研究生教育的情况较少）和年龄情况（年龄低的群体，继续学习的人群比例会高一些）而定。总的来说，模型中，在全日制综合性大学里，有44%的男性和38%的女性完成了三年教育，并开始进行第四年的学习，其中三分之一的人群会继续第五年的学习。

建模过程中，全日制综合性大学学习的年数上限是九年，开始第六年到第九年的学习的前提，是分别在前一年完成第五、六、七、八年的学习。这并没有完全体现攻读一个博士学位的典型时间模式，三分之一的博士生都会延迟一年毕业，只有很少数人在四年内能够上交论文（就业、教育和培训部，1988a，1988b）。然而，之前的报道显示，75%的男性博士生和60%的女性博士生都在五年内交了论文，这是模型里能允许的最长的时间限制，在这个时间之后交论文的群组成员对这个模型的影响是微乎其微的。这个模型至少和原始 DYNASIM 模型一样的可靠，在模型中假设，所有进入了研究生院的人都起码学习了两年之后才离开（奥克特等，1976，132 页）。

模型中设定，在综合性大学继续进行下一年的全日制学习有很多的可
245 能性，完成全日制学习的时长和完成学位的要求，以及不同学位和文凭的学生，从全日制大学学习毕业的群组比例是相匹配的，这一说法似乎有点道理。因此，2% 的男毕业生和 0.6% 的女毕业生都是博士学位，21% 的男毕业生和 19% 的女毕业生都获得了研究生学位或者研究生文凭，剩下的获得了本科学位和文凭以及相关证书。这是澳大利亚各个大学和计算机辅助教育学校在 1985 年学位和文凭授予的分布状况（澳大利亚数据局，1987c，33 页和 67 页）。图 8.6 体现的是模拟个人在全日制综合性大学学习的过程。

（二）非全日制综合性大学/计算机辅助学校的学习情况

所有从全日制大学退出的学生，都有资格进入非全日制大学学习。计算全日制和非全日制，以及有资格的人口数量的过程太过复杂，因此只能允许模型样本从全日制学习转换为非全日制学习，而从非全日制转为全日制的研究过程就要以后再考虑了。因此，现在，一旦群组成员完成了非全日制大学一年的学习，那么他就可以不用再进入全日制大学学习了。然而，这一过程的建模体现了最重要的一点，允许群组成员完成全日制学位的学习，然后接着可以获得非全日制的毕业文凭或者本科学位。

在 17 ~ 24 岁，完成了 12 年教育、但从未进入过全日制大学或从中退出的人，才可以开始进行第一年的非全日制大学教育。入学的可能性是根据年龄和性别来定的。社会经济地位不作为可解释变量来使用，首先因为，研究表明社会经济地位在非全日制教育情况中，并不如在全日制教育中重要；其次，对于 21 岁前就开始接受非全日制教育的学生来说，社会经

济地位本应该是一个非常重要的因素，但却有极小的相关性。

25～40 岁，开始第一年非全日制大学学习的对象，扩展到了那些没有12 年教育资格认证的人，这是为了捕捉年龄阶段较为成熟的入学者带来的影响。对于全年龄段的人来说，在非全日制大学开始下一年的学习，有一个必备的前提条件，即前一年刚刚结束非全日制的学习。换句话说，在非全日制学习的过程中，如果选择辍学，那么就不能重新开始他们的学业。然而，很多非全日制学习的学生，都仅完成了一年或者两年的本科或者研究生学位学习，这一特点在全日制学习的学生身上没有这么明显。模型中非全日制大学最长的学时为六年。

不论是在全日制还是非全日制大学学习，群组中 41 岁及以上的人群是 246
没有被列入可以在大学学习的范围内的，因为群组中真正在这个年龄以上还入学的概率很低，随机抽选的过程就很难实现。

正如表 8.4 所表现的（针对年纪较大群体的情况，澳大利亚没有可以用来参考的数据）模型最后产生的结果似乎在年纪较小的人群中更容易实现。威廉姆斯的结果适用于 1986 年以前 2～5 年这样一个时间长度，这时
中级教育的保留率和大学的参与率都在上升，这发生在两个时间段中间， 247
尤其对女性群体产生了影响，模型也呈现出不错的结果。然而，模型最终

表 8.4　模型和威廉姆斯得出的大学和计算机辅助教育入学率

上过大学或计算机辅助教育的同期组群百分比	模型		威廉姆斯（1987）	
	男性	女性	男性	女性
所有人群				
19 岁时	22	23	19(1)	18(1)
22 岁时	30	30	27(1)	25(2)
所有年龄	49	48	无	无
高中毕业生				
19 岁时	49	46	56(1)	42(1)
22 岁时	66	61	63(2)	53(2)

（1）此为在 19 岁上大学或计算机辅助教育 1982 年样本百分比。
（2）此为在 22 岁上大学或计算机辅助教育 1978 年样本百分比。

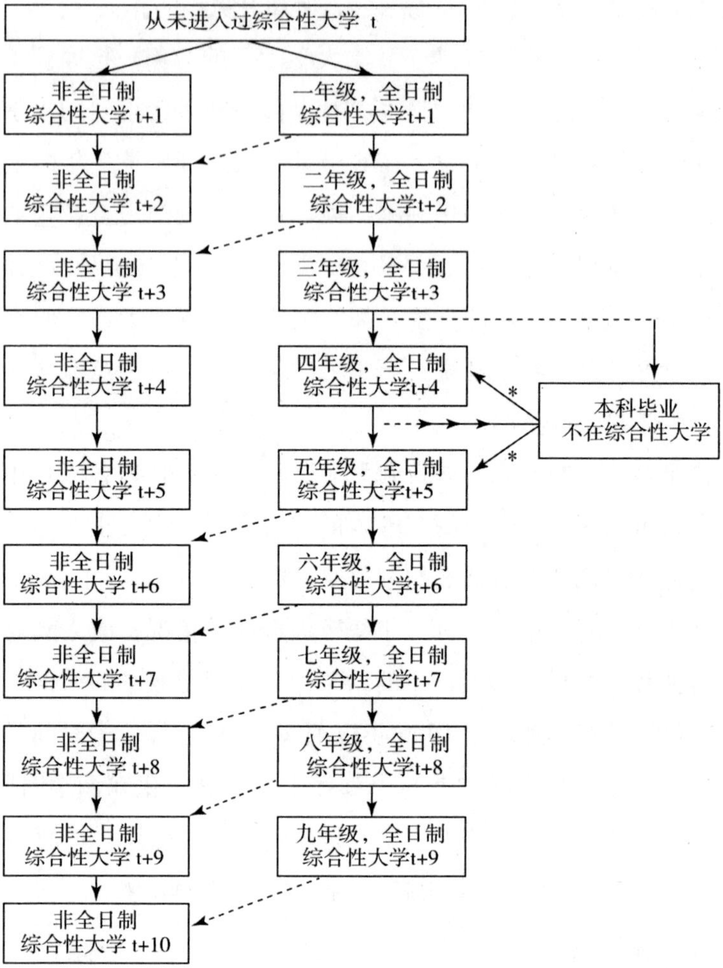

图 8.6 全日制大学教育模块结构

* 可以在任何年龄重新就读。

也告诉我们一个情况，群组中有一半的人在其一生中都至少在全日制或非全日制的大学内进行过一年的学习。有一部分是人群所处时间段带来的影响。1986 年，有很多中年或更年长的群体进入大学，获取学位，因为在他们 20 多岁时，可以接受高等教育的机会是十分有限的。换句话说，那些 1986 年处在 20 多岁的人群，有一定的高等大学参与度，也有可能在他们中年阶段，不需要再度返回校园。

除了这个问题，我们不应该多加干预这些数据，调整时间段对模型初版的影响。调整程度的重要性是没有办法准确计算的，带来的影响会持续扩大，对于没能获取12年教育资格证的群体来说，也许会导致该群体在年长时期，大学教育的参与率仍旧保持1986年的水平，这是在不考虑1986年较为年轻群体较高的参与度。另外，除去今天年轻人群较高的高等教育参与程度，那些社会经济地位较低的群体中，学术水平较高的年轻人在他们年轻时也没有进入大学接受教育，这样的学生不在少数，他们也希望能够在以后的几年里重新进行高等教育的学习。最后，模型的总目标是复制 248
澳大利亚在1986年时的社会状况：正在建模的每个方面，都毫无疑问受到时间段和群组带来的影响，就像我们上面讨论的一样，但是试图纠正其中的一些数据，会给正在建模的过程带来更多的问题。然而，这个情况，确实给设定动态模型参数时，采用的数据问题提供了非常中肯的描述，这些数据都会受到年龄，群组和时间段的影响，就如同我们第二章讨论过的。

关于完成全日制和非全日制的学习时长与选择完成的学位是有关系的这一假设似乎有些道理，预计群组中16%的男性和女性都在进行了3年的本科学习后，毕业并拿到了学位，4%的男性和女性持有研究生学位或证书，0.5%的男性和0.1%的女性获得了博士学位。（这些百分比说明，整个群组中不同类型的毕业人士各有比例，但是早些时候，在讲到全日制学习时提到的数字和相关计算，都将不同类型的毕业人士按比例，在毕业人士这一群体中进行占比的分配。）

（三）职业技术教育

在15～19岁，群组中从未进入过综合大学接受教育的成员，可以忽略他们在普通高校完成的学年长度，开始进行第一年非全日制的职业技术教育（TAFE）。不论男性还是女性，只要在四年内完成非全日制的职业技术教育即可。入学的概率仅以年龄和性别作为基础。然而，由于在社会经济地位较低的家庭的孩子，离开学校的年龄基本在15、16岁，然后，在社会经济地位较高家庭的孩子仍在校学习时，他们会进入职业技术学院接受教育。在职业技术学院学习的人群，由于社会经济地位的不同会有很大的区别。从职业技术教育学校退出的学生，随时都可以重新回去学习。模型得出的结果中，群组中34%的男性在19岁时就能够完成非全日制职业技术教育长达三年的课程。这似乎和威廉姆斯的发现出奇一致，在他的研究群组中，34%的人19岁之前都曾经历过一个见习期（1987，166页）。

在20～50岁，进行非全日制职业技术教育的学时只有一年，这个概率取决于年龄和性别的不同，这个年龄段里所有的人基本都没有在特定的时间里进入大学学习。按一个生命周期来看，在澳大利亚，人到中年，他们对职业选择和娱乐休闲教育领域的参与率是很高的。从15到50岁，没有在特定年份同时进行另一种高等教育或者在校的人，都有资格接受非全日
249 制职业技术教育。在给职业技术教育建立一个相比上述模型更为精确的模型时，即使，几年后职业技术教育的信息收集系统有所提升，可以获得相关的数据，现在也没有可以应用的流量数据为可能性提供参考。

接受职业技术教育的人流被分为许多类，仅第一类到第五类被建模呈现。第六类包含了成人教育有关“个人爱好”的课程，这里面有关费用金钱的部分都和参与课程时所缴纳的费用相关，这样也就是说，与费用发生的计算相关性较小。

（四）合成群组中的终身教育成就

高等教育模拟对一个人一生产生的结果进行了什么样的分类呢？在完成了所有教育后，群组中男性和女性中有19%的人都获取了相应的学位，71%的男性和68%的女性都获取了某一类高等教育的资格证书（包括职业训练证书），但不属于学位（图8.7）。剩余的10%的男性和13%的女性，仅获得了普通教育资格证书。当然，这些教育成就的比率要比1986年人口的实际表现好，仅反映出如果现存的教育参与模式继续下去，那么未来人口的教育程度分布是什么样的。

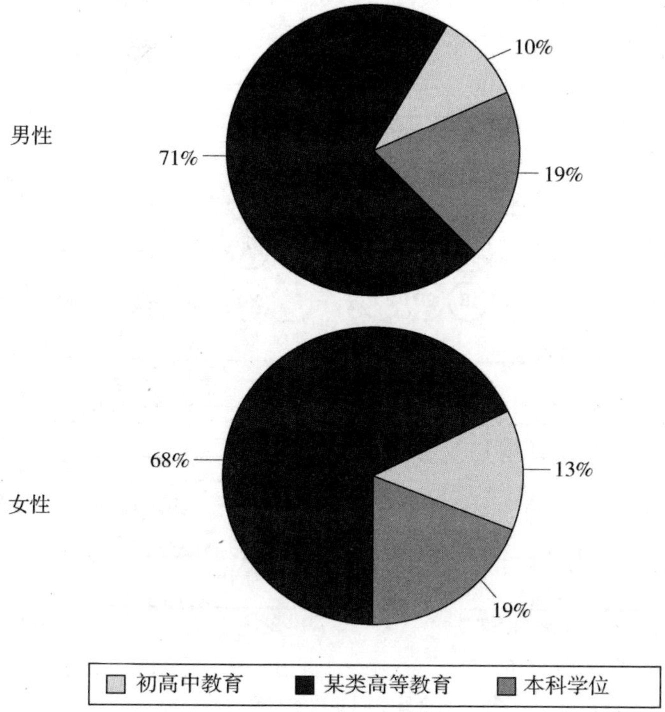

图 8.7 合成群组中，性别不同的情况下终身教育资格证的获取情况

图 8.8 给出了一个例子，这个例子是动态微观模拟模型产生的结果，追溯的是 8 个合成群组成员的高等教育情况。比如，3 号男性和 2318 号女性，都是在 16 岁离开了学校，但是紧接着就通过非全日制职业技术教育的学习获取了职业技能资格证。25 号男性在 18 岁离开了学校，并且立刻就去全日制综合大学学习；他在 18 ~ 21 岁完成了四年的全日制综合大学学习，然后接着在 23 ~ 25 岁，完成了三年的非全日制大学学习，获取了研究生证书。

1998 号男性就没有那么幸运了，他在 17 岁时离开了学校，并且没有完成进一步的高等教育。2856 号女性在同样的年龄离开了学校，但是在 20 ~ 25岁，通过六年非全日制综合大学的学习，得到了学位。最后，2484 号女性是一个成年的大学生，在离开学校后的 15 年里都没有完成她的高等教育学习，但是她在33~35岁，回到了全日制综合大学学习，并且获得了学位。

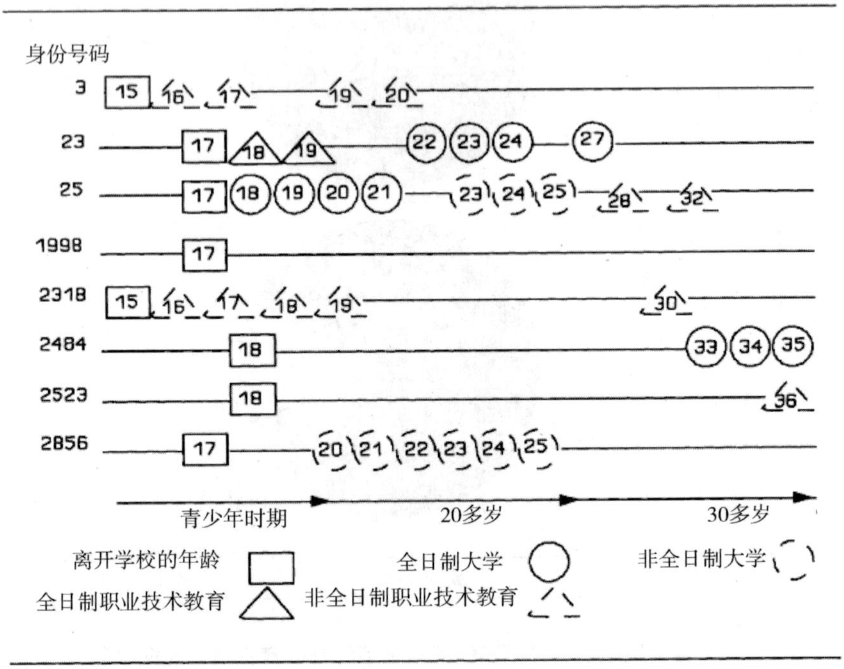

图8.8　模型中8个个体接受高等教育情况的记录

250

六、家庭的构成和解散

家庭的构成和解散是非常复杂的。有许多因素都会给结婚、离婚、第一次结婚是多大年纪以及再婚的可能性带来影响。20世纪家庭的形成率和解散率都在不断变化。另外，从方法上来看，也很难决定哪个比例最适用于我们在第三章所描绘的家庭构成的建模。比如，在模拟结婚的可能性时，一个选择就是把1980年25岁、1981年26岁和1982年27岁女性结婚的可能性作为参考。这样的比例能够较为精确地描述真正群组经历的情况，但并不完整（比如，我们不知道1955年出生的女性一旦到了40岁会有什么行为产生）。由于时间段会给群组带来较大的影响，所以同样的经历不会被另外一个群组所复制。

然而，采用年度（如，横截面）结婚和离婚率的有效性也存在较多问题，因为这样的选择会把主要时间段和群组影响包含在内。举例来说，在1976年澳大利亚出台的家庭法案中引入介绍了无过错离婚，在这之后，离婚率突增，所有以这一时间段的离婚率为基础的模型，都会出现一个非常强烈，但是临时性的变化。横截面数据会带来较强的群组效应。比如， 252
1970年代早期，首次结婚的年龄突然上升，首次结婚率和再婚率都处于下降趋势（澳大利亚数据局，1988b；卡迈克尔，1986a）。

模型中研究离婚和再婚率时，并没有把群组或者时间段效应排除在外，也没有对这些比例在未来会产生什么样的变化进行预测。澳大利亚数据局（1988b，1988c）在计算1986年情况时，所采用的模型仅是用年龄和性别来研究结婚率、再婚率和离婚率。这就意味着，这个模型所复制的世界，是1986年相关比率应用了95年的结果。然而，也有可能通过改变这些多种多样的比率，来检测结果带来的影响。

（一）家庭构成

动态微观模拟模型中，模拟婚姻情况时，基本有两种主要的途径。一个途径就是以合成的方法，给模拟群组成员中被选定结婚的对象“创造”一个结婚伴侣，这样一来，新的配偶所有的特征量就和原始群组成员构建过程中的特征量一样。这样的方法被应用于加拿大的DEMOGEN和联邦德国的SFB3模型中。第二个选项就是让模拟过程中的男性和女性结婚。第二个方法是唯一一个可以应用于动态人口模型中，与此同时还能应用于动态群组模型中的选项。

在生成新的合成配偶时会有一个问题，电脑中必须有多余的储存空间，用来储存他们的特征量。由于哈丁模型输出的数据量已经非常大了，并且造成了许多存储问题，所以要让群组中模拟过程里的男女和对方凑成一对。

在人口模拟的过程中，所有的动态微观模拟模型构建都面临着典型的“两性”问题。因为结婚和再婚的可能性对于每个性别和每个阶段的年龄来说，都是不同的，如果在特定的年份里选取两个性别，同时设定他们的婚姻状况，那就更难做决定了。只有在预先给出一个性别结婚或再婚率的前提下，或者比率的平均值时，才能解决这些模型的问题。

比如，在 DYNASIM 模型中，男性和女性群体的结婚概率是相关联的，双方都是从同一个预先确定符合结婚前提的群体中被挑选出来的。接着再
253 确定有资格的人选，让不同性别的人结合；如果某一个性别中有多出来的符合婚配条件的人选“没有潜在的伴侣，那么则将其视为婚姻的受害者，会将该对象送回至人口池中，等到下一年再碰碰运气了”（奥克特等，1976，67 页）。因此这个步骤意味着，每年男性和女性中会有适当的人数无法婚配，所以某特定年龄的结婚和再婚率的差值不会一直保持一致。

另一个可采用的方法，就是将不论男性还是女性，相关的再婚/已婚率加以应用，来保证所有被选中的对象都有合适的伴侣。这看起来是 SFB3 模型所采用的方法，在该模型中，需要将男性和女性的已婚率进行同步，这就导致了男性的相关情况由于女性数据的加入，需要被初始化计算（海因和海尔伯格，1986，62 页）。加拿大的 DEMOGEN 模型可以解决男性的首次结婚概率主导了样本的一半、女性首次结婚的概率主导了另一半的问题，因此将两个概率进行平均值计算是更有效的（沃尔夫森，1989b，32 页）。

哈丁模型在构建的过程中，对婚配建模的许多方法都进行了检测。如果采用 SFB3 的方法，则模型成员里，最初被选定要婚配的对象都会找到相对性别的配偶。接下的一个问题则是，初始性别到底应该选为男性还是女性。如果将男性的再婚/婚配和离婚率应用于决定家庭构成和解散的模式中，在生育情况的建模过程中就会呈现很多问题。和女性相比，结婚的男性较少，他们更倾向于晚婚，并且再婚的频率较高；这些不同的终身模型意味着，如果采用男性的相关概率，那么在育儿临界峰值的几年里，女

性结婚的数量就会极少，因此模拟过程中孩子的情况就是不够充分的。

另一方面，当选择只对女性的概率进行检测时，现实世界中，就会产生很多已婚男性，这些男性就会有家庭、亲属。不倾向于采用任何一个性别的终身模式做代表似乎很重要，所以就有了一个决定，即采用平均概率。选取模型整个研究过程中，已婚男女年龄相差两岁的研究对象，就意味着，举个例子来说，22 岁男性首次结婚率是通过 22 岁男性首次结婚率和 20 岁女性首次结婚率的平均值得出的。

这些“平均”概率会在选定的两个性别的初始个体上进行检测。当生成一个终身模式，采用男性作为初始性别会更贴近现实。这是因为，如果 254
选取的性别不是初始性别，那么特定年龄的结婚和再婚率都是一样的。因为女性的结婚再婚率之间的差异要比男性小，如果采用男性作为初始性别，那么出现错误的可能性要小得多。事实上，随机挑选的流程实施得很顺利，因为整个过程复制了现实生活中存在的情况，也就是说，其中女性结婚的可能性要远大于男性，并且女性只结婚一次的概率比较大。

模型中的伴侣会根据性别、年龄和教育水平进行配对。澳大利亚的配偶相互间的年龄差距平均为两年，模型就复制了这个两年的岁数差。在之后的版本中，更有可能要给模型中插入一个概率矩阵，在这个矩阵里，配偶的年龄差变化会更广，但这部分是极难模拟成功的，并且我们不清楚，这会对终身情况产生多大的影响，带来多大的不同。

群组中的男性可以进行婚配的年龄在 17 到 80 岁不等，女性则在 15 岁到 78 岁不等（两者之间的不同是由伴侣间的标准年龄差造成的）。80 岁以上再婚/婚配的概率太低，所以不用在模型中体现。由于模型中设定的是群组成员不能在结婚第一年里离婚，或在离婚的同一年里再婚，群组中的男性可以离婚的年龄为 18 岁及以上，可以再婚的年龄是 19 岁及以上。对于再婚的人数是没有限定的，但是将 1986 年的概率应用到群组中时，大约 1.5% 的人都有三次或以上的婚姻史（图 8.9）。

研究范围显示，人们更倾向于选择和自己有相似性格特征的人，如果性格特征不同，婚姻失败的风险会更大（戴尔，1988；马戈福特，1980）。这个机制让社会中的不同层次得以持续，也因此成为生命周期中一项重要的研究。因此，模型中的伴侣也会根据他们是否曾经进入过综合大学或提前教育学院学习而进行匹配。假设有过这样经历的男性中有75%的人，娶到的也是在大学或者提前教育学院学习过至少一年的女性。剩下25%的男性会和没有接受过这样高等教育的女性结为夫妻。25%从未进入过综合大学接受教育的男性会和接受过综合大学教育的女性结为夫妻，剩下的75%的则会和像他们一样的从未进入过综合大学的女性结为夫妻。

如果随机选择的男性年龄为29岁，首先要做的第一件事就是先检查一
255 下，他是否注定会和一个有大学教育程度的女性结婚。如果不是，那么就随机从女性样本中抽取没有受过大学教育，年龄在26岁，婚姻状况为单身或离婚或丧偶的女性。这样一来，29岁的男性，他的妻子会是一位单身或离婚或丧偶，年龄为26岁的女性，在他们结为夫妇的时候，该女性为27岁。这名女性的年龄、性别、是否为残障人士以及她的受教育程度都是已知的，她在这段婚姻中，带来的受养子女的个数和年龄也会被记录在案。

1986年澳大利亚在计算结婚率和再婚率时，所采用的年龄和性别的概率是非常精确的（澳大利亚数据局，1988b）。离婚人士和丧偶人士的再婚率在现实生活中是非常不同的（金，1980），但是在模型中，两种人的再婚率都是相同的。相似的是，金也给我们展示了，1976年伴侣之间曾有相同婚姻状况的婚姻占了90%（比如，两者都曾离过婚，或从未结过婚）。在模型中，给群组男性挑选配偶时，不受女性群组之前婚姻状况影响。两个简化后的假设过程，都有助于减少项目进行时的复杂程度，并且可以用于未来模型的改良。

另一个更为长远的主要问题来自事实关系的存在，事实关系就是说伴侣生活在一起，但是法定意义上没有结婚。表8.5中显示，事实关系仅包
256 含，40岁以下存在这种关系的特定比例伴侣。并不是所有的事实关系对终身收入模型都有重要意义。在研究伴侣中任意一方的终身收入时，双方仅

表 8.5 1986 年澳大利亚法定婚姻及事实婚姻比例

男性年龄	夫妻百分比	
	法定婚姻	事实婚姻
15 ~ 19	25	75
20 ~ 24	69	31
25 ~ 29	87	13
30 ~ 34	93	7
35 ~ 39	95	5
40 ~ 44	96	4
45 ~ 49	97	3
50 ~ 59	98	2
60 ~ 85 +	99	1

来源：澳大利亚数据局 1986，人口和住房普查，未公布（表 CX0073）。

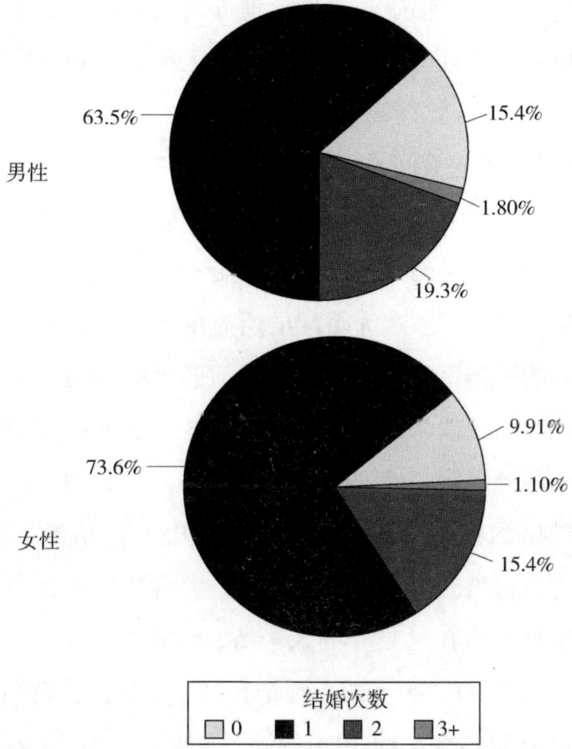

图 8.9 模型中男性和女性终身结婚次数

仅持续较短时间的关系，或者虽然两者为伴侣，但财务独立，并且不共享资源的伴侣关系，并不会产生较为重要的影响。然而，保持较长时间的事实伴侣关系，两者收入差距较大，却共享财富，这样的关系对模型研究十分重要（比如，双方有一方承担抚养孩子的责任），这是因为如果不这样做，配偶间的终身福利状况都可能被严重歪曲。20 世纪 80 年代晚期，构建模型时，澳大利亚国立大学进行的澳大利亚家庭计划，还没有针对家庭纵向调查后，公布这样时间长度内的相关预测数据。事实关系要比法定婚姻关系持续得更短，当时能用于证明这样说法的统计数据很少，也不能很好地证实到底有多大比例的事实关系最后转变为了法定婚姻关系。

当然，在动态模型中也存在一些棘手的问题。在构建模型的过程中，只是随意假设，当存在事实关系的人群中，有三分之一的伴侣，男性在 15 ~ 19岁；二分之一的伴侣中，男性比前面讲到的年龄更年长，他们的关系和婚姻关系更像，并且有可能会给终身收入的计算带来重大影响。为了达到这样的结果，会稍微提高 40 岁以下首次结婚的概率。这就意味着“已婚”群组中的夫妻包含了法定婚姻伴侣，和那些以类似婚姻关系住在一起的伴侣。一旦这样的伴侣分手，假定两个群体开始第二段“严肃”关系的概率相等，那么再婚的概率就不会改变。

在特定的年份中，不被选为婚配的所有的单身群组成员，以及离婚群组成员，在未来的一年里都会保持他们之前的婚姻状况。对于被选定进行婚配的人群，他们的配偶特性都会被记录在案，婚姻数量也会增长一次。

除了上述的各种限制，模型所呈现的结果都是合理的。至于现实世界中，女性首次结婚的概率要比男性高，群组中女性结婚也占了较大的比重。相似地，男性再婚的概率要高于女性，大多数男性都会有两次或更多次的婚姻。群组男性中有约 15% 的人未婚，64% 的人仅结一次婚，19% 的人有两次婚姻（图 8. 9）。剩下的人则是有过三次到四次婚姻。而女性的情况在图 8. 9 中也有所体现，约 10% 的女性未婚，74% 的女性仅有一次婚姻，15% 的女性有两次婚姻，大约 1% 的女性有三次或更多次的婚姻。

（三）家庭解散

即使可以经过考量综合因素来计算离婚率，但官方提供的离婚统计数据都倾向于仅简单提供有关年龄和性别两方面的离婚率数据。结果和婚姻状况的研究一样，动态模型面临的问题是婚姻中男女伴侣在离婚率研究 258
中，年龄—性别指向的具体数据是不同的。以任何已婚群组中的伴侣为例，如果在某一年中，官方数据给出的男性离婚概率要高于女性，那么哪一方的概率应该先用来作为参考呢？DYNASIM 模型采用了男性的离婚率为初始参考对象，解决了这一问题。DEMOGEN和 SFB3 模型都避免了该问题的出现。前者采用了一个家庭作为整体而非个人来测算家庭解构的比率，后者则以婚姻的时间长度为唯一基础，来计算家庭解构的概率。另外一个选项是将两个比率综合后取平均值，由于澳大利亚的数据获取起来更加容易，模型中所采用的步骤就是按照这个方法实施的。

由于缺少更好的数据，群组中的伴侣如果不是法定意义上的已婚夫妻，仅“如同婚姻一样”地生活在一起也会被列入假设范围内，这部分人群的解散概率和法定已婚夫妻家庭解散的概率一致，因此，离婚率不会因为“严肃的”事实关系被纳入考量而有所调整。

影响离婚概率的因素很多（卡迈克尔和麦克唐纳，1988）。离婚率会不同，根据之前的婚姻状况和宗教信仰，也会随着婚姻维持的时间长度不断增长而减少。然而，在模型中，第一次结婚后的离婚率和再婚后的离婚率是一样的，有一部分原因是因为很难找到充足精确的用年龄—性别—婚姻状况而决定的离婚率，另一部分是因为给离婚这一情况建模本身就是非常复杂的。由于数据的缺失，模型中研究对象的离婚率是不随着婚姻长度有所降低的。然而，在任何情况下，随着年龄的增长，离婚率都会下降，所以并没有导致研究对象晚年时期的离婚人数变得十分庞大。然而，在模型的下一个版本中，有很大的可能会将婚姻的长度作为一个可解释变量，用来预测离婚的情况。

在模拟离婚这一情况的过程时，我们对群组中的伴侣进行随机挑选，任何有受养子女的家庭都假定离婚后孩子跟随母亲。没有被选定离婚的伴侣会继续维持现有的婚姻状态。当进行检测时，模型中有三分之一的婚姻以离婚收尾。DEMOGEN 模型最近的这一版中，有 38% 的离婚率（沃尔夫森，1989b，38 页），和这一版相比，这样的设定似乎给 1986 年出生的群组提供了较为现实可供参考的离婚预测数据（卡迈克尔和麦克唐纳，1988）。

正如图 8.10 所示，模拟过程中 71% 的男性没有离婚的经历，由于男性未婚的数量较多，因此这个比例要比女性稍微高一些。然而，男性离婚的次数更容易大于一次（有一部分原因是因为和女性相比，他们更

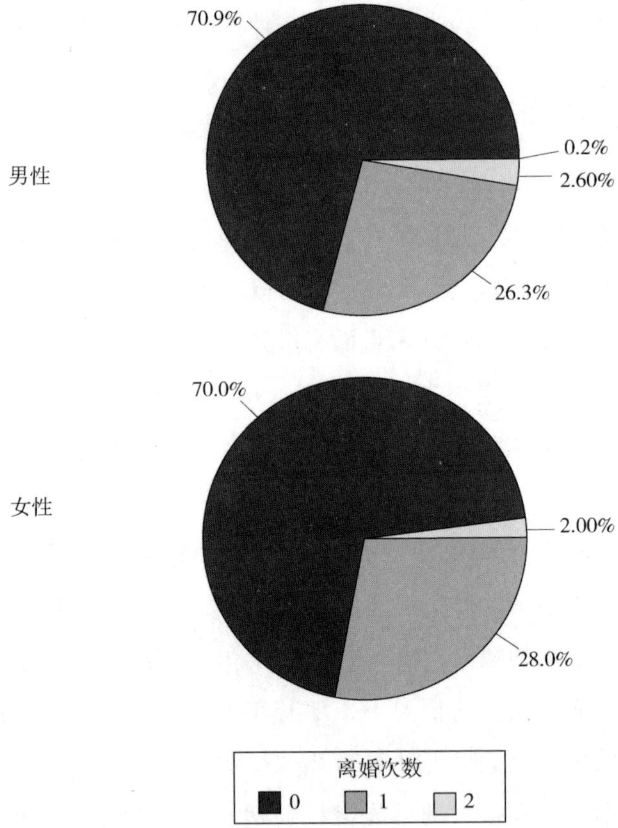

图 8.10　模型中以一生为周期男性和女性的离婚人数

有可能会再婚）。因此 2.6% 的男性在他们一生中，经历过两次离婚，0.2% 的男性则有三次离婚的经历，在合成人口中，仅有一位女性经历过三次离婚。 259

另外一个导致家庭解散的主要原因是死亡。对于已婚夫妻来说，任何一方的死亡都会导致另一方被编入孤寡者的队列中，并且被放回可作为结婚伴侣进行选择的人口数据池中。受养子女则归仍在世的一方，因此群组中有部分男性变成了单亲家长。在现存模型中，单亲家长一旦死亡，则会和其受养子女一起退出该模型。

家庭也会随着受养子女的离开而发生变化。15 岁及以上的受养子女可以离开家，在这里我们假设受养子女离开家庭时的年龄为 25 岁。根据 1986 年 IDS 所计算出的概率，合成群组中的受养子女会被归类为以下三种状况中的任意一种：在家，但是非全日制学习并且不独立；在家，全日制学习并且独立；或者离家很远。这些类别都会被应用于计算家庭收入和等价收入。 260

图 8.11 解释了在模拟模型中家庭形成和解散过程中发生变化的几年里应该遵循的步骤。

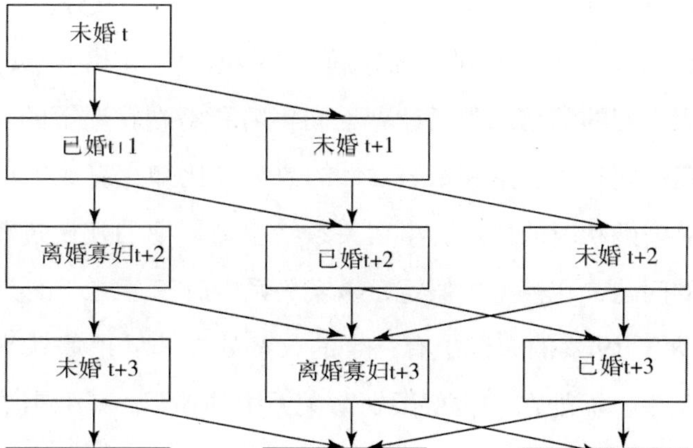

图 8.11 家庭形成和解散模块的结构

七、生育情况

一个好的生育情况模型应该包含的生育率是结合多个因素得出的，这些因素包括年龄、婚姻状况、分胎次以及母亲此次生育距离上一次生育的间隔时长（另外，还有已婚女性婚姻持续的时长）。然而，在澳大利亚没有这样的数据可以用来构建一个如此精确的模型。

261 第一，统计过程中确实可以收集已出生孩子的数量，这是建立在已婚女性登记生育情况的基础上，但是这些都只是“发生在现存婚姻之前的情况”。从前一段婚姻，或者之前的事实关系中所带来的受养子女是不被计算在内的（卡迈克尔，1986b）。因此分胎次对出生情况进行准确的预测也就不可能实现了。第二，前次婚姻中的生育情况相关数据更为缺乏，并没有对一个母亲已经生育的孩子的数量进行收集。前次婚姻中的生育在整个生育情况的占比不断攀升，在 1986 年一度达到了 16.8% 的占比。由于这些数据的缺乏，使模型中生育这一小节的内容不够全面，但是等到可以获取更好的数据时，这一情况会得到相应改善。

澳大利亚统计局在 1986 年公布了一组数据，有关已婚和未婚女性在不同年龄的分娩数量（澳大利亚统计局，1987e，10 页和 13 页），这一数据被用来作为模型的基础。为了计算不同年龄和婚姻状况下的分娩概率，需要精准假定不同年龄已婚和未婚女性的数量（比如，有成为母亲的潜力）。如同早前对婚姻状况的描述，事实关系给生命周期的建模过程带来了需要我们正视的问题，在模型中假定，事实关系中有三分之一的人年龄在 15～19 岁，而大于 19 岁的人群中有一半的人都处在非常严肃认真的“类似婚姻”的关系中。而处在“类似婚姻”关系中的伴侣，就将其在模型中的婚姻状态定为“已婚”。

这也是为什么调整生育数据是十分重要的原因，如果把所有前次婚姻生育的孩子都指派给作为单亲家长的母亲，那么就会产生误导，因为有可能，实际上很多次婚姻携带的孩子是由两个以“类似婚姻”关系相处的家长产生的。表 8.6 显示了澳大利亚不同年龄，作为母亲的女性在前次婚姻中有生育孩子的概率，在这个表中同时出现的男性即为孩子的父亲（崔和鲁兹卡，1987，131 页）。1987 年，英国的数据出现了一个同样的比例数字即 68%，这是英国前次婚姻生育中出生证明上写的是父亲姓名的比例，父亲和母亲按照同一住址一同进行注册的则占 70%（中央统计局，1989）。因此假设模型中，有 70% 的澳大利亚的父亲是前次婚姻中生育的孩子的父亲，并且这些父亲和孩子的母亲处在“类似婚姻”的关系中，这些前次婚姻中生育的孩子，在计算模型中不同婚姻状况的分娩率时，也会被归类于“已婚家长”生育的类别中。

在模拟出生状况时，15～44 岁的女性每年每人都会被随机分配相对应的数字。如果该女子已婚，且相对于的数字比她同龄的、婚姻状况和胎次相同的女性分娩率要小或者相等，那么这名女子即为分娩女性。如果是未婚女性，那么分娩率就仅根据年龄来进行判断，和胎次无关。婴儿群组 262
中，仅仅有 10% 的孩子母亲不处在“类似婚姻”的关系中，由于模型中前次婚姻的出生胎次降低所带来的错误也会随之减少。

一旦选取一名样本中的女性为分娩对象，那么就意味着该女性存在多次生育的概率。在动态模拟模型中，被选取定位为分娩的女性中有 98.12% 生育一个孩子，1.85% 的女性生育孩子数量为二，还有 0.03% 的女性生育数量为三（奥克特等人，1976，64 页）。由于多次生育的概率太低，因此并不会去仿照这种情况。即使经历分娩的女性中，有一定比例的人数并没有实现活产，有一定比例的孩子在出生的第一年就去世了，为了简化模型，这些因素都没有列入考量，整个过程都假定没有孩子死亡。考虑到现在的趋势，可能会导致生育率过高的情况出现。

然而，在检测过程中发现，模型能够提供对现实较为合理的呈现。群组中所有女性的生育率大约是 1.85%，这和 1986 年澳大利亚总生育率 1.87% 这个数字十分吻合（澳大利亚数据局，1988e，1 页）。由此可知，

表 8.6　根据母亲年龄模拟家长处在类似婚姻关系的状况下前次婚姻生育占比

母亲的年龄	1985 年认可为父亲身份的人群，其前婚姻生育百分比（崔等，1987）	模型中父母是类似婚姻关系，模拟时假定的婚姻生育情况百分比*
5～19	59	41
20～24	70	49
25～29	74	52
30～34	75	53
35＋	74	52
所有年龄	68	48

*第二栏是第一栏的 70%

群组中女性的生育个数出于某种原因都会小于两个孩子，低于人口更新率，并且符合最近由澳大利亚人口状况所预估的生育率（崔和鲁兹卡，1987，136 页）。

263 在表 8.7 中，妇女的生育产次递进率也呈现了较为贴近现实的数字。87% 的澳大利亚已婚妇女，在 1986 年都产下了第二个孩子，在模拟模型中，76% 的样本出现了一样的情况。这个比例其实比我们所期待的要低，但是有可能是由于，有一部分样本在前次婚姻中和伴侣的关系是“类似婚姻”的状态，模拟过程中将处在这样关系下的前次婚姻进行了重新分类。模拟中的产次递进比例如下，生产第三个孩子的占 44%，生产第四个孩子的占比 32%，这和 1986 年澳大利亚的情况是非常相近的。正如所预料的，未婚母亲的递进比例要低得多。

如果根据家庭的大小的横截面收入分配数据，来对家庭的终身收入分配进行比较，则是非常困难的。在母亲群组的一生中，生产一个孩子的比例约占 30%，两个孩子约为 33%，三个孩子约为 17%，四个孩子的约为 8%（图 8.12）。如果按照出生（年月）序列对母亲群组生育的所有孩子来进行排序，呈现的结果和澳大利亚数据局已有的 1986 年已婚女性的记录十分相近。比如，模拟过程中，群组内的婴儿有 32% 是第二胎，在同样的年龄范围内，已婚妇女于 1986 年生产的第二胎占比为 32%（1987e）。

表 8.7　澳大利亚模型中的女性生育产次递进比例

	估算百分比的过程来自			
	1～2 个受养子女	2～3 个受养子女	3～4 个受养子女	4～5 个及 5 个以上受养子女
澳大利亚				
仅限已婚妇女，15～44岁(1)	87	49	32	42
已婚并且婚姻持续 10 年内	80	39	22	*
模型				
已婚妇女	76	44	32	42
未婚妇女	19	28	23	*
全部女性	66	43	32	42

* 不可获得

注：(1) 澳大利亚数据局计算 (1987e)。(2) 崔和鲁兹卡 (1987，133 页)

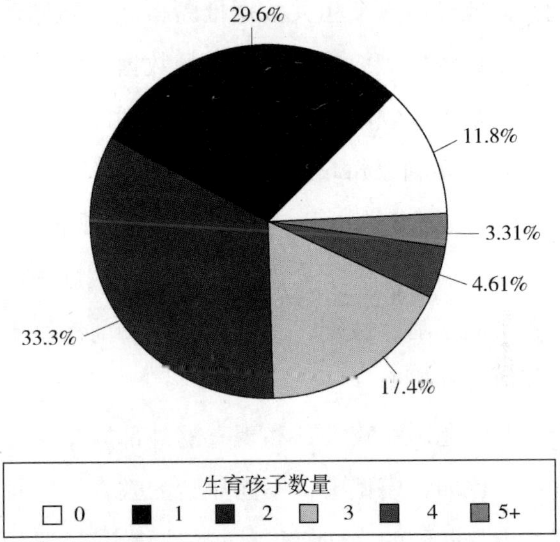

图 8.12　女性群组生育孩子的数量

为了呈现一个家庭的形成，解散和生育状况在现实中是如何进行的， 264
图 8.13 呈现了个体在模拟过程中，可以作为样本研究的家庭历史。比如，处于图表的左边的 2046 号女性，在 29 岁时成了一位单身家长，接着在 34

岁时嫁给了 17 号男性。他们在一起时没有受养子女，这名女性的丈夫在 53 岁时去世，最终她成了一名寡妇。在这之后她又独自生活了 40 年，最终在 95 岁时寿终正寝。3327 号女性和 22 号男性在他们 20 岁晚期时结婚，并立刻开始组建家庭，在她 28 岁时生下了第一个孩子，接着生了第二个，三年后生下了最后一个孩子。他们两人的婚姻十分长久，在男方 76 岁死亡后，这段婚姻关系才结束。相反，23 号男性一生都是单身状态，在 70 岁的时候死亡。

八、总结

在需要精准模拟澳大利亚的人口情况、残障人士和人群受教育状况的
266 情况下，很多数据都无法获得，尤其是进入和退出上述情况的概率。所以，相关的可能性只能经由以下相关数据推断得出，即体现某种上述特定情况下，相关人群占比的横截面数据，这样的数据来源于海外的各种相关证明，或者为了检测某个该领域的问题时，所得到的未发表的或者较小范围的研究数据（比如维多利亚州政府对初高中学校学生人流情况的调查数据）。即使官方的人口数据可供使用，但对于动态微观模拟这一目的来说，这些数据是远远不够的。举个例子来说，官方统计数据中并没有未婚女性产次生育率，或者不同年龄、性别、受教育状况、前次婚姻状况和婚姻持续时长的女性，其离婚的概率。

然而，由于这些问题影响较大，和现有的外部数据来源相比，模拟呈现出的结果非常好。比如，模型中，不同年龄的教育、产育模式和预估得出的横截面数据是十分匹配的。即使很难对长期教育情况的真实性进行评估，模拟过程中，每年得出的完成 12 年教育的保留率，没有完成见习期学习的学生比例，和在 20 岁中期进入过大学进行学习的学生百分比，和澳大利亚的数据契合度很高。

即使模拟群组的总体结婚、离婚和生育模式提供的纵向情况十分合

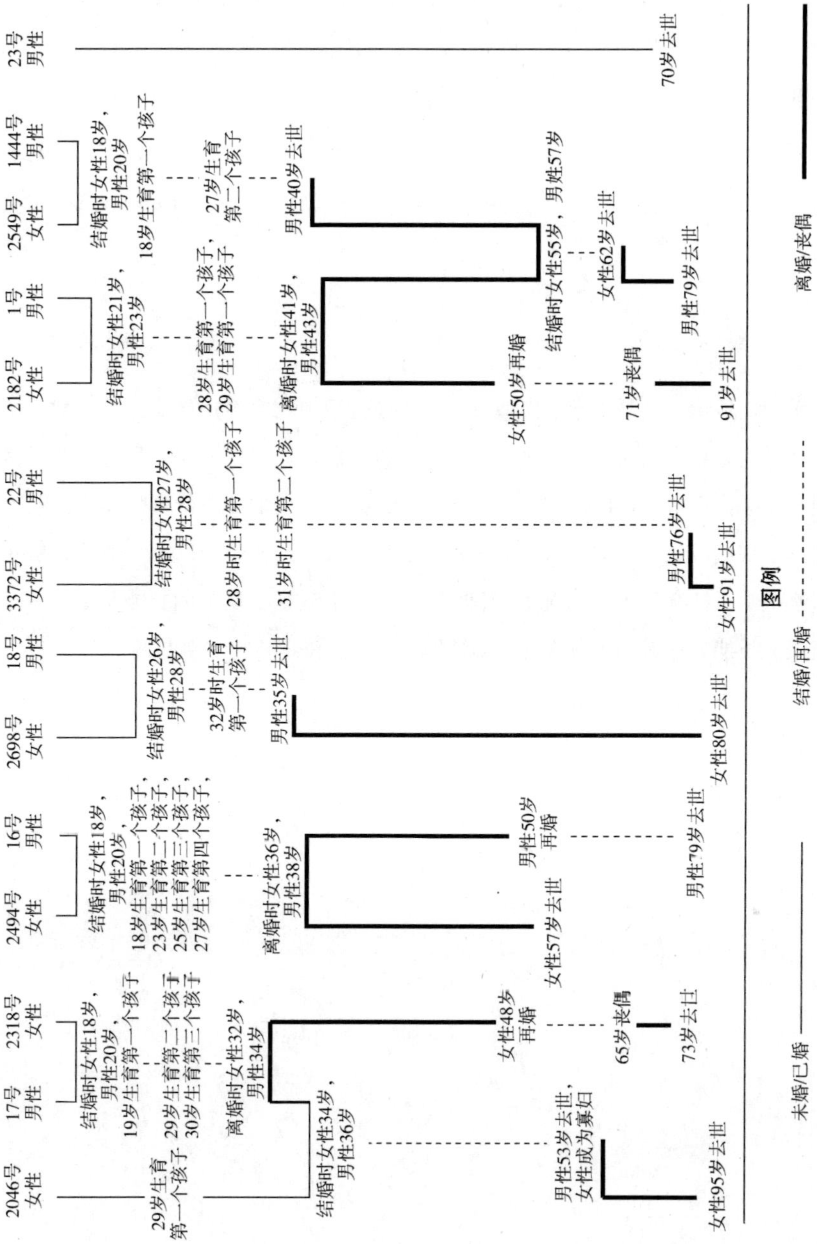

图 8.13　模型中 14 个个体终身家庭形成、解散和生育情况记录

注：和孩子的出生连在一起的是女性的年龄。

理，相关数据也是可以被提高的，和现存的澳大利亚人口相关情况的预测相比，模拟群组总体的生育率和离婚、结婚的发生并没有呈现出非常不同的结果。

在下一章中，会呈现以上模块经过完善发展后，得出的人口和受教育情况，同时也会描述哈丁模型里具有争议的、有关劳动力参与的模拟过程。

注释

1. 在采用上述调查结果来设定模型参数时，在模型中社会经济地位四分位数，所用的职业类别规划中发现一个方法。为了这样做，会假设 25% 的父亲属于社会经济地位组 1，包括了所有从事专家行业的父亲，以及 75% 的雇主—管理层父亲。剩下的雇主—管理层成员，文书—行政工作者，销售—文书工作者，以及一般的技能手工业者都被纳入社会经济地位组 2。其他 50% 的父亲包括了剩下的技能手工业者，半技能及无技能工作者和失业人士，都被纳入社会经济地位排名倒数两个组里。

第九章　劳动力参与情况与失业情况

一、简介

劳动所得通常是终身收入的主要来源，做出参与劳动的决定就显得十分重要。这一决定很大程度上取决于人口的特征，比如，澳大利亚的横截面研究中，反复呈现了一个结果，女性选择是否参与劳动在很大程度上受到婚姻状况和是否有年龄较小的受养子女的影响（布鲁克和沃尔克，1985，45 页；沃尔克，1984，51 页）。年龄和受教育程度对于男性和女性的劳动力参与来说，都是可解释变量（劳动市场调查局，1985a；米勒和沃尔克，1983，83 页）。 267

随着时间的流逝，劳动力参与的建模过程中遇到的挑战也在不断升级。虽然根据时间来测算劳动力的流动性无法直白反映出其重要性，很多研究发现，每年都有大量人口进入和退出劳动力（艾保和泽尔纳，1985；阿特肯森和麦克怀特，1990；霍格和弗勒姆，1986）。比如，克拉克和桑默斯发现，在他们进行调研的那一年里，即使在美国，处在黄金年龄的男性，其劳动参与率平均值为92%，这些人并不会被纳入流动人口中，超过三分之一的进入雇佣关系的人群并不属于劳动力，这些受雇佣者的劳动时间在劳动力退出的同时结束（1979，283 页）。劳动力的流动性是毫无疑问的。除此之外，有关动态劳动力参与的合理研究也描绘了，个体在一年中和下一年中作出的选择是有连贯性的（乔什等，1981；纳卡穆拉和纳卡穆拉，1985；皮克，1986）。

正如纳卡穆拉和纳卡穆拉观察的，建立纵向微观模拟模型，无法满足

“不同年龄—性别群体”每年劳动所得的分配情况和受雇佣关系这一说法的正确性。与之相反，对于长时间里，个体受雇佣情况和劳动所得行为的连续性，是应该被正确捕捉呈现的（1985，9 页）。这也是为什么动态下的相关情况是非常重要的。

268 创建动态劳动力模型时面临着诸多困难，这些困难由于澳大利亚缺乏相关的纵向数据而被进一步扩大。这样的建模过程似乎有两种可能的数据来源。第一个是澳大利亚纵向调查，这是继 1984 年将 15 ~ 24 岁的样本人群分配两类样本，以年度为时间点所得到的数据。第二个是 1986 年收入分配调查的微观数据集合，包括了个人和家庭特征量的非常细节化的信息，并且提供了两个不同时期的劳动力状况的细节。这是以 1985 年 7 月 1 日到 1986 年 6 月 30 日为会计年度之前的劳动力状况，以及处在第二个时间点的现存劳动力状况，其中涵盖了 1986 年 9 月到 12 月的样本。

澳大利亚纵向调查提供了非常丰富的纵向数据源，仅覆盖了较为年轻的人群，因此有很多上了年纪的群体，他们的情况对于动态模型来说很重要，但是却被忽略了，收入分配调查数据被当作劳动力参数，因为它提供了整个生命周期中较为完整的、始终如一的数据来源。然而，这也意味着建模过程中有可能出现的选项，要完全取决于收入分配调查合集中庞大的劳动力变量。正如下文中所说的，这也在很多重要的方面影响着模拟过程。另外，在决定到底谁是劳动力、谁不是劳动力时，并不能轻而易举就做出判断（比如，存在“隐藏”失业现象），也意味着，本模块中所采用的受雇佣、失业、在劳动力和不在劳动力中的相关定义，与收入分配调查中所用的是一致的（参见附录 1）。

劳动力参与板块的结构是非常复杂的，本章第二部分提供了一个概述，还描述了以个体为对象进行模拟时，产生步骤的更多细节。第三部分讲的是模拟进入劳动力和再度进入或者持续参与的情况，第四部分讨论的是自主就业的相关情况，第五部分解释了根据工作时间产生可抵扣税额的操作。第六部分讲的是模拟失业和失业时长，从第七部分中可以看到，全日制学生和残障人士劳动力状况的建模步骤。最后，第八部分则是确认模拟结果，并总结了模型产生的动态劳动力情况的几个关键部分。

二、模块概况

劳动力状况的建模过程分为六个毫不相连的步骤，在图 9.1 和图 9.2 269
中可以看到，针对不同性别有更为全面的描述。由于两个性别一生中的劳动力参与模式完全不同，所以两个性别被完全区别对待（BLMR，1985a，46 页）。

与其他的研究人员采用的方法相似，尤其是在对待劳动市场状况和一阶隐马尔可夫模型过程的转化时（比如，克拉克和桑默斯，1979，282 页），尤其是劳动市场单元和动态模拟模型的结构十分相似时（奥克特等，1976）。一阶隐马尔可夫模型说的是，假设每个个体的劳动力行为都可以通过其转变的概率矩阵呈现（在这里应用于每一年），个体转变的决定仅取决于他们在前一年的环境，并不取决于他们在某一特定状态下的时间长度。举例来说，在某一特定年龄和受教育水平下，假设所有男性都要面临继续保持一年的劳动力的身份；这一概率和他们保持劳动力的时长无关。即使初始动态模拟模型遵循了这一类型的方法，如果劳动力参与状态的改变会在很大程度上受保持劳动力状态的时长影响，那这就不是用来体现劳动力参与模型变化的最理想方法。然而，很难在良好的纵向数据缺失的情况下选取别的方法。

在研究劳动力时，第一步就是将个体分配在劳动力中，并在这一年里给其分配一个小时或者更多的劳动时间。生命中的每一年里，都需要随机生成一个小时数，用来和个人的记录相关联。对于那些前一年不在劳动力中的人，如果数字小于进入劳动力的相关概率，那么这个人就会在这一年里被选取进入劳动力。相似的，对于上一年在劳动力中的人，如果这个随机工作时长的数字小于离开劳动力的人，那么该个体就会退出劳动力。如果随机生成的数字比一定的概率要大，那么在后一年里，该个体的劳动力状况持续不变。

在哈丁模型中，男性和女性进入劳动力的岁数都在15岁以上，在85岁时劳动力参与就会完全终止。那些在任何特定年份里，被选取不进入或离开劳动力的人，会被编码作为非劳动力出现，其他的劳动力特征变量就会消失，接着下面的五个步骤就不用再进行了。对于那些被选取进入、再次进入或者保持为劳动力不变的人，则要遵循下面的步骤继续研究。

270 这一模块中的第二步就是对自主雇佣进行指派（自主雇佣和非自主雇佣的劳动力特征非常不同，尤其在工作晚期的几年里，并且两者间的收入模式也不尽相同）。和每个个体记录每年紧密关联的还有一个随机数字，对于那些上一年处在自主雇佣状态的人来说，如果这个数字比后一年仍旧保持自主雇佣身份的概率小，那么这个个体仍旧保持自主雇佣状态。否则，这样的个体就会被重新分类为领取报酬和工资的雇佣劳动者。采用同样的随机数步骤，在某一年里不是自主雇佣的人就可以在下一年变成自主雇佣者。

第三步是确定，整整一年中，被选为劳动力的群组成员在劳动力状态下的时长。1986年的收入分配调查合集，仅提供了1986～1987年的财政年度中某个时间点的劳动力状况，而不是1986～1987年整整一个财政年度的情况，因此每年工作时间的计算就被分为了两个完全不同的阶段。在第一个阶段，被选入劳动力的群组成员被分为两个组，即当年作为全职工作人员和当年作为兼职工作人员的两个组。挑选时遵循的比率是根据1986年收入分配调查中的一个问题进行的，这个问题是，在1986年的某个时间点，研究对象是全职工作者还是兼职工作者。另外，群组会被指派到“每年工作小时数上限”的八个类别中的一个，这是根据收入分配调查中一整年不同工作时数来进行的，这项调查的反应人群分别在1985～1986年间作为全职工作者和兼职工作者出现。这一步还是根据一个非常简单的比率表格进行的，收入分配调查中的工作时数被分成了不同阶段，以不中断的

“工作时长”为变量是不可用的。

第四步则是要确定，现下这一年里，个体经历中是否包含了失业的情况。如果有这样的经历，那么第五步和最后一步，就是计算全年里失业状态占工作时间的百分比。以上步骤能够有效地稳定劳动力参与率、失业率、全职和兼职工作人员的分布，工作时间的分布，以及合成群组在一生中的失业小时数，都固定在 1985～1986 年的水平。如同模型中的其他部分，存在这样假定的稳定状况，则提供了一个非常有用的基准，但是这样的假设，对于现实生活中于1986 年出生的人的实际财富状况来说，似乎是无法复制这一方法的（比如，很多人希望在未来，女性的参与率能有一个可观的增长，或者能在接下来的几十年里，工作的性质可以转变为兼职工作——BLMR，1985a，40 页）。

然而，修改作为基础的假设条件并不是很重要。比如，把每一个性别 271
的劳动力参与率进行膨胀调整，都设定为同一的百分比，这是相对容易的，或者把出现的不同失业率进行紧缩调整到同样的数量。要么是合成群组生命中每一年都进行这样的操作，要么就是在生命的后几十年里来完成这样的操作（在这样的基础上，比如，现行的人口趋势显示，失业率在未来会有所下降）。

然而，这样简化后的步骤似乎不是特别的准确。研究显示，女性作出参与劳动力的决定后，对劳动力市场多变的反应要比男性更加积极（埃克莱斯，1984，8 页），这也说明，对于男女情况的不同比例应该做出不同的调整。相似的，男性中有一定的群体和其他人相比，属于失业后还不积极找工作的人，尤其是 55 岁以上的人群（BLMR，1983）。这也说明，在我们对 1985～1986 年的现实状况进行基准假设调整的过程中，应该对未来作出的改进进行假设，或者对经济情况的衰退做出回应，也会要求在劳动市场转变的基础上，对于不同比例的人群做出不同调整。

由于税收或政府的现金转移政策带来的改变，在试图给劳动力供给发生变化建模时，出现了相似的问题。在第四章到第七章中，对税收和现金转移带来的影响做了相关评估，在这一评估中假定，根据相关的税务和现金转移将研究对象的行为调整成一致的。虽然如此，在未来的模型中，将行为产生的变化考虑在内也是可行的，比如，有研究表明，女性劳动力供给在转移收入的变化较为明显积极（基林斯沃斯，1983）。然而，正如海戈纳斯在调查过可以得到的计量经济学证明后总结道，“当前灵活性的差异太高了，因此不能给微观模拟提供一个统一有用的估计”（1989，31 页）。

同样重要的是，正如第二章中讨论的，我们对如何提高经济条件，或者改变税务和现金转移的水平对终身参与抉择的影响知之甚少（艾基，1986；麦克科迪，1981）。总的来说，对于结果的敏感度分析是非常有趣的，把所有的劳动力比率都调整到 1985 ~ 1986 年的水平，并且假设在起始点不会出现任何行为上的变化。

最后关于劳动力参与的模型有一个问题，与 DYNASIM 和 SFB3 模型一样，是建立在一阶隐马尔可夫流程上的，比如，进入或者退出劳动力，或者成为自主雇佣者的比例，都取决于样本前一年的情况（奥克特等，
274 1976）。一旦早些年或早几十年的行为，会对现在做出的决定产生十分重要的影响，并且这样的影响不能参考前一年的情况来进行捕捉，那么这样的方法会误导终身劳动力参与模式、参与时长以及自主雇佣行为。

一些研究发现，个体在劳动力中的时间越长，他或她离开的可能性越小。比如，采用之前加拿大家庭历史调查中的数据，皮克发现，“在参与劳动力 3 年后，退出这个状态的可能性仅是参与劳动力 1 年后退出该状态可能性的三分之一或者一半”（1986，14 页）。采用来自劳动市场经验中的美国国家纵向调查数据，埃克斯坦和沃平计算出，随着劳动力持续的时长，可以预测出劳动增长的可能性；他们发现，比如，如果有 10 年的劳动力经验，没有孩子的 39 岁已婚女性的工作可能性为 65%；如果有 20 年的劳动力经验，那么这个百分比会增加到 85%（1989，387 页）。

相似的，在采用新的德国面板研究得出的数据后，莫尔兹发现，全职

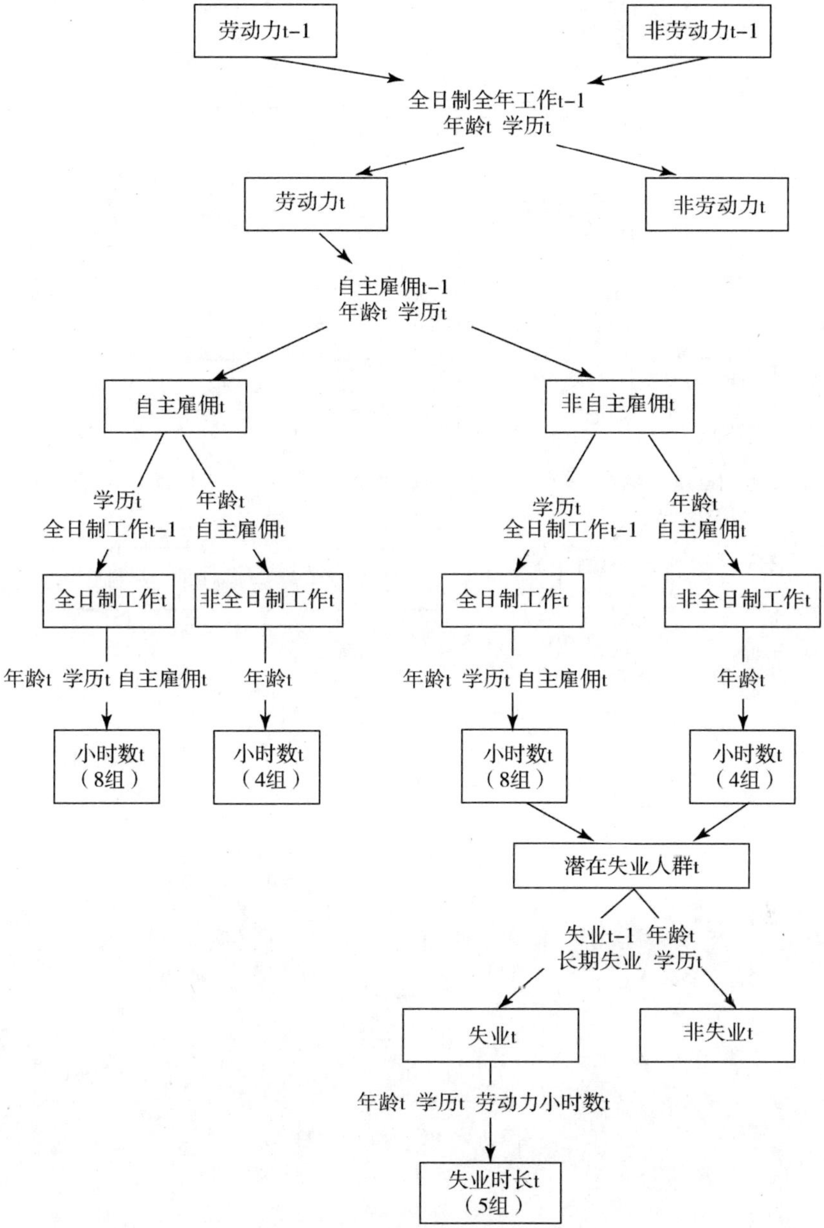

图 9.1 男性劳动力参与单元结构

注：以缩写出现的都是会影响到相关比例的可解释变量。

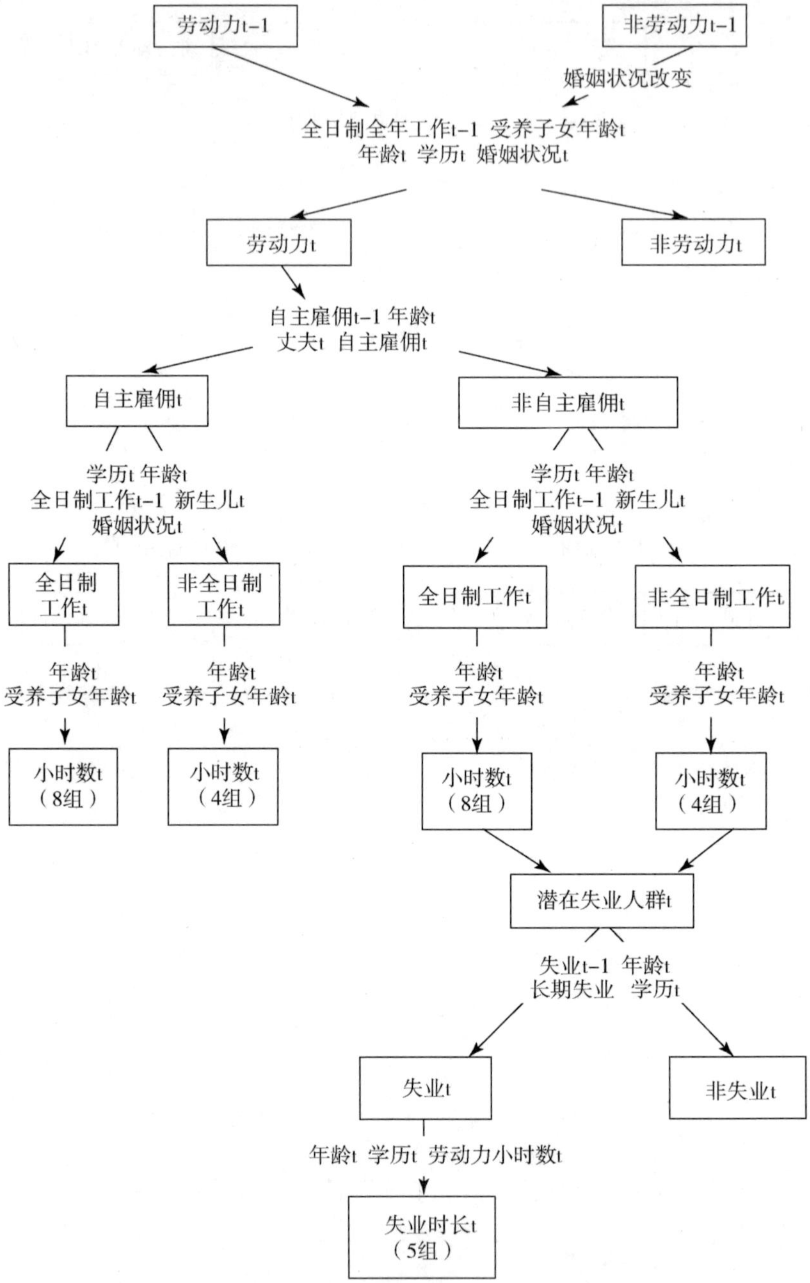

图 9.2　女性劳动力参与单元结构

注：以缩写出现的都是会影响到相关比例的可解释变量。

工作时长和身处劳动力的概率之间呈正相关（1987，19 页）。最后，基于 1980 年对悉尼已婚妇女工作模式的调查，澳大利亚的一项研究发现，每多一个月的前序工作经验，会再提高劳动力参与的比例（罗斯，1986，331 页）。

上述证据证明，只有建立在前面一年的劳动力状况下的模型，才能够提前预估不同劳动市场条件的转变。比如，正如皮克指出的，“呈现出的结果是不同状态间的各种转换，模型得出的受雇佣模式太过分散”（1986，1 页）。然而，纳卡穆拉和纳卡穆拉对这样的结论提出了异议。通过采用基于他们发现的密歇根面板研究收入动态，而得出的纵向数据发现，在控制了前次工作年的工作行为后，以 18 岁起的工作经历被纳入考虑范围，这样的做法增加了对现在的工作行为的预测准确性（1985，291 页）。

纳卡穆拉的研究包含了前次工作的时长和劳动所得，这两者都作为可解释变量，影响着当前这一年劳动力的参与；这两个变量并不包含在其他所引用研究的回归方程中，这些方程采用的是劳动经历以年计算的时长。这也是为什么不可能检测这些研究中，前次工作年中工作行为状态持续时长可能带来的重要性。

这也是为什么，很难判断由模型生成的终身雇佣模式的准确性。对于 275
男性来说，任何潜在的误导都不那么明显，这是因为基本上所有的男性研究对象都处在劳动力状态中。然而，一旦在收集澳大利亚的数据时出现新的数据，表明了受雇佣情况是明显不足的，那么相关的可能性就可能被调整修改。

这也总结了劳动力模块的概况，下面的几部分描述了上述概要更多的细节。

三、劳动力参与

对于前次年中，任何时间都没有处在劳动力中的人，我们需要计算当前这一年里他们会处在劳动力中的可能性。不论男女，第一步就是要把他们分为三个组，这三个组需要有不同的劳动力参与模式——全日制学生、残障人士，以及剩下的既不是全日制学生也非残障人士的大多数人（本章第七部分会讨论针对残障人士和全日制学生的相关步骤）。对于剩下的那群人来说，需要预测未来仍旧属于劳动力的可能性，或者再次进入劳动力状态的可能性，这个过程中我们会采用马尔可夫单元转换的可能性。当在DEMOGEN和 SFB3 动态微观模拟模型中，采用计量经济学方法来模拟进入或离开劳动力，当然这个方法是可以被替换的，哈丁模型则跟随了动态微观模拟模型，采用了非常简单的劳动力参与可能性的表格为参考。

我们对很多可能影响劳动力参与的因素进行了检测，尤为特殊的是，从 1986 年的收入分配调查合集得出的 1985 ~ 1986 年可获取的劳动力变更情况，提供了下一个财政年里仍旧保持劳动力的情况，我们从中也有了相应的分析。最后，不论是不是以全职身份，在前一年里工作了 52 周的个体，都是对现在劳动力状态最好的预测参考对象。

（一）男性

对于大多数男性来说，如果特定研究年份的前一年里就是劳动力，那
276 么指定年份是否还是劳动力要取决于他的年龄，前一年是否全职工作 52 周，以及他的受教育程度。对于那些前一年里不是劳动力的人来说，成为劳动力，或者再度进入劳动力市场的可能性，是建立在年龄和受教育程度的基础上的。正如我们预料的，不同年龄的劳动力参与率呈现出来的是一个反向 U 形，在研究对象为青少年和 20 多岁的年轻人，参与的百分比呈现急速上升的形势，在 40 岁左右达到顶峰，然后在 50 岁晚期及之后的年龄中下降。

之前澳大利亚横截面研究显示，受教育程度越高，则越有可能参与劳动力（布鲁克和沃尔克，1985，47 页）。在皮克的纵向研究中，受教育程度是一个非常重要的因素。比如，研究发现，控制了其他的可解释变量

后，“受教育程度越高，不论男女，离开受雇佣情况的可能性越小，重新进入劳动力的可能性就越大”（1986，20 页）。

模型中用来预测劳动力行为模式的教育分类有三种：第一种，完成了12 年教育或者是普通初高中教育，但是没有高等教育资格证书；第二种，职业教育，其他证书或者资格认证；第三种，本科学位或者更高。也检测过更为细致的受教育水平分类，但是那样就增加了模型中更多需要解释的部分。比如，基本所有男人每年都处于劳动力状态，所以完成初高中 12 年教育，没有受过高等教育的人群与受教育时长小于 12 年的人群的劳动力模式没有什么区别。

受教育程度对于劳动力参与率中正值壮年的男性来说，仅会带来轻微的差别。25 ~49 岁男性中，有 95% 仅有中等教育资格认证的男性处在劳动力中，这一比例在有高等教育资格认证的人群中上升到 98%，在本科毕业生中上升到 99%。对于正值壮年的男性，收入分配调查数据显示，99% 的人在前一年中处在全职 52 周工作状态，那么这一年就仍旧是劳动力中的一分子，和受教育程度的关系不大。对于前一年没有全职全年工作的人，这一年是否仍是劳动力中的一分子，受教育程度就会带来非常大的不同。50 ~64岁的人群，再被三种教育分类后存在着明显的差异，受教育较少的人就会较早被劳动力市场淘汰。

1986 年收入分配调查中，包含了劳动力状态会发生的第二种变化，正如之前提到的，在某一个特定的时间来测算现在的劳动力状况。其他研究者指出，整年都处于劳动力状态的男性比率高于某一个月（BLMR，1985， 277
52 页）。收入分配调查数据支撑着这一早期研究，也说明了和其他处在 1986 年晚期的男性相比，在 1985 ~1986 财政年度某一时间点，处在劳动力的男性多出了 1.5%。女性之间的差异更明显，这是因为她们在劳动力状态中的出入较为频繁，用年龄和受教育程度的不同来检测男性，只会产生轻微的不同。

这也就意味着，通过对比 1986 年 6 月前的 12 个月处在劳动力的男性比例，和1986年后半年中某一个月处在劳动力的男性比例，可以预测出劳动力进出人群的相关比例，这样一来，每年都需要挑选一定的男性退出劳动力。结果，上文中所探讨的可解释变量就要给不同年龄、受教育水平不同的人群可能面临的风险提供一个诱因，所有的相关可能性都会被扩大，只为了根据年龄、性别和受教育程度得出一个正确的年度劳动力参与率。

从图9.3中可以看到，1986年收入分配调查数据和模型模拟得出的不同教育水平下男性的年度劳动力参与率。正如之前提到的，这些是在一年中任意时间的劳动力参与率，不是一年中某个星期的数据。这个比例要比很多横截面调查所得的数据高，同时显示了这周劳动力的参与率，或者两个星期的调查结果。从这些图标中可以看到，模型对于复制不同年龄和受教育程度下不同的参与率有着很好的表现，哈丁模型和收入分配调查数据之间的差别仅发生在年龄小于25岁、没有毕业和70岁甚至更大年纪的人群身上。然而，如前面讨论，并不能保证和劳动力参与的横截面调查结果相符合，也意味着劳动力参与的动态情况是准确的。

婚姻状况对剩余男性劳动力的影响已经过了检测，并且将婚姻状况纳入以一个未来的可解释变量，但在其他的变量得到控制后，婚姻状况就显得很重要了。这是因为，在工作峰值的几年里，几乎所有在劳动力状态的男性都会将这个状态再持续一年，和婚姻状况没有太大的关系。如果在预测模型中的劳动力参与程度时，要把其他的可解释变量包含在内，包括现
279 金转移收入、前一年的非劳动所得（和前一年的劳动力呈负相关）以及身体是否残疾的状况（奥克特等，1976）。然而，1986年的收入分配调查合集中能得到的数据，仅有8000位男性的相关记录，除了上述我们讲到的这么多的可解释变量外，样本单元变得过小也让人无法接受，因此结果变得相对不可实现。最后，用于预测一个男性在特定的一年里，是否还会持续劳动力身份的变量，就成了有限的年龄、性别受教育程度和前一年是否是全日制全年工作等（图9.1）。

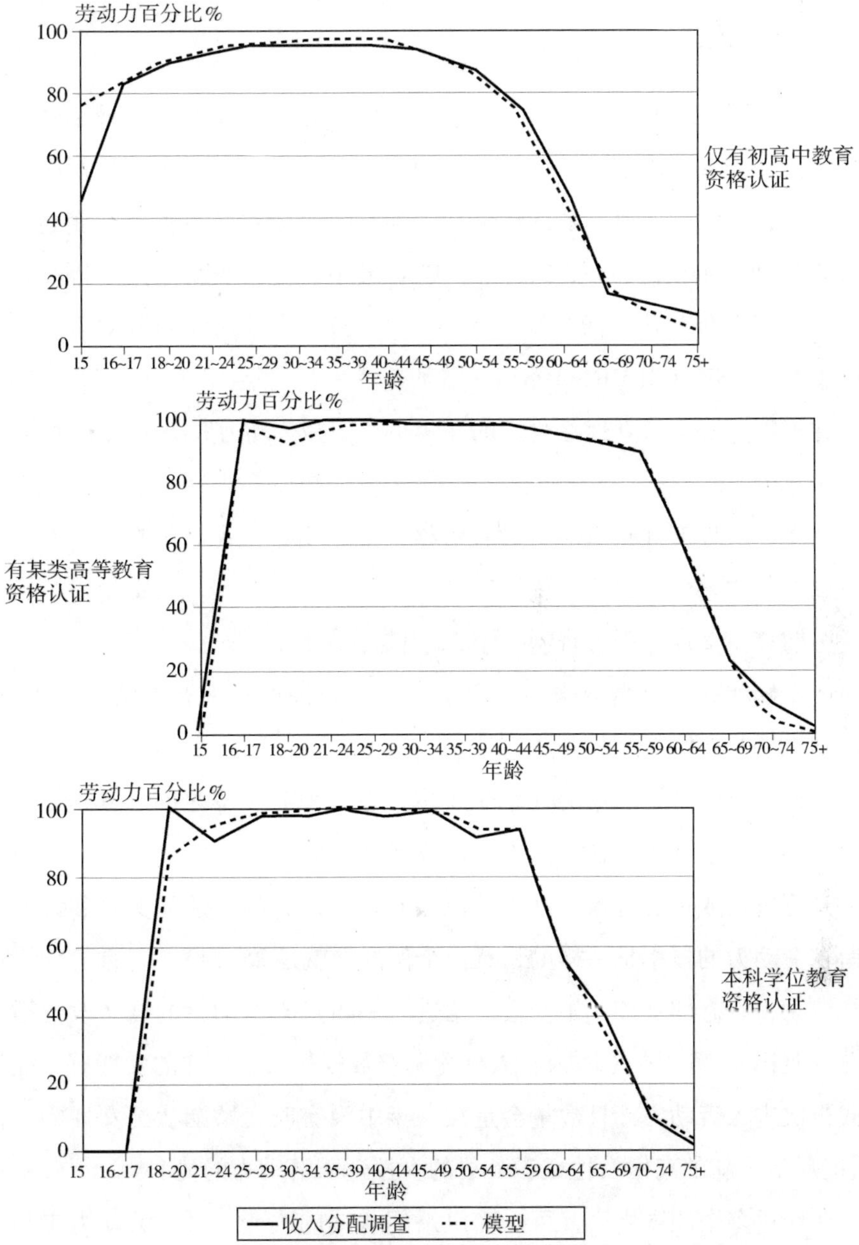

图 9.3　1986 年收入分配调查和模型模拟得出的模型不同年龄和受教育水平下男性的年度劳动力参与比例

（二）女性

1986 年收入分配调查中显示，如同所预料的，婚姻状况、最小受养子女的年龄和受教育程度对女性在劳动力参与率上产生了很重大的影响。结果证实了，澳大利亚所有的女性劳动力参与率会随着受教育程度变高而变高（米勒和沃尔克，1983，77 页）；随着最小的受养子女年龄的增加，劳动力参与率也会上升（沃尔克，1984，51 页），未婚女性的劳动力参与率比已婚女性要高（BLMR，1985a，55 页）。

在模拟过程中，女性在之后的几年里仍旧是劳动力取决于以下几点：

· 年龄；

· 受教育程度（仅有中等教育资格认证，受过某类高等教育，有本科或更高的学位）；

· 前一年女性是否全日制一年 52 周都在工作；

· 婚姻状况（已婚或未婚，样本大小不允许再对没有结婚进行细分，精确到未婚及离婚/丧偶/分居）；

· 最小受养子女的年龄（小于 1 岁，在 1 岁到 4 岁之间和其他——比如，最小受养子女年龄在 5 岁以上，或者没有孩子）。

计算进入或再度进入劳动力的概率时，要用到的可解释变量和计算仍旧留在劳动力的概率是一样的，有一个例外，就是 25 ~ 49 岁、前序年没有处在劳动力状态的女性，她们会根据进入和再进入劳动力的概率改变婚姻
280 状况（见图 9.2）。这是因为收入分配调查数据显示，这样的女性有可能进入或再次进入劳动力，且数量会是在一年中没有改变婚姻状况女性的 2 倍（可能反映了新的离婚女性或者分居的女性进入劳动力的情况）。

在经过多个测试之后，可以确定婚姻状况的改变，对于劳动力参与的持续性，或者在不同年龄进入劳动力都会产生重要的影响，一旦控制了其他的可解释变量或者样本的尺寸太小，只允许得出可靠的结论时，这些影响就没那么重要了。

针对男性的情况，我们采用收入分配调查中的数据来计算继续留在劳动力，或者进入劳动力的概率，结果会很低。在 1985～1986 财政年里测算出的劳动力参与率是一整年的情况，接下来的一年再对劳动力情况进行观察，可以得出某个时间点的劳动力状况。比如，根据收入分配调查，1985～1986财政年的某个时间点里，只有 54% 的女性处在劳动力中，而在整个收入分配调查中，仅有 51% 的女性处在劳动力中。因此，女性保持和进入劳动力的概率是有所膨胀的，一整年里的女性劳动力比例都需要通过年龄和受教育程度进行调整。

图 9.4 中，能够看到 1986 年收入分配调查的劳动力参与率和模拟结果。这里的参与率看起来会比专门定制所得的横截面数据高。然而，需要强调的是，这里的参与率不是一周或两周的情况，而是一年中任何时间的劳动力参与率。因为许多女性工作的性质是兼职或者一年中间断的工作，这样的比例会比某一时间点的全日制工作率高。

这样的剖面数据呈现了女性劳动力参与率的双驼峰模式特点，在 20 多岁和 30 多岁时呈现了一个小小凹陷，是因为许多女性在工作峰值年由于怀孕和养育孩子，而退出了劳动力状态。两个峰值点没有呈现太多关于女性学成毕业的信息，因为女性退出劳动力受到婚姻和怀孕的影响比较大。比如，在哈丁模型和 1986 年的收入分配调查数据中，仅有初高中教育资格的女性的劳动力参与率从 18～20 岁的 83%，下降到 25～29 岁时仅仅高 282
于 60%。大学毕业的女生情况则相反，在 30～34 岁，这个比例一直高于 85%。男性的情况则是，不论年纪如何，劳动力参与可能性会随着受教育水平的提升而不断升高。图中显示，模型模拟中，不同年龄女性的劳动力参与横截面模式，和 1986 年收入分配调查数据显示的不符。然而，65～69岁期间出现的劳动力趋势上升，可能是由于样本太小，并且极具变化性。

另外，将其他的变量考虑进影响女性劳动力状态的潜在因素中是可取的，比如，丈夫的受雇佣状态和收入情况（罗斯，1986；莫鸫尔兹，

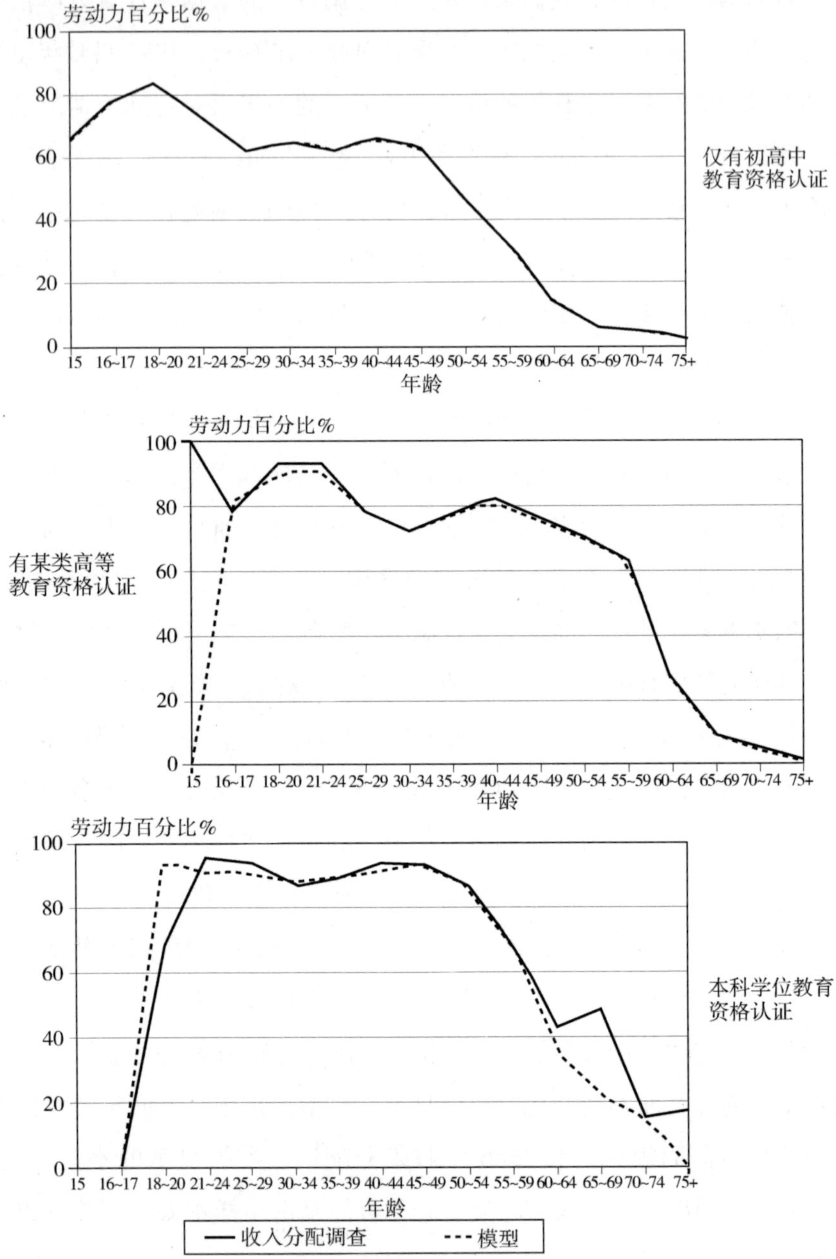

图 9.4　1986 年收入分配调查和模型模拟中不同年龄和受教育水平的女性的年度劳动力参与率

1987），投资收入和财富状况（海克曼和麦克科迪，1980），等等。但是样本的大小不允许出现更多的不同，也有无法获取相关信息的可能。尤其是在考虑了残障人士之后，我们把不同的可能性都考虑进去是比较有用的，但是在研究 1986 年收入分配调查微观数据集时，残障人士情况不被纳入变量考虑。

四、自主雇佣情况

在研究自主雇佣时，男女需要分开进行不同的模拟。先说男性，在特定的某一年里，男性被选为劳动力，并且是自主雇佣劳动力时，他在当前这一年里的自主雇佣，取决于前一年他是否是自主雇佣的劳动力。25～49岁的群体样本容量较大，足以允许受教育程度出现不同。但是结果没有呈现特别明确的趋势，比如，进入自主雇佣劳动力和留在自主雇佣劳动力的人群占比最高的，是有高等教育资格认证但是没有大学学位的人（也许其中包含了生意人运营自己的生意这样的劳动力关系）。

25～49 岁的这群人里，曾经有自己的生意，之后仍旧停留在自主雇佣阶段的人群占 85%；到了 65 岁及以上，这个比例达到了 100%（也就是说，65 岁以上退休后，大家更愿意开始以自主雇佣的形式劳动，而不是领取工资、受雇于人）。指定研究年的前一年，不是自主雇佣劳动力，那么在指定当年进入自主雇佣劳动力的人在不足 65 岁的人群里约占 3%。

男性的自主雇佣概率不论是模拟情况下还是现实生活中，都在 40、 283
50 岁左右稳步增长到 25% 到 30%，一旦到了 65 岁这一法定退休年龄，这个比例迅速增长至 60%。平均来看，20% 的男性在劳动力状态下处于自主雇佣。如图 9.5 所示，即使在自主雇佣的纵向剖面数据无法达到精准的情况下，模型仍旧可以很好地捕捉自主雇佣横截面模式的相关情况。

对于一个在劳动力中的女性，处在自主雇佣情况的可能性取决于她的丈夫是否是自主雇佣人士（如果已婚），她在前一年是否是自主雇佣劳动力以及她的年龄。也许有人猜测，已婚女性成为自主雇佣劳动力的可能性较高，如果她的丈夫是自主雇佣劳动力，那么她保持自主雇佣劳动力身份的可能性就会更高。女性是自主雇佣劳动力的可能性在其 20 多岁和 30 多岁时呈上升趋势，在其 40 多岁到 50 多岁时保持在 20% 到 25%，然后 65 岁之后极速增加。所有女性中，是自主雇佣劳动力的占 13%，要比男性低得多。

从图 9.5 中可以看到，1986 年收入分配调查和模型模拟中女性是自主雇佣劳动力的概率。模型似乎再次成功复制了自主雇佣劳动力的横截面模式。

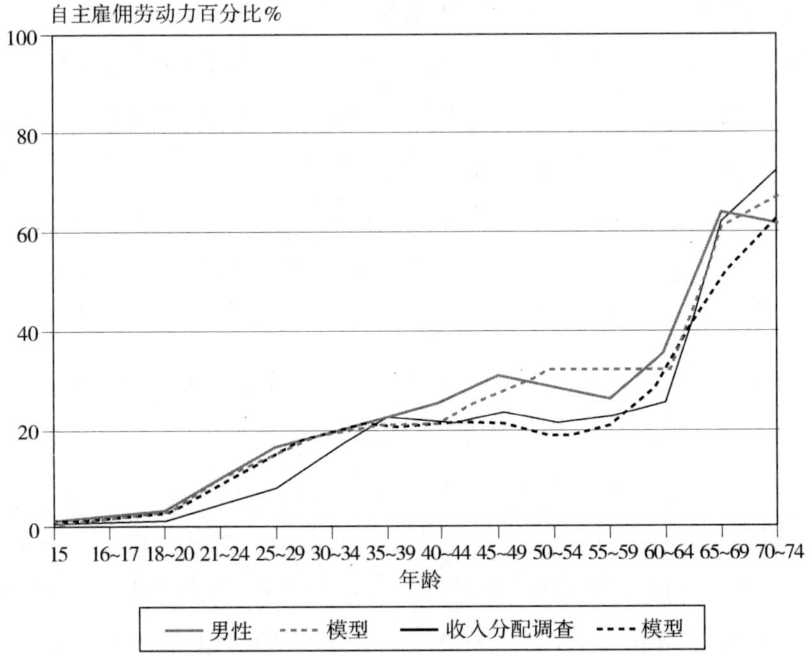

图 9.5　1986 年收入分配调查和模型模拟中分配调查不同年龄和性别人群属于自主雇佣劳动力的概率

五、全职和兼职以及年度工作时间

在模型中准确模拟一年到另一年工作时长的变化很难得，尤其是在不间断的两年里，年度工作时数无法获取的情况下。然而，不论是全职或是兼职调查对象，都是在变化的，但两个群体在某时间段的相关数据，都可以通过收入分配调查得到。因此，工作时长的动态模拟可以分为两个步骤。第一步，计算劳动力从全职变为兼职或者兼职变为全职的可能性，又或者是前一年不是劳动力的人群，开始成为全职或者兼职工作者后的工作时长。第二步，分配年度工作时长给研究对象，这一分配是基于1986年的收入分配调查中给予回应的对象，在1985～1986年一整年里，不同工作时长的分配状况。

（一）男性

在样本容量足够大，可以允许出现无效结果的前提下，分别对自主雇佣和非自主雇佣情况下全职和兼职的概率进行模拟。前一年里是劳动力，在计算这一年中其作为全职劳动力的概率时要基于他在前一年里是否是个体全职工作者、受教育程度、自主雇佣情况和年龄。一般来说，男性如果是全职工作者，那么在接下来的一年里他还会保持这样的身份状态，收入分配调查数据显示，正值工作峰值年的男性中有98%到100%的人连续保持着全职工作的状态。即使到了快要退休的那几年，继续保持全职工作状态的概率还是极高的（即使很多人退出了劳动力状态）。比如，收入分配调查数据显示，95%的非自主雇佣男性在65岁甚至更高年龄时，在接受调 285
研的前一年都是以全职劳动力的身份生活，并且这样的身份会再持续一年，依旧做全职工作。

有一些男性，在他们中年时期的那几年里不处在劳动力状态中，因此在模拟这一年全职工作的可能性时，那些上一年不是劳动力的情况只能简单根据年龄来模拟（样本容量太小，不能采用其他的可解释变量）。在青少年和 20 岁早期，根据收入分配调查数据，前一年不是劳动力身份的人，开始做全职工作的可能性在 85% 左右徘徊，这反映了从全日制学习到工作身份的转变。在工作峰值年里，于研究的前一年退出劳动力状态的男性，更有可能重返全职雇佣关系当中。比如，25 ~ 49 岁的人群，收入分配调查数据显示，有 56% 的男性前一年还不是劳动力，但是会在第二年回到劳动力状态中，并从事全职工作。在法定退休年龄 65 岁之后，重返劳动力市场，并且从事全职工作的比例有了非常明显的下降。

前一年从事兼职工作的男性，更有可能在这一年里转变为全职工作者，即使这样的概率和受教育程度紧密相关。比如，收入分配调查数据显示，25 ~ 49 岁的非自主雇佣劳动力，如果在前一年从事兼职工作，那么这一年里，他们作为全职劳动力的概率就是那些持有初高中教育资格认证人群的 37%，是大学毕业人群的 75%。

在决定到底个体在这一年中是全职还是兼职劳动力之后，需要计算一整年里他们的工作时长，这一计算要基于 1986 年收入分配调查中，1985 ~ 1986 年期间，作为全职和兼职劳动力，分别工作的时长各是多少。在工作峰值年里，有将近 90% 的中年男性是全职工作者，一年 52 周都在工作。即使超过 65 岁，仍旧有 80% 的人还在从事全职工作，整整一年都是这个状态。根据收入分配调查数据，那些有着较高教育资格认证的人群，工作时长有可能更长，自主雇佣者更有可能比非自主雇佣者工作时间长。对于兼职工作者，由于工作的时长会随着年龄的增加而增加，则年龄越高占比越小。

所有上述变化，在模拟过程中都可以看到。换句话说，模拟过程中的
286 男性不仅随着时间在劳动力和非劳动力身份之间来回转换，更是在全职和兼职的工作者身份之间变换。这样的转变和 1986 年收入分配调查数据显示的转变概率一致，1986 年的收入分配调查数据，根据不同个体的重要特征量来进行，比如年龄、受教育程度、是否是自主雇佣工作者以及前一年是

全职还是兼职工作者。每一年，工作的时长也在改变，这一点和1986年的收入分配调查体现的变化也一致。

（二）女性

女性的工作时长模拟和男性相比，较为复杂，因为在收入分配调查中，家庭状况是其中非常重要的一个需要预测的变化。在收入分配调查数据的基础上，我们进行了检测，显示孩子在1岁以下这个条件，对女性工作时长的影响是非常戏剧化的，所有的女性就会被分为有这样的孩子和没有这样的孩子的两个人群。没有年幼的受养子女，那么在计算这一年全职工作概率时，参考的就是年龄、前一年是否是全职工作者、受教育程度和婚姻状况这些条件。并不令人惊讶的是，仍旧是劳动力的女性中，有90%到100%的女性，前一年是全职工作者，这一年也还是全职工作者，教育资格认证越高的女性，越倾向于继续从事全职工作。比如，收入分配调查数据显示，在25～49岁的女性中，9%的人持有初高中资格认证，她们会将全职劳动力的身份保持下去。相比之下，本科毕业的女性占比更高，有97%。

将上述的数据应用到前一年全职工作的女性中是可行的，也有很多女性的身份进行了转变，一年里她们是兼职工作者，下一年就变成了全职工作者。收入分配调查数据显示，15～24岁的女性中，有四分之三的人在前一年还是兼职工作者，到了接受调查的这一年就变成了全职工作者，这也反映了从她们在校园里是全日制学生，到进入劳动力阶段就转变为了兼职工作者。25～49岁的女性中，仅有三分之一在从事兼职工作之后仍旧保持劳动力的身份，并且在下一年转变成了全职工作者。有趣的是，从兼职工作者转变为全职工作者的女性比例，在50～59岁上升到了64%，也大体反映了继续从事全职工作和担当家庭责任之间的关系在慢慢消失。

对于前一年不属于劳动力，但在这一年里开始成为劳动力的女性，她们从事全职工作的可能性要低得多，这是婚姻状况带来的非常大的不同。

287 比如，收入分配调查数据显示，25～49岁的未婚女性中，有18%的人在一年中不是劳动力，但在下一年就成了劳动力，并且开始进行全日制工作。然而，同龄已婚妇女的相对比例仅有7%。在这个年龄范围成为劳动力的女性，更倾向于从事兼职而非全职工作。总的来说，已婚女性做全职工作的可能性要比未婚女性小一些。未婚，处在工作峰值年龄段的女性，全职工作一年后，下一年还是会以全职劳动力的身份存在。

受养子女年龄非常小、受教育水平和婚姻状况，都会对全职或兼职工作的概率带来一些相对的区别，正如收入分配调查数据显示，年纪小的受养子女带来的影响是压倒性的。前一年处在全职工作阶段的女性中，有60%的人会在当下这一年中生下孩子之后，依旧以全职劳动力的身份出现（有10%的女性会在当前这一年里，以全职劳动力全年的方式工作）。

模拟过程中，通过上述这些因素来分配全职或兼职女性，下一个问题就是一整年里她们工作的时长。收入分配调查显示，婚姻状况和受教育程度对总工作时长起到的决定性作用，不如年纪最小的受养子女的年龄重要。比如，25～49岁，孩子不到1岁的全职女性中，仅有42%的人是全职工作一年52周的。这一比例在受养子女的年龄上升到学前教育年龄时攀升至65%，受养子女年龄再大一些，这个比例就上升到了82%。在统一标准化了最小受养子女的年龄后，在分配全年已婚和未婚妇女，兼职工作时长时，就产生了一些小的区别。因此，在采用婚姻状况来预测女性是否是全职工作者或兼职工作者时（图9.2），并不是在划定全职或兼职工作状态后，再进行工作时长的预测。

六、失业状况和失业时长

在确定研究年份后，还要确认在这一年中研究个体是否是劳动力，是否为自主雇佣人士，从事全职工作还是兼职工作，以及一年的劳动力时长。模拟中的下一步是确认，这些以劳动力身份出现的时长中，有没有包含失业状态的时间。

失业人群的流量相当大，在这一年中任何时间经历过失业的人口比 288
例，一般是指定月份的 2～3 倍。比如，25～49 岁的男性中，从 1986 年收入分配调查中可以得出，有 5% 的比例是在某个月里经历过失业的，10% 的男性在 1986 年 6 月前的 12 个月内经历过失业。在对比了劳动力调查中得到的横截面数据后，第一眼看起来，模型中采用的失业概率可能稍高。经过检测 1986 年收入分配调查后显示，只有极少数比例的自主雇佣人士在一年中有过失业经历，所以在模型中只允许非自主雇佣样本产生失业。

在模型构建过程中，特定年份中，有过任何失业经历的比例取决于，个体在前一年是否失业过、个体的受教育程度和年龄。然而，这个似乎不能在终身时长中保持一致，因为所有的男性样本，都是经过随机抽取的，这些男性在工作经历中有过几年的失业经历，也就是调查中可以看到的，动态失业情况其实也是高度集中的。

比如，邓肯等人在经过 10 年对收入动态调查数据的分析后发现，样本中 10% 的对象在特定一年里有失业状况，在 1967 年到 1976 年这 10 年间，有 40% 的研究对象经历过至少一次失业，仅有 5% 的样本在这 10 年间有近一半的时间都处在失业状态（1984，96 页）。后面这部分群体，属于长期失业人群，10 年内处在失业状态的时长平均下来有 96 周，这样的失业时长使得这 10 年里他们丧失了 15% 的劳动所得（1984，105 页）。这样长期的失业人口大多聚集在高中辍学人群、蓝领职工以及建筑行业从业人员，60% 的惯性失业人口没有完成初高中教育。

相似的，加拿大失业保险管理数据显示，1975 年到 1982 年这 8 年间，60% 的样本至少经历过一次失业。在这些失业人口中，69% 的人在这 8 年间多次失业（即整个样本的 40%），这一群体包含了 90% 这段时间完全处于失业状态的研究对象。失业人口中大约 35% 的样本有 4 次甚至更多的失
业经历，7% 甚至更多的人有超过 8 次失业经历（经济合作与发展组织， 289

1985，106 页）。

1976 年到 1982 年长达 6 年的西德失业登记数据显示，48% 的失业人士在这段时间里经历了多次失业，并且其中 71% 的人群处在完全失业状态。15% 的人群有 4 次或者更多的失业经历，并且失业时长达到了 6 年失业时长总计的 37%（经济合作与发展组织，1985，106 页）。

最后，经过这么多年，虽然还没有生成大量的澳大利亚纵向数据，采用澳大利亚纵向调查的研究已经发现，失业情况更有可能随着时间的流逝变得高度集中。邓斯缪尔等人从他们研究的结果总结称，“人口中有一大部分人群要么是完全从业者，要么就是完全失业者”（1988，21 页）。艾兰德和强森发现，从学校到工作的转换越慢，“人生晚期的时候就越容易处在较长时间的失业状态”（1987，18 页）；麦克雷发现，一年到下一年，走出失业状况的概率和处在失业状态的时长有关（1986，18 页）。使用不同的数据，布鲁克和沃尔克也发现，在澳大利亚，离开失业状态的概率在不断减少，与此同时处在失业状态的时长却在加长（1986，296 页）。

相关证据显示，劳动力中有很大一部分比例的人群，在他们的一生中不会经历失业，然而有过失业经历的人是少数，这一小部分人占了总失业人口的一大部分。这样的失业人口或者被潜在雇主（菲尔普斯，1972）称为失败者的人和残障人士（奥克特等，1976，171 页），还有一些无法观察到的个人信仰和特征，会随着时间的流逝不断集中，这和人群的特征，劳动力缺点（如较低的受教育水平，工作的行业属于间歇性工作性质，并且停工比较常见，或者是季节性雇佣）等失业造成的“缺口”，以及有价值的工作经验流逝有关。

因此，和劳动力参与模型早期描述的相反，早期模型中没有明确地指出，模拟过程是建立在某两个时间点的行为表现上的，所以得到的数据会不太精确。上述的数据显示，一年中失业的可能性不能根据前一年的情况
290 而判断。然而，在缺少全面的、针对澳大利亚失业状况的纵向数据时，试图采用更多要求准确度的动态模型，明显是极具挑战的事情。

在尝试过一些有可能的选择之后，采取了下面的解决方法。将群组分成三个小组——被选中的，在其一生中都没有经历过任何失业的；被选中有失业经历的以及被选中长期失业的。第一步是对第一组人群的数量进行预测——这部分人群比例中不能含有曾经有失业经历的人群。收入动态追踪调查发现，60%以上的样本在10年里没有经历过任何失业这样的数字太低，不能用于1980年的研究中，这一年恰好是低失业发生的时间。德国研究发现，人口的40%没有经历过失业的说法似乎更合适一些（经济合作与发展组织，1985）。然而，这一数据看起来仍旧是低估了调查所覆盖的长达8年的时间（一旦时间延长，则预测有更多人经历失业）；另外，根据调查发现，1985～1986年的失业率要比1975～1982年的失业率高。

所以对人群随意进行分配，如所有毕业生的50%（整个群组的毕业生占了20%），有高等学历资格证书人群比例的30%（占整个群组人数比例的70%），以及仅有初高中学历人群比例的20%（占到整个受过良好教育合成群组的10%），在他们的整个工作生涯中没有经历过失业。考虑到受教育程度在群组中的分布情况，意味着有三分之一的人是从来没有失业过的。当然，这个比例会针对不同假设进行调整。

对于剩下的三分之二的人群，下一个问题就是应该选取什么样的比例，定为长期失业人群。考虑到之前讨论的海外面板数据呈现的结果，我们决定选取20%的有过失业经历的人群，然后在终身时间长度上，将这个比例累计到50%。对于“长期失业”人群来说，变成失业状态的可能性增长至20%，剩下的80%为“间歇性失业”人群。在1986年收入分配调查中，根据1985～1986年的情况可以发现，在设定了这样的相对比例之后，根据年龄和受教育程度来设定的总失业率仍保持不变。另外，长期失业的比例较间歇性失业比例高，这是由于每年失业时长都在不断增加。

（一）男性 291

正如图9.1所示，除了一生中没有过任何失业经历的男性，其他人在某个特定年里失业比例是根据年龄、受教育程度、是否属于长期失业人群以及前一年是否有失业经历这几点来定的。失业人群当中，年龄较小的失业人口比例较高，这个与收入分配调查数据显示的结果一致。15～24岁的男性人口中，有大约30%的人在一年中面临失业，这一比例在25～49岁的人群中降低到了10%，等研究对象到了50～64岁这个区间，这个比例降低到了7%左右（图9.6）。

收入分配调查数据显示，受教育水平带来了重大不同，随着受教育水平的上升，不论在前一年是否经历过失业的人群，他们在这一年里失业的可能性都在降低。模拟得出的结果可知，对于25～49岁、非自主雇佣人群、属于“间歇性失业”的群体以及上一年没有失业的群体，在这一年失业的可能性大约是有初高中教育水平人群的8%，是有本科学历人群的4%。

通过收入分配调查测试的数据可以得到，不论前一年是否有过失业经历这个条件，这已经成了最重要的解释变量之一，反映着动态失业情况的高度集中的特性。对于上述25～49岁的非自主雇佣男性来说，如果前一年有过失业经历，那么这一年里多多少少会产生失业经历的可能性为65%，如果在前一年里没有过失业经历，那么这一比例则是前一年的8倍之多。如果前一年不是劳动力，那么在这一年里失业的可能性就会很高，但是仍有小部分的样本，无法通过受教育程度和年龄来给出精确的预测。因此，在采用收入分配调查数据来预估失业的可能性时，要将这个群体和前一年是劳动力的人口，以及去年某个时间点经历失业的人口结合起来。最后一个问题是，65岁及以上男性中有一小部分人，在现实生活中是没有工作的，但是在模型中并没有这部分人，这是由于这部分男性都有资格获取养老金的缘故。

在某特定年里，被选入有失业经历的群体后，下一步就是累积失业时长。根据动态微观模拟模型，来计算劳动力在失业状态中所处的时间长度。对于大多数年龄段的人群来说，样本尺寸小就意味着，相关可能性是

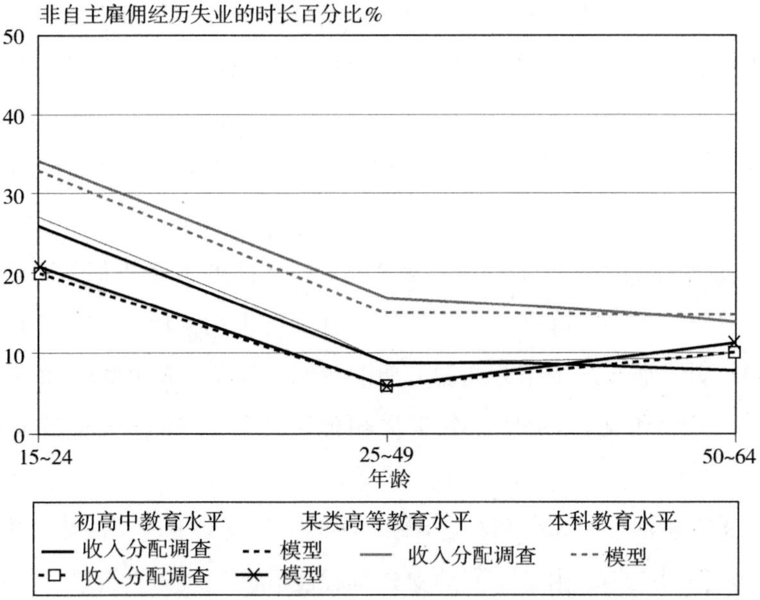

图 9.6 1986 年收入分配调查和模型模拟中根据年龄和受教育程度得出的一年里非自主雇佣男性在劳动力过程中失业的可能性

简单建立在年龄和花费在劳动力的时长之上的。收入分配调查显示，任何一年中，年轻群体失业可能性高，但其失业时长要比年长人群短。比如，15～24 岁有五分之一的人群是在他们完全处于劳动力状态时失业的。对于 25～49 岁的人群，这个数字上升至三分之一，到了 50～64 岁，这一比例远高于二分之一，反映出年长人群失业时长较长，情况反复。对于全职全年工作的 25～49 岁的男性劳动力，由于样本容量较大，在收入分配调查中允许将研究对象的受教育程度，用作一个增加的可解释变量，用来预测失业时长，发现受教育程度较高的人群的失业时长仅占一小部分。

（二）女性 293

在测试中采用收入分配调查发现，女性的失业率由孩子的年龄和婚姻状况决定。已婚女性有着较低的失业率，也许部分原因是在进行家庭收入检测时，她们没有资格领取失业救济。然而，由受教育程度造成的失业率的不同，要比婚姻状况带来的影响大，但是由于样本尺寸大小的原因，所以只能选取其中的一个变量来进行测算，所以我们最后选择了受教育程度。对于女性来说，任何一年失业的可能性是根据年龄、受教育程度、被划分为间歇性失业还是长期失业以及是否在前一年有过失业经历来决定的（图 9.1）。

通过收入分配调查得出的结果发现，和男性的情况相似，失业的可能性会随着年龄增长而降低，会随着受教育程度提高而降低，如果前一年有失业的经历，那么这一年失业的可能性会急剧升高。在 1986 年的收入分配调查中，男性和女性的失业率非常相似，这和模型中的参数有很大的关系。

图 9.7 显示了 1986 年收入分配调查和模型模拟中，女性非自主雇佣劳动力，在任何一年，由于不同的受教育程度和年龄而产生的一个小时或更高时长的失业比例。应该再次强调，和有关失业的横截面数据相比，看起

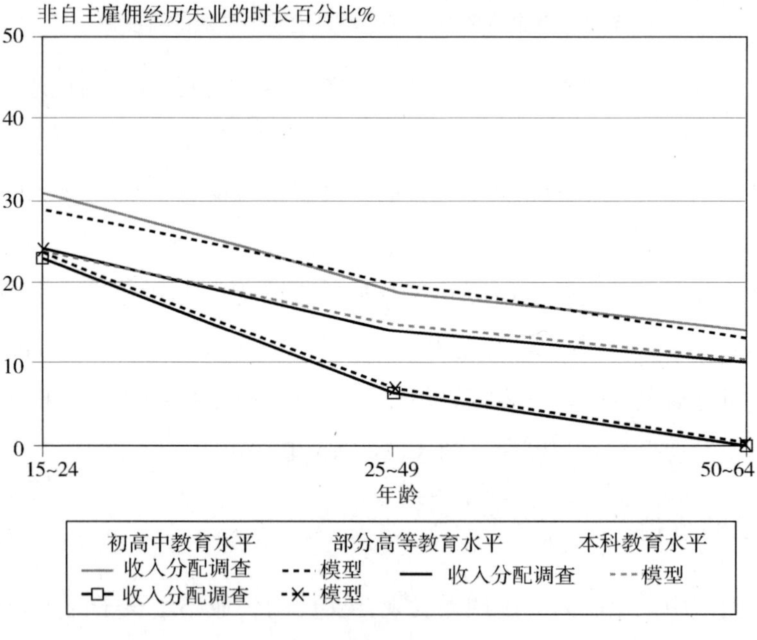

图 9.7　1986 年收入分配调查和模型模拟中不同年龄和受教育程度下非自主雇佣劳动力女性在一年里的失业比例

来很高的失业率其实是来源于某个时间点。正如早些时候提到的，一整年中的某个时间点，有过失业经历的人群数量其实是被上报数量的两到三倍。再次说明，任意年龄范围的模型结果和收入分配调查中得出的数据吻合。

大多数情况下，女性在劳动力状态中花费的时间是不同的，这取决于她们处在劳动力状态时的年龄和时长。25～49 岁的女性是个例外，她们是全职、全年的劳动力，这部分人的样本容量较大，允许在考虑变量时将受教育程度纳入考虑范围。而男性的情况是，在失业状态下的时长会随着年龄的增长而增加，也会随着受教育程度的升高而降低，如图 9.7 所示。在 15～24 岁这个阶段的男性，有失业经历的人数是 50～64 岁男性的 2 倍，25～49 岁的失业率在这两个数值范围的两端。

七、全日制学生和残障人士 294

正如早前讨论的，全日制学生和残障人士的劳动力参与，会在模型中和一般人口中分开进行统计。这是因为，这样的群体有不同的劳动力情况。对于全日制的学生来说，不论男女，样本容量都比较小，这意味着，能够用来决定比例的可解释变量只有年龄，以及前一年该样本是否以全职全年的状态工作过。在模型中，被选为劳动力的学生会被指定到从一至五的“工作时长目录”中，和 1986 年收入分配调查中的全日制学生根据年龄和性别而分配不同时长的情况一致。

一个完整的残障人口模型应该包含障碍情况对劳动力状态、工作时长 295
和收入的影响，就像英国研究中呈现的非常全面的样子，残障人士和非残障人士在劳动力参与和劳动收入所得上的情况非常不同（马丁和怀特，1988）。然而，在收入分配调查数据集中，没有出现残障情况相关变量，这就意味着，从微观的角度来讲，无法精准在模型中体现残障人士的情况。虽然在未来，可能会出现一个符合该情况的单元数据合集，能够将澳大利亚残障人士调查在收入分配调查数据中的情况进行使用（澳大利亚数据局，1989），作为一种临时采用的方法，最佳的方式就是将领取残障补贴的残障人士单独区分出来，这部分人在收入分配调查集合中已经得到了认同。

在收入分配调查中，被认定为残障补贴领取者的劳动力特征会在模拟过程中被设定为计算可能性时参考的变量。对于这一人群来说，成为劳动力的可能性取决于其年龄和性别。我们不会假设，残障人口中男性在65岁之后、女性在60岁之后还会继续工作。处于劳动力状态下的工作累计时长取决于年龄和性别。

八、群组劳动力介绍

上述的讨论已经说得非常明白了，模型构建过程中，已经得出了大量的有效数据。比如，在动态失业模拟中采用的不同方法都得到了验证。然而，在第八章中讨论的人口情况和受教育情况，也在合成群组的终身剖面状况中得以检验，来确定他们是否足够现实。

整个群组的劳动力参与总计预测或者失业率的总数预估，和现实生活中1986年澳大利亚人口是不同的（比如，因为合成群组的年龄以及婚姻状况分布与1986年人口情况不同）。然而，如果模拟过程相对准确，每个年龄段的预测应该是相似的。正如上文讨论的，模型应该呈现的是一个合理的运行过程，需要把澳大利亚不同年龄研究对象的各个条件，比如，劳动力参与、失业情况和自主雇佣比例的横截面预测值相匹配。然而，动态剖面数据是否现实都只是一个推测，因为在整个研究过程中，缺乏澳大利亚大多数年龄范围的纵向数据。

296 下面看到的劳动力剖面分析是从群组二次抽样样品中得到的。其中的记录仅包含了1816名女性和1540名男性，这部分样本处于法定退休年龄时还存活于世（女性法定退休年龄为60岁，男性为65岁），他们的劳动力相关记录最多到有资格领取养老金的时候为止。换句话说，结果中呈现的数据是女性15～60岁、男性15～65岁期间每年的情况。到了领取养老金的年龄，很多退休人士还是进行兼职工作，或者会不定时出现劳动力剖面数据，这样的退休后活动会扭曲样本在工作峰值年劳动力参与比例的认知。

模拟产生了下列结果。那些寿命达到65岁的男性，劳动力参与时长平均值为45年，他们花费41年在全职工作上，剩下的4年从事兼职工作（比如，还是全日制学生时从事的兼职工作）。男性在15～65岁期间，非劳动力状态下的平均时长仅有6年（比如，处在全日制学习状态，或者休假）。

然而，这就是说，男性的劳动力剖面分析会产生很多变化。0.5%的男性会在劳动力状态中持续5～29年（比如，由于身体缘故），10%的男性劳动力参与时长在30～39年（图9.8）。将近30%的男性劳动力参与时长为40～44年，一半的男性在15～65岁期间，劳动力参与时长在45～49年。

正如图9.8呈现的，男性似乎不太倾向于将很多时间花在兼职工作上。将近65%的男性在15～65岁期间，花在兼职工作上的时间少于5年，24%的人花在兼职工作上的时间是5～10年。只有5%的男性做兼职工作的时间在15年或以上。相反，60%的男性在全职工作上花的时间长达40年及以上，将近6%的男性在全职工作上持续花费的时间少于30年。

模拟中的男性，在工作峰值年里并没有在非劳动力状态中花费太多时间。44%的男性处在非劳动力状态的时间少于5年（其中包括了他们是全日制学生且不从事兼职工作），40%的男性处在非劳动力状态的时长为5～9年。只有10%的男性有10～14年的时间处在一个经济不活跃状态。

模拟中寿命至少达到60岁的女性样本，她们在平均时长为30年的时间里，每年的劳动力参与时长为1小时或更多。在这些研究对象中，她们 298
花费25年的时间在全职工作上，剩下的8年从事兼职工作。在15～60岁

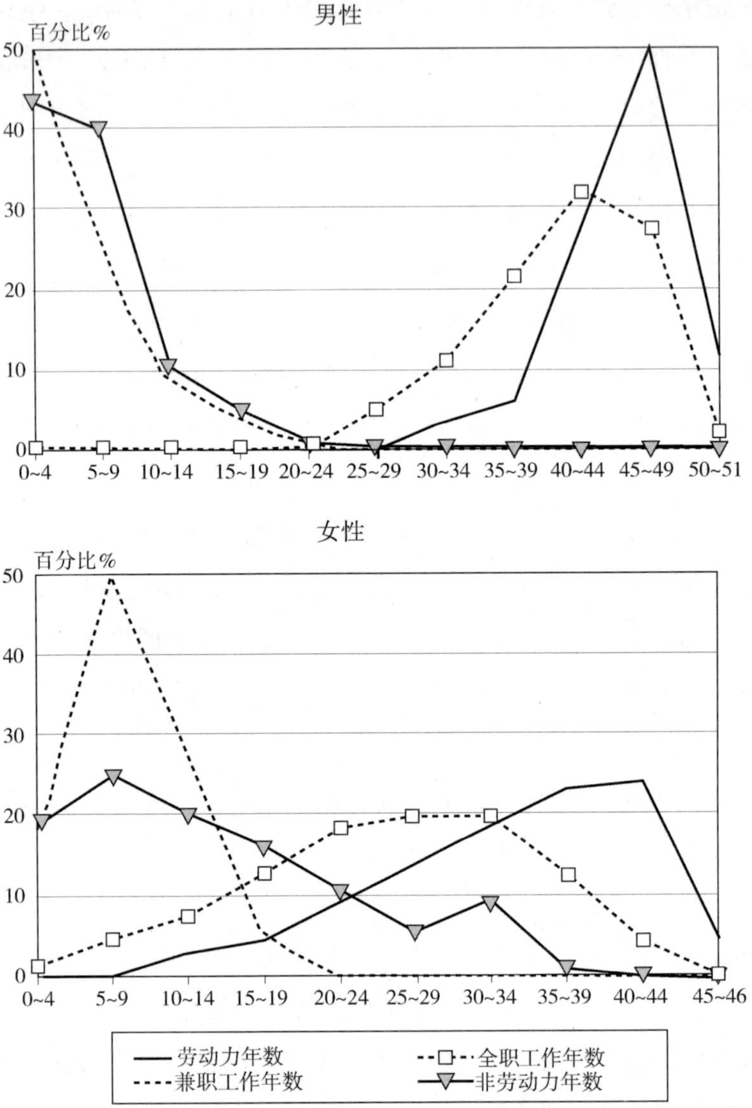

图 9.8　不同性别处在劳动力状态中的人数分布频率

期间，有 13 年会处在非劳动力状态中，比如，这段时间里是全日制学习或者履行家庭义务。

这是模型模拟得出的女性普遍情况，在研究对象是男性时，有更多需要考虑的条件，这样的平均状况掩盖了劳动力剖面分析中很多的差异。即使女性在劳动力状态的时长小于男性，在图 9.8 中的两个图对比后发现，仅有 3% 的女性在劳动力状态中的时长少于 15 年，这也强调了，女性在除了育儿高峰的几年里，参与劳动力的重要性。15 ~ 60 岁中一半的女性花费 35 年或更长的时间参与劳动力。

和男性相比，女性进行全职工作的可能性更小，五分之一的女性花费在全职工作上的时间有 20 ~ 24 年，超过五分之一的女性花费 25 ~ 29 年的时间，另外五分之一的女性花费 30 ~ 34 年的时间进行全职工作。只有 5% 的女性从事全职工作时长超过 40 年，但大多数男性从事全职工作的时长和这部分女性属于一个范畴。

相似的，女性从事兼职工作时长的分布情况和男性相比，有很大不同。不到三分之二的男性从事兼职工作的时长小于 5 年，女性群组从事兼职工作时长小于 5 年的有 17%，一半的女性在工作峰值年中，花费 5 ~ 9 年的时间从事兼职工作。女性也更倾向于花费更多时间在非劳动力状态上，四分之一的女性非劳动力状态有 5 ~ 9 年，超过五分之一的女性处在非劳动力状态的时长有 10 ~ 14 年。

15 ~ 65 岁的男性参与劳动力时长的平均值为 44 年，该年龄段中男性失业时长的平均值为 4 年。女性在工作峰值年里，4 年中，失业次数在一次甚至更多。仅有超过三分之一的男性和女性在工作峰值年里没有失业的经历，60% 在不到 5 年的时间里失业时长为一小时或更多（图 9.9）。男性和女性中仅有 5% 的人在 14 年或更长的时间里，有过失业达一小时甚至更长时间的经历。

正如图 9.10 所示，男性在自主雇佣上花费的时间要比女性长。三分之一的女性没有过任何形式的自主雇佣的经历，三分之二的女性在自主雇佣形式下工作不足 5 年。大约有五分之一的男性从未有过自主雇佣的尝试， 299
然而五分之二的男性在他们自己的生意中花费的时间少于 5 年。约 15% 的男性从事自主雇佣工作达 20 年甚至更多，相比之下，女性在这一情况中的比例仅有 3%。

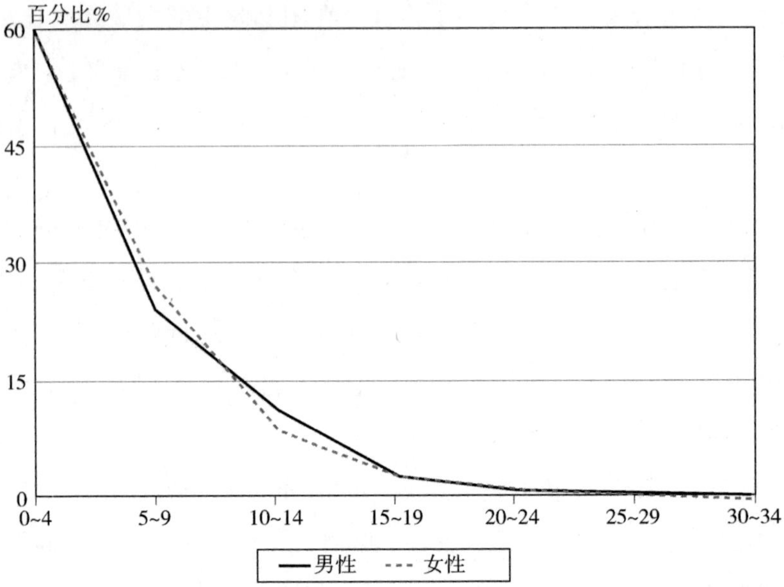

图 9.9　不同性别失业时长分布频率

最后，要将男性和女性一生中参与劳动力的最后一年单独区分出来。这和常规退休的那一年不同，一般人的退休年龄在 60 岁或 65 岁，他们会接着从事少量的兼职工作，或者建立自己的生意变成自主雇佣人士。下面说到的样本仅包括寿命至少到法定年龄为止的群组成员，但是在这一年龄之后参与的劳动力状况也被纳入考量。

女性退出劳动力状态的时间要早于男性，1% 的女性在 35 岁之前退出劳动力并且没有再返回，另外 3% 在 35 ~ 45 岁退出劳动力。正如图 9.11 所示，合成群组中 10% 的女性在 45 ~ 49 岁退出劳动力，另外 11% 在 50 ~ 55 岁退出劳动力。虽然如此，在第 59 年的末尾，即使 40% 的女性在到了 60 岁的退休年龄后的 5 年里退出劳动力，模拟过程中仍旧有超过一半的女性从未退出过劳动力。

大多数男性会把退出劳动力的时间稍微推迟，等年龄再大一些，只有 3% 的人在 55 岁时就退出了劳动力。然而，55 岁之后，早退休的影响就开始显现，5% 的男性在 55 ~ 59 岁期间退出劳动力，超过 40% 的男性在

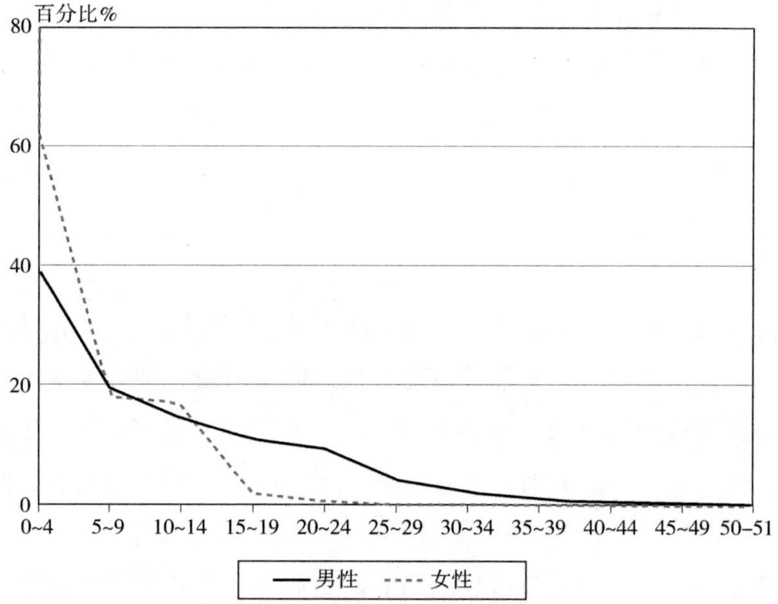

图 9.10 不同性别自主雇佣时长分布频率

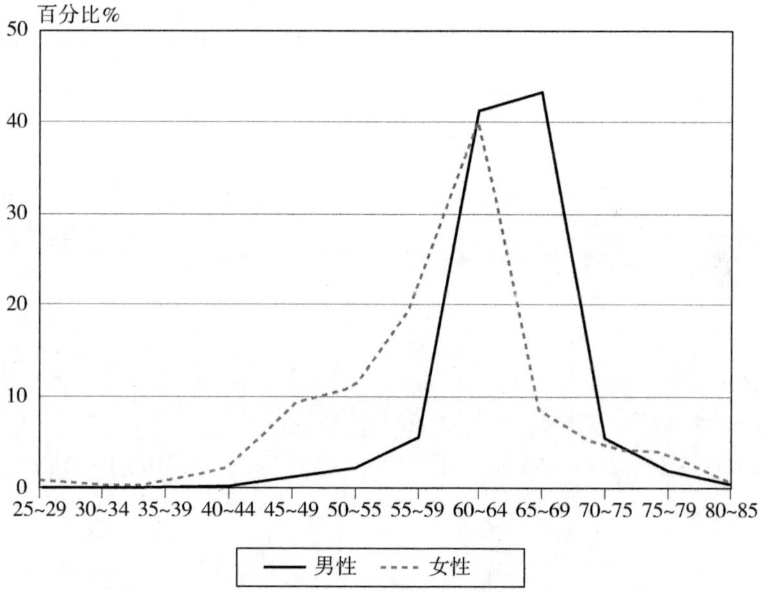

图 9.11 不同性别最后退出劳动力的年龄分布频率

60～64岁期间退出劳动力。一旦达到可以领取养老金的65岁，43%的男性在模拟过程中就会在这个岁数退出，或者在剩下的4年里不再返回领取薪酬的雇佣关系中。

九、总结

由于缺乏澳大利亚的纵向数据，试图模拟个体随时间变化的劳动力参与和失业模式是一个非常冒险的尝试。数据的缺失就会要求对模块的内容和数据进行大量的调整妥协和假设，包括将现实中的动态因素应用到失业模拟过程中。劳动力中的个体比例，模型中不同年龄的失业情况，都和1986年收入分配调查中揭露的横截面状况基本吻合，这不意味着随着时间产生的个人剖面分析是准确的。然而，上面所陈述的研究对象的终身参与劳动力时长、失业时长、自主雇佣时长和最终退出劳动力的剖面分析，都是可信的。模拟过程中大量的假设根据现有知识看起来是合理的，虽然如此，模拟结果反映出的澳大利亚实际存在的劳动力模式仍旧是未知的。

第十章　劳动所得和非劳动所得

一、简介

这一章是关于模型中劳动所得、投资收入、养老金收入和赡养费收入的模拟过程。本章第二部分模拟了劳动所得。这部分首先描述了时薪率的模拟过程，在这个过程中采用了多元回归的统计方法。一个多元回归模型可以用来计算具有特定特征的研究个体的时薪率——比如，可以用来预测一个 40 岁已婚的本科毕业男子的时薪率期望值。然而，在现实生活中，像这样的本科毕业男性，他们的时薪率受到很多变量影响，需要在模型中把这样的变化重新呈现出来，否则模拟出的情况就会太过公平。 303

为了达到这样的效果，在预测工资率时，需要给计算方程中加入一些错误参数。如何操作这类错误参数取决于特定类型的个体在现实生活中的时薪率，以及预测中期望的时薪率之间的区别要如何转换。有很多因素都突出了这些剩余价值的存在（比如，预估价值和实际价值之间的不同）。最重要的是，要将回归方程中容易影响薪资率，但又不容易测量或者不好获取数据的因素排除在外。比如，包括了个人态度或者家长的社会等级。产生的差异有可能是由于样本偏好，在以计量经济学预测为基准的样本调查中产生的测量偏差等因素。

在根据时间的变化模拟个人劳动所得时，有一个决定性的问题就是每年的误差项是否相关。换句话说，如果一年里，个体的薪资率比同年龄、性别和受教育程度人群的平均时薪率高，那么下一年，这些个体的薪资率是否还会高出这么多，再下一年呢？如果可以获得澳大利亚的面板数据，

那么固定效应的重要性就可以直接从数据中预估出来。因为无法获取这样
304 的数据，对澳大利亚来说，有些很重要的因素如永久性影响就需要大家去猜测了。因此，本章第二部分就讨论了劳动所得动态变化可以获得的海外证据。

第二部分接着解释了，根据海外证据做出的关于模型中误差项的假设。用来重新建立劳动所得动态变化的合理模式的步骤经过了细节上的检验。这部分最后总结了薪资率模拟过程的结果，并且试图评估模型中的动态模型是否真实。

本章第三部分详细描述了投资所得收入模拟中遇到的诸多问题和采用的解决方法。第四部分描述了男性和女性的退休金收入模拟。最后，第五部分解释了模型中赡养费收入的领取过程。

二、模拟劳动所得

在研究过程中，针对澳大利亚的人口代表性样本，没有可以使用的纵向数据，这为合成群组的终身劳动所得情况模拟带来了很大的困难。在模拟劳动所得和其他收入时，给整个模型定一个标准假设，并遵循这个假设，即整个群组生活在一个和1986年完全一致的世界。这在一定程度上意味着，1986年收入分配调查中不同年龄群组的劳动所得收入和其他收入可以相互连接起来，这样就可以给合成群组的终身收入提供一个可供参考的内容。由于劳动所得随着经济增长率而增加（莫斯，1978，124页），就可以将收入分配调查中得到的薪资率进行调整，用于未来的生产力增长假设。也可以选取一个贴现率，用于晚年收入减少的部分。第三章为下面的问题给出了细节化的解释，在第一版模型中，假设经济增长率和贴现率是一样的，这样两者就可以进行有效的相互抵销（西德和加拿大动态群组模型采用了同样的假设——海因和海尔伯格，1986，63页；沃尔夫森，1988，233页）。

如同第九章讨论的，在劳动力状况模拟完成后，我们知道了模型中群组的每个成员，在任何计算年内的劳动力时长。我们也知道了他们的家庭 305
状况和受教育水平的相关重要信息。基于以上所知道的内容，采用计量经济学的相关算法来预测每年劳动力的时薪率。为了计算对数时薪率，多重回归方程采用了最小二乘法，来对男性和女性的情况进行分开的预测，以及在不同性别下又细分了不同的教育水平，并对下面几组人群采用了同样的预测方法。

- 非自主雇佣，全职；
- 非自主雇佣，兼职；
- 自主雇佣。

1986 年的澳大利亚收入分配调查检测显示，兼职劳动所得的变化要比全职劳动所得大，这也是为什么要对兼职工人进行单独分类的原因。

（一）非自主雇佣的男性和女性

对于不是自主雇佣劳动力的男性，并且年龄小于65 岁，非残障人士并且不在学校的，时薪率的对数是根据受教育程度、全职或兼职、年龄，个人在前一年是否是全职全日制工作人士、已婚或离婚以及每周工作的小时数来进行计算额度（表 10.1）的。在收入分配调查和模型中，分析过哪些可解释变量能够给出最好的对数时薪率预测，就会选取这些可解释变量。用于女性分析的自变量也会同样用于男性，并且对受养子女存在的虚拟变量测试给出补充（表 10.2）。

采用工作小时数作为自变量分析薪资率并不常见，劳动供给理论学家通常会从另一个方向来解释这个问题，并且采用薪资率作为一个自变量，这样有助于预测劳动力供给（布朗，1983；基林斯沃斯，1983）。然而，有关方向的因果性并不确定。在模拟工作小时数时，并不能采用期望的薪资率作为可解释变量（前面的章节说过这个问题），因为工作小时数在收入分配调查中并不是一个持续变量，一个采用薪资率作为自变量来呈现的

表 10.1 预测男性时薪率对数时所采用的回归系数(1)

α	系数						
	年龄	$年龄^2$	全职全年工作$_{t-1}$(2)	已婚	离婚	小时(2)	剩余变化
1. 非自主雇佣全日制工作							
仅有初高中学历							
0.85	0.077	−0.0009	0.1096	0.0638	0.0263	−0.00614	0.116
(0.003)	(0.0002)	(0.02E−4)	(0.0007)	(0.0008)	(0.001)	(0.00005)	
贸易资格认证							
2.12	0.0189	−0.0002	0.0502	0.0358	−0.029	−0.007	0.080
(0.004)	(0.0002)	(0.02E−4)	(0.0009)	(0.0009)	(0.002)	(0.0006)	
非学位高等教育资格认证							
1.58	0.056	−0.0006	0.110	0.119	0.130	−0.012	0.131
(0.009)	(0.0004)	(0.05E−4)	(0.002)	(0.0018)	(0.003)	(0.0009)	
学位证书							
1.62	0.057	−0.0006	0.264	0.112	0.088	−0.012	0.098
(0.009)	(0.0005)	(0.06E−4)	(0.002)	(0.001)	(0.004)	(0.00009)	
2. 非自主雇佣兼职工作							
仅有初高中学历							
1.23	0.065	−0.0009	−0.140	0.273	−0.034	−0.013	0.279
(0.014)	(0.0009)	(0.01E−3)	(0.006)	(0.006)	(0.011)	(0.0002)	
贸易资格认证							
1.73	0.051	−0.0008	0.279	0.052**	0.913	−0.015	0.472
(0.049)	(0.003)	(0.04E−3)	(0.013)	(0.021)	(0.913)	(0.0005)	
非学位高等教育资格认证							
1.79	0.033	−0.0005	0.354	0.378	0.793	−0.001	0.219
(0.035)	(0.002)	(0.02E−3)	(0.011)	(0.009)	(0.018)	(0.0004)	
学位证书							
−2.68	0.290	−0.0033	0.034**	−0.179	−1.093	−0.016	0.315
(0.076)	(0.004)	(0.05E−3)	(0.019)	(0.013)	(0.029)	(0.0005)	

续表

α	系数						
	年龄	年龄^2	全职全年工作$_{t-1}$$^{(2)}$	已婚	离婚	小时$^{(2)}$	剩余变化
3. 自主雇佣							
仅有初高中学历							
1.93	0.009	-0.0002	0.182	0.141	0.539	-0.0003	0.879
(0.021)	(0.001)	(0.01E-3)	(0.005)	(0.006)	(0.008)	(0.03E-4)	
贸易资格认证							
1.57	0.042	-0.0005	0.191	-0.207	0.074	-0.00027	0.476
(0.018)	(0.0009)	(0.0001)	(0.005)	(0.005)	(0.007)	(0.03E-4)	
非学位高等教育资格认证							
0.99	0.012	-0.0002	0.411	0.871	1.250	-0.0002	0.885
(0.044)	(0.002)	(0.03E-3)	(0.012)	(0.013)	(0.018)	(0.07E-4)	
学位证书							
1.54	-0.037	0.0008	-0.022#	0.029**	1.455	0.0002	1.469
(0.075)	(0.004)	(0.04E-3)	(0.014)	(0.013)	(0.032)	(0.07E-3)	

注：(1) 标有**的代表了1%阶段的重要系数，#代表了5%的非重要系数，其他均为1%范围内的重要系数。括号里的是标准误差。

上面的系数代表了不是学生，有资格领取养老金，并且年龄小于65岁的男性。学生，无资格领取养老金，并且大于65岁的样本容量较小，这就意味着他们采用的时薪率仅仅是每个组时薪率的平均值，并且附加了永久误差项（乘以每个组的剩余价值差）并加上一个随机误差项。在校学生并从事兼职工作的按年龄分组，15岁一组，16~17岁一组，18~20岁一组，平均薪资随着年龄增加而增加。超过65岁仍旧处在劳动力状态下的人群分为两组，自主雇佣和非自主雇佣劳动力。

(2) 对于自主雇佣劳动力，全职全年的可变因素就是当下这一年里是否以全职全年的形式工作（而不以前一年作为参照），工作小时数的变量就是整一年的工作小时数（而不是每周的工作小时数）。

表 10.2　预测女性时薪率对数时所采用的回归系数[1]

α	系数							
	年龄	$年龄_2$	全职全年 $工作_{t-1}$[2]	已婚	离婚	孩子	小时[2]	剩余变化
1. 非自主雇佣全日制工作								
仅有初高中学历								
1.60	0.058	−0.0007	0.137	0.072	0.132	−0.061	−0.0189	0.112
(0.005)	(0.0002)	(0.03E−4)	(0.0008)	(0.001)	(0.002)	(0.001)	(0.09E−3)	
非学位高等教育资格认证								
1.29	0.066	−0.0008	0.098	−0.023	0.012	−0.0332	−0.0098	0.077
(0.006)	(0.0003)	(0.04E−4)	(0.0009)	(0.001)	(0.012)	(0.001)	(0.09E−3)	
学位证书								
1.76	0.039	−0.0004	0.071	0.062	0.085	−0.0279	−0.0053	0.068
(0.011)	(0.0006)	(0.08E−4)	(0.002)	(0.002)	(0.003)	(0.002)	(0.11E−3)	
2. 非自主雇佣兼职工作								
仅有初高中学历								
1.87	0.016	−0.0002	0.189	0.136	0.042	0.009	−0.0135	0.174
(0.007)	(0.0005)	(0.06E−4)	(0.003)	(0.003)	(0.004)	(0.002)	(0.08E−3)	
非学位高等教育资格认证								
1.88	0.039	−0.0006	−0.174	0.131	0.049	−0.213	−0.0142	0.229
(0.013)	(0.0008)	(0.01E−3)	(0.005)	(0.004)	(0.006)	(0.003)	(0.0001)	
学位证书								
3.89	−0.100	0.0012	−0.125	0.804	1.219	0.065	−0.0152	0.414
(0.062)	(0.004)	(0.05E−3)	(0.019)	(0.014)	(0.023)	(0.011)	(0.0005)	

注：(1) 标有**的代表了1%阶段的重要系数，#代表了5%的非重要系数，其他均为1%范围内的重要系数。括号里的是标准误差。

上面的系数代表了不是学生，有资格领取养老金，并且年龄小于65岁的女性。根据表10.1下面的注意事项，对学生，无资格领取养老金，并且大于65岁的样本进行分配。另外，已婚自主雇佣劳动力的女性的劳动所得是正数，而她们同为自主雇佣劳动力的丈夫劳动所得为零的情况很少，只对这些女性的平均时薪率进行了输入（采用了合适的变量重新插入）。

(2) 对于自主雇佣劳动力，全职全年的可变因素就是当下这一年里是否以全职全年的形式工作（而不以前一年作为参照），工作小时数的变量就是整一年的工作小时数（而不是每周的工作小时数）。

续表

3. 有自主雇佣丈夫的自主雇佣女性，两者都有劳动收入

α	系数						剩余变化
	年龄	$年龄_2$	全职全年工作[2]	丈夫时薪率	孩子	年小时[2]	
仅有初高中学历							
2.33	−0.026	0.0003	0.263	0.763	0.089	−0.0008	0.688
(0.03)	(0.002)	(0.02E−3)	(0.007)	(0.002)	(0.005)	(0.04E−4)	
非学位高等教育资格认证							
2.31	−0.024	0.0002	−0.029	0.597	−0.266	−0.0004	0.399
(0.052)	(0.0028)	(0.04E−3)	(0.008)	(0.003)	(0.008)	(0.04E−4)	
学位证书							
−9.02	0.525	−0.0077	0.200**	1.458	−0.074**	−0.0002	0.299
(0.266)	(0.012)	(0.0002)	(0.096)	(0.027)	(0.034)	(0.35E−4)	

4. 没有自主雇佣丈夫的自主雇佣女性

α	系数							剩余变化
	年龄	$年龄_2$	全职全年工作[2]	已婚	离婚	孩子	年小时[2]	
仅有初高中学历								
2.29	−0.045	0.0006	0.634	−0.401	0.346	0.631	−0.0001	1.271
(0.068)	(0.003)	(0.04E−3)	(0.015)	(0.020)	(0.023)	(0.013)	(0.07E−4)	
非学位高等教育资格认证								
−4.24	0.367	−0.0042	1.259	−1.133	0.332	0.534	−0.0010	1.136
(0.10)	(0.006)	(0.07E−3)	(0.033)	(0.027)	(0.035)	(0.018)	(0.02E−3)	
学位证书								
−7.13	0.392	−0.0045	−0.116	—	−0.074	0.349	0.0005	0.035
(0.117)	(0.005)	(0.05E−3)	(0.005)	—	(0.008)	(0.008)	(0.06E−4)	

简单的概率表格是有问题的。然而，在1986年的收入分配调查数据中，工作小时数成为预测薪资率的重要指标（在所有案例的重要程度中占据1%），因此决定还是将其保留，作为模拟过程中的一个可解释变量。

310 （二）男性自主雇佣劳动力

用于分析自主雇佣劳动力时采用的自变量和非自主雇佣劳动力时采用的自变量相似，不同的是没有将自主雇佣劳动力分为全职工作和兼职工作。另外，1986年收入分配调查中，针对1985～1986年这一会计年度（而不是1986年末的某个时刻）得到的工作总时长和总劳动收入会用于预测小时薪资率。这是因为，自主雇佣劳动力的周劳动所得似乎会出现较大的波动，这就使得1986年某一时刻获得的数据不够可靠。这就意味着，前一年的劳动所得相关数据是没有办法获取的，以及自主雇佣劳动力的薪资率是受到1985～1986年的工作总时长影响的，而不是像非自主雇佣劳动力一样，受到每周工作时长影响。

建模过程中的主要困难在于，有15%的男性自主雇佣劳动力在整个会计年度里，收入为0（在百分比报告中，收入为0表示教育水平的不同并没有给收入带来太大区别）。刚开始看起来，和处在自主雇佣状态中已经有几年的人相比，最近才建立起自己事业的人群更有可能被报为0收入人群。然而，收入分配调查数据的分析显示，在调查过程中，1986年末自主雇佣人群在某一周的时薪率较低，低于那些在前一个会计年度处在自主雇佣，而非最近才进入自主雇佣状态的人群。这也暗示了，选取自主雇佣状态最初几年较低的劳动所得作为数据，并不是最适合的选择。最终决定每年选取一定比例的男性自主雇佣劳动力，设定收入为0，然后采取多元回归分析得到的劳动所得作为剩余价值。

（三）女性自主雇佣劳动力

根据收入分配调查数据的分析，决定了影响自主雇佣收入的几个因素，将女性自主雇佣劳动力分为了三组：

- 丈夫是自主雇佣劳动力，并且收入为0；
- 丈夫是自主雇佣劳动力，收入为正数；
- 无自主雇佣劳动力的丈夫（包括单身女性）。

接着要计算，这三个类型的女性，收入为0的比例是多少，然后每年 311
随机选取相对比例的人数，设定收入为0。这样的比例是根据受教育程度决定的，也就是收入分配调查显示的，女性受教育程度越高，被设定为收入为0的可能性就越小。对于剩余的有正向劳动收入的人，需要计算时薪率，在伴侣双方都是自主雇佣劳动力时，要根据丈夫的收入进行分析，因为双方的收入更倾向于平分。

（四）拟合对数时薪率

图10.1和图10.2显示了拟合对数时薪率，用来分析非自主雇佣、全职工作的男性和女性在模型中的回归系数。男性的劳动所得峰值出现在45岁左右，对于拥有较高的教育资格证明的人群来说，劳动所得的峰值出现在稍晚的年龄。对于只有初高中资格认证的人来说，年龄和劳动所得的关系相对平稳，拥有较好的受教育经历，则在进入劳动力和40岁晚期时，他们的收入会有一个较高的增长。女性的时薪呈现出相似的模式。

正如之前所说的，在动态模拟模型中，采用多元回归法计算时薪率时使用的系数有一个缺点，就是消除了现实生活中薪资率之间出现的不同。多元回归法显示的是平均薪资率，收到这样的平均薪资率的人群是，比如说，已婚本科毕业的男性，年龄在35岁，并且每周工作40小时。在现实生活中，这样的本科毕业男性会比这一平均薪资率多赚3倍或4倍，其他人的劳动收入有平均值的一半。造成劳动所得中明显差距的原因可能是，测量调查基于的样本出现了差错，比如，响应人群错报了他们工作的小时，或者他们的薪资（阿特肯森等，1990，92页）。

出现这样的问题，也是由于实际的薪资率是建立在一个广泛的人群基

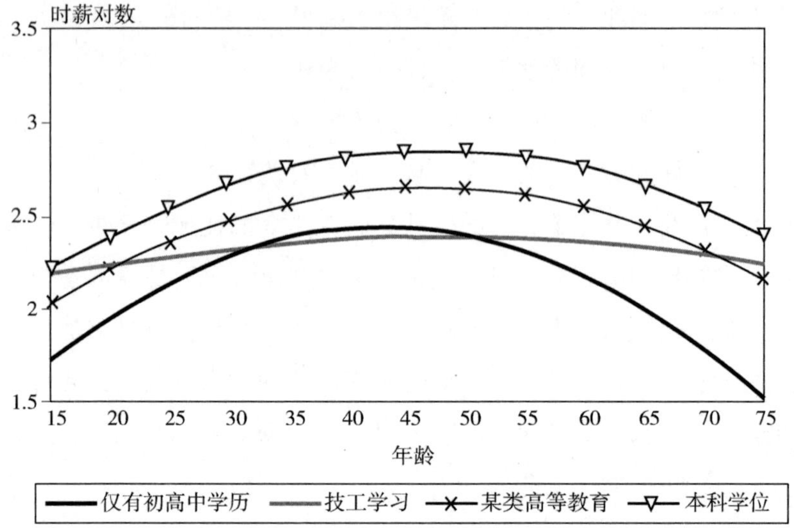

图 10.1　不同受教育程度和年龄的男性全职非自主雇佣劳动力的拟合对数薪资率

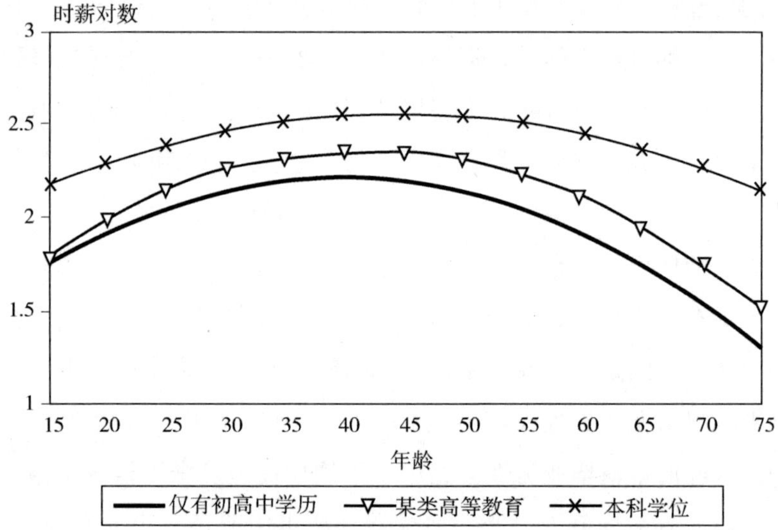

图 10.2　不同受教育程度和年龄的女性全职非自主雇佣劳动力的拟合对数薪资率

础上的，这样的人群也有其他的特征，而这些特征在1986年的澳大利亚收入分配调查中是没有的，因此也不在回归方程里（比如，能力、动机、背景等）。并且，尝试重新呈现现实世界中劳动所得的主要差别是很重要的，否则在模型中就会出现因为数据不充足，而产生的不平等现象。

有很多方法可以将现实生活中的变化重新插入模型里对劳动所得分
配的模拟中。正如前文所说，每个组中应用不同的相关回归系数，可以 313
模拟针对特定受教育水平、工作时长、自主雇佣状况和婚姻状况人群的劳动所得时长平均值（叫作拟合薪资率）。为了重现现实生活中时薪率的分布情况，就必须在每年每人的拟合薪资率中加入误差项。误差项的等级和分布情况是从1986年收入分配调查中预估来的，计算方法是通过调查中个人有记录留存的实际小时劳动所得，通过回归方程减去拟合小时劳动所得。

比如，计算全职非自主雇佣商人的拟合对数时薪率时，采用根据1986年收入分配调查预估出的多元回归系数，这样的拟合薪资率平均了下来，会比样本中人群的实际薪资率高或低28%。大约5%的案例中，拟合薪资率都会比实际的薪资率高或低56%。在模型的拟合薪资预估中，增加一个均方误差为0.08的误差项（比如，均方28分），可以使模拟过程中的薪资符合现实生活，也就是1986年收入分配调查和模型中，这组从商人士的平均对数时薪为2.30美元，时薪率方差为0.09。

然而，对于模型中个体每年的情况来说，这样随机分配的误差项并不能满足要求。这是因为，有因素会导致个人薪资率，是同年同类个体薪资率平均值的3倍，这样的情况在下一年还会出现，因此，下一年里，个体的劳动所得还是会比他或她的群组平均值高。比如，如果一年中，由于个体才智过高，或他们的父亲拥有一家商业银行等因素，导致一个人的劳动所得比平均薪酬高，这些因素也会影响接下来几年人群劳动所得的情况。因此在模型中要找到一个相对可以永久采用的误差项，可以允许呈现出的劳动所得面板数据出现随机的浮动。

在澳大利亚有一个面板调查，随机误差项和永久的误差项的重要性是可以直接从数据中预测出来的。然而，当所有存在的数据都是横截面数据时，我们必须对这两种影响在澳大利亚的相对重要性做出一个假设。下面的这个小节就讨论了两种影响的相对重要性在海外都有哪些证明。

314 （五）劳动所得动态变化相关证明

在模拟终身收入时，需要考虑一个非常重要的问题，就是相关劳动所得程度的流动性。之前的研究显示，发达经济体中，收入和劳动所得的分布等级是相对固定的，随着时间的变化仅表现出较小的改变（施勒，1977，926 页；撒切尔，1971，374 页）。在评估长期不平等和贫穷的状况时，有一个比较棘手的问题，就是在一定大小的分布中个体的流动情况。在和他们的出生群组相比，或者其他相关的劳动所得流动性问题上，随着时间的变化，个体是否会保持在相对不变的位置上。或者，换句话说，20～30 岁，处在劳动所得最低等分位组的人群占比是多少，在之后的十年里，到了 30～40 岁时，这些人是否还会在同样的等分位组里。

正如哈特指出的，“普通人在特定的收入等级阶层所处的时长，是一个社会的特性，这个特性和任何时间收入等级不均等一样重要……在确定工作激励因素、社会公正和其他生活品质的过程中，选取一个时间点对当时的不均衡状况进行静态测量，与这个相比，‘收入流动性’的程度或者不同收入等级阶层之间的转变更为重要”（1976a，108 页）。

可以获取的证据表明，工业化国家里，劳动所得是有一定流动性的。选取美国纵向雇主/雇员数据集合，莫斯将 1959 年的相关劳动所得和出生于 1925 年及 1929 年的人群在 1969 年的劳动所得相比（1978）。施勒采用了同样的数据集合，但仅选取了 1957 年在 16～49 岁的男性（观察阶段的第一年），1957 年劳动所得至少为1,000美元的和 1971 年有正向劳动所得的人群。他给一个五年为限的群组中每个男性在 1957 年和 1971 年分配一个泛汰尔收入（5%一组），然后对比两者，找出大约一个年龄、有相同经历的个体，是否会随着时间变化，他们的相关劳动所得有位置的改变。他发现，30%的工人会处于同样的泛汰尔，并且倾向位于劳动所得收入分配的两个极端位置（不用感到惊讶，因为处在两级位置的就很难再往上走，或者往下滑）。剩下的70%的工人会发生泛汰尔改变，会平均移动四个泛汰尔（比如，五分之一的劳动所得分配群体）（1977）。

在英国，撒切尔将健康和社会保障部门中有关雇员劳动所得的数据进行比较，这些雇员是1963～1964年和1964～1965年期间，至少缴纳了48 315
周的国家保险的人，将他们分为了不同的年龄群组，发现两年之间的相关劳动所得的位置发生了改变（1971）。相似的，选用健康社会保障部门数据，哈特发现，相关收入位置发生的主要改变都来自出生于1933年的男性，在1963年到1970年之间。比如，哈特发现，仅有16%的男性在1963年的劳动所得第五等分位中，到了1970年时处在同一位置，原始的样本已经移动到了1970年劳动所得等分位组的最高和最低等分位（1976a，123页）。

将时间缩短，英国就业部选取不变的劳动所得个体样本，检测他们在1970年、1971年和1972年同一周的情况，发现仅有4.6%的样本在这三年里都处在最低等分位组——这表明，在最低等分位持续一段时间对于大多数人群来说，是非常短暂的事情（1973）。

许多别的研究，针对“这一年的劳动所得与下一年劳动所得的关系”进行了检测，发现工作人员更年轻，则劳动所得更具有流动性。经过大量文献研究后，阿特肯森等人总结道，“一般来说，可以得到的结果是，随着生命不断循环，年龄和流动性之间的关系在不断加深，从20岁中期的0.75，变成了50岁左右时的0.90到0.95”（1990，101页）。

也许我们不在乎相关劳动所得总值的流动性，通过对收入动态分布的长期面板研究，即使对于正值壮年的男性来说，工作小时数还是会每年都产生浮动，由于标准周期长度的变化，比如超时工作、第二份工作、持续的失业状态和生病等。采用这个数据，邓肯和霍夫曼发现，“一年到另一年，女性工作时长变化的平均值要比 6 个工作 40 小时周要长，惊奇的是，男性的时长要更长”（1984，122 页）。在这样的状况下，有人希望，每年的劳动所得均值能够产生明显的浮动，这样就能在时间不同的情况下，使相对劳动所得位置发生主要的变化。

然而，收入动态数据也解释了，时薪率会随时间变化产生较大的浮动，壮年男性的平均值是 25%（邓肯和霍夫曼，1984，122 页）。将白人并且是家庭支柱的男性时薪率进行比较（1969 年在 25 ~ 50 岁）发现，和 1969 年相比，56% 的男性在 1978 年处在不同的薪酬五等分位组中——并且五个男性中就有一个会产生至少五等分中两组甚至更多的位置变化
316 （1984，116 页）（这样的转化率不是针对群组的，考虑到年龄和时薪率之间的关系，应该能够想到五等分位中，会产生主要的位置转变）。

从工作时长和时薪率反映出的“明显的浮动”，邓肯和霍夫曼发现“每年的劳动所得都会产生非常巨大的上下浮动。没有一个可以明确身份的人群，没有受教育程度越高，没有工会会员，甚至没有收入更高的人群——似乎没有受到每年收入变化的影响”（1984，119 页）。其中非常明显的流动性是由于测算误差造成的（邦德等，1989），如果这样的误差和时间相关，那么产生的问题严重性也会相对减小。需要注意的是，很多明显的流动性反映了更加系统的因素，而不是随机影响力，比如增加的年龄、进入和退出全职工作状态以及劳动力等。

在模拟终身劳动所得过程中，另一个重要的问题是，考虑到明显的流动性，不论是某一时期向上流动，还是到了下一个阶段就反过来，表现出来的流动性是一个短暂现象。比如，可以想象，社会中某年劳动所得的相对位置在下一年产生了完全反转。在这样的社会里，如果把相对劳动所得收入的位置和前一年的情况相比较，那么就会产生一个印象，即流动性是非常重要的——但是，如果和两年前的相对劳动所得位置相比，那么就会发现没有流动性。无论如何，到什么程度，对于动态微观模拟模型中模拟的终身劳动所得情况来说，流动性都会带来永久或暂时的巨大差别。

肖诺克称，“由于升职，收入有了很大增长的人群，在短期内不太可能再有升职的情况出现，所以短期来说，这些人的收入变化会小于平均所得，他们当中的一些人会被提升”（1976，571 页）。换句话说，群组中在一年里有升职或调换工作的个体，是先于群组发展的，这些人在下一年或者两年里，才有可能被同时代的人赶上，即使这些本就进步较快的人群会因为下一次的升迁再度走在同时代人群的前面。

肖诺克发现，管控收入流动性的进程，不能采用马尔可夫过程的一阶模型，因为“获得正向劳动所得的阶层占比，在某一时间里和过去的情况是完全反向的，反之亦然”（1976，576 页）。相似的，哈特发现“某一时间段内，收入增长高于平均值，那么接下来的时间里，收入增长就会低于 317
平均值，反之亦然”（1976b，560 页）。

然而，和这一观点相反，施勒称，某一时间段里，收入所处的相对位置一旦有了提升，那么这样的优势在下一阶段就会被抵消，即使大多数流动性被认为是一个“永久”的过程（1977，934 页）。支持这一观点的研究也同样存在，在这样的研究中，对群组进行了长期的追踪后发现，劳动所得的流动性随着研究时长不断增强。布鲁格涅和莫里森（1983）及索托发现，劳动所得之间的相互关系，在相隔 30 年后低于 0.40%，因此，如阿特肯森等人解释的，这“意味着，在进入生命活跃期后，最初的劳动所得产生的变化，仅是后 30 年劳动所得产生变化的 16%”（1988，625 页）。

因此，忽略无可辩驳的流动性，能够获取的证据同样表明，个体的相对劳动所得状况有一个标志，就是其永久性。肯尼迪分析了 1930 年出生的 262 名男性，这些男性从 1966 年到 1983 年期间，每年都获得正向收入，并且每年都按时支付加拿大养老计划所需的费用。他发现“除了青春期劳动所得的不稳定，少数成熟的个体和他所在的群组相比，会有长期劳动所得收入或流失。从横截面数据得出大量有关劳动所得差异的证据表明，和暂时性的浮动不同，个体劳动所得等级之间的不同是永久的”（1989，385 页）。他发现，通过某个特定时间，个体可被观察到的相对劳动所得变化的68%，可以通过不同阶层劳动所得的永久区别得到解释。

在大量的文献调查后，阿特肯森等人同样总结出“所有结果都指向非常强烈的永久性推动因素——比如，个体持续性的可被观察到，或者不可被观察到的贡献——对劳动所得流动性的贡献，这可能会导致纯粹的暂时性现象产生”（1990，143 页）。

总的来说，上面的研究都表明，个体之间的永久性差异大体上是由于劳动所得变化导致的；对于个体的相对位置来说，尽管是长期的角度，每年都不会出现太大的浮动；短暂的浮动很大程度上是由于劳动所得研究中揭示的，相对劳动所得位置在某两个或更多时间点的变换，诸如此类的调研中，有一些影响相对劳动所得流动性的元素，是由于在和所处群组进行对比时，个体位置发生的永久性改变造成的。然而，考虑到变化研究中发
318 现明显的改变，正如阿特肯森等人观察到的，“给劳动所得流动性下一个明确的结论是不可能的”（1990，151 页）。

（六）澳大利亚劳动所得动态建模

这对于那些试图在动态模型中模拟劳动所得流动性的人来说，意味着什么呢？考虑到澳大利亚面板数据的稀少以及海外权威性证据的缺乏（包括很多针对女性的动态研究结果都有空缺），随着时间的变化，澳大利亚的劳动所得流动程度仍旧是无法确定的。因此，并不清楚现实生活中，关于小时劳动所得的永久性差异和随机差异的产生是否精确。

考虑到肯尼迪和其他人的发现，劳动所得收入有很多的不同，这些不同一般都比较持久，所有可以通过模型获取的变化都经过了检测，看哪个也许可以帮助生成社会中显现的劳动所得由来已久的不平等。首先，所有的群组成员都被赋予了一个“社会经济分数”，这个分数是建立在一些个人和社会经济特性上的，在和群组其他相似成员进行比较时，会影响到他们是否会比这些人赚的多或者少。

如果他们的父母属于社会经济地位的最高四分位，那么就会首先给

他们分配四个点，中间四分位则会被分配两或三个点，如果他们的父母处于社会经济地位的最低四分位，则分配一个点，假设家庭背景会对未来相对劳动所得率产生影响（邓肯和霍夫曼，1984，110 页）。在初高中最后一年就读于私立学校再得 4 分，就读于天主教学校得 3 分，就读于政府公立学校得 2 分，在初高中最后两年里离开学校只得 1 分，假设在好的学校继续进修，可以帮助建立自信、和其他人的联系等，这在之后都会和较高的劳动所得产生联系。最后，被选为一生从未有过失业经历的人群，会再得 4 分，时不时有失业经历出现的人得 2.5 分，长期失业的人得 1 分，在这样的假设中，这样的失业情况和个人特征有关，“被中断”或者间歇的工作模式，会影响到相对劳动所得的位置。社会经济方差的最大值是 12。

在合成群组中，假设环境会影响到个体的相对劳动所得位置，并且看
起来，个人品质也会造成相对劳动所得位置的不同。为了捕捉这一点，就 319
创建了第二个一致且随机分布的“能力”差异，旨在捕捉诸如才智、能力、动机、效能和长时间工作意愿度等无法测量的个人特征，所有这些都是预计会对相对收入产生影响的点。之后将合成群组分成大小相等的八个“能力”组，最高的奖励 16 分，最低的 2 分。

能力和总的社会经济分数会被加起来，得出“相对劳动所得优势”分数，产生了最高分 28 分，这一分值的获得人群被赋予个人特征，以及社会和环境优势，保证他们在和同群组的成员相比时，有可能获得更高的薪资率。

将年龄为 45 岁的研究对象，根据不同的回归方程分组，每个组内的个体都按照他们的“相对劳动所得优势”分数进行排名，每个人都会被分配一个数字，这个数字从普通的收入分配方差为 0 到 1 之间，每组排名最高的成员会得到这个分配中最高的正数，排名最低的成员会得到其中最低的负数。

这一步骤保证了普通分配中的“永久性”误差项，能和每一组的每一

个被模拟个体相连接，这些个体相关的回归方程会被用来计算时薪率。然后计算剩余价值的方差（比如，1986 年收入分配调查中真实个体记录在案的实际对数时薪率和采用适当的回归方程得出的固定时薪率）。为了给合成群组重建一个合适的薪资率方差，要求每个个体都要用剩余价值方差的平方根，乘以自己的相对劳动所得优势分数。有高终身“相对劳动所得优势”分数的个体，比如，他们的薪资率会一直高于模拟过程中其他个体平均薪资率 50%。

另外，为了满足收入动态研究和其他数据建议中薪资率需要产生变动的现象，要给每个模拟个体每年的薪资率增加一个“暂时”的误差项。这个误差项是从普通分配的平均值为 0 到方差为 0. 0025 之间，并且每年每个
320 个体都在改变。这就意味着，平均来看，任何一年的实际薪资率都要比“永久”薪资率高或低 5%，每年有 5% 的合成群组收到的小时对数薪资比率，是比他们永久的薪资比率高或低 10% 的。

考虑到动态收入研究发现的，每一年的时薪率浮动平均在 25% 左右，第二种误差项也许就显得过低了，需要注意的是，模拟个体的情况时，每一年薪资率的变化都是非常重要的。时薪率的改变很大，并不仅是由于随机的误差项，也由于年龄的增长，婚姻状况的变化以及工作的时长（现在这一年和前一年的），从全职工作转变为兼职工作，或者从兼职工作转变为全职工作，进入或者退出自主雇佣劳动力状态，额外的教育资格水平成就等。

在检测上述模拟的选择过程中，产生了一个小问题。在很小一部分案例中，用自主雇佣个体的时薪率乘以一年中工作的小时数，得出的总年度劳动所得，远远超过了 1986 年澳大利亚收入分配调查得出的自主雇佣年度劳动所得。一些自主雇佣劳动力是不是会赚取极高的劳动所得，完全可信的是，一些自主雇佣人士确实会时不时有一些极高的劳动所得，这部分内容在收入分配调查中缺失，仅是由于这种相对稀少的情况在收入分配调查的其他样本身上不常见。

在模型的发展中，不会涉及这些非常高的自主雇佣收入，但之后发现，在模拟投资收入的过程中，这部分收入导致了主要问题的产生。因为劳动所得收入，通常会被当作影响投资收入的一个自变量，那些有极高的投资收入的人会在之后进行模拟投资收入的过程中，通过一些方法被分配到极高的投资收入。最终，会决定限制极高的自主雇佣劳动所得收入，这样，自主雇佣者中，劳动所得一年内超过 150,000 美元的人，就会被定为一年的劳动所得为 150,000 美元（收入分配调查发现，自主雇佣劳动力的劳动所得最大值，女性为 120,000 美元，男性为 130,000 美元）。这样的调整仅影响了被观察人群中男性的 0.001% 和被观察人群中女性的 0.0005%。为了保持原始的模拟劳动所得是可以更改假定内容的。

（七）劳动所得模拟的评估

至少有两个原因可以预测，1986 年收入分配调查中平均对数时薪率和模型模拟中平均对数时薪率的离散情况。首先可以预测，工作小时数的分 321
配情况和收入分配调查模型中是一样的（因为劳动力模块是建立在收入分配调查的数据上的），从另外的角度看，合成群组的情况和收入分配调查中捕捉到的人口情况并不是完全相同的。比如，薪资率受到婚姻状况、受养子女个数的影响，将模型和收入分配调查人群相比发现，在模型中，结婚或有受养子女的人口比例不同。这是因为，收入分配调查中记录的真实个体的婚姻和受养子女状况，是应用了之前 100 年的婚姻和生育率数据，而模拟过程中得到的个人婚姻、受养子女状况则是采用了 1986 年的结婚、离婚和生育率。

除了模拟人口情况时，不是完全复制收入分配调查人口特征以外，预测模拟薪资率和收入分配调查中的实际薪资率之间的离散情况，还有一个原因，即模型应用的永久误差项自带的随机性。在一个有十万个体的模拟模型中，误差项的分布是由计算机语言 SAS 生成的，有 24 个群，这些群的多元回归方程会有一个等于 0 的平均值，或者为 1 的方差。

然而，在一个有四千个体的模拟中，会有额外的好运，比如，选取小数量的人作为每年的自主雇佣人群，每个人都有一个永久误差项，该个体可以看作是一个小型的二级群整体，这个永久误差项会意外导致一个平均值为 0 和方差为 1 的普通误差项。在还没有达到这个条件时，现实情况中的方差，很明显不能被准确地重新应用在模型中。这就是其中一个原因，为什么对于较小的群体来说，这样的结果不是那么如意，这里的群体如自主雇佣和非自主雇佣的兼职男性工作者。这些群组内的薪资差量越大，尤其对于自主雇佣群来说，也会越难生成让人满意的回归曲线，也无法精准地重现他们的收益率。

虽然如此，除了这些潜在的问题，在重现薪资率的实际分配时，劳动所得整体呈现不错的状态。表 10. 3 显示了，1986 年收入分配调查中不同群体的对数时薪率的平均值和方差，并且将其和模型产生的结果进行了对比。在多数的案例中，模拟得出的平均值和方差看起来和收入分配调查数据得出的原始预测是非常相近的。

323 从收入动态分布调查的数据中可以得出，模型很好地捕捉了每年时薪率的浮动。表 10. 4 表明了，和前一年对比后，群组中男性和女性在 35 岁、45 岁及 55 岁时，时薪的绝对变化平均值。比如，对于男性来说，在 35 岁收到的小时薪资，平均来看，要比他们 34 岁收到的高或低 19% 。女性收到的时薪变化要比男性的更大，但是仅建立在他们劳动力行为产生的较大波动度上的预测。

模型中，模拟个体的年度劳动所得，每年的变化很大。年度劳动收入的算法很简单，用任何一年处在劳动力中的时长乘以时薪率即可。因此，并不仅反映了薪资率的浮动，同时也体现了由于失业、疾病、怀孕和生产、婚姻状况变化、年幼受养子女的出现、离开劳动力状态或者劳动力状态缺失等情况带来的影响。模型有一个局部的功能，就是检测模拟总收入的流动性和非流动性是否真实。

表 10.3　1986 年收入分配调查和模型得出的不同组别对数时薪率的平均数及方差

类别	收入分配调查		哈丁模型	
	平均数	方差	平均数	方差
65 岁以下，非自主雇佣				
全日制工作				
男性				
-仅有初高中学历	2.15	0.17	2.05	0.18
-技工资格认证	2.30	0.09	2.30	0.09
-其他高等教育	2.45	0.16	2.45	0.16
-本科学位	2.60	0.14	2.65	0.13
女性				
-仅有初高中学历	1.95	0.15	1.90	0.16
-其他高等教育	2.15	0.10	2.20	0.10
-本科学位	2.40	0.08	2.40	0.07
非全日制工作				
男性				
-仅有初高中学历	2.10	0.32	2.10	0.33
-技工资格认证	2.25	0.65	2.20	0.58
-其他高等教育	2.60	0.31	2.55	0.30
-本科学位	2.35	0.44	2.35	0.64
女性				
-仅有初高中学历	2.10	0.18	2.05	0.19
-其他高等教育	2.20	0.25	2.25	0.19
-本科学位	2.50	0.41	2.40	0.55
65 岁以下，自主雇佣				
男性				
仅有初高中学历	1.50	0.88	1.40	0.79
-技工资格认证	1.75	0.48	1.75	0.54
-其他高等教育	1.70	0.88	1.58	1.00
-本科学位	2.05	1.47	2.25	1.94
已婚且丈夫是自主雇佣劳动力，且两者都有劳动所得的女性				
-仅有初高中学历	2.00	1.29	2.15	1.39
-其他高等教育	2.00	0.83	1.95	0.76
-本科学位	2.70	0.89	2.65	0.59
丈夫非自主雇佣的女性				
-仅有初高中学历	1.60	1.21	1.75	1.44
-其他高等教育	1.40	1.28	1.60	1.96
-本科学位	2.00	0.56	1.95	0.34

续表

类别	收入分配调查		哈丁模型	
	平均数	方差	平均数	方差
65 岁以上				
自主雇佣男性	1.40	2.77	1.85	1.35
自主雇佣女性	1.45	2.78	1.60	2.61
非自主雇佣男性	2.05	0.38	2.00	0.41
非自主雇佣女性	1.95	0.33	1.90	0.36
在校学生				
男性	1.55	0.31	1.50	0.29
女性	1.60	0.40	1.60	0.36

大量的纵向调查都以同组、处在两个不同时间点的男性为样本。分析员接着就做了转移矩阵，以样本所在年为基础，将男性分配到一个劳动所得十分位数中（比如，在 1960 年），然后又将同样一批男性，根据他们

表 10.4　模型得出的美国收入动态变化面板研究发现的时薪率的绝对变化平均值

年龄	与之前年份赚得工资相比的时薪率绝对变化百分比%
1. PSID(1)	
-白人男性，户主，年龄为 25～50 岁	0.25
2. 哈丁模型	
男性	
-35 岁	0.19
-45 岁	0.23
-55 岁	0.19
女性	
-35 岁	0.32
-45 岁	0.28
-55 岁	0.20

注意：表中体现的是特定年龄，和劳动所得当年的前一年相比，时薪率增长或降低的绝对百分比。只有两年都有正向收入的会被列入在内。

（1）来源：邓肯和霍夫曼（1984，122 页）。

后面几年的劳动所得，重新分配到之后的这一年（比如，在 1970 年）的劳动所得十分位数中。接着就很容易能看到，有多少男性从一个十分位数转变到另一个，或者，相反地，依旧留在同一个十分位数中，这样就给社会中劳动所得的流动程度提供了一个线索。

在表 10.5 中，可以看到大量的纵向研究体现的男性留在总收入相同、时间点不同的十分位数或五分位数的比例，并且和模型产生的结果做比较。比如，当处在劳动力中合成群组的男性，年龄在 35 岁和 45 岁时，会在每一年中被分配到收入五分位数中，两年都在同样收入五分位数的人大约占 45%。相反地，55% 的男性，相对劳动所得分配都会上升或下降。正

表 10.5　其他数据来源和模型得出的能够持续待在同样总收入的十等分位组或时长、组别、样本年龄五等分位组中的劳动力比例

国家研究和年份	时长、组别、样本年龄	留在相同总数入组的样本百分比	
		五等分位	十等分位
1. **面板研究**			
–英国，哈特（1976）	7 年，30 岁成年男性	44	28
–美国，施勒（1977）	14 年，16～49 岁的男性，收入 1,000 美元以上	–	29*
–美国，莫斯（1978）	10 年，白人男性，30～34 岁	–	33**
–美国，邓肯等（1984）	9 年，白人男性，25～50 岁	44	–
2. **哈丁模型**			
男性	10 年，35 岁男性	47	28
	10 年，45 岁男性	45	26
	20 年，35 岁男性	40	23
女性	10 年，35 岁女性	36	21
	10 年，45 岁女性	39	21
	20 年，35 岁女性	32	18

如预测的，女性合成群组的相对劳动所得流动性会更大，在35岁和45岁的女性中，仅有39%保持在同样的劳动所得十等分位组中。这些结果可以和纵向研究的发现进行很好的比较，并且表现出，模型中可以得出一个很恰当的流动程度。

325
三、投资收入

在动态微观模拟模型中模拟投资收入成了一个主要的挑战。1986年收
326 入分配调查包含了关于个人投资收入的信息，其中有利息（银行账户、政府债券、贷款、公司债券等）分红、租金收入，出售财产后的可征税利润、现金管理和信托基金。另外，还有一小部分的个体收入来源记录为“自有无限责任商业/基金公司”，并且“在1985～1986年，在自有无限责任商业/基金公司工作达52周”，然而他们在这个无限责任商业/基金公司每周工作时长为0。大部分人的情况是工作52周，获得对应的薪酬和工资，因此会决定在对待这部分收入时，按照非劳动所得处理。因此在这里会将其按照投资收入重新分配，而不算在模拟劳动所得的板块中。

精确模拟投资收入是一件非常困难的事情，45%的澳大利亚人没有投资收入；尽管有一大部分人每年只能收到几百美元，但有一小部分人每年却能收到超过100,000美元的投资收入。这些特征使得很难用计量经济学的方法来满足投资收入模拟过程，并且在这上面已经尝试了很多不一样的方法。

第一种经过验证的方法中，采用了受限因变量模型，来估算年投资收入（受限因变量模型可用于因变量——这里是指投资收入——在模型中有一部分取值为0）。第一个是想用最大似然估计受限因变量模型来做预测（马达拉，1983，151～162页）。用于受限因变量方程的可解释变量为年龄（投资收入随年龄的增长而增长），自主雇佣情况（自主雇佣人士和非自主雇佣人士相比，投资收入高出很多），受教育程度（投资收入随额外教育

而增高），受养子女小于15岁（投资收入较低），是否离婚（收入较低），劳动所得收入金额（较高的劳动所得收入和较高的投资收入相关联）。

然而，在相关的受限因变量参数被用于模型中模拟投资收入时，可以更清楚地看到，参数既没有任何偏向性，数据也没有特别的分布方式，模拟人群中，不同小组的投资收入估算平均值，要比1986年收入分配调查中做比较的小组，真实的投资收入平均值高出两到三倍。把过高的投资收入截短，对这一问题的影响很小。

第二种模拟过程，采用了海克曼两阶段模型，这也是可以用来替代受 327
限因变量参数模型的一种（1976）。因为这个步骤的第二阶段选用了普通最小二乘法，是希望能够降低分布过程中模型错定（由收入分配调查中，少数高观测值的投资收入造成）的敏感度。然而，估算结果的预测能力是很弱的；在试图捕捉长期投资收入的趋势时，整个方向就朝着不寻常的方向进行，整个走向呈上升趋势。在这些不算成功的尝试后发现，采用受限因变量模型得出的结果实在不够精确，不能用于动态微观模拟模型，比如，投资收入是真实情况的两倍或三倍，意味着模型中有很大一部分是退休人士，这种情况下，在以养老金平均值为测算基础进行分析时，这个模型就是不合格的。

最后，能够做的最好就是简单将人口分为主要二级群体，选取群体中适当的人口比例作为零投资收入人群，剩下的人口按投资收入的对数来进行相关的平方和方差的估算。图10.3总结了遵循投资收入分配的步骤，这些步骤在下文中得到了详细的描述。

第一步就是想出一个办法来决定哪些群组成员，在计算那一年里，投资收入为0。对于两个性别来说，根据1986年收入分配调查计算得出的投资收入为0的人群比例，是根据年龄、受教育程度、自主雇佣状况和婚姻状况得出的。在每个模拟个体出生时，就假设他们有终身储蓄的倾向。方差的数字为0到1，75%取决于亲本社会经济状况（亲本社会经济地位较高的更有可能有投资收入），25%取决于机会（比如，个人对储蓄或花销的偏好）。这个比例是可以被改变的。终身储蓄倾向要比任何一年收到 0 投资收入的可能性小，因此个体会被分配 0 投资收入。

在这一年里，剩下的群组成员会因此被选为有正向投资收入。第二步则是计算出当年这些个体会有多少投资收入。会根据群组中男性的年龄、自主雇佣状况和受教育情况，指派投资收入金额。如果对象是女性，则根据她们的年龄、婚姻状况、受教育程度、可供收入分配调查提供有效数据的样本容量，以及她们的自主雇佣状况来分层。毫无疑问，反映了收入分配调查中投资收入高度倾斜的分配状况，也就是之前计量经济学方法所讨
328 论的，不尽如人意的状况，即使只是选用了，根据收入分配调查得出的投资收入分级情况来进行模拟，并且赋予合成群组投资收入的平均值和方差，对于某些二级群来说还是太高。

在这样的情况中，投资收入的最大对数值是经过削减的，因为一般来说，二级群组收入分配调查的数据是最大观察值，但是有些时候却是一个比较低的水平。换句话说，在估算适当的方差，然后面临过高的平均值，和估算一个对于真实情况来说较低的方差，但有一个适当的平均值，这两种情况之间做选择，后者是最后的选项。这个方法可以保证，由人工操作得出的对于合成群组来说稍高的数字，在计算社会保障现金转移收入时不被计算在内。然而，不同的方法更容易被模型采用。

至于劳动所得收入，为了重建现实生活中投资收入之间的差值，增加了一个误差项。每年给每个个体都随机重新分配误差项，会造成投资收入的巨大浮动。看起来，随着时间的流逝，投资收入的金额会有很大的波动，也有可能有部分个体的储蓄金额和他们群组中有明显相似特征的个体相比，持续增多或减少。

比如，一年中，由于亲本富裕，留下了资产，或者接下来几年里还会从诸如此类的原因中获利，一些个体的投资收入会很高。相似的，一部分人在他们的一生中会倾向有更多的储蓄，同一个群组的其他人更倾向于花费他们的收入，因此资产就会日积月累地小幅度增加，投资收入

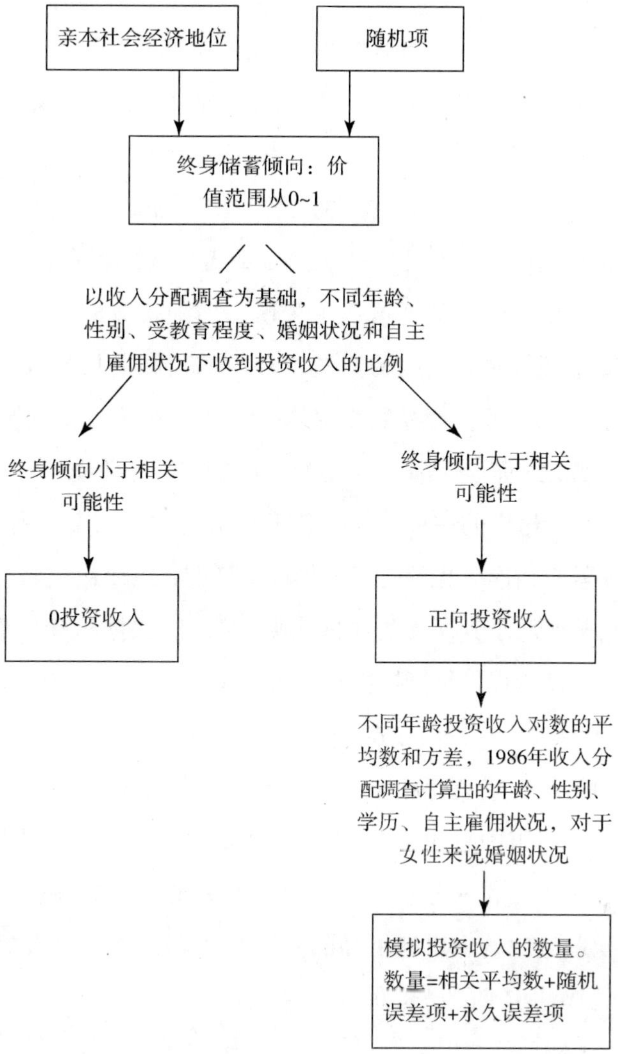

图 10.3　投资收入模块结构

不断增加。

如果有真正的投资收入纵向数据，永久和随机的误差项重要性，就可以直接从中预估得出，然而，当所有可以获取的都是横截面数据，比如，收入分配调查中的数据，就需要估算相关永久误差项（和有相似特征相比，捕捉长期以来储蓄更多，收到更多投资收入倾向的个体）和随机误差项（捕捉每年由于利息率、股票市场波动、资产售卖等原因造成的投资收入波动）。

考虑到这些原因，由以下方法得出误差项。两个误差项被记入相关方
330 法中。第一种，在每个二级群的投资收入中观察得到的方差，其中三分之一会被随机分配，每年都不同，因此在投资收入中会随机产生浮动。第二种，是投资收入中观察得出的方差的三分之二，属于永久误差项，决定了个体是否能够收到比与其对比的对象更多或者更少的投资收入。

可以在个体出生时，就把这个永久误差项随机分配出去。然而，不管是用受限因变量还是多元回归的方法，得出的较高的投资收入，都和较高的劳动所得呈现正相关，这样的步骤就会产生一个人工参与操作后公平的收入分配。除此之外，会紧跟一个更复杂的步骤，在劳动所得和投资收入之间产生一种联系，这样的一种关联会和重新采用“相对劳动所得优势分数”得出的误差项紧密相连（也就是我们早前所说的，一个决定每个模拟个体劳动所得是否高于或低于其所在群组的主要因素）。根据检验显示，这样的步骤可以给模拟劳动所得以及模拟投资收入之间建立一种正向的关系。

图 10.4 和图 10.5 显示的是，在 1986 年澳大利亚收入分配调查和模型中，根据不同年龄、受教育状况，对于女性来说还有婚姻状况，得出的投资收入平均值。群组中有约 40% 的男性和女性，在模拟过程中是收到投资收入的。这个比例比收入分配调查中得到的数值要高一些，因为合成群组要比收入分配调查中的人口有更高的受教育资格，而收到投资收入的人数比例是随着受教育水平的增长而增长的。

四、养老金收入

在模拟投资收入之后，下一个进行建模的是非劳动所得收入中的养老金。1986 年收入分配调查中，包含了养老金的常规收入、养老金的总收入以及养老金的累积收入或转移收入。但是，因为涉及附加的复杂情况，没有办法精确模拟模型中的收入总和。然而，利息、分红、租房收入，这些

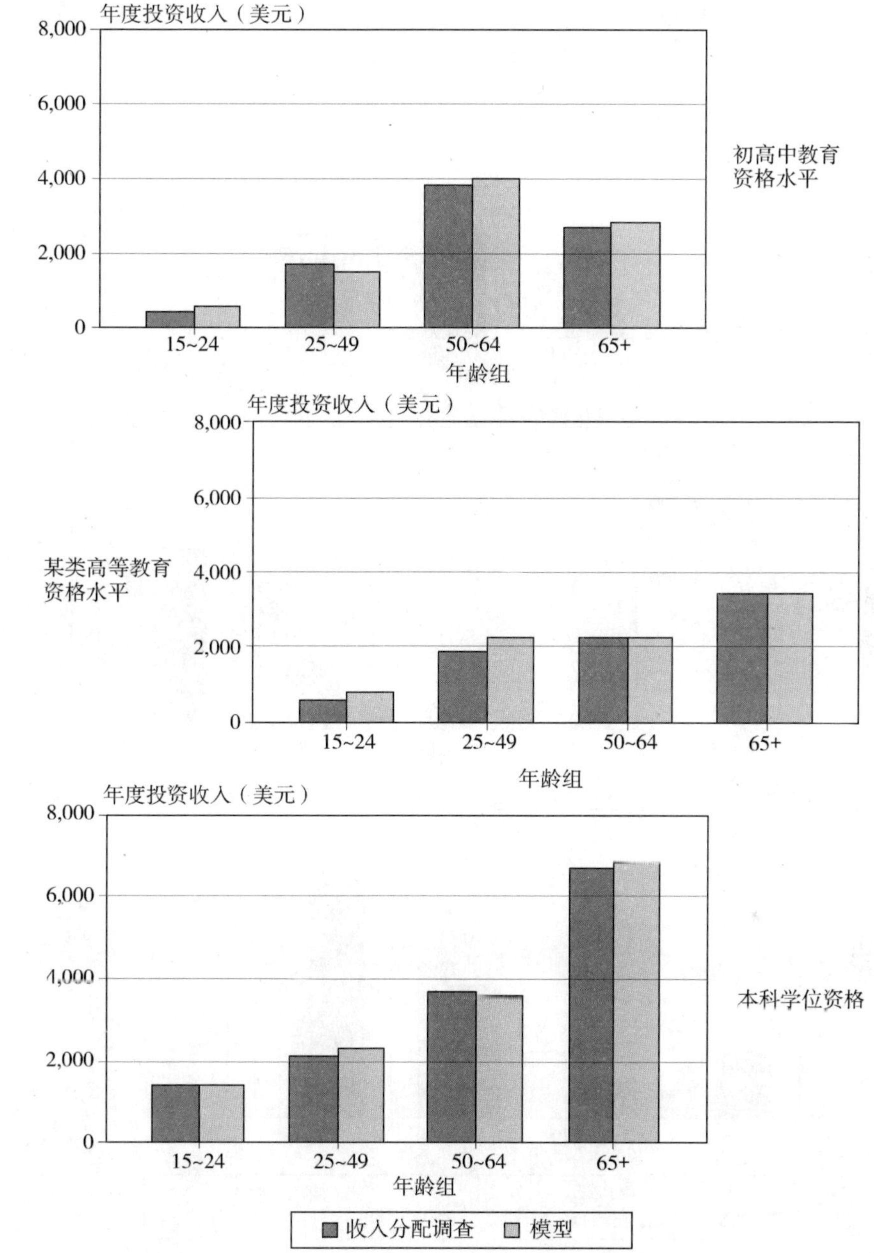

图 10.4　1986 年收入分配调查和模型中得到的不同年龄和受教育程度的男性以年为单位的投资收入平均值

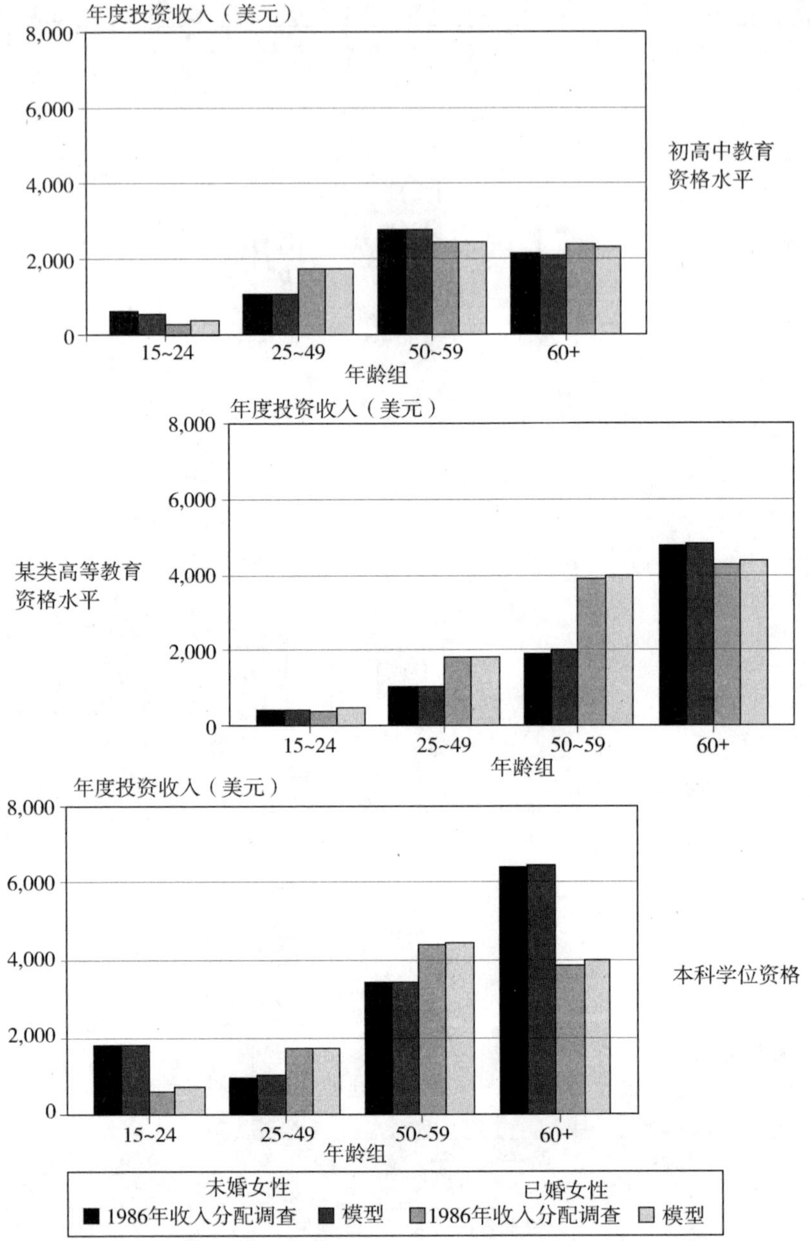

图 10.5　1986 年收入分配调查和模型中得到的不同年龄、受教育程度、婚姻状况的女性以年为单位的投资收入平均值

加起来的投资收入，是可以精确捕捉到上文中所述内容的总金额中每年都不同并且持续滚动的部分，就是养老金收入了。

1986 年的收入分配调查显示，男性的养老金收入在 50 岁后较高。收 333
入分配调查中 50 ~ 54 岁的男性有 5% 都收到了养老金，在 60 岁后，这个比例上涨到了 12%。针对收入分配调查的检测显示，对于退出了劳动力的男性来说，养老金是没有限制的，这也说明了，一部分男性在获取收养老金的资格之后，会接着再进入或继续留在劳动力里。

受限因变量模型用来模拟男性第一年养老金收入（表 10.6）。模型中的养老金收入是以年龄、受教育程度和个体是否离婚来判断的，下面对 1986 年收入分配调查的分析可以得出，这些都是最重要的解释变量。其他有可能的解释变量，比如个体是单身或者已婚，在检测后发现并不重要。

在 49 岁后退休的第一年，受限因变量模型被用来选取男性收取养老金的合适比例，并且给这笔养老金设定一个数量。一旦群组男性被选定收取一笔指定金额的养老金，到去世之前的每一年，养老金的收取金额都会固定为这个金额。在收入分配调查数据中，由于受到群组/时间段的影响，75 岁及以上男性收取的职业养老金会有一个极大的下滑。然而，考虑到 1986 年的养老金和物价指数挂钩的普遍性，未来真实养老金会随着个体年龄的增长而降低。因此，在模拟过程中假设退休第一年之后，养老金收入会保持在一个水平，并持续一生的时长。这也是为什么模型中会有一个单独的部分，而这个部分不会完全复制 1986 年真实存在的情况。

表 10.6　用于估算养老金收入的受限因变量参数

系数	内容					标准差
	年龄	年龄^2	某类高等教育	本科学位	离婚	
-5650 (1010)	141 (30.1)	-0.967 (0.224)	280 (43.6)	397 (57.7)	-96.3 (52.5)	427

注：括号里为标准误差。

334 这个比例也意味着，个人养老金收入不会随着个体再度成为劳动力而停止发放，因此，在模拟现实生活时，处在工作劳动力状态下的男性会收到职业养老金收入。

在这之前，会有一个误差项用来确保并不是所有男性，而只是具有相同特征的男性会收到养老金，这个金额是这部分有相同特征男性收取养老金的平均值，养老金收入的变化和真实生活中表现的差量一致。真实的纵向数据中，有这样特征的男性收取养老金的可能性，是根据职业、所处产业（阿尔特曼，1981）、工作期间的劳动所得收入、不同工作下的工作时长等进行估算的。不幸的是，收入分配调查仅记录了 1986 年末的养老金收入，并没有包含任何现在的退休人士在他们早期工作年间的数据。

即使养老金收入根据产业和职业变化，这些变量也没有出现在模型中。然而，养老金收入和前期劳动所得有极高的关联度，大多数的养老金是最终平均薪资收入的倍数。在这里不采用直接根据最后的平均薪资得出的误差项来估算养老金收入，因为这样会涉及非常复杂的编程过程，模拟过程中对误差项的用法和估算永久变量（比如劳动所得时）的用法一样，在这里用其他的方法向大家介绍一个劳动所得和养老金之间的联系。

实际上这意味着，模拟的男性中有高“相对劳动所得优势分数”的人，也有更大的可能性获得养老金，和“相对劳动所得优势分数”较低的人相比，更有可能收到较高金额的个人养老金。因为这个相对劳动所得优势分数，并不完全和劳动所得（同时也取决于其他的特征和机会）相关联。一个“机会”或“运气”的因素会用于养老金收入的模拟中，这样的设计是为了捕捉那些未知的成因带来的影响，比如雇佣产业等。

从给男性的养老金收入建模开始，给女性的养老金收入建模是极其困难的，因为在 1986 年很少有女性能够收取养老金。收入分配调查记录中，可以用于受限因变量模型的预估数据不够充足。少量的观察甚至不能满足超过一个解释变量的研究，所以在检测过诸如婚姻状况这样的因素后，将其重要性和受教育程度做比较，最后选择了受教育程度作为最重要的预测因素。根据1986年收入调查分配，只有4%的女性拥有初高中教育资格，年龄在60岁及以上，会收到养老金；这个比例在有高等教育资格的女性中上升到了11%，在有大学学位的女性中这一比例上升到了23%。在模拟 335
中，根据不同的受教育程度，选取了适当比例的女性，在退休的第一年里领取养老金。预测的养老金金额，包括了每个受教育程度女性的养老金平均值加上一个误差项。至于男性，劳动所得收入的永久误差项，是用收入分配调查数据中养老金的差异度相乘所得的，这样一来，“相对劳动所得优势分数”较高的女性，作为养老金收入领取者的同时，也会领取较高的养老金。

在已婚群组中，如果有收取养老金的成员死亡，其配偶会收到已逝者养老金的0.67%。这一数据建立在社会保障部门的预估之上，如果有需要可以进行相应改变。

表10.7中显示了，收入分配调查和模型中收取养老金的男性和女性的比例。本质上，模型中的个体养老金的收入会高于收入分配调查很大程度上是由于合成群组有较高的受教育程度，在模拟过程的男性和女性，其受教育程度会直接影响这部分收入的比例。另外，较高的收入水平也从本质上提高了，领取已故配偶养老金的另一半的人数，这样也会使领取养老金人群的比例有进一步提升。对于男性来说，收取的养老金平均值会在考虑其收取了已故妻子的养老金后有所下降，因为女性领取职业养老金平均值要比男性低。相反地，对于女性来说，平均职业养老金的金额，会在考虑她们收取已故丈夫的那部分较高的养老金后有所上升。

五、抚养费收入

为了模拟抚养费收入，需要模拟合成群组中初高中教育水平的学生情

表 10.7　1986 年收入分配调查和模型中获得的退休后在不同受教育程度下收取养老金和普通收入的男女比例

性别和教育状况	1986 年收入分配调查		模型			
			不包括配偶津贴*		包括配偶津贴	
	%	美元（每周）	%	美元（每周）	%	美元（每周）
男性						
初高中教育资格水平	7	200	4	180	6	160
某类高等教育资格水平	10	210	12	240	13	230
本科学位资格	24	270	24	285	25	275
女性						
初高中教育资格水平	4	100	4	85	9	135
某类高等教育资格水平	11	120	9	120	12	140
本科学位资格	23	170	27	150	31	160

* 也就是说，是否包括任何收到的津贴，取决于死亡的配偶是否收取职业退休金。

况和他们离开家的过程。仍旧接受全日制教育的学生比例，和/或离开家的学生比例，是根据收入分配调查中 15 ~24 岁的样本特征来进行预测的。也就是假设有一个孩子，他的母亲可能是潜在的抚养费收入人士，这样的孩子可能是不到 18 岁仍在家居住的和 18 ~24 岁仍住在家的全日制学生。

336 收入分配调查数据用来区分会影响到收取抚养费收入可能性，以及抚养费收入金额的重要因素，比如，最小的受养子女年龄以及受养子女的个数。然而，许多因素看起来对抚养费收入有重要影响，比如家庭分裂后的时长，这是没有被记录在收入分配调查中的，因此也不能体现在模型中。收入分配调查中记录的收取抚养费的相对较小的人数，也会阻碍模拟的精确程度，限制了可以使用的解释变量个数。

在模型中，家庭分解的时间是可以被识别的，并会选出一定比例，因此出现的单亲母亲作为抚养费的接受对象（在模拟中，父亲不会作为补偿金的领取者，因为在解构的家庭中，假定所有的受养子女都归母亲抚养）。模拟中设定这样的比例来接收抚养费，和 1986 年收入分配调查中是一样的。假定的抚养费金额是收入分配调查中有相同数量受养子女，并且受养子女最小年龄相同的单亲家长收取金额的平均值，并且有一个误差项，这一误差项和其之前的丈夫劳动所得相关。这就意味着，有较高收入的前夫和收入较低的前夫相比，会支付更多的抚养费。在家庭解散后的第一年， 337
就对抚养费支付金额做了预估，会和之后的五年保持在同样的水平（除非所有有资格接受抚养的受养子女都在那段时间离开了家庭，在那样的情况下会在孩子离开的当年归零重置计算）。模型中，所有单亲家长中三分之一的人会被选为领取抚养费，这些人是经过随意挑选的，收取抚养费的最大年限是五年，另外三分之一收取抚养费的最大年限是十年，最后三分之一收取抚养费的年限上升至15 年。另外，如果所有符合条件的受养子女都离开家，那么抚养费的发放也随即终止。

在澳大利亚面板数据研究中，缺少有关抚养费的纵向数据时，很难知道上述的模拟过程有多精确。模拟过程中单亲家长收取抚养费的比例，抚养费金额平均值和1986 年收入分配调查中记录的十分相似（表10.8）。

表10.8　1986 年收入分配调查和模型中，受养子女最小年龄不同、抚养费收入平均值不同的情况下收取抚养费的单亲家长比例

	1986 年收入分配调查	模型
单亲家长收入抚养费的百分比，最小受养子女的年龄		
-0~4	14	14
-5~9	28	28
-10~14	31	32
-15~20	36	33
平均收入金额美元-（每周）	42	41

六、总结

澳大利亚现存的用来预估动态收入情况的可获取数据非常不足。这一

章描述了劳动所得、投资收入和抚养费在模型中的模拟过程。对所有这些
338 类型的收入模拟，因为澳大利亚可获取的数据而受限。模拟过程中的各种假设是随着时间变化，对各种收入之间的现实关系，带来的永久和暂时影响的合理猜测，这些都建立在相关的海外数据上。需要注意的是，不同的假设会产生不同的结果。在未来，其他的假设也可以得到验证，一旦澳大利亚有更加全面的面板数据研究，那么结果数据就可以被合并在模型中，用来预测动态情况。尽管如此，抛开这些问题，和 1986 年收入分配调查数据相比，模型还是根据不同年龄、受教育程度，很精确地复制了多种收入来源的收入情况。

第十一章　政府支出及税收

一、简介

这一章描述了澳大利亚联邦政府的各项支出和税收情况在模型中的模 339
拟。最终，是想要通过加入澳大利亚联邦政府所有的支出和税收，来获取一个较为全面的、政府对终身收入分配与再分配所带来影响的图画。然而，正如第三章所讨论的，现有模型中，只有主要的社会保障现金转移、联邦教育现金转移和其他的教育支出以及所得税。其他政府支出的主要部分，比如房屋、健康花销还有间接税，在未来会加入模型中。尽管如此，模型中包括的项目都是主要的项目，被设计用来达到澳大利亚收入再分配的目标。

图 11.1 展现的是澳大利亚联邦政府 1985 - 1986 年功能性支出总额。社会保障和福利支出达到了 190 亿美元，约为总支出 699 亿美元的 27%。然而，这笔支出包括了一部分社会服务，比如，年长者的退休屋以及住家酒店，和退休屋以及社区的保健计划，所有这些服务都不包含在模型的范围内。退伍军人支持也不包括在内，除非有另一场战争产生，1986 年出生的群组中也不包括任何退伍军人。总的来说，77% 的社会保险和福利支出是“被分配”在模型中的（虽然群组只包括了 4000 个个体，费用总金额明显不能和澳大利亚总人口金额相等）。

教育上的支出总金额占了全部支出的 7%，这些支出中有 95% 都在模型中得到了分配。不包括在其中的支出有特殊群体的费用，比如澳洲土著、移民和退伍军人的孩子的相关支出。由于模型中当地的土著出生情况

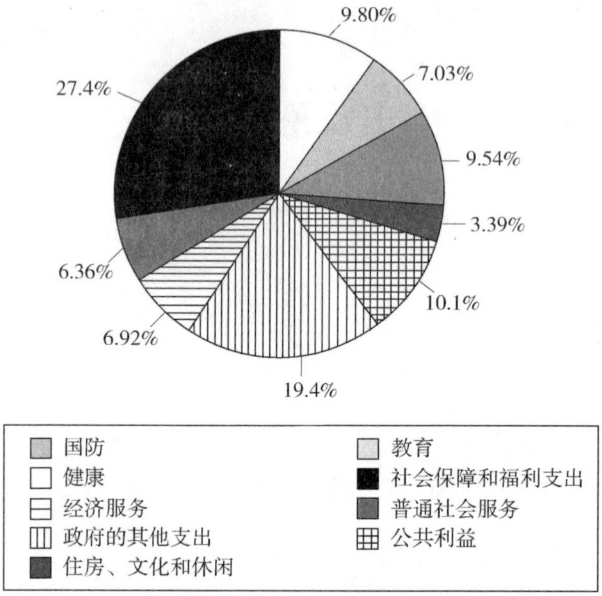

图 11.1　根据功能划分 1985～1986 年澳大利亚联邦政府支出预算

来源：财务司（1986，75 页）。

以及国内的出生情况没有精确的模拟，就没有办法给合成群组内的个体分配可支出费用。联邦政府的支出预算中有三分之一都包含在模拟过程中。

340 现在谈谈收入。澳大利亚联邦政府在 1985～1986 年的收入达到了 640 亿美元，其中个人的税收达到了 320 亿美元（图 11.2）。模型中涉及的税收部分仅是所得税，政府收入中超过一半的金额都在模拟中有所体现（经过轻微调整之后的原始模型里，对终身间接税收入进行了模拟——见哈丁，1993a）。

给现金转移收入和所得税支付建模不是一件容易的事情。本章的第二部分极为详细地描述了模型中的社保现金转移部分，解释了转移收入建模过程中针对较低接受率的假设，比如家庭收入补贴的接受率，并且描述了在面临澳大利亚财产持有相关数据完全缺失的情况下，对养老金和其他的
341 津贴进行的财产测评是如何计算的。第三部分概述了教育服务和现金转移的模拟。解释了现金转移在模型中是如何在低收入、有受养子女且受养子

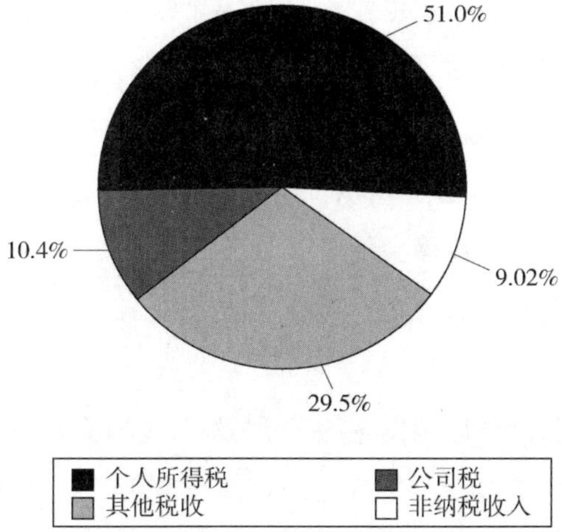

图 11.2　不同来源的 1985～1986 年澳大利亚联邦政府收入
来源：财政部（1986，295 页）。

女在中学最后一年学习的家庭和低收入接受高等教育的学生家庭，以及研究生学生家庭之间运作的。这一部分同时也描述了教育服务的价值是如何进行预测的。最后，第四部分检测了所得税以及各类假设评估是如何进行的。

二、社会保障

模型中模拟了 1986 年 6 月存在的社会保障体系。自从这个日期之后，澳大利亚的社会保障体系做出了许多改变，包括了 20 世纪 80 年代晚期联邦政府对该体系的主要回顾。下面的讨论中识别了其中很多非常重要的变化，但是这些改变并没有被纳入模型中的社会保障特性中——即使在未 342
来，给这些变化建模，并预测这些变化给终身收入带来的影响仍然是首要问题。

在模拟过程中，正如第三章讨论的，现金转移收入的接受者被假定为获取了现金转移中的全部好处。换句话说，转移收入的好处是不能被转移给第三方的，转移收入的发生应该全部属于最初的接受者。然而，一个人应该可以预想部分实际的好处被转移给第三方的情况。比如，支付给社会保障接收方的租房资助，也许会被部分转移给私人房主，这些人会把房租增长到一个新的租房市场可以接受的金额（戈罗恩威根，1979，51 页）。相似的，给老人的现金转移会随着其受养子女给予的支持而减少，这种现金转移的救济金至少有部分是发生在受养子女身上的，而不是在名义上的接受人身上。

在模拟中，现金转移是发生在支付这笔钱的人身上的，同时意味着，女性是她们孩子的转移收入受益人（在澳大利亚，这笔金额通常支付给孩子的母亲）。一些人会说，这样的转移收入应该同等发生在丈夫身上，或者完全发生在受养子女身上。也会有人对这种发生在一个家庭单元内，可供选择的收入分享假设进行争论，觉得这类转移支付在一个家庭中，并不是每个家庭成员和丈夫都是平等分享的。这样简短的讨论说得很清楚，现金转移的发生并不是一个无可争议的领域。然而，在主要针对费用发生情况的研究中有一个标准，就是在模拟过程中假设现金转移没有任何流动发生（比如，中央数据局，1990；雷诺德和斯莫伦斯基，1977，39 页）。

（一）社会保障转移模拟

模型中模拟了下面几种转移支付：

• 养老补贴，适用于 60 岁及以上的女性，65 岁及以上的男性，取决于其对住房的需求，以及以现有收入和资产为基础的测算（不同于欧洲的社会保险体系，养老补贴、其他津贴和救济金的接收者，不会考虑以其之前的劳动力状况和劳动所得作为参考，只会以现有的经济情况为依据）。1986 年，年龄为 70 岁及以上的养老补贴领取人士，可以选择在条件更宽
343 泛、支付率最大额度较低的收入检测方案中，接受收入检测，因为如果这样做和标准的收入检测相比，有可能可以给他们提供更高的养老补贴。虽然在 1990 年这样的做法就被废除了，但是依旧在模型中出现了这样的

条款。

• 残障人士补贴，适用于16岁及以上、永久性失明的人群（以非收入/资产检测为基础）或永久丧失85%及以上工作能力的人群（以收入/资产检测为基础），现在叫作残障支持补贴。

• 妻子补贴，支付给年老或残障救济金领取妻子（并非丈夫），这些女性作为个体没有资格领取救济金。

• 医疗补贴，支付给没有资格领取其他津贴，但是给严重残疾、可领取养老或残障人士补贴的人群提供长期医疗看护的人（在模型中预测这类补贴时，其领取对象不能是女性残障补贴领取人的丈夫）。

• A和B等级的丧偶女性补贴，以及家长支持救济金，支付给单亲有受养子女的家长（这些支付费用在1989年3月被单独的单亲家长补贴所替代）。B级寡妇补贴在1986年是存在的，会支付给那些没有受养子女，但也不参与到劳动力中的年长寡妇；到1990年这个补贴就逐渐消失了。C级寡妇补贴（1986年6月，澳大利亚仅有102位收取该救济金的女性）是支付给没有受养子女、低收入、丈夫去世26周的女性，并不在模型中体现。

• 失业救济金，支付给16～59岁的失业女性，以及16～64岁的失业男性（现在被新起点补贴以及寻找工作补贴替代）。

• 疾病救济金，支付对象的年龄范围和失业救济金一样，这部分人由于生病或事故暂时无法工作，并且由于没有能力工作正在经受收入流失的过程。

• 特别救济金，用于特殊需求以及没有资格领取补贴或失业、疾病救济金，却没有办法为自己和依靠他们的人群赚取足够的生活费而处在困难情况的人群。

• 家庭收入补贴（FIS），支付给有受养子女却没有收取任何公共收入 344
支持的低收入家庭［这笔费用被调整过两次，第一次被更名为家庭津贴补助（FAS），接着被整合为一个更加广泛的家庭支付结构，并被叫作额外家庭支付］。

• 家庭津贴，按月支付给有低于16岁受养子女的低收入家庭，或有16岁和17岁、没有收到教育转移支付的全日制受养子女的低收入家庭，情况相似有18~24岁受养子女的低收入家庭。（在1986年，津贴是不以收入——家长的应纳税收入为基础测算进行分配的，虽然收入测算比家庭津贴补助的要求更低。现在叫作基础家庭支付。）

• 多胎生育基金，不以收入为基础测算的费用支出，支付给有小于6岁的三胞胎或四胞胎的家长。

除了基础汇率，退休金领取者和津贴受益者都会收到一笔额外的补助，额外的补助和津贴会支付给受养子女，母亲/监护人的补助会支付给单亲家长，这部分津贴领取者会出现在模型中。到1993年，这些支付款项已经被一个叫作“家庭支付”的综合计划综合采纳。租金补助支付给那些作为抚恤金和津贴领取者的私人租客，这部分没有包含在模型中；由于根据1986年收入分配调查，澳大利亚数据局得出的住房数据受阻，这就使得在模型中预估住房情况成了一个问题。尽管现在没有关于这部分福利的预估，但额外福利的获取资格（比如通信和交通的优惠）也同样要经过计算。

需要注意的是，对于已婚夫妻来说，所有的福利和补助都是支付给丈夫的，津贴由夫妻两人平分，但是任何给受养子女的额外支付款项，都由母亲作为接受方。家庭补助、多胎生育和家庭收入补贴全部直接支付给夫妻中的母亲。这些条款在模型中都进行了合并呈现。

（二）资产检测

1986年，上述列出的所有抚恤金和用于支持家长的福利都采用以收入和财产为基础的检测方法，剩余的效益都简单采用以收入为基础的检测方法。到1990年，所有的抚恤金、福利和家庭津贴补助，都是以收入和资产为基础进行检测的。然而，并没有办法在模型中准确对财产进行检测，这个问题同时也出现在建立澳大利亚静态微观模拟模型的过程中。这样做需要模拟资产的分配状况，但澳大利亚并没有近期准确的财富数据存在。可以根据家庭收到的投资收入金额来模拟资产的分配（模型中有体现），这个方法被蒂诺特采用，其中使用的数据基础是 1986 年收入分配调查中的相关数据（1990）。然而，这样的方法在给澳大利亚财富状况进行总预测时是十分有用的，但以微观模拟为目的时，就显得不那么有用了，作为以资产为基础的检测，其中一个主要功能就是筛除那些有大量资产但是投资收入较低的人——换句话说，就是其投资收入和他们持有的资产相等的人群。 345

除了这些困难，发放养老金时要进行的资产测评是不能被忽略的。在模型中，到了可以领取养老津贴的年龄，就要按照收入测评的方法来对这个人进行资格检测，有资格领取养老津贴的比例要比现实生活中期待的好得多。因此必须要想办法来减少这部分增高的金额。最终，每个群组在他们一生中收到的投资收入是需要被计算的，然后要按照收取的终身投资收入金额进行排序。大约前 15% 都被排除在了养老津贴领取的范围外，选取 15% 这个数字，是为了保证男性和女性中大约有 70% 的人能够在领取养老津贴的年龄里收到养老津贴（在经过收入检测后，前 15% 中的很多人不论在什么情况下都被排除在外）。

很难判断到底什么程度的领取率才合适。在 1986 年，预计达到了领取养老津贴的年纪的人口中有 79%，真实领取到了相应的养老津贴或者服务津贴（养老津贴支付给退役军人）。到了 1989 年，根据社会保障部门的内部预测，这一比例会降到 77%。由于政策没有改变，可以预期这一比例会在未来稳步下降，尤其考虑到养老金在 20 世纪 80 年代末期占据了主流，而未来会有不断增长的退休人口领取职业津贴。当然，合成群组领取的职业津贴要比澳大利亚 1986 年的实际情况高一些。这也是为什么，我们并不清楚，如果设定资产检测参数，来保证合成群组中 70% 的人口在老年时期收到政府的养老津贴是否合适。然而，如果预测 70% 的津贴领取率过高或者过低，那么相关参数也可以进行修改。

根据上面主要的例外情况，没有学者打算在社会保障现金转移中采用以资产检测为依据进行判断的方法。由于考虑到领取率，因此，一般来说，所有上面讲到的社会福利支付，都是将和家庭相关特征以及其他特征分开来计算的，接着按收入为参考进行测算，来决定到底应该收取多少福
346 利支付金额。然而，在这个过程中存在两个例外情况。换句话说，有两种情况仅采用相关收入进行测算，在模拟过程中得出的是错误的结果。

（三）疾病和特殊福利领取情况

首先，疾病的发生并没有被精确地建模，因此就没有一个明确的方式用来确定模拟过程中疾病福利领取的资格。在模拟过程中确定领取疾病和特殊福利的资格，需要遵循以下两步。任何一年内，不在雇佣状态下超过四周的人群；这一年早期或前一年里处在劳动力状态下的人群；以及那些不在国内的人群，这些人很明显是首先被单独隔离出来，排除在这两种福利的领取人士范围外的。这个抚恤金的领取池明显比实际收到疾病和特殊福利的人群数量大。这是因为，在任何一个时间点，都有一定比例到了劳动力年龄却没有处在雇佣状态的人数，但是同时也不符合领取疾病或特殊福利的条件。

在这个潜在有资格的人口池当中，会随机选一些人处在相应的状态下，但是不符合疾病或特殊福利的领取要求。设定这样的比例，以保证在整个群组终身的疾病和特殊福利花费，是用于失业补助费用的16%。设定这样的比例，是因为在1986年，两者的比例关系是这样的（社会保障部门，1986c，32～34页）。在采用合成群组的记录生成的合成横截面分布数据时，并不能和1986年澳大利亚实际的横截面人口情况完全一致（比如，在合成分配中，有更多的老年人），对于合成群组的疾病以及特殊补助的费用和大概的领取率来看，这似乎是一种合理的方法。

（四）家庭收入补贴领取率

第二个在模拟过程中以收入为检测对象的例外是家庭收入补贴。家庭

收入补贴在1983年5月才设立，在1986年以相对较低的付款率替代了较为严格的收入检测方法。在澳大利亚，大多数的抚恤金和福利以及家庭补助，在有资格领取的人群中具有极高的领取率。家庭收入补贴经由社会保障部门统计，属于其中领取率较低的一个种类（卡斯，1986，74页）。虽 347
然对这部分合格人群的预估不是特别准确，但佩克预测领取率会低至符合资格家庭数的三分之一（1986，3页）。

1987年，家庭津贴补助替代了家庭收入补助，旨在解决领取率的问题。申请家庭收入补助要提前四周进行收入评估，这个步骤被可纳税收入评估替代，并发生在申请的前一年。之后的估测表明，家庭津贴补助的领取率确实得到了提升（58%的总支出中，也许会有100%的领取率）（怀特福德和道尔，1989）。

哪些类型的家庭行使了接受家庭收入补贴的权利，哪些类型家庭没有行使呢？可以估算出的是，与部分支付家庭津贴补助的家庭相比，全部支付的家庭领取率较高（布莱德博力等，1990，65页）。另外，较大的家庭会更有可能申请家庭收入补助。1985年4月，领取家庭收入补助的家庭受养子女的平均数量为2.8（佩克，1986，46页），澳大利亚平均大小的家庭，受养子女数量小于2个。最后，虽然30%领取家庭收入补助的家庭，获取收入的全部或者部分方式是通过自主雇佣（佩克，1986，13页），很大一部分自主雇佣家庭收入很低。这意味着，在自主雇佣人群中，领取率确实低于那些以赚取报酬和薪资为主的群体。

可获取的证据表明，在家庭收入补助领取率的模型中：

- 对于非自主雇佣劳动力组成的家庭来说，他们的领取率应该高于自主雇佣劳动力组成的家庭；
- 人口更多的家庭，领取率应该更高；
- 资格完全符合领取家庭收入补贴的人群，领取率应该更高。

选择恰当的领取率仍旧是个问题，这是因为，缺乏具备上述特性的潜在接受者的相关可靠数据——这一问题在构建澳大利亚静态微观模拟模型时再次出现。另外，也不清楚，与1986年的澳大利亚人口相比，合成群组到底有哪些不同的相关特征。（比如，工人的领取状况以及事故补偿金状况都没有在模型中模拟，因此，在给家庭收入补助建立有资格的人口池时，要建立比实际生活中更大的潜在有资格人口池。）

348 1986年6月，大约有1.6%的已婚家庭收到了家庭收入补助（社会保障部门，1986c，37～38页）。然而，因为很多家庭收取家庭收入补助的时间小于一年，一整年中收到的家庭收入补助金额要比任意时间点收到的高。1986年收入分配调查数据的检测中，1985～1986年，家庭收入补助领取者领取这笔补助的周长，是任意一年中领取家庭收入补助的已婚夫妻周长的2%到3%。在模拟过程中，要设定家庭收入补助领取率相关参数，来确保合成群组中收到家庭收入补助的家庭数量，要低于所有已婚夫妻家庭数量的2%到3%。

不论领取率如何接近真实情况，也不能决定真实的情况是什么样，但如果需要，所有的参数都可以进行更改。然而，需要对结果进行仔细的评估，看看领取率的模拟运行状况。比如，导致以下结果的参数模拟：

- 模拟中3%的已婚夫妻获取家庭收入补助；
- 领取率会随着家庭成员的增多而提高的1.7%的有一个受养子女的已婚夫妻会领取家庭收入补助，如果受养子女更多，那么这个比例会攀升到约5%；
- 根据自主雇佣状态的不同，领取的家庭收入补助也不同。3.85%的已婚夫妻家庭，夫妻双方至少有一个是自主雇佣劳动力的，会获取家庭收入补助，而对于有受养子女赚取薪资的家庭，这个比例为2.3%。两者相比，这些比例显示在自主雇佣劳动力的前提下，领取率会更低。自主雇佣领取补助人群和赚取劳动薪资领取补助的人群之间的比例，在模型中和佩克发现的基本一致（1986）；
- 模型中领取补助家庭受养子女的平均数量是1.9，现实生活中是2.8（大概反映了模型中较低生育率和较小的家庭规模）；

• 领取家庭收入补助的平均周期是 28 周，1986 年收入分配调查数据中则是 40 周（更短的周期也许反映了，模型中的收入政策比现实生活中更加精确，在这个意义上，收入的增加能够立刻反映出较低的家庭收入补助发放金额，或者家庭收入补助的终止发放，但是在现实生活中，补助的接受者，也并不是总能立刻呈现出增长的趋势，或根本无法呈现）；

• 模型中，每个领取补助的家庭年平均支出为 800 美元，1986 年每个 349
家庭是1,690美元（两者相比反映出家庭越小，领取补助的平均周期越短，以及一些未知的因素）。

以上所有的模拟结果，在和澳大利亚家庭收入补助接受者的现存基准数据相比，都显得合理。

模型中包括的以及早前列出的支付金额中，150 亿美元中大约有 98% 的费用是 1986 年社会保障部门投入维持收入现金福利中的。其他 1986 年存在的社会保障支出或者项目都没有在模型中出现，这是因为接受补助的人数较少，涉及的费用不多，或因为没有办法对项目进行足够的模拟。这笔经费包括了 C 级寡妇津贴、租房补助、特别临时性津贴、丧葬津贴、孤儿津贴、残障幼童补助、偏远地区补助以及流动性补助。

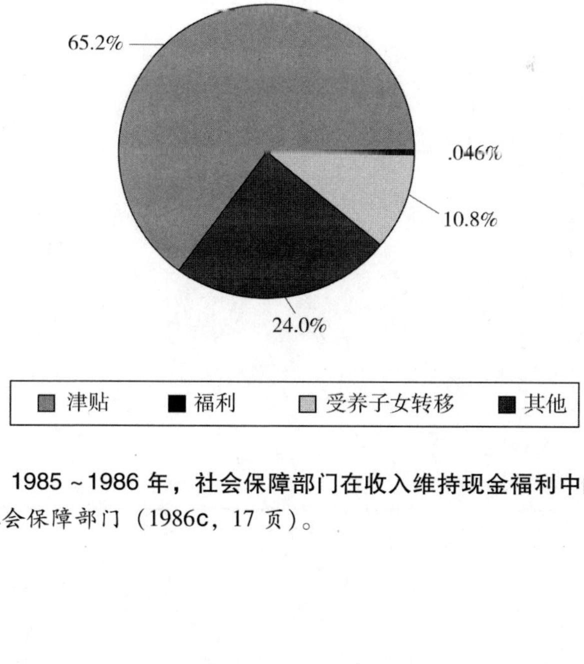

图 11.3　1985～1986 年，社会保障部门在收入维持现金福利中的支出

来源：社会保障部门（1986c，17 页）。

图 11.3 表现了 1985 ~ 1986 年社会保障现金转移的分配情况，在模拟
350 当中包含了 97% 的抚恤金支出，98% 的福利支出以及在受养子女转移支出经费的 98%（家庭津贴、家庭收入补助和多胎生育经费）。因此，模拟得极为全面，也没有排除主要的现金转移的费用。

表 11.1 显示了 1986 年 6 月的支付率，这部分内容在模拟中也有所体现。考虑到其他的收入参数，这些比例在合成群组的“整个生命进程中”都保持不变。因此针对这些比例（或劳动所得参数，或其他收入参数）也没有进行过调整，以此来解释经济的增长或膨胀。澳大利亚单一的养老金比率一周是 102.10 美元，要比退休津贴低一些，因为退休津贴考虑到了分

表 11.1　模型中的社会保障现金转移支付金额

费用	1986 年 6 月每周的金额（美元）
津贴	
- 单身津贴领取者	102.10
- 已婚津贴领取者（结合率）	170.30
- 单亲家长母亲/监护人补贴	12.00
- 每个人孩子的津贴	16.00
福利	
- 单身受益者，18 岁以下无受养子女	50.00
- 单身失业人士，18 ~ 20 岁，无受养子女	88.20
- 单身失业，21 岁以上无受养子女	95.40
- 单身疾病福利受益者，18 岁以上无受养子女	102.10
- 已婚有需要助养配偶的福利受益者	170.30
- 每名儿童的额外福利	16.00
受养子女现金转移	
- 家庭补助	
- 第一胎	5.26
- 第二个孩子	7.50
- 第三或第四个孩子	9.00
- 第五个及更多的孩子	10.51
- 6 岁以下三胞胎补助	34.62
- 每个孩子的家庭收入补助	16.00

配对象之前在劳动力状态下的劳动所得。那时候，这个金额大概是澳大利亚平均周劳动所得的三分之一。

三、教育经费 351

根据预算文件显示，1985～1986 年澳大利亚的教育经费达到了 49 亿美元。在这些支出中，有一半用于提供高等级教育服务，40% 用于校园服务，8% 用于给学生或他们的父母提供现金服务（图 11.4）。模型中对上述所有情况都进行了指定，这样 96% 的联邦教育经费都得到了分配。

（一）教育现金转移

1986 年，教育部给学生提供了一大笔现金转移经费，模型中包含了以下几种：

• 中等教育津贴计划，旨在帮助受养子女处于初高中教育最后两年的低收入家庭。不包括自供上学的学生，他们的津贴会直接支付给他们的父母。这是在父母双方的应纳税收入基础上进行收入检测的，这笔应纳税收入需要发生在学期前一年的应纳税年，尤其是提供给那些应纳税收入在受养子女学习的那一年大幅下降的家庭。

• 高级教育资助计划，旨在帮助在综合大学、提前教育学院、技术与 352
再教育学院和其他高级机构就读的全日制学生。高级教育资助计划的收入检测，建立在家长在前一个纳税年里的收入的基础上（如果父母在收入上有大幅下滑，那么就会给予特殊待遇）以及学生收入的基础上。和家长住在一起的学生收到的金额会较小，已婚学生的收入检测则以其配偶而非父母的收入为基础。

• 研究生奖励计划，旨在帮助全日制研究生和博士生。这个奖励并不以学生父母收入为基础进行收入检测（虽然发给获奖者的金额是有限的），

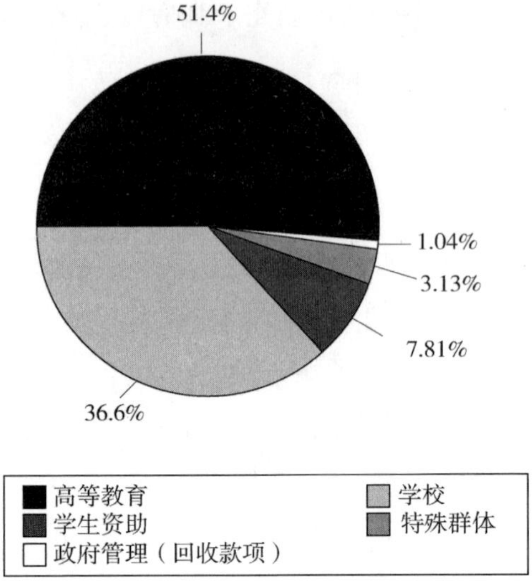

图 11.4　1985 ~ 1986 年联邦根据不同功能划分的教育经费支出

但是极具竞争力。

上面的三种计划，占到了 1985 ~ 1986 年教育现金转移计划的 85%（就业、教育和培训部，1987c，30 页）。其他没有出现在模型中的主要计划，是为了给特殊群体，比如，原著民和偏远地区的孩子（两者的情况都无法被预测，种族源头和人口分布地点是没有办法在模型中模拟的）。

正如模拟 1986 年真实的情况一样，中等教育津贴计划和高等教育津贴计划最后被新的澳洲学习计划所替代，这一新计划给正在接受中等和高等教育的、16 岁及以上的学生提供与年龄相关的帮助，诸如此类的变化都是没有包括在模型中的。新的计划旨在提高大家深造的积极性，以此来减少失业福利和给青少年的教育津贴之间的鸿沟。政府最原始的用意，是直接将澳洲学习计划中的资助提供给符合资格的在校学生手上（而不是和中等教育津贴计划一样，提供给他们的父母）。以社区为主的人群担心这会导致接受中等阶段教育、小于 18 岁的学生的父母，会成为这笔款项的接受人（虽然这笔津贴还是会在收税时，作为学生的收入来进行对待）。

上述关于教育现金转移计划的模拟是十分复杂的，有两个原因。第一，针对家长，配偶和学生收入、有多种多样、非常复杂的收入检测方法，并且会在发放津贴给独立配偶及其受养子女时，采用另外的收入检测方法，这是必须进行模拟的。第二，这笔费用的接受人必须按照两代人来进行模拟。比如，合成群组和群组成员的受养子女们。

至于社会保障中的现金转移，到底谁是现金转移的受益者，需要根据
上面讲的发生情况来进行假设。比如，中等教育津贴计划是支付给家长 353
的，因此其中的福利至少有部分会传递给青少年学生，来支持他们在学校的学习生活。也有一些关于几代人之间费用转移的问题，如经济学家巴罗所说，打算将这笔增长的福利发放到学生手上，但是家长有可能接着否认这笔收入，并在转移这笔费用的时候将金额降低，或者不论长期还是短期都以降低的遗产来处理（1974）。

除了这些问题，模型中也提到了教育类现金转移的好处，这些好处在接受现金转移时会真实发生。因此，在模型中，中等教育津贴计划被假定发生在合成群组的低收入家长身上，这些家长的受养子女要处在中等教育的最后两年。至于已婚夫妻，中等教育津贴会在两位家长中间平分，每位家长理应收取一半。

根据同样的发生方法，高等教育津贴计划会在合成群组中实施，这些合成群组中的样本应该就是接受高等教育的学生。然而，同时也模拟了这批学生的后一代作为高等教育津贴计划受益者的情况。这是因为，不论是不是合成群组中的孩子接受高等教育津贴计划，都会影响到父母对其中一些现金转移声明所属权的能力。在这种情况下，高等教育津贴的接受者是他们孩子，并且没有将这些孩子作为一个收入单元，事实上是收取高等教育津贴的孩子都会被标记，接着就会对家庭津贴产生影响。

表 11.2 体现了群组成员是学生或其家长时，教育津贴涉入的价值。表 11.3 体现了模拟过程中学生的占比，以及真实生活中接受不同津贴的学生占比，并且再次提出充分的模拟可以代表真实世界的情况。

表 11.2　模型中采用的周教育津贴金额*

类别	1986 年每周金额（美元）		
	中等教育津贴计划	高等教育补助	研究生补助
在家	35.00	47.50	156.27
离开家或已独立	n. a.	73.28	156.27

* 同时也给独立配偶以及独立受养子女有补助。

来源：教育部（1986，44 页）；就业、教育和培训部（DEET）（1987c，34 页）。

354 **表 11.3　1986 年澳大利亚以及模型中有资格接受不同教育转移支付的潜在人群比例**

	估算的有资格接受现金转移的家庭或学生百分比	
	模型	1986 年澳大利亚*
中等教育津贴计划	25	25
高等教育津贴	36	38
研究生津贴	4	5

* 来源：教育部（1986，40 页）；就业、教育和培训部（1987）；沃兰等（1988，9 页）。

（二）其他教育支出

正如之前提到的，只有从政府出资提供的物品和服务中获益（而不是现金转移）的情况，在合成群组中一经采用才能算作教育支出。根据个体情况决定受益人和服务的货币价值的情况，是比现金转移的情况更具争议的。对经费支出的分析可以被分为两个不同的步骤：第一，确定到底谁是政府经费支持的福利的真正接受人。第二，这些福利换算为货币价值后的计算。这样纯粹的公共物品的福利分配和价值（如边防和环境保护），应该给社会的全体成员提供不可分割的集中性福利，这是一个极具争议的领域，关于这些花销的研究也谨慎地将一些服务从他们的资产负债表中排除出去（比如，澳大利亚数据局，1987b；中央数据机关，1990）。

花在不单纯是公共物品和服务，或者可分开使用的公共物品和服务上的经费，比如教育和健康，其受益人的身份识别是非常具有争议的。经费花销的研究已典型地假设，只有真正使用这些服务的人，才是这样的物品和服务的受益者（经济计划咨询委员会，1987，23 页）。因此他们做了一个带有疑问的假设，给这些服务带来外部性影响，并没有以非使用者的身份享受其中福利（如给社会带来好处的人或者受雇于高等教育或健康劳动领域的人），所有的好处都应该分配给服务的消耗者（比如病人）而不是这些福利的生产者（比如医生）。

进一步说，在作出关于谁是公共福利的受益者的假设之后，对供给服务的花费带来的福利进行了典型的发生率研究。比如，并不是试图决定服务的用处或者真实价值，又如，一年高等教育能给接受者带来什么，政府提供给一年高等教育的平均经费仅被纳入全日制高等教育学生的收入当中。这样的一种方式产生了一系列的受益者（布朗和杰克逊，1990，184 页）。花出的费用不太可能等同于服务的真实价值，也不是基于市场价格，并且没有考虑提供的物品和服务的质量或效率。比如，正如麦克格兰纳罕观察到的，“处在同一水平的服务，越低效的服务，或者越腐化的服务，其受益者从中得到收入就会被赋予一个越高的货币价值”（1970，40 页）。 355

再者，采用这样的步骤含蓄地假设了，收入的边际利用率对所有个体来说是一样的（也就是说，给一个富人一美元和给一个穷人一美元，价值是一样的）。艾伦和麦克盖尔在一个有争议的新方式中发展出一个更加明确的效用功能的形式，其中包括在一定的假设下，政府花费带来了没有显著变化的，从高收入到低收入群体的收入再分配的情况（1970）。

结论就是，经济学家不论在如何甄别公共服务的问题上，如健康和教育的受益者，还是如何给其他服务所值估价的问题上，都还没有到达一个意见完全一致的地步。对于现有的研究来说，教育支出的受益者应该是那些真正使用教育服务的人，其中的福利就是政府用来提供这些服务所投入经费的平均值，都是根据哈丁的方法（1984），经济计划咨询委员会（1987）和澳大利亚数据局的财政发生情况来进行研究的（1987b）。（然而，在未来很有可能用其他的假设来进行实验。比如，假设教育经费中有一部分比例发生在了非使用者身上，或者尝试其他设施功能的人身上。）

澳大利亚数据局非常好心地提供了1985～1986年不同类型的高等教育和学前教育的政府经费支出，这些支出提供的相关服务被平均分配给了所有的使用者。假设所有的非全日制学生等于全日制学生的一半，这样来计算学生总数，总花费会在这个数字中进行分配，然后接着将其中一半的福利分配给全日制学生。高等教育支出“不会被分到别处”，也是公平分配给所有接受高等教育的学生。综合性大学、提前教育学院的学生在模型中
356 是没有区别的，在这两部分人身上的总支出会先汇总在一起，再进行分配。接受职业技术与再教育（TAFE）的学生会被区别对待。对于在校生，就业、教育和培训部门得出数据，他们采用1986年政府在每个不同类型的学生身上花费的平均资金来进行计算（1987a）。表11.4体现了在每个教育环节花费在学生身上的年度资金。

表11.4　针对一年内不同类型学生政府的教育开销年度预估

分类	1986年每个学生的年度开销（美元）
-学前	1043
-小学	
政府资助	2313
天主教	1428
其他非政府学校	1288
-初高中	
政府资助	3530
天主教	2211
其他非政府学校	1818
-综合大学/计算机辅助教育	
全日制	7633
非全日制	3827
-职业技术与再教育	
全日制	2711
非全日制	1366

四、所得税

正如政府经费的发生，税费的发生在经济学家中也属于存在激烈争议的领域。为了判断税费的发生情况，知道到底是谁在支付税费就非常有必要。因为个体和公司都有法定纳税义务，计算税费负担的分配在最开始看起来是一件简单的事情。然而，这个合法的花费会根据经济情况产生很大的不同，法定有责任纳税的人也许有能力通过价格、报偿或利益的改变，将这笔负担转嫁给他人。间接税费和公司税的发生仍旧是个热议问题（比 357
如，见布朗宁和强森，1979；马修，1980；穆斯格雷和穆斯格雷，1984；普雷斯特，1955）。但是，在现有的研究中，并没有打算将这些税进行分配，现在可以忽略这个领域。

所得税的租税负担率要比法定的租税负担率产生更少的争议，比如大家都认同的，企业经理、律师、医生和其他工作在以少数人群为垄断的职业领域的人，也许可以转换部分或者全部的所得税增长额度，到他们的客户或者消费者身上（布雷克，1974，179 页）。然而，在模拟过程中，会假定所得税都发生在那些有法定责任进行支付的人身上。同样重要的是，那些有法定责任缴纳所得税的人，被认定为符合其中要求，并且不考虑存在逃税等地下经济行为。另外，在模型的最初版本中，所得税的负担被定为与

表 11.5　1985～1986 年所得税清单

可纳税收入	总可纳税收入的税金
0～4595 美元	无
4596～12500 美元	无 +4595 美元以上，每 1 美元交 25 美分
12501～19500 美元	1976.25 美元 +12500 美元以上，每 1 美元交 30 美分
19501～28000 美元	4076.25 美元 +19500 美元以上，每 1 美元交 46 美分
28001～35000 美元	7986.25 美元 +28000 美元以上，每 1 美元交 48 美分
35001 美元及以上	11346.25 美元 +35000 美元以上，每 1 美元交 60 美分

收集到的税金相等，即使所得税可能会使消费者的选择发生混淆，并且衍生出额外的负担（也被称为额外损失）（巴拉德等，1985；巴斯坎德和波特，1986，364 页；穆斯格雷和穆斯格雷，1984，307 页）。

1985～1986 年应用的所得税安排，被应用于所得税体系的模拟中，这些都通过表 11.5 进行了总结。首先，计算全部的可征税收入，通过加总每年个人潜在的应纳税收入（见表 11.6）。即使在澳大利亚，经费都会产生于必要的可征税劳动所得中，其他的特殊减免项目可以在可纳税收入中减去，从而留下的就是应纳税收入，模型中没有对这样的减免进行模拟。

部分原因是这些减免金额对于某些群体来说数目很大，比如，赚取工
358 资和薪水、收入很高的人和自主雇佣劳动者，这样的减免对于大多数的纳税人来说并不是特别重要，这部分减免的金额是可纳税收入的 2% 到 3%。然而，更重要的是，在 1986 年的收入分配调查数据中，用来模拟投资和生意所得的收入并不是用来赚取收入时的净支出，因此不应该再次对这类支出进行减免。因此，任何较高收入的群体通过投资负增长的房产或其他资产这样的方法来避税的情况也应该在建模初期就考虑到，通过对较低的投资收入进行的估算来分组，而不是在大量所得税减免已经成型时进行捕捉。在对可减免支出的估算方法进行更为精准详细的发展时，避免了双倍计数，应纳税收入就被估算等同于可纳税收入。

估算所得税的下一步就是将所得税清单应用到应纳税收入中，然后再计算总的应缴纳的税费。最后，任何纳税人可以享有的退税减免部分，会根据他们的家庭和其他特征从总税费里进行扣除。纳税人在模拟过程中，如果符合情况，则是可以进行超过一次退税的。模型中包括的退税由下面的部分组成：

• 受抚养配偶税务减免政策，对象是有或者没有受养儿童或学生的受抚养配偶，旨在区分出为了支持受抚养配偶时发生的额外支出；

359 • 单亲家长税务减免，旨在区分出作为纳税人的单亲家长所面临的额

表 11.6 模型中包含的 1986 年收入构成中的税务状况

收入来源	税务状况
–报酬和薪资	应纳税
–投资收入	应纳税
–个人职业津贴	应纳税
–养老津贴，妻子的津贴和事业津贴（如果妻子或者丈夫到了领取养老津贴的年龄），寡妇津贴，支持家长福利，失业福利，疾病福利，特殊福利	应纳税
–职业技术和再教育（后来澳洲学习计划中针对高等教育学生的福利）	应纳税
–研究生奖学金	应纳税*
–中等教育津贴计划（后来澳洲学习计划中针对学校学生的福利）	非应纳税**
–残障津贴	非应纳税
–家庭补助，多胎生育费用	非应纳税
–额外津贴/福利，家庭收入补助（后来的家庭补助），母亲/监护人补助	非应纳税
–受养子女补助，专门提供给职业技术与再教育补贴和研究生补助的受益者	非应纳税
–赡养费	非应纳税

* 1990 年非应纳税。

** 1986 年对父母手中的这笔补助为非应纳税收入。1990 年对学校学生则为应纳税收入。

外支出；

• 养老金领取人的税务减免，对于收取社会保障救济金的纳税人，保护了那些仅有一点个人收入的全年养老金领取者，免受所得税带来的负担；

• 福利税务减免，收取失业、疾病和特殊福利的纳税人，用于保护全年靠领取福利、仅有一点个人收入的纳税人免于所得税带来的负担。

保姆、管家、残障亲属、家长、地区和海外影响、家庭贷款利息、普通支出、退职金、生命保险、医疗支出减免等都没有在模拟中体现。模型中的税务减免额度大约是 1985 ~ 1986 年总减免的 65%（澳大利亚税务局，1988，49 页）。

澳大利亚在 1986 年也存在征收医疗保险的情况。对于按照赚得的金额进行支付的纳税人，这样的征收是可以直接从全年赚取的薪资中抵扣的，而对于很多纳税人，这和标准的所得税缴纳很难区分开来。征收医疗保险是1985～1986年应纳税收入的1%，对于低收入个人和家庭以及一部分特定的社会保障收取人士来说，这个保险费用是可以免除的。这些情况复杂的免除内容在模拟过程中有所体现。在计算完医疗保险应付金额后，税务模块才计算应缴纳的净税费，这里等于总税费减去任何减免的税费，再加上征收的医疗保险金额。

五、总结

所有主要的社会保障和教育类现金转移，所得税和主要的所得税减免以及教育服务上的花费都包含在了模型中。大约98%的收入维持现金转移，是由澳大利亚的社会保障部门支付的，并且包含在模拟中。相似的，96%的联邦教育现金转移和服务的相关花销也包含在内。总体来说，这意味着，澳大利亚政府总费用预算的三分之一和总收入的一半都可以通过模拟捕捉到。

对这些花销所产生的好处进行估算，尤其是在教育服务以及所得税负
360 担的问题上，这不是经济领域内一个毫无争议的话题，也对此做了很多重要的假设。比如，现金转移被认为发生在了收取这笔金额的人身上，其价值假定等于其现金价值。相似的，教育服务的福利也被假定完全发生在使用这些服务的人身上，其价值也假定等同于为了提供这些服务所做出的花费。所得税的负担被假定发生在那些有法定责任支付这些税费的人身上，并假定税费的负担等于收齐的税费总额，并且假定不存在逃税的情况。

第十二章　总结

一、简介

澳大利亚和其他的经合组织成员国做出的大量净财政发生研究都显示，政府项目对从富人到穷人之间的收入再分配是会产生净影响的。这些研究和其他集中在收入分配问题上的研究都发现，工业化国家在特殊的一周或一年内的收入分配，都是极为不平衡的。一个仍旧相对未被开发的研究话题是，这些结论随着研究时长增长至一个生命周期，是否还能保持其真实性。 361

很明显，在检测收入分配的横截面瞬时情况时，很多个体之间明显的不公平都是由于年龄造成的——也就是说，个体都处在其生命周期的不同阶段。在知道以生命周期为时间周期进行研究会产生这些不平等时，以及在生命周期里，特定社会里的每个人都赚取同样的收入，很多政策制定者会提出非常不同的社会和经济政策。相反，如果收入在一个生命周期的时长里都保持着极高的不平等，那么应该提出更强有力的政策性衡量方式。

这些问题十分迷人，其答案会直接和社会及经济政策产生关联。然而，找到这些问题的答案仍旧是难以捉摸的任务。经济学家用了很多方法试图模拟终身情况，但是很多方法都因为太过死板而受到限制，这样的限制是十分棘手的。尤其是，这些方法不允许研究个体的环境不断发生的改变，而这一点正是现实世界会发生的。

除了采用的模拟方法，分析员为了弄清楚这些问题对面板数据进行了检测，也就是个体在不同时间阶段的调查记录。这样的数据反复说明了以生命周期为基础时，会产生很大的不平衡，但是，更让人沮丧的是，这些数据很少能够覆盖整个生命周期，并且经常把许多关键利益相关的变量排除在外。

362 回答关于终身收入分配与再分配的问题，很明显需要一个不同的方法。模拟终身记录的一个适用选项，就是相对时间较近的动态模拟模型，似乎能够给这些问题的探索提供一个可以看到未来的新途径。动态微观模拟模型与众不同的特征在于，可以一直跟踪研究对象，并且可以将时间提前，在个体达到相对应的年龄之前就对其特征进行改进，这和国家数据与调查中揭示的此类变化的可能性相符。这样的模型具备灵活性，并且有其他建模方式都无法媲美的细化程度。

然而，应该着重提出，动态微观模拟模型的建立，是社会科学近期的新发展，这样的模型仍需更加全面的检测，以确保它的有效性。除了复杂的问题，这一模型也需要极高标准的电脑配合和发展经费，建立动态微观模拟模型时面临的主要问题就是数据的不足。建立这样的模型时，要求大量的横截面数据和纵向数据，主要的困难来自模型中用于设定不同参数时所需的包括年龄、群组和时间段影响的数据。在适用的数据不足的情况下，就会要求建模者自由发挥。

这些问题对于想要建立动态模型，却没有全面可获取的纵向数据的国家来说，是尤为严重的，比如澳大利亚。本书的第三部分详细地描述了哈丁模型中包含的所有步骤是如何被模拟的，并且解释了模拟过程中用于解决数据不足时采用的方法。当用模型呈现的结果和澳大利亚现存的横截面数据进行对比时，显示模型达到了任意年纪达到的真实情况，没有办法知道模型中的动态联系到底有多准确。比如，模拟过程中，不同年龄、性别和受教育程度的劳动力参与率和1986年澳大利亚收入分配调查中得出的相匹配，也不代表随着时间变化，个体的劳动力参与模式可以被准确地捕捉。结果就是，模型的所有结果都只能被当作是陈述性而非定义性的。

除了由于数据缺失造成的主要问题，也应该强调其他的限制。

第一，第二部分呈现的大多数结果，仅处理了金钱收入的分配，收入基础并没有包括在内，包括额外福利、估算租金或者政府提供的物品和服务的估算使用价值。相似的，不考虑教育支出，只有政府对现金收入的再分配是得到评估的，而间接税费以及大多数的政府服务，现在被排除在了模型范围之外。

第二，在估算现金转移的收入和所得税的支付时，会做出一系列重要的假设，假定这样的转移收入或者税费支付会直接发生在那些接受他们，或法定有责任支付的人身上，假定税费的负担或者转移收入的福利和他们的货币价值相等。不考虑地下经济活动或者逃税情况，模拟时很可能会低估避税的情况。 363

第三，在分析政府的再分配政策带来的影响时，会毫无保留地假定，税前、获取转移收入之前的收入分配，会在没有政府参与的情况下保持一致。这个“反事实的零政府”情况明显是无效的，但是如果政府消失，那么收入分配将如何变化是很难去量化的。

第四，只有联邦政府的所得税和现金转移是被纳入了模型中的，州内以及当地政府对税费的征收或者福利的发放整合起来，可以稍微改变结果。

第五，模型的结果很明显取决于当中的不同参数。比如，如果对于死亡率的差异、动态劳动力的情况、劳动所得流动程度等进行不同的假设，那么结果肯定也不同。应该有极高的意识，在未来采用敏感性分析，来评估到底哪些重要的结论会被此类参数的改变所影响，现在的研究中还没有可能包括这样的分析。

第六，相对收入会被广泛应用于合成群组成员的排序，相对规模的使用和 1990 年 1 月澳大利亚的社会保障体系暗含的规模明显不同，这会对结果有一些改变。

最后，必须要识别的是收入更为广泛的定义，包括了其他的联邦服务、税收和其他政府层级对于税务和现金转移的发生以及价值的其他假设，一个不同的反事实状况是，关键参数的改变或者采用非常不同的相对规模，会明显改变关于终身收入的分配与再分配的结论。然而，除了这些阻碍，第二部分描述的结果阐述了之前澳大利亚一直不变、不受影响的许多问题的分析。

364

二、终身和年度收入分配

模型中设计回答的最有趣的问题之一，就是澳大利亚的终身收入分配是否看起来要比年度收入分配更加均衡。通过很多不同的手段和收入测算来检测这个问题，所有的结果都表明答案毫无疑问是“是的”。

在考虑到生命的长度差异、家庭组成的不同后，根据年度终身等价收入给个体在十等分位组中进行排序（所有个体的10%会被放置在每个十等分位中）。位于终身福利阶梯顶部的男性，在成年后的每一年里收到的可支配收入，是最低等分位男性平均收入的354%（第五章）。位于前10%的男性，终身可支配收入是位于十等分位倒数第二位男性的288%。

再来看看女性，前10%的女性获得的终身可支配收入，是最低等分位女性成年后每年获得的可支配收入的311%，是十等分位倒数第二女性的239%。将男性和女性的终身记录相结合，就增加了这些不平衡的程度。在终身收入最高等分位的个体收到的可支配收入，是最低收入等分位个体的362%，是十分位组倒数第二个体获取的288%。

终身收入分配的最高和最低人群的可支配收入之间的相对差距，是如何跟模拟过程中揭示的年度收入分配做比较的？正如第六章讨论的，男性前10%的可支配收入是倒数第二收入十分位组的560%（正如第六章解释的，在比较中选用倒数第二十分位组，而不是最低十分位组。这是因为，最低年度收入十分位组的个体有着极低的平均收入，正如十等分位组中包括了许多学生，他们自己仅有一点收入，或者没有收入）。对于女性来说，最高年度收入十等分位组的女性享受的可支配收入，是年度收入十等分位组倒数第二位女性的408%。

对于整个人口，最高十等分位组的个体收到的年度可支配收入，达到了十等分位组倒数第二的494%。在最高最低终身收入十等分位组之间的 365
相对差异，粗略来说，大约会比直接对比后，年度收入之间产生的差异小40%。

另一个判断这些问题的方法，就是采用基尼系数。基尼系数的最大值为1（表示绝对不平等），数字越接近0，就说明收入的分配越平衡。虽然精确的结果是要以测算收入的方法为基础，男性和女性的年化终身可支配收入中，约有40%要比年度可支配收入平衡，这是采用了基尼系数的结果。如同第六章大致描述的，以群组为整体，其年化终身可支配收入的基尼系数为0.259，是相比较下年度测算法得出的0.354这个数字的60%。

这说明，横截面分析显示的收入分配不平衡具有极大的可能性，是由于样本收入单元处在其生命周期的不同阶段，而不是人和人之间终身收入的不同。经过年度等价收入十等分位组和终身等价收入十等分位组的交叉对比后，更加确认了这一说法。在采用年度等价收入对所有的个体进行排名后，五分之一的个体在终身等价收入十等分位组中仍旧处在同样的位置，其他45%则停留在同样的位置或者上升/下降一个十等分位。

年度收入较低的更有可能被安排在终身十等分位组较高的位置，而年度收入较高的被安置在终身收入较低的十等分位组中。因此，某个时刻的收入看起来，对高收入者来说，按照相对终身收入来排位置是更加可靠的因素。总的来说，某时刻捕捉到的个体占据的相对位置，能够给他们相对终身收入的位置提供一个合理的参考，对于整个案例中一半的个体都同样适用。政策制定者在检测新政策可能会带来的影响时，对收入分配采用了横截面分析，因此不能假设年度收入会一直给终身收入提供好的指导。

三、终身和年度税务—转移支付发生情况

所得税和现金转移对终身再分配带来的影响分析，年度税务—转移支
366 付发生研究，确实夸大了这样的项目对收入再分配产生的影响，但是无论如何，对澳大利亚人以终身为时间基础的研究仍旧有积极作用。

比如，年度等价收入中在最低等分位的个体，他们的所得税在年度总收入中不占任何比例，但是在最高等分位的个体中这个比例达到 38%。这样的年度结果和在某个时间点发现的其他关于税费发生研究的结果相似，澳大利亚数据局发现，1984 年，最低等分位中的一家人，其所得税金额占总收入的 0%，最高等分位中，所得税收入占总收入的 30%（这些结果是针对住在同一间房屋的一家人而不是个体的，而且这些家庭都是根据总收入而不是等价收入来进行排序的——1987b，22 页）。

模型中得到的所得税终身发生情况和年度发生情况非常不同，从年化终身等价收入的十等分位组中，个体的年化终身总收入占比 12%，到最高等分位占比升至 38%。在第二等分位的所得税终身和年度发生之间有一些区别，在倒数第二等分位的两者之间区别比较明显。

现金转移的终身和年度发生情况存在相似的差异，这种差异也同样很明显。在年度等价收入的五等分位组中，处在最低等分位的个体收到的现金转移几乎是总收入的 60%，而在年度收入的最高等分位中，这个比例甚至没有达到 1%。以一个生命周期为基础，等价收入的最低五等分位组收到的现金转移占终身收入的 20%，这一比例在年化终身等价收入最高等分位组中下降到不足 1%。

税务和现金转移的年度和终身发生情况之间的差异，简单呈现了横截面收入调查中，很多高收入的纳税人一定是在前几年或晚年期间经历了较低收入的情况，相似的是，年度调查中现金转移接受者有两种情况：一种是晚年赚取合理收入，或者在早些年处在工作状态下时有较高收入。这一

点在比较过所得税和现金转移的年度及终身集中系数后得到了确认。所得税收入的年化终身分配系数要比年度所得税低 30%，现金转移的终身系数仅比年度现金转移低 60%。这表明，在整个生命周期中，现金转移带来的 367
福利和所得税带来的负担，和年度发生研究中显示的相比，分配得更加平等。

虽然如此，除了更加公平的分配情况，即使在评估终身收入时，所得税和现金转移都是绝对在不断生成的，并且现金转移的再分配也是从有较高终身收入的人群，再分配到终身收入较低的人群中。这就是说，澳大利亚的两个项目提高了税收纵向公平，这也是其中的一个主要目标。

四、个人和人际的收入再分配

在澳大利亚，很难在动态微观模拟模型之前检测国内收入是否是从终身富人到终身穷人之间进行再分配，这也是其中的一个问题。虽然有一些人认为，政府的收入再分配政策是简单地把收入从个人生命周期的一个部分转移到另一个部分，在学校或者退休后个体收到的转移资金，其实是他们本人在从事工作的几年里缴纳的所得税，第六章中认为并非如此。

所得税作为资金支持着很多其他提供的服务，除了现金转移之外，总所得税支付金额和总现金转移收入金额相比较，就会掩盖个人和人际收入再分配达到的效果。为了回避这个问题，只会用现金转移和用来资助这部分的所得税金额进行比较。模拟过程中 28% 的所得税会完全用来资助个体收到的现金转移，因此调整后所得税会和不同群体收到的转移支付产生对比。

得出的结果显示，约 45% 由男性支付的调整后所得税会以现金转移的形式，在他们生命周期的某个时间点返还给他们，剩余的 55% 会贡献给人与人之间的收入再分配（第六章）。这是对所有男性的一般描述，在年化终身等价收入的十等分位组中，最后四个等分位的男性收到的现金转移，是他们缴纳的所得税的补偿。比如，最低等分位组的男性成年后每年收到的现金转移金额低于 1,000 美元。这一组人缴纳的足够资助现金转移的所得税金额平均值是 300 美元，他们每年会获得一个 700 美元的净“收益”。
368 相反，在最高终身收入十等分位组的男性，成年后每年从政府处获得的现金转移金额仅有 100 美元，但是却要缴纳 4,660 美元的调整后所得税，这就使得他们每年会有约 4,500 美元的净损失。

对于女性来说，这个情况就非常不同了，普通女性大众的情况是，所有支付的所得税都会通过现金转移补偿给她们。应该强调这样突出显著的发现。换句话说，将女性看作一个整体，100% 缴纳的调整后所得税，会在她们生命周期的某个时间点以现金转移的形式返还给她们。然而，还要再说一次，这样普遍的状况掩盖了女性之间的主要不同，五等分位组中最高等分位的女性，根据年化终身等价收入进行排名，则会产生一个净损失。

那些以终身最低生活标准生存的女性，处在终身等价收入十等分位组的最低等分位，每年会收到 1,630 美元的现金转移收入。每年，这一十等分位组中的人都会支付 145 美元的所得税，这部分金额会用来资助现金转移，因此会在成年后每年里产生一个将近 1,500 美元的利益净得。处在最高等分位的女性，成年后每年收到的现金转移收入都低于 500 美元。在这个十等分位组中的女性，缴纳的调整后所得税约是 1,900 美元，每年就会约有 1,400 美元的净损失。

五、男性和女性的相对位置

上面的结果体现了，政府的所得税和现金转移项目导致的从男性到女性大量的收入再分配。值得争论的是，研究中假设的发生情况夸大了男性的损失，因为这里将所有的孩童现金转移收益都分配给了母亲，但这部分金额其实是由男性支付的。男性造成的部分损失毫无疑问会通过他们的妻子收取的孩子现金转移金额来偿还，家庭总收入就不会受到影响。然而，正如第五章显示的，普通女性成年后每年收到的受养子女现金转移金额只有 175 美元，这个金额是年现金转移收入总额平均值的 13%。假设，受养子女现金转移的发生仅给总的现金转移带来非常微小的贡献。因此，假设受养子女带来的现金转移益处是发生在那些支付了这笔收入的母亲身上，上面的这些结论就没有被夸大了。

更重要的是，从男性到女性的终身收入再分配反映了女性地位的相对 369
劣势，女性在一生中收到的劳动所得要低得多，因此缴纳的所得税也比男性低。女性因此在缴纳用于资助现金转移的所得税部分，会贡献较低的比例。

另外，女性更有可能经历单亲家长的生活，因此获取单亲家长才有的转移支付福利，普遍来看，女性也会有较长的寿命，因此会有更长的时间获取养老金。女性收取的单亲家长的救济金有 255 美元，养老金有 815 美元，这是在她们成年后每年收入的普遍情况——这两者相加占据了收取现金转移收入全部的 80%（第五章）。

除了从男性到女性的资源再分配，女性一生中获得的收入也比男性低很多，成年后每年获得的平均年化终身可支配收入为 9,050 美元，相比之下，占男性的可支配收入 13,275 美元的 68%。然而，这仅反映了男性和女性的个人收入。在对比相对的生活标准时要求，需要考虑家庭单元内假定的共享收入，比如，劳动所得低的女性，如果和她们受雇佣的配偶分享收入，那么在计算她们的经济福利时，就没有准确的指导了。

考虑到家庭环境和需求，一个家庭单元的等价可支配收入会按照已婚夫妻双方来分配（然而，对于单身人士，等价收入就是他们的可支配收入，只不过用相关等价规模进行分配）。一旦在已婚夫妻之间分享收入，那么这个家庭的需求也需要考虑在内，女性年化终身等价收入的平均值是男性的 90%（男性仍旧享受较高的生活标准，因为他们在单身的那些年里收到的平均收入要高于女性）。

然而，即使经济学家特别指出，假设家庭单元里资源的共享是平等的，近期以观察为依据的调查显示，这样的共享平等并不是经常发生的。因此，在已婚夫妻之间进行收入分配时，会以男性和女性60：40的比例来分配，成年后每年女性收到的等价收入占男性的71%。这表明，家庭里收入共享带来的相对福利评估和经济学家传统的预测相比，会更加敏感一些。

370

六、不同受教育程度下的终身收入

模型结果显示，终身收入会因受教育程度和家庭地位的不同而产生极大的区别。终身收入较高的人群更倾向于是那些受到更好教育、花费更多时间在劳动力中、受雇佣时间更长、已婚但没有受养子女的人群。

成年后每年男性中本科毕业人士劳动所得平均值，是初高中教育水平男性的1.7倍；在把投资收入和退休金包含在内，那么他们的年化终身原始收入就会高出1.8倍，然而，这些差异由于所得税和现金转移政策有所改善，因此他们的年化终身可支配收入只有后者的1.5倍。

不同受教育程度的女性，其终身收入之间的差异甚至更加显著。本科毕业的女性，年化终身收入平均是没有高等教育资格认证女性的2.2倍，她们成年后每年的原始收入是2.3倍。这样的不均等由于税务—转移体系的出现而再次减少，因此女性毕业生的年化终身可支配收入，有时是只有初高中学历女性的1.8倍。

这些数据表明，在学习的几年里，那些没有获得的收入都会在生命中以更高的劳动所得形式收获。然而，尤其是对于女性，受教育程度更高，获取的劳动所得更高，这是因为她们在劳动力状况下的时长更长，因此时薪金额也更高。比如，本科毕业的女性比初高中教育水平的女性，平均多工作605周，每周40个小时。因此终身收入中的部分差异是由于终身付出的工作精力。

很多研究个人教育回报率时，不会把额外的工作精力计算在内，仅检测有本科学位和没有本科学位人群的总年度劳动所得。然而，在研究工作时长变短，到底是自愿还是非自愿的选择导致是非常有争议的，将不同的劳动力参与模式标准化（描述见第四章）表示，较高的教育程度带来的相对收入优势，会因为考虑到这些因素而减少。即使这样的对比一定不够精细，但是分析也表明了如果那些没有高等教育资格的人在离开学习状态后 371
每年工作相同的时长，那么男性毕业生的终身可支配收入比没有高等教育资格认证男性收入高出36%。对于女性毕业生来说，高出26%。女性毕业生的相对优势降低的程度太大，表示在研究返回教育状态的比例时，如果没有参考劳动力参与模式的不同，那么可能就会被高度误导。

毕业人群较高的收入也经常产生争议，争议的内容有关政府是否应该给获得教育资格认证的人群提供津贴，因为这些津贴会给相关收取者未来的收入带来明显提升。这样的争论由早期的研究作为支撑，采用了横截面数据，表明教育支出的发生是随着税率递减的（比如：亲富人）。第六章检测了教育支出的发生情况，包括了高等教育服务稍稍上升的支出部分。然而，在高等教育服务领域中，与综合性大学相比，技术和再教育学院的支出在整个生命周期中都是上升的。

七、不同家庭情况下的终身收入

正如第四章讨论的，家庭情况对男性的个人劳动所得有相对较小的影响，主要影响的是女性的个人收入。没有受养子女的女性有着较高的劳动力参与率，因此她们的劳动所得也比有受养子女的女性高。已婚有三个或者更多受养子女的女性，其劳动所得收入尤其低，只占了已婚无受养子女女性年化终身劳动所得的65%。

在分析完以个人劳动所得为基础的情况后，来分析一下以家庭等价收入为基础的情况，婚姻会使双方的终身等价收入增加，很明显，能够有这样的结果是因为可以获得夫妻双方的经济规模。比如，已婚无受养子女的女性，每年收到的等价收入是19,250美元，这个金额要比未婚无受养子女的女性终身等价收入高出16%。相似的，已婚无受养子女的男性，其终身等价收入要比未婚男性高出8%。

372 同样重要的是，有受养子女，会很大程度导致终身生活标准下降（单纯从金钱的角度考虑）。在女性中，从未有过婚姻经验的单身母亲的终身生活标准是最低的，其年化等价终身收入要比已婚无受养子女的女性低五分之一（第四章）。未婚女性的等价收入和已婚并有三个甚至更多受养子女的女性相比是相似的，其收入的金额是已婚无受养子女年化等价收入的87%。那些已婚并仅有一个或两个受养子女的已婚女性，情况要好得多，她们的等价收入是情况相同无受养子女的女性的5%。

相似的，已婚并在有受养子女家庭超过20年的男性，和其他四种家庭情况里的男性相比，终身生活标准较低，他们的年化等价收入是已婚无受养子女男性的85%。那些未婚或者已婚但在有受养子女的家庭待了1～14年的男性，他们的等价收入是已婚无受养子女男性收入的93%。因此，对于男性和女性来说，终身收入最大值应该是那些已婚但是没有受养子女的人。

这些发现在第七章生命周期中的生活标准检测里被再次强调。不论男女，有受养子女的和没有受养子女的人相比，在20岁过后的30年里，他们都有较低的平均等价收入。很明显，能够获取的帮助都来自政府，这些帮助的形式是现金转移以及税务特权，这是给那些有受养子女的夫妻的，但是并不能阻止有受养子女家庭的生活标准比没有受养子女家庭的生活标准好出三分之一。

生活标准在50岁以后更加平等，孩子一般会在这时离开家。然而，未婚女性的等价收入在这个年纪后就处在了已婚女性之下，因为她们不能和收入较高的丈夫共享福利。退休后的生活标准要比工作年间的生活标准低很多，退休后等价收入和20岁出头收到的等价收入相似。

总的来说，哈丁动态微观模拟模型显示，终身收入分配中约有40%的部分要比年度收入分配更公平，即使根据年化终身等价收入来排名，位于最高等分位组的个体仍旧享有比最低等分位个体高出3.6倍的可支配收入。 373
在测算终身收入而不是年度收入时，现金转移和所得税都没有增长太多，虽然如此，但是收入的再分配方向还是从高终身收入人群朝向低终身收入人群。

再教育会导致明显较高的终身收入，即使在考虑了劳动力参与模式不同的情况下，有受养子女这个情况非常明显地减少了终身等价收入。因为政府现金转移和所得税政策，大部分的个人收入再分配才得以达成，生活标准是以一个明显的驼峰中展示的，退休的那几年以及家庭组成的那几年，是这条曲线增长的部分，这表示在生命周期中也许还有更多方法可以平衡生活标准。

虽然总结了很多第一版哈丁模型的结果，但还有更多的需要在未来去完成。许多有关社会和经济政策的问题都可以用动态微观模拟模型来检测。比如，考虑到人口老龄化存在的潜在费用，那么可以扩大模型，在里面研究针对老年人的制度，模拟老龄父母回到他们孩子的家庭中生活。将间接税务，除了教育之外政府提供的其他服务也纳入模型，这件事具有很高的优先权，因为只有这样，政府在收入分配和再分配上产生的影响才会有一个更全面的展示。在模型中改变主要的参数，并且检测这样的改变对结果产生的影响，在不久的将来也是一个非常重要的任务。

用动态微观模拟模型来评估自从1986年起对社会保障和所得税体系的改革，以及检测未来可能产生的政策改革对一生的影响，也是可取的。比如，澳大利亚政府自从1986年起就对受养子女转移收入的体系进行了许多重大改变，上述的分析都表明，通过指导家庭组建阶段和资源的分配，这样的改革可能会减少有受养子女和没有受养子女人群之间的终身收入不平等。同样，澳大利亚在20世纪80年代中期，对资助高等教育学生方面也做了一些重要的改变，很多地方都把资助综合性大学教育的花费转向了学生身上。这些政策中的很多改变都在这些人群的生命周期中产生了理性循环，正如高等教育学生在他们收入有增长时，会偿还接受高等教育期间的花费。这样的政策在动态微观模拟模型的分析中是极为理想的。

这本书旨在分析终身收入分配以及政府对终身收入再分配带来的影
374 响。同时也试图给动态微观模拟模型的潜力和可能性提供一个介绍，作为那些研究动态模型构建人士的一本参考手册。在搭建动态模型的过程中会遇到大量困难。这类模型极大的灵活性也说明，在未来这类研究将会十分令人期待。

附录 1　1986 年澳大利亚收入分配调查

模型中的参数都是根据 1986 年澳大利亚收入分配调查（IDS）的围观数据合集来进行估算的。特别是在估算劳动力参与、劳动所得和其他收入参数时，都是采用这个数据源。

这个调查涵盖了所有州和领地的偏远郊区和城市地区以及所有的个人和特殊居住区。个人居住寓所有房子、公寓、家庭单元、车库、帐篷和其他在调查期间作为私人住所的建筑物。特殊居住寓所有酒店、寄宿住所、施工地住所、旅行车等。

调查包括了所有 15 岁及以上的人，除了下面的情况：

（a）海外政府有特定外交身份的个人，通常从人口普查和人口估算中排除的人群；

（b）澳大利亚的海外居住人口；

（c）驻扎在澳大利亚，非澳大利亚人的国防力量（和他们的家眷）；

（d）1986 年 6 月 30 日之后移民到澳大利亚的人口；

（e）在寄宿学校和诸如医院、疗养院等机构居住的人群和监狱囚犯、管教所的少年犯等。

调查是建立在一个多级区域的样本基础上的，其中包括私人和非私人居住寓所，包括了澳大利亚 1% 人口的六分之一。该调查进行的时间段是澳大利亚 1986 年 9 月到 12 月。通过经过训练的采访人员，对选定居住寓所内，15 岁及以上的每位居民进行采访，获取相关信息。回应人员会被要求，根据诸如税务评估或偿还方式、团体保险、工资单等个人记录，来加深数据的准确性。从自己的生意中获取收入的人群，其年度收入数据可获得后，不知道采访者是否会对相关记录进行回访。1987 年 2 月到 3 月是回访进行的时间。

收入分配调查提供的估算容易受到两种类型误差的影响：

1. 抽样误差

这个差异存在于估算数据，以及采用相同调查问卷和方法，建立在全部人口基础上收集到的相应数据之间。

2. 非抽样误差

这些误差的发生存在于根据样本获取的估算数据，或者从一个完整的列举中获取的估算数据，这样的误差通常被称作非抽样误差。非抽样误差的主要来源有：

（a）无法获取样本中所有人群的完整数据。这样的误差产生，是因为现存的回应调查人群特性和非回应调查人群特性之间存在差异。

（b）调查报告中，在采访者和回应调查人群之间部分产生的误差。这些报告中的误差是由于问题用词不当，对数据的要求有歧义，没有能力或意愿提供准确的信息，以及问题答案错误。

（c）在得出数据的过程中产生的误差。这种过程误差可能是由于数据记录过程的错误导致。

变量的定义

下面是 1986 年收入分配调查中对变量的定义，因此也是模型中所应用的变量定义。

受养子女。15 岁以下，或者 15 ~ 20 岁的全日制学生，有属于收入单元的家长/监护人，且自己在收入单元中不是任何人的配偶或者父母。

所得收入。报酬或者薪资的总收入，来自自己的商业生意、交易或者职业。

受雇佣人员。15 岁及以上，在他/她从事的主要工作中：

（a）为了赚取工资、利润、佣金或者某种支付薪酬的工作、生意或者农务，时长在一小时及以上（包括雇员、雇主和自我雇佣人群）；或者

（b）在家族生意或者农场，工作时长在 15 小时及以上；或者

（c）有工作，但不在工作岗位，并且离开工作岗位期间不被支付薪酬的雇员；在安置日期期前至少四周，离开工作岗位且不被支付薪酬的人；在安置日期前至少四周，由于工作地点的坏天气或者土地遭到破坏，而没有被支付薪酬、退出工作岗位的人群；罢工或者工厂停工；处在领取工人补偿金阶段并且有望重返其工作岗位的人群；在全日制学习的情况下，依旧领取薪酬或者工资的人群；或者

（d）作为雇员或者自主雇佣人士，有工作、生意或者农场，但是不在工作岗位。

全日制工人。指的是 1985 ~ 1986 年，在某个工作岗位以全日制工人的身份投入了大量精力工作的人群，此处全日制工作指的是每周工作 35 小时。

全年、全日制工作者。指的是 1985 ~ 1986 年，在澳大利亚至少工作 48 周，且大多数工作都是全日制工作的人群。一个以全日制工作 25 周，或者非全日制工作 23 周的人也会被归为全年全日制工作者。然而，应该注意的是，大多数人在一整年里要么从事全日制工作，要么从事非全日制工作，不能两者均占。

全年，非全日制工作者。指的是 1985 ~ 1986 年，在澳大利亚至少有 48 周大多数时间都从事非全日制工作的人群。

周总收入。指的是在采访调查过程中，通常每周收到的金额总值。其中包括了薪酬或者工资、政府救济和其他常规的款项，比如养老金、赡养费等。同样也包括了 1985 ~ 1986 年，收入中每周的等值金额，通常是指商业生意、合伙所得收入、利息、租金、分红等。

收入单元。指的是住在一起并且属于同一个花销单元的人群。在收入分配调查中，收入单元包括下面几个部分：（i）已婚夫妻收入单元；（ii）单亲家长收入单元以及（iii）一个人收入单元（这些类型的收入单元定义见下文）。

利息、租金、分红等。包括存款、债券、公司债券的利息所得等，还有股票和参股的分红，房子或者其他资产的租金，版权等净收入。1985～1986年，从这些来源中的每周等值金额所预估的现存收入。

劳动力。无论是否处于被雇佣状态，都处在劳动力中的人群。

已婚夫妻收入单元。包括丈夫、妻子和受养子女（如果有的话）。实际存在关系也包括在内。

单亲收入单元。包括至少有一个受养子女的单独亲本。

个人收入单元。包括不在已婚夫妻或单亲家长收入单元中的人。非受养子女和他们的父母住在一起会被视为个人收入单元。

其他个人收入。包括“养老金”“利息、租金和分红”以及“其他来源”。

其他来源。指的是除了薪酬或者工资之外的收入，个人生意、政府救济金和保险、养老补贴或利益、租金或者分红。这里包括了诸如个人的奖学金、赡养费或者离异后支付的生活费、基金或者遗嘱。此类的收入支付时间是有一定间隔的，接受人一般是遗嘱、协议、契据、赠物或文书或信托的受益人。然而，任何从以上来源获得的贷款金额都不被视为收入。

个人商业生意、往来交易或者自由职业（包括作为合伙人的股份分成）。这些情况中，收入指的是生意花费的净盈利。如果在 1985～1986 年无法收到收入，或者产生了损失，那么这样的情况在记录中就会被记为零。从以上源头中获得的现存收入，会被假定为从以上源头中获得的周等价收入。

非全日制工作者。指的是在 1985～1986 年从事此类非全日制工作，非全日制指的是每周工作少于 35 小时的人。

非全年，全日制工作者。指的是在 1985～1986 年，在澳大利亚工作少于 48 周，并将大多数时间都投入在全日制工作中的人群。一个人如果以全日制身份工作 24 周，或者以非全日制工作 23 周的人会被归为非全年，全日制工作者；然而，值得注意的是，大多数人工作的时间都会少于一年，在这一年中以全日制或者非全日制工作者的身份工作，两个类型的工作只能从事一个类型。

非全年，非全日制工作者。指的是在 1985 ~ 1986 年，在澳大利亚工作少于 48 周，并且大多数时间都投入在非全日制工作中的人群。

养老补贴。包括常规的养老补贴支付，或者从前雇主处领取剩余的养老补贴，又或者直接从养老金账户中提取自己的养老金补贴，或者是保险公司提取自己的养老金，等等。任何在个人退休期间收到的贷款都不包含在内。

失业人群。指的是 15 岁及以上，在调查进行的一周内不处在受雇佣状态的个人，以及：

（i）调查结束前四周内的任何时间里，在全日制或者非全日制工作中处在活跃状态的个体；以及：

· 调查周内可以工作，或者之前可以工作但受到临时性疾病干扰（比如，至少在调查结束前，能够持续少于 4 周的时间）；或者

· 调查周结束前四周内在等待开始新的工作，或者如果有合适的工作，在调查周开始时就已经到岗工作。

（ii）在调查周结束前至少四周（包括结束周在内），等待被召回，由于坏天气或者土地遭到破坏，所以他们退出且没有收到支付费用的全日制，或者非全日制的工作。

薪酬或者工资。指的是从所有的支付薪酬或者工资的工作中得到的总收入，以及责任有限公司中得到的减税之前的收入金额。用实物做报酬的支付、雇主对董事会或者租金的额外贡献，如酬谢金、小费等，都不会以收入的形式记录在内。

参考文献

Aaron, H. and M. McGuire, 1970, 'Public goods and income distribution', Econometrica, **38**(6), 907-920.

Abowd J. M. and A. Zellner, 1985, 'Estimating gross labor-force flows', Journal of Business and Economic Statistics, **3**, 254-283.

Altmann, R.M., 1981, 'Take-up of supplementary benefit by male pensioners', ESRC Programme on Taxation Incentives and the Distribution of Income Discussion Paper No. 25, London, London School of Economics.

Altmann, R. M. and A. B. Atkinson, 1982, 'State pensions, taxation and retirement income: 1981-2031', in: M. Fogarty (ed.), Retirement Policy - The Next Fifty Years (Heinemann, London).

Altonji, J. G., 1986, 'Intertemporal substitution in labour supply: evidence from micro data', Journal of Political Economy, **94**(3), pt 2, S176-S215.

Anderson, D. S. and A. E. Vervoon, 1983, Access to Privilege: Patterns of Participation in Australian Post-Secondary Education, (Australian National University Press, Canberra).

Anderson, J. M., 1990, 'Micro-macro linkages in economic models', in: Microsimulation Techniques for Tax and Transfer Analysis, eds. G. H. Lewis and R. C. Michel, (Urban Institute Press, Washington).

Antcliff, S. R., 1993, 'The DYNAMOD Model', DYNAMOD Technical Paper No 1, National Centre for Social and Economic Modelling, University of Canberra.

Atkinson, A. B., 1983, The Economics of Inequality (2nd edition), (Clarendon Press, Oxford).

Atkinson, A. B. and F. A. Cowell (eds.), 1983, Panel Data on Incomes, STICERD Discussion Paper No 2, London School of Economics, July.

Atkinson, A. B. and H. Sutherland, 1988, 'TAXMOD', in: Tax-Benefit Models, eds. A. B. Atkinson and H. Sutherland, STICERD Occasional Paper No. 10, London School of Economics, London.

A. B. Atkinson and H. Sutherland (eds.), 1988, Tax-Benefit Models, STICERD Occasional Paper No.10, London School of Economics, London.

Atkinson, A. B. and J. Micklewright, 1990, 'Unemployment compensation and labour market transitions: A critical review', STICERD Taxation, Incentives and the Distribution of Income Programme, Discussion Paper No. 143, January.

Atkinson, A. B., F. Bourguignon and C. Morrisson, 1988, 'Earnings Mobility', European Economic Review **32**, 619-632.

__________, 1990, 'Empirical studies of earnings mobility: a survey', (mimeo) London School of Economics, later published in the Fundamentals of Pure and Applied Economics Series (Harwood, London).

Atkinson A. B., F. Bourguignon and P.-A. Chiappori, 1988, 'The French tax-benefit system and a comparison with the British system', in: Atkinson, A. B. and H. Sutherland (eds.).

Australian Bureau of Statistics, 1984, Social Indicators, No. 4, (Australian Bureau of Statistics, Canberra).

__________, 1986a, Child Care Arrangements, Australia, November 1984, Cat. No. 4402.0, (ABS, Canberra).

__________, 1986b, Pre-Schools and Child Care Centres, 1986, Cat. No. 4202.3, (ABS Queensland Office, Brisbane).

__________, 1987a, National Schools Statistics Collection, Australia 1986, Cat. No. 4211.0 (ABS, Canberra).

__________, 1987b, The Effects of Government Benefits and Taxes on Household Income, Cat. No. 6537.0 (ABS, Canberra).

__________, 1987c, Tertiary Education Australia 1985, Cat. No. 4218.0, (ABS, Canberra).

__________, 1987d, Deaths Australia 1987, Cat. No. 3302.0 (ABS, Canberra).

__________, 1987e, Births Australia 1986, Cat. No. 3301.0 (ABS, Canberra).

__________, 1988a, Estimated Resident Population by Marital Status, Age and Sex, Australia, Cat. No. 3220.0 (ABS, Canberra).

__________, 1988b, Marriages, Australia 1987, Cat. No. 3306.0 (ABS, Canberra).

__________, 1988c, Divorces, Australia 1987, Cat. No. 3307.0 (ABS, Canberra).

__________, 1988d, Births, Australia 1987, Cat. No. 3301.1 (ABS, Canberra).

__________, 1988e, Family Formation Survey, Cat. No. 3223.0, (ABS,Canberra).

__________, 1989, Disabled and Aged Persons, Australia, 1988, Preliminary Results, Cat. No. 4118.0 (ABS, Canberra).

__________, 1992, The Effects of Government Benefits and Taxes on Household Income, Cat. No. 6537.0 (ABS, Canberra).

Australian Taxation Office, 1988, Taxation Statistics 1985-86 (AGPS, Canberra).

Ballard, C. L., J. B. Shoven and J. Whalley, 1985, 'General equilibrium computations of the marginal welfare costs of taxes in the United States', American Economic Review, **75**(1), 128-138.

Ballot, G., 1982, 'Micro-macroeconomic simulation of the labour market and system dynamics: model ARTEMIS', VIIth International Conference on System Dynamics, Brussels, June 6-8.

Barna, T., 1945, Redistribution of Incomes Through Public Finance in 1937 (Oxford University Press, Oxford).

Barr, N., 1987, The Economics of the Welfare State (Weidenfeld and Nicolson, London).

Barro, R. J., 1974, 'Are Government Bonds Net Wealth?', Journal of Political Economy, **82**, 1095-1117.

Bascand, G. M. and M. G. Porter, 1986, 'Taxes and incentives - the leaky bucket', in: J. G. Head (ed.), Changing the Tax Mix, Australian Tax Research Foundation, Conference Series No. 6.

Baudelot, C., 1983, 'The individual evolution of earnings in France: 1970-1975', in: A. B. Atkinson and F. A. Cowell (eds.).

Berkovec, J. and D. Fullerton, 1989, 'The general equilibrium effects of inflation on housing consumption and investment', American Economic Review, **79**(2), 277-282.

Bentley, P., D. J. Collins and N. T. Drane, 1974, 'The incidence of Australian taxation', Economic Record, **50**, 489-510.

Benus, J. and J. N. Morgan, 1975, 'Time period, unit of analysis and income concept in the analysis of income distribution', in: J. D. Smith (ed.), The Personal Distribution of Income and Wealth, National Bureau of Economic Research Conference on Studies in Income and Wealth, Vol 39 (Columbia University Press, New York).

Berger, M. C., 1985, 'The effect of cohort size on earnings growth: a re-examination of the evidence', Journal of Political Economy, 93(3), June, 561-573.

Berkovec, J. and D. Fullerton, 1989, 'The general equilibrium effects of inflation on housing consumption and investment', American Economic Review, **79**(2), 277-282.

Blanchflower, D. and A. Oswald, 1990, 'Working Internationally', Discussion Paper No. 371, Centre for Labour Economics, London School of Economics, London, January.

Blinder, A. S., 1974, Toward an Economic Theory of Income Distribution, (MIT Press, Cambridge (Mass)).

Blomquist, N. S., 1976, The Distribution of Lifetime Income: A Case Study of Sweden, Ph.D. dissertation, Dept. of Economics, Princeton University.

Blomquist, N. S., 1981, 'A comparison of distributions of annual and lifetime income: Sweden around 1970', Review of Income and Wealth, **27**(3), 243-264.

Borland, J., 1992, 'Wage inequality in Australia', International Conference on Income Distribution, University of Melbourne, 20 August.

Bound, J., C. Brown, G. J. Duncan and W. L. Rodgers, 1989, 'Measurement error in cross-sectional and longitudinal labor market surveys: results from two validation studies', Symposium on Panel Data and Labor Market Studies (University of Michigan), Amsterdam, December 15-17.

Bourguignon, F. and C. Morrisson, 1983, 'Earnings mobility over the life-cycle: a 30 yrs panel sample of French cadres', in: A B Atkinson and F. Cowell (eds.).

Bradbury, B., J. Doyle and P. Whiteford, 1990, 'Trends in the disposable incomes of Australian families 1982-83 to 1989-90', Social Policy Research Centre Discussion Paper No. 16, University of New South Wales, January.

Bradbury, B. (ed.), 1991, 'Tax-Benefit Models and Microsimulation Methods', Social Policy Research Centre Reports and Proceedings, No. 87, SPRC, University of NSW, Sydney, December.

Break, G. F., 1974, 'The incidence and economic effects of taxation', in: A. Blinder, R. Solow, G. Break, P. Steiner and O. Netzer (eds.), The Economics of Public Finance, (The Brookings Institution, Washington).

Broad, A. A., 1982, 'ASSET (A Simulation System for Evaluating Taxation)', Occasional Paper 2, New Zealand Department of Statistics, Wellington.

Brooks, C. and P. A. Volker, 1985, 'Labour market success and failure: an analysis of the factors leading to the workforce destinations of the Australian population', in: P. A. Volker (ed.).

__________ , 1986, 'The probability of leaving unemployment: the influence of duration, destination and demographics', Economic Record, **62**(178), 296-309.

Brown, C. V., 1983, Taxation and the Incentive to Work, (2nd edition) (Oxford University Press, Oxford).

Brown, A. and A. J. Fox, 1984, 'OPCS longitudinal study - 10 years on', Population Trends, **37**,7-14.

Brown, C. V. and P. M. Jackson, 1990, Public Sector Economics, (4th edition) (Basil Blackwell, Oxford).

Browning, E. K. and W. R. Johnson, 1979, The Distribution of the Tax Burden, (American Institute for Public Policy Research, Washington, DC).

Browning, M., A. Deaton and M. Irish, 1985, 'A profitable approach to labour supply and commodity demand over the life cycle', Econometrica, **53**(3), 503-544.

Buhman, B., L. Rainwater, G. Schmans and T. M. Smeeding, 1988, 'Equivalence scales, well-being, inequality and poverty: sensitivity estimates across ten countries using the Luxembourg Income Study (LIS) Database', Review of Income and Wealth **34**(2), June, 115-142.

Bureau of Labour Market Research, 1983, Retired, Unemployed or at Risk: Changes in the Australian Labour Market for Older Workers, Research Report No. 4 (AGPS, Canberra).

__________ , 1985a, Who's in the Labour Force? A Study of Labour Force Participation, Research Report No.7 (AGPS, Canberra).

__________ , 1985b, Youth Employment Patterns, Research Report No. 9 (AGPS, Canberra).

__________ , 1986, Unemployment and the Labour Market: Anatomy of the Problem, Research Report No. 9 (AGPS, Canberra).

Burpee, J., 1990, 'Social and tax policy microsimulation in the Canadian government', First Meeting of the Panel on the Use of Microsimulation Methods in Social Policy and Decision Making, OECD, Paris, July 9-10.

Caldwell, S. B., 1990, 'Static, dynamic and mixed microsimulation', Dept.of Sociology, Cornell University, Ithaca, New York, July.

Carlton, D. W. and R. E. Hall, 1978, 'The distribution of permanent income', in: Z. Griliches, W. Krelle, H.-J. Krupp and O. Kyn (eds.), Income Distribution and Economic Inequality (Halsted, New York).

Carmichael, G. A., 1986a, 'Factors associated with marriage timing in Australia', Australian Population Association Third National Conference, Adelaide, 3-5 December.
_________ , 1986b, 'Birth order in Australian vital statistics', Journal of the Australian Population Association, 3(1), May, 27-39.
Carmichael, G. A. and P. F. McDonald, 1988, 'The rise and fall of divorce in Australia, 1968-1986', mimeo, Australian Institute of Family Studies.
Cartter, A. M., 1955, The Redistribution of Income in Post-war Britain (Yale Press, New Haven).
Cass, B., 1986, Income Support For Families With Children, Social Security Review, Issues Paper No. 1 (AGPS, Canberra),October.
Central Statistical Office (UK), 1987, 'The effects of taxes and benefits on household income, 1985', Economic Trends, No. 405, 101-119.
_________ , 1989, Social Trends (HMSO, London).
_________ , 1990, 'The effects of taxes and benefits on household income, 1987', Economic Trends, No. 439, 84-118.
Chapman, B. J., 1988, 'An economic analysis of the Higher Education Contribution Scheme of the Wran Report', Centre for Economic Policy Research Discussion Paper No. 1966, Australian National University, October.
Chapman, B. J. and T. T. Chia, 1989, 'Financing higher education: private rates of return and externalities in the context of the tertiary tax', CEPR, Discussion Paper No. 213, Australian National University, June.
Chapman, B. J. and A. Harding, 1993, 'Australian student loans', Australian Economic Review, 1st Quarter, 61-75.
Choi, C. Y. and L. T. Ruzicka, 1987, 'Recent trends in fertility and family formation', Journal of the Australian Population Association, 4(2), November, 123-136.
Citro, C., 1991, 'Databases for microsimulation: a comparison of the March CPS and SIPP', in: C. F. Citro and E. A. Hanushek (eds.)(1991b).
Citro, C. F. and E. A. Hanushek (eds.), 1991a, The Uses of Microsimulation Modelling, Volume 1, Review and Recommendations (National Academy Press, Washington).
_________ , 1991b, The Uses of Microsimulation Modelling, Volume 2, Technical Papers (National Academy Press, Washington).
Clark, A. and J. Tarsh, 1987, 'How much is a degree worth?', Education and Training UK 1987 (Policy Journals, London).
Clark, K. B. and L. R. Summers, 1979, Unemployment insurance and labour market transitions, in: M. N. Bailey (eds.), Workers, Jobs and Inflation, (Brookings Institution, Washington).
Cohen, M. L., 1991, 'Statistical matching and microsimulation models', in: C. F. Citro and E. A. Hanushek (eds.)(1991b).
Collins, D. J. and N. T. Drane, 1981, 'The incidence of commonwealth social welfare payments, 1975-76 to 1980-81', Centre for Studies in Money, Banking and Finance, Working Paper 8108, Macquarie University, Sydney, October.
_________ , 1982, 'The incidence of expenditures on social welfare cash payments in the 1981-82 Federal Budget', Centre for Studies in Money Banking and Finance, Working Paper 8251B, Macquarie University, Sydney, May.
Cox, D., 1994, 'Simulating health status and health service usage within STINMOD', STINMOD Technical Paper, National Centre for Social and Economic Modelling, University of Canberra, Canberra (forthcoming).
Creedy, J. and P. E. Hart, 1979, 'Age and the distribution of earnings', The Economic Journal, 89(354), June, 280-293.
Crockett, G., 1987, 'Socio-economic backgrounds of students in tertiary education in Australia: some additional evidence', Australian Bulletin of Labour, 13(2), March, 120-125.

Danziger, S. and M. Taussig, 1979, 'The income unit and the anatomy of income distribution', Review of Income and Wealth, 25(4), December, 365-375.

Dasverma, B., 1982, 'Differential mortality in Australia', Ph.D. thesis, Department of Demography, Australian National University, Canberra.

David, M., 1971, 'Lifetime income variability and income profiles', Proceedings of Annual Meeting of American Statistical Association, August, 285-92.

__________, 1985, 'Introduction: the design and development of SIPP', Journal of Economic and Social Measurement, **13**(3/4), 215-224.

Davies, J. B., 1979, 'Life cycle savings, inheritance and the distribution of personal income and wealth in Canada', unpublished Ph.D. thesis, London School of Economics.

Davies, J., F. St-Hilaire and J. Whalley, 1984, 'Some calculations of lifetime tax incidence', American Economic Review, **74**(4), September, 633-649.

Department of Education, 1980, 'Relationships between government and non-government school enrolments in Australia', mimeo, Commonwealth Department of Education Schools Commission Study Group, November.

__________, 1986, Annual Report, 1985-86 (AGPS, Canberra).

Department of Employment (UK), 1973, 'Low pay and changes in earnings', Department of Employment Gazette, April.

Department of Employment, Education and Training, 1987a, Schooling in Australia: Statistical Profile No. 1'(AGPS, Canberra).

__________, 1987b, Completing Secondary School in Australia: A Socio-Economic and Regional Analysis, Research and Statistics Branch, Canberra.

__________, 1987c, Annual Report, 1986-87 (AGPS, Canberra).

__________, 1987d, 1984 Survey of Full-time Student Finances (AGPS, Canberra).

__________, 1988a, Report on Progress of Postgraduate Research Award Holders; 1979 Cohort, Program Assessment Branch (AGPS, Canberra).

__________, 1988b, Assistance for Postgraduate Students: Achieving Better Outcomes (AGPS, Canberra).

Department of Social Security, 1986a, Characteristics of Pensioners, 30 June 1986, Development Division, Canberra.

__________, 1986b, Six Monthly Statistical Bulletin, June 1986, Development Division, Canberra.

__________, 1986c, Annual Report 1985-86 (AGPS, Canberra).

Department of Social Security (UK), 1990, Microsimulation Models in the Department of Social Security, Analytical Services Division.

Dilnot, A. W., 1990, 'The distribution and composition of personal sector wealth in Au'stralia, Australian Economic Review, lst Quarter, 33-40.

Dilnot, A. W. and A. Duncan, 1992, 'Lone mothers, family credit and paid work', Fiscal Studies, 13(1).

Dodge, D. R., 1975, 'Impact of tax transfer and expenditure policies of government on the distribution of personal income in Canada', Review of Income and Wealth, March, 1-52.

Duncan, A., 1992, 'Modelling the behavioural effects of labour supply'. Helsinki Seminar on Microsimulation Models, Government Institute for Economic Research, Helsinki, March 16-17.

Duncan, G. J. (ed.), 1984, Years of Poverty, Years of Plenty, Institute for Social Research (University of Michigan, Ann Arbor).

Duncan, G. J. and S. D. Hoffman, 1984, 'Dynamics of work hours, unemployment and earnings', in: G. Duncan (ed.).

Duncan, G. J. and M. S. Hill, 1985, 'Toward a longitudinal definition of households', Journal of Economic and Social Measurement, **13**(3 & 4), 361-377.

Dunlop, Y., T. Healy and P. J. McMahon, 1983, 'Australian models of labour force participation: a critical review', in: A. Kaspura (ed.).

Dunsmuir, W., R. Tweedie, L. Flack and K. Mengerson, 1988, 'Modelling of transitions between employment states for young Australians', Graduate School of Management, University of NSW, Working Paper No. 88-010, June.

Dyer, K. F., 1988, 'Changing patterns of marriage and mating within Australia', Australian Journal of Sex, Marriage and Family, **9**(2), May, 107-119.

Easterlin, R. A., 1980, Birth and Fortune (Basic Books, London).

Eccles, S., 1984, 'Overview of women's employment in Australia', in: M. Hoy (ed.), Women in the Labour Force, Proceedings of a Conference, Bureau of Labour Market Research, Monograph Series No. 4 (AGPS, Canberra).

Eckstein, Z. and K. I. Wolpin, 1989, 'Dynamic labour force participation of married women and endogenous work experience', Review of Economic Studies, **56**(3), No. 187, 375-390.

Economic Planning Advisory Council, 1987, 'Aspects of the social wage: a review of social expenditures and redistribution', Council Paper No. 27, Canberra, EPAC, April.

Edwards, M., 1981, Financial Arrangements Within Families (National Women's Advisory Council, Canberra).

Elder, G. (ed.), 1985, Life Course Dynamics: Trajectories and Transitions, 1968-1980 (Cornell University Press, New York).

Eliasson, G. and E. Taymaz, 1992, 'The limits of policy making: an analysis of the consequences of boundedly rational government using the Swedish micro-to-macro model (MOSES)', International Symposium on Economic Modelling, University of Gothenburg, August 18-20.

Eriksson, I., B. Eklind, B. Kashefi and I. Svensson, 1990, 'Policy analysis of tax and transfer policy through micro-simulation models in Sweden - a brief review', First Meeting of the Panel on the Use of Microsimulation Methods in Social Policy and Decision Making, OECD, Paris, July 9-10.

Eyland, E. A. and L. W. Johnson, 1987, 'Dynamics of long-term unemployment among Australian youth', 57th ANZAAS Congress, Section G, James Cook University, Queensland, 24-28 August.

Falkingham, J. and C. Lessof, 1992, 'Playing God: the construction of LIFEMOD', in: R. Hancock and H. Sutherland (eds.).

Falkingham, J., J. Hills and C. Lessof, 1992, 'William Beveridge vs Robin Hood: social security and redistribution over the lifecycle', Beveridge Conference, University of York, 27 -30 September.

Fase, M. M., 1971, 'On the estimation of lifetime income', Journal of the American Statistical Association, **66**(336), December, 686-692.

Freeman, R. B., 1979, 'The effect of demographic factors on age-earnings profiles', Journal of Human Resources, **14**(3), 289-318.

Friedman, M., 1957, A Theory of the Consumption Function, (Princeton University Press, New Jersey).

Galler, H., 1989, 'Policy evaluation by microsimulation - the Frankfurt model', 21st General Conference of the International Association for Research in Income and Wealth, Lahnstein, August 20-26.

Galler, H. P. and G. Wagner, 1986, 'The microsimulation model of the Sfb3 for the analysis of economic and social policies', in: G. Orcutt, J. Merz and H. Quinke (eds.), Microanalytic Simulation Models to Support Social and Financial Policy (North-Holland, New York).

Garfinkel, I. and R. Haveman, 1977, 'Earnings capacity, economic status and poverty, in: M. Moon and E. Smolensky (eds.).

Gegesy, F., M. Juhasz and P. Szivos, 1989, 'The Hungarian microsimulation system', 21st General Conference of the International Association for Research in Income and Wealth, Lahnstein, August 20-26.

Ghez, G. R. and G. S. Becker, 1975, The Allocation of Time and Goods Over the Life Cycle (Columbia University Press, New York).

Gillespie, I., 1965, 'Effect of public expenditures on the distribution of income', in: R. Musgrave (ed.) Essays in Fiscal Federalism (The Brookings Institute, Washington).

Glennerster, H. and W. Low, 1990, Education, in: J. Hills (ed.), The State of Welfare (Oxford Clarendon Press, Oxford).

Goodin, R. E. and J. Le Grand, 1987, Not Only the Poor (Allen and Unwin, London).

Gottschalk, P., 1993, 'Changes in the inequality of family income in seven industrialised countries', American Economic Review, (forthcoming).

Griliches, Z., W. Krelle, H.-J. Krupp and O. Kyn (eds.), 1978, Income Distribution and Economic Inequality (Halsted, New York).

Groenewegen, P., 1979, Public Finance in Australia: Theory and Practice (Prentice-Hall of Australia, Sydney).

Hagenaars, A., 1989, 'Female labour supply in microsimulation models', mimeo, to be published in: J. K. Brunner and H. G. Peterson (eds.), Simulation Models in Tax and Transfer Policy (Campus Verlag, Frankfurt/New York).

Hain, W. and C. Helberger, 1986, 'Longitudinal microsimulation of life income', in: G. Orcutt, J. Merz, and H. Quinke (eds.)

Hancock, R. and H. Sutherland (eds.), 1992, Microsimulation Models for Public Policy Analysis: New Frontiers, STICERD Occasional Paper No. 17, London School of Economics, London.

Hancock, R., J. Mallendar and S. Pudney, 1992, 'Constructing a computer model for simulating the future distribution of pensioners' incomes for Great Britain', in: R. Hancock and H. Sutherland (eds.).

Harding, A., 1982, 'An introduction to the social wage', Social Security Journal, December, 13-21.

__________, 1984, Who Benefits?: The Australian Welfare State and Redistribution, Social Welfare Research Centre, Reports and Proceedings No 45, Sydney.

__________, 1990, 'Dynamic microsimulation models: problems and prospects', Welfare State Programme, Discussion Paper No. 48., London School of Economics.

__________, 1993a, 'Lifetime vs annual incidence of indirect taxes: wholesale sales tax and excises, in: J. Head (ed.), Fightback!, Australian Tax Research Foundation, Melbourne.

__________, 1993b, 'Lifetime repayment patterns for HECS and AUSTUDY loans', Discussion Paper No. 1, NATSEM, University of Canberra.

Hart, P. E., 1976a, 'The comparative statics and dynamics of income distribution', Journal of the Royal Statistical Society, Series A, **139**(1), 108-125.

__________, 1976b, 'The dynamics of earnings', Economic Journal, **86**, September, 551-565.

Haveman, R. H. and K. Hollenbeck, 1980, 'A lifecycle model of female labour supply', Review of Economic Studies, **47**(1), 47-74.

Hayden, M., 1982, 'Factors affecting participation by young people in tertiary education' in: Learning and Earning, Commonwealth Tertiary Education Commision, Volume 2 (AGPS, Canberra).

Head, B., 1980, 'Inequality, welfare and the state: distribution and redistributi'on in Australia, Australian and New Zealand Journal of Sociology, **16**(3), November, 44-51.

Health Targets and Implementation Committee, 1988, Health for All Australians, Report of the Committee to Health Ministers (AGPS, Canberra).

Heckman, J. J., 1976, 'A life-cycle model of earnings, learning and consumption', Journal of Political Economy, **83**, S3-S45.

Heckman, J. J. and T. E. MaCurdy, 1980, 'A lifecycle model of female labour supply', Review of Economic Studies, **47**(1), 47-74.

Heike, H. D., O. Hellwig and A. Kaufmann, 1987, 'Experiences with the Darmstadt microsimulation model (DPMS)', International Workshop for Demographic Microsimulation, International Institute for Applied Systems Analysis, Budapest, Hungary, November 30-December 1.

Hellwig, O., 1989a, 'A chronology of microsimulation models and software', mimeo,

Augsburg University, April.

__________, 1989b, 'Microsimulation software - state of the art and outlook', Fifth Conference on Software for Statistics, Heidelberg, April.

__________, 1989c, 'Programming a microanalytic simulation model using software engineering', Fourth International Symposium on Computer Simulation in the Social Sciences, Nuremburg, June 27-29.

Henderson, R. F., 1975, Poverty in Australia, Commission of Inquiry into Poverty (AGPS, Canberra).

Hogue, C. R. and P. O. Flaim, 1986, 'Measuring gross flows in the labor force', Journal of Business and Economic Statistics, **4**, 111-121.

Holahan, J. and S. Zedlewski, 1990, 'Insuring low-income Americans through Medicaid expansion: a summary of findings', OECD Panel on Use of Micro-simulation Methods in Social Policy and Decision Making, Paris, July 9-10.

Howe, B., 1989, Child Poverty, Inequality and Social Justice, Child Poverty Policy Review, Brotherhood of St. Laurence, Melbourne.

Huther, M., M. Muller, H.-G. Peterson and B. Schafer, 1989, 'Microsimulation of alternative tax-transfer systems for the Federal Republic of Germany', 21st General Conference of the International Association for Research in Income and Wealth, Lahnstein, August 20-26.

Ingles, D., 1981, Statistics on the Distribution of Income and Wealth in Australia, Research and Statistics Branch, Development Division, Department of Social Security, Research Paper No. 14, Canberra, October.

Johnson, P., G. Stark and S. Webb, 1990, 'TAXBEN2: The new IFS tax benefit model', Working Paper No. 90/5, Institute for Fiscal Studies, London.

Joshi, H., R. Layard and S. Owen, 1981, 'Female labour supply in post-war Britain: a cohort approach', Centre for Labour Economics, Paper No. 79, London School of Economics, London.

Juster, F. T., 1977, The Distribution of Economic Wellbeing (Ballinger, Cambridge, Massachusetts).

Kakwani, N., 1983, Redistribution Effects of Income Tax and Cash Benefits in Australia, Centre for Applied Economic Research, Paper No. 18, University of New South Wales, January.

__________, 1986, Analyzing Redistribution Policies: A Study of Australian Data (Cambridge University Press, Melbourne).

Kaspura, A. J., 1983, Labour Force Participation in Australia: Proceedings of a Conference, Bureau of Labour Market Research (AGPS, Canberra).

Kennedy, B., 1989, 'Mobility and instability in Canadian earnings', Canadian Journal of Economics, **22**(2), 383-394.

Kennell, D. L. and J. F. Shiels, 1990, 'PRISM: dynamic simulation of pension and retirement income', in G. H. Lewis and R. C. Michel (eds.).

Killingsworth, M. R., 1983, Labour Supply (Cambridge University Press, Cambridge).

King, A., 1987, 'The distribution of current disposable incomes: an estimation using techniques of microanalytic simulation', National Institute of Economic and Industry Research, Working Paper No. 1, November, Melbourne.

King, A., W. Foster and I. Manning, 1990, 'Microsimulation at NIEIR: development and applications', in: B. Bradbury (ed.).

King, R. J. R., 1980, 'Recent trends in marriage and remarriage in Australia', Australian Journal of Sex, Marriage and Family, **1**(1), Febuary, 15-26.

Kitagawa, E. M. and P. M. Hauser, 1973, Differentials in Mortality in the United States: A Study in Socioeconomic Epidemiology, (Harvard University Press, Cambridge, Massachusetts).

Klevmarken, N. A., 1983, 'Pooling incomplete data sets', Statistical Review, **5**, 69-88.

Klevmarken, A., 1992, 'MICROHUS: a microsimulation model for the Swedish household sector - a progress report', International Symposium on Economic Modelling, University of

Gothenburg, August 18-20.

Landt, J., A. Harding, R. Percival and K. Sadkowsky, 1994, 'Reweighting the base population for a microsimulation model', NATSEM, Discussion Paper No. 3, University of Canberra.

Layard, R., 1977, 'On measuring the redistribution of lifetime income', in: M. S. Feldstein and R. P. Inman (eds.) The Economics of Public Services (Macmillan, London).

Lee, S.-H., L. Smith, E. d'Espaignet and N. Thomson, 1987, Health Differentials for Working Age Australians (Australian Institute of Health, Canberra).

Le Grand, J., 1982, The Strategy of Equality - Redistribution and the Social Services (George Allen and Unwin, London).

_________ , 1986, 'On researching the distributional consequences of public policies', STICERD Paper No. 6, London School of Economics, March.

_________ , 1987, 'Measuring the distributional impact of the welfare state: methodological issues', in: R. E. Goodin and J. Le Grand (eds.)

Lewis, G. H. and R. C. Michel (eds.), 1990, Microsimulation Techniques for Tax and Transfer Analysis (Urban Institute Press, Washington).

Liberal and National Parties, 1991, Fightback: Taxation and Expenditure Reform for Jobs and Growth (Pirie, Canberra).

Lillard, L. A., 1977, 'Inequality: earnings vs human wealth', American Economic Review, **67**(2), 42-53.

Lillard, L. and Y. Weiss, 1978, 'Experience, vintage and time effects in the growth of earnings: American scientists 1960-1970,' Journal of Political Economy, **86**(3), June, 427-448.

Linke, R. D., L. M. Oertal and N. J. M. Kelsey, 1985, 'Participation and equity in higher education: a preliminary report on the socio-economic profile of higher education students in South Australia, 1974-1984', Australian Bulletin of Labour, **11**(3), June, 124-141.

Lugaresi, S., 1990, 'The redistributive impact of the indexation of Italian personal income tax', Panel on the Use of Microsimulation Methods in Social Policy and Decision Making, OECD, Paris, July 9-10.

MaCurdy, T. E., 1981, 'An empirical model of labour supply in a lifecycle setting,' Journal of Political Economy, **89**(6), December, 1059-1085.

Maddala, G. S., 1983, Limited-Dependent and Qualitative Variables in Econometrics (Cambridge University Press, Cambridge).

Martin, J. and A. White, 1988, The Financial Circumstances of Disabled Adults Living in Private Households, Office of Population Cenuses and Surveys, Social Survey Division (HMSO, London).

Mathews, R., 1980, 'The structure of taxation', in: J. Wilkes (ed.), The Politics of Taxation, (Hodder and Stoughton, Sydney).

McGranahan, D., 1979, International Comparability of Statistics on Income Distribution, UN Research Institute for Social Development, Geneva.

McRae, I., 1986, 'What happens to the young unemployed - some facts from the Australian longitudinal survey', Bureau of Labour Market Research, Technical Paper No. 39, Canberra, September.

Meagher, G. A., 1992, 'Applied general equilibrium modelling and social policy: a study of fiscal incidence', in: P. Saunders and D. Encel (eds.), Social Policy in Australia: Options for the 1990s, Reports and Proceedings No. 97, Social Policy Research Centre, University of NSW.

Merz, J., 1986, 'Structural adjustment in static and dynamic microsimulation models', in: G. Orcutt, J. Merz and H. Quinke (eds.).

_________ , 1988, 'Microsimulation', Eighth International Symposium on Forecasting, ISF 88, Amsterdam, June 12-15.

Miller, P. W., 1981, 'The rate of return to education - the evidence from the 1976 Census', Centre for Economic Policy Research, Discussion Paper No. 25, Australian National University, Canberra.

Miller, P. W. and P. A. Volker, 1983, 'Married women and the labour force: aspects of supply analysis', in: A. Kaspura (ed.).

Ministry of Economic Affairs, 1991, Lovmodel: Overview of the Danish Law Model System (Law Model Office, Copenhagen).

Moon, M. and E. Smolensky (eds.), 1977, Improving Measures of Economic Well-Being (Academic Press, New York).

Morgan, J., 1974, Five Thousand American Families - Patterns of Economic Progress, 1, Institute of Social Research, University of Michigan, Ann Arbor.

Morgan, J. and G. J. Duncan, 1986, 'Experience with the panel study of income dynamics', in: G. Orcutt, J. Merz and H. Quinke (eds.)

Morrison, R. J., 1990, 'Microsimulation as a policy input: experience at Health and Welfare Canada', in: G. H. Lewis and R. C. Michel (eds.).

Moss, M., 1978, 'Income distribution issues viewed in a lifetime income perspective', Review of Income and Wealth, **24**(2), 119-136.

Mot, E. S., 1992, Survey of Microsimulation Models, Social Security Research Committee (VUGA, The Hague).

Mugford, S. R., 1980, 'Social integration, social networks and marital pathology: the case for heterogamy', Australian Journal of Sex, Marriage and Family, 1(4), 163-178.

Musgrave, R. and P. Musgrave, 1984, Public Finance in Theory and Practice (4th edition), (McGraw Hill, London).

Nakamura, A. and M. Nakamura, 1985, The Second Paycheck: A Socioeconomic Analysis of Earnings (Academic Press, London).

Nelissen, J., 1991, 'The modelling of institutional households in the microsimulation model NEDYMAS', Working Paper No. 63, Department of Sociology, Tilburg University, Netherlands.

__________, 1992, 'The redistributive impact of the social security system on lifetime labour income in the Netherlands: a microsimulation approach', Working Paper No. 68, Department of Sociology, Tilburg University, Netherlands.

Niinivaara, R., 1992, 'The use of the TUJA model in the Finnish tax reform', Helsinki Seminar on Microsimulation Models, Government Institute for Economic Research, Helsinki, March 16-17.

OECD, 1985, 'Moving in and out of unemployment: the incidence and patterns of recurrent unemployment in selected OECD countries', OECD Employment Outlook, September.

O'Higgins, M., J. Bradshaw and R. Walker, 1988, 'Income distribution over the lifecycle', in: R. Walker and G. Parker (eds.), Money Matters: Income, Wealth and Financial Welfare (Sage, London).

O'Higgins, M. and P. Ruggles, 1981, 'The distribution of public expenditures and taxes among households in the United Kingdom', Review of Income and Wealth, June, 298-326.

Orcutt, G., 1957, 'A new type of socio-economic system', Review of Economics and Statistics, **58**, 773-797.

Orcutt, G., M. Greenberg, J. Korbel and A. Rivlin, 1961, Microanalysis of Socioeconomic Systems: A Simulation Study (Harper and Row, New York).

Orcutt, G., S. Caldwell and R. Wertheimer, 1976, Policy Exploration Through Microanalytic Simulation (Urban Institute Press, Washington DC).

Orcutt, G., J. Merz and H. Quinke, 1986, Microanalytic Simulation Models to Support Social and Financial Policy (North-Holland, New York).

Paass, G., 1986, 'Statistical match: evaluation of existing procedures and improvements by using additional information', in: G. Orcutt, J. Merz and H. Quinke, (eds.)

Paglin, M., 1975, 'The measurement and trend of inequality: a basic revision', American Economic Review, **65**(4), 598-609.

Pahl, J., 1989, Money and Marriage (Macmillan, London).

_________ , 1990, 'Household spending, personal spending and the control of money in marriage', Sociology, **24**(1), 119-138.

Peacock, A. T. and P. R. Browning, 1954, 'The social services in Great Britain and the redistribution of income', in: A. T. Peacock (ed.), Income Redistribution and Social Policy (Johnathon Cape, London).

Pech, J., 1986, The Greatest Asset since Child Endowment? A Study of Low-Income Working Families Receiving Family Income Supplement, Social Security Review, Paper No 9, Department of Social Security, Canberra.

Percival, R., 1994, 'Simulating the usage of child care services within STINMOD', STINMOD Technical Paper, NATSEM, University of Canberra, Canberra (forthcoming).

Phelps, E., 1972, Inflation Policy and Unemployment Theory (Macmillan, London).

Picot, G., 1986, 'Modelling the lifetime employment patterns of Canadians', mimeo, Statistics Canada, Social and Economic Studies Division, Ottawa.

Piggott, J., 1987, 'Statistical incidence studies: an economic perspective', in: P. Saunders (ed.), Redistribution and the Welfare State: Estimating the Effects of Government Benefits and Taxes on Household Income, Social Welfare Research Centre, Reports and Proceedings No. 67, Sydney.

Polinsky, A. M., 1973, 'A note on the measurement of incidence', Public Finance Quarterly, **1**(2), 219-230.

Power, C. and F. Robertson, 1987, 'Participation and equity in higher education: socio-economic profiles of higher education students revisited', Australian Bulletin of Labour, **13**(2), March, 108-119.

Powles, J., 1977, 'Socio-economic health determinants in working age males', in: M. Diesendorf and B. Furnass (eds.), The Impact of Environment and Lifestyle on Human Health, Society for Social Responsibility in Science (ACT), Canberra.

Prebble, M., 1990, 'Microsimulation models in New Zealand', First Meeting of the Panel on the Use of Microsimulation Methods in Social Policy and Decision Making, OECD, Paris, July 9-10.

Prest, A. R., 1955, 'Statistical calculations of tax burdens', Economica, **32**(87), 234-243.

Psacharopolous, G., 1973, Returns to Education: An International Comparison. (Elsevier, Amsterdam).

Quality of Education Review Committee, 1985, Quality of Education in Australia (AGPS, Canberra).

Raymond, J., 1987, Bringing Up Children Alone: Policies for Sole Parents, Social Security Review, Issues Paper No. 3 (AGPS, Canberra).

Reynolds, M. and E. Smolensky, 1977, Public Expenditures, Taxes and the Distribution of Income: The USA, 1950, 1961, 1970 (Academic Press, New York).

Richardson, S. and K. Hancock, 1981, 'The distribution of lifetime earnings in Australia', mimeo, National Institute of Labour Studies, Flinders University, South Australia, July.

Rose, D., 1989, 'Micro-social change in Britain: an outline of the role and objectives of the ESRC Research Centre of Micro Social Change in Britain to the year 2000', mimeo, Micro Social Change Centre, University of Essex, July.

Ross, D. P., 1980, The Canadian Fact Book on Income Distribution (Canadian Council on Social Development, Ottawa).

Ross, R., 1986, 'Analysis of the 1980 Sydney survey of work patterns of married women', Economic Record, **62**(178), September, 325-337.

Ruggles, N. D. and R. Ruggles, 1977, 'The anatomy of earnings behaviour', in: F. T. Juster (ed.).

Salomaki, A., 1990, 'The use of a microsimulation model in tax and transfer policy planning in Finland', Panel on the Use of Microsimulation Methods in Social Policy and Decision Making, OECD, Paris, July 9-10.

Saunders, P., 1982, Equity and the Impact on Families of the Australian Tax-Transfer System, Institute of Family Studies, Monograph No. 2, Melbourne.

_________ , 1984, 'Evidence on income redistribution by governments', Paris, OECD Economics and Statistics Department, Working Paper No. 11, January.

Saunders, P., H. Stott and G. Hobbes, 1991, 'Income inequality in Australia and New Zealand: international comparisons and recent trends', The Review of Income and Wealth, **1**, p. 63-79.

Saunders, P. and P. Whiteford, 1989, Measuring Poverty: A Review of the Issues, Office of the Economic Planning Advisory Council, Discussion Paper 89\11 (AGPS, Canberra).

Sawyer, M., 1976, 'Income distribution in OECD countries', Economic Outlook, Paris, OECD.

Schmahl, W., 1983, 'Income analysis based on longitudinal data from social security earnings records: the relative earnings position (age-earnings profile) and the individual replacement rate of German workers', in: A. B. Atkinson and F. A. Cowell (eds.).

Schweder, T., 1989, 'Complex life history modelling: some methodological issues', mimeo, Department of Statistics and Computing, Norway, April.

Schiller, B. R., 1977, 'Relative earnings mobility in the United States', American Economic Review, **67**(5), 926-941.

Schulz, J., 1979, 'The economic impact of private pensions on retirement income', Final Report to the National Science Foundation, Washington DC.

_________ , 1982, 'Problems of American pensions: microsimulation policy analysis', Journal of Institutional and Theoretical Economics, **138**, 527-545.

Scitovsky, T., 1973, 'Inequalities: open and hidden, measured and immeasurable', The Annals of the American Academy of Political and Social Science: Income Inequality, **409**, 112-119.

Shorrocks, A. F., 1976, 'Income mobility and the Markov assumption', Economic Journal, **86**(343), 566-578.

Simons, H., 1938, Personal Income Taxation (Uni. of Chicago Press, Chicago).

Slemrod, J., 1985, 'A general equilibrium model of taxation that uses micro-unit data', in: J. Piggott and J. Whalley (eds.), New Developments in Applied General Equilibrium Analysis (Cambridge University Press, Cambridge).

Smith, J. D. (ed.), 1980, Modeling the Distribution and Intergenerational Transmission of Wealth (University of Chicago Press, Chicago).

Smith, J. and G. Orcutt, 1980, 'The intergenerational transmission of wealth: does family size matter?', in: J. D. Smith (ed.), Modeling the Distribution and Intergenerational Transmission of Wealth (Uni. of Chicago Press, Chicago).

Social Welfare Policy Secretariat, 1981, Report on Poverty Measurement (AGPS, Canberra).

Soltow, L., 1965, Toward Income Equality in Norway (University of Wisconsin Press, Madison, Wisconsin).

Stark, T., 1977, The Distribution of Income in Ten Countries, Royal Commission on the Distribution of Income and Wealth (UK), Background Paper No. 4, HMSO, London.

Summers, R., 1956, 'An econometric investigation of the size distribution of lifetime average annual income', Technical Report No. 31, Department of Economics, Stanford University, Stanford, U.S.A.

Sutherland, H., 1991, 'Constructing a tax-benefit model: what advice can one give?', Review of Income and Wealth, **37**(2), June, 199-220.

Thatcher, A. R., 1971, 'Year to year variations in the earnings of individuals', Journal of the Royal Statistical Society, A-134, Part 3, 374-82.

Treasurer, 1986, Budget Statements 1985-86, 1985-86 Budget Paper No. 1. (AGPS, Canberra).

_________ , 1987, Budget Statements 1986-87, 1986-87 Budget Paper No. 1 (AGPS, Canberra).

Victorian Ministry of Education, 1986, Movements of Pupils in Primary and Post-Primary Education, 1986 (Schools Division, Melbourne).

Vogler, C., 1989, 'Labour market change and patterns of financial allocation within households', The Economic and Social Research Council Social Change and Economic Life Initiative Working Paper No 12.

Volker, P. A., 1984, 'Female labour supply: an overview of research in Australia', in: M. Hoy (ed.).

_________ , (ed.), 1985, The Structure and Duration of Unemployment in Australia: Proceedings of a Conference, Bureau of Labour Market Research, Monograph Series No. 6 (AGPS, Canberra).

Warren, N. A., 1979, 'Australian tax incidence in 1975-76: some preliminary results', Australian Economic Review, No 3.

Webb, A. L. and J. Sieve, 1971, Redistribution and the Welfare State (Willmer Bros., London).

Weiss, Y. and L. A. Lillard, 1978, 'Experience, vintage and time effects in the growth of earnings: American scientists 1960-1970', Journal of Political Economy, **86**(3), 427-448.

Wertheimer, R., S. R. Zedlewski, J. Anderson and K. Moore, 1986, 'Dynasim in comparison with other microsimulation models', in: G. Orcutt, J. Merz and H. Quinke (eds.).

West, L. H. T., T. Hore, C. N. Bennie, P. A. Browne and B. M. Kermond, 1986, Students Withdrawing from Full Time Higher Education (HEARU, Monash University, Melbourne).

Westoby, A., 1977, The Individual's Private Investment in Education in: The Planning of Higher Education, The Private Demand, Open University.

Whiteford, P., 1985, A Family's Needs: Equivalence Scales, Poverty and Social Security, Research Paper No. 27, Development Division, Department of Social Security, April.

Whiteford, P. and J. Doyle, 1989, Take-up Family Income Supplement, mimeo, Social Welfare Research Centre, University of New South Wales, Sydney.

Williams, T., 1987, Participation in Education, Australian Council for Educational Research Monograph No. 30, Hawthorn, Victoria.

Winter, D., 1990, 'A cohort analysis of chronic morbidity and unemployment in the General Household Survey', Welfare State Programme Discussion Paper No. 59, London School of Economics, London.

Wolfson, M., 1988, 'Homemaker pensions and lifetime redistribution', Review of Income and Wealth, **34**(3), 221-250.

_________ , 1989a, 'The CEPHID project: Canada's elderly - projecting health, income and demography', mimeo, Statistics Canada, Ottawa, February.

_________ , 1989b, 'Divorce, homemaker pensions and lifecycle analysis', Population Policy and Review, **8**, 25-54.

_________ , 1989c, 'POHEM: a new approach to the estimation of health status adjusted life expectancy', First Workshop of the International Network on Health Expectancy, Quebec City.

Wran, N., M. Edwards, R. G. Gregory and M. Gallagher, 1988, Report of the Committee on Higher Education Funding (AGPS, Canberra).

Yates, J., 1991, Australia's Owner-Occupied Housing Wealth and its Impact on Income Distribution, Social Policy Research Centre, Reports and Proceedings No. 92, University of NSW, Sydney.

Zedlewski, S. R., 1990, 'The development of the dynamic simulation of income model (DYNASIM)', in: G. H. Lewis and R. C. Michel (eds.).

人名索引

（页码为本书边码）

主题索引
（页码为本书边码）